RENAUD VAN RUYMBEKE

LE JUGE

Fabrice LHOMME

RENAUD VAN RUYMBEKE

LE JUGE

privé©

Ouvrage publié
sous la direction de Guy Birenbaum

À la mémoire de Joe Strummer

Pour Natacha et Emma

L'honnête homme tient le milieu entre l'habile homme et l'homme de bien, quoique dans une distance inégale de ces deux extrêmes.

Jean DE LA BRUYÈRE, *Les Caractères*,
« Des jugements ».

Avertissement

Cette scène, combien de fois l'a-t-on vue ? D'un pas incertain, l'homme à la fine moustache se fraye un passage au milieu des cameramen et des photographes. Il a à la main quelques dossiers, à moins que ce ne soit son éternelle sacoche en cuir noir. À l'abri derrière de fines lunettes, son regard semble fixer un point imaginaire, par-delà la meute des journalistes qui l'entoure. Ce visage émacié, ce pourrait être celui d'un professeur d'université, d'un économiste ou d'un scientifique. Il est en fait devenu, aux yeux d'une majorité de Français, la figure de la Justice ; plus exactement du juge d'instruction. Au fil de ses enquêtes, Renaud Van Ruymbeke aura fini par incarner presque physiquement ce personnage central de la vie publique hexagonale, que Napoléon avait qualifié en son temps d'« homme le plus puissant de France ». La formule a depuis fait florès, rejoignant la cohorte des clichés dont raffolent les journalistes paresseux. Starifié par les médias, Renaud Van Ruymbeke ne se résume pourtant pas, loin s'en faut, à la caricature que l'on en fait généralement. Car ce physique austère, cette allure presque gauche, ce petit sourire énigmatique qu'il arbore parfois lorsque les objectifs viennent à le surprendre dissimulent une personnalité complexe.

Cette biographie ne se veut en aucun cas hagiographique, quand bien même la plupart des témoignages recueillis pour la nourrir se sont révélés flatteurs pour l'intéressé. Précisons sur ce point que les citations anonymes ont été, par principe, systématiquement écartées. Devenu la règle, l'usage du « off » ne devrait-il pas, au contraire, rester exceptionnel, voire être proscrit ? Ces confidences fantômes, vecteurs de toutes les manipulations, sont finalement à la presse écrite ce que les lettres anonymes sont... à la justice – on en reparlera. Cet ouvrage n'a d'autre ambition que de restituer, le plus fidèlement possible, la personnalité et la trajectoire du magistrat le plus célèbre du pays. À travers des révélations sur des affaires sensibles et des anecdotes inédites, nous évoquerons les dessous, parfois stupéfiants, d'une carrière réellement extra-ordinaire. Après plusieurs refus puis bien des hésitations, Renaud Van Ruymbeke a finalement accepté de se prêter au jeu et de se raconter, pour la première fois, en replongeant dans les grandes enquêtes qui ont ponctué son parcours : affaires Boulin, Urba, Dickinson, Elf, frégates de Taïwan, Clearstream... Toutes les citations de Renaud Van Ruymbeke, hormis mention contraire, sont issues de dizaines d'heures d'entretiens, réalisés entre août et novembre 2006. Sur certains des aspects les plus sensibles des dossiers qu'il a eu à traiter, il a refusé de s'exprimer, se retranchant derrière le secret professionnel. Il n'a accepté de livrer qu'avec une grande réticence quelques informations sur sa vie privée. Extrêmement pudique, Renaud Van Ruymbeke a une hantise : qu'on l'accuse de se mettre en scène, de soigner sa publicité, lui dont l'ultime ambition semble être de « cultiver son jardin » – au sens propre du terme –, conformément au précepte voltairien. Lui, l'admirateur de Rousseau ! Mais, après tout, notre Candide n'est pas à une contradiction près. Ainsi, au fil des pages, se dessinera le portrait d'un homme éminemment paradoxal, à la fois réservé et médiatique, timide et culotté, respectueux et frondeur, légitimiste et insoumis, fragile et déterminé, naïf et rusé, doux et intransigeant, janséniste et épicurien... Un personnage déroutant, extrêmement attachant aussi, à mille lieues en tout cas de l'image figée que renvoient de lui les médias. Derrière le masque, ou plutôt la robe, se profile finalement une figure vieille comme le XVIIe siècle : celle de l'« honnête homme ».

1

Jours heureux à Cachan

Je ne sais en quel temps c'était, je confonds toujours l'enfance et l'Éden. Comme je mêle la mort à la vie – un pont de douceur les relie.

Léopold SÉDAR SENGHOR, *Éthiopiques.*

Un petit pavillon comme la banlieue parisienne en compte des centaines de milliers, à la fin des années 1950. Sur la façade de la maisonnette en pierre, côté jardin, le claquement sourd et irrégulier d'une balle en cuir fait peser sur les fenêtres alentour une menace permanente. Au milieu du jardin, généralement posté dans l'ombre du cerisier, un gamin s'entraîne à perfectionner ses centres. Il est tout à la fois Pelé, Fontaine et Kopa, alors vedettes du ballon rond. Renaud Van Ruymbeke garde un souvenir merveilleux, presque féerique, de ses treize premières années, qu'il a passées pour l'essentiel à Cachan, dans le Val-de-Marne. Paris devenant – déjà – hors de prix, André et Éliane Van Ruymbeke, logés jusque-là rue de la Tombe-Issoire, dans le XIVe arrondissement, se sont installés sur les hauteurs de Cachan en septembre 1954, pour le plus grand bonheur de leur fils, venu au monde deux ans auparavant, le 10 août 1952, dans une clinique de Neuilly-sur-Seine.

La mémoire de Renaud Van Ruymbeke n'a conservé aucune trace de ses deux premières années passées dans le petit logement situé à deux pas de la place Denfert-Rochereau. Grand bien lui fasse. Minuscule, l'appartement était aux normes... du XIXe siècle : pas de salle de bains ni même de douche – un simple cabinet de toilette – et un chauffage central vétuste, alimenté par un antique poêle à charbon. André Van Ruymbeke multipliait les allers-retours à pied entre la cave, où était stocké le combustible, et le sixième étage... Mais le poêle, sans doute défectueux, fonctionnait mal. Or, l'hiver 1953 fut redoutable. Une nuit, le petit Renaud se réveilla en hurlant. Inquiets – ce bébé modèle ne pleurait jamais la nuit –, ses parents le prirent dans leur lit, ce qui eut pour effet de le calmer immédiatement : le malheureux était glacé. Son père vérifia que le poêle était bien à fond. C'était le cas. Mais un coup d'œil sur le thermomètre lui indiqua que la température atteignait tout juste les quatorze degrés.

Situé face à la colline de l'Yvette, le pavillon des Van Ruymbeke fait partie d'un lotissement de maisons achetées par une quinzaine de fonctionnaires du ministère des Finances, où travaille alors le père du futur magistrat, qui bénéficient de prêts extrêmement intéressants. Une partie des travaux d'aménagement, dont les canalisations, seront d'ailleurs effectués par les fonctionnaires eux-mêmes ! Pendant deux mois, chaque week-end, André Van Ruymbeke et ses collègues se retrouveront donc à Cachan, pioches à la main...

Le sentier des Frettes, situé à quelques centaines de mètres de l'interminable avenue Gabriel-Péri, a des allures d'impasse. Au bout de la rue, on débouche sur L'Haÿ-les-Roses, charmante commune qui porte si bien son nom. À l'autre extrémité de la voie, le décor est moins bucolique : une immense tour barre l'horizon, préfigurant la catastrophe architecturale à venir, dont la banlieue parisienne ne se remettra jamais vraiment.

Si ses parents et bientôt ses frères et sa sœur sont regroupés à l'étage, Renaud a rapidement obtenu le privilège d'aménager sa chambre au sous-sol. Aux murs, ni photos ni posters. Le cadre est spartiate, mais le gamin ne s'en plaint pas. À dire vrai, il s'en moque même complètement. Dès son plus jeune âge,

Renaud Van Ruymbeke, tout entier tourné sur lui-même, va développer une allergie à la société de consommation qui ne se démentira jamais. De toute façon, l'époque ne se prêtait guère aux futilités. Quand elle s'installe au 26, sentier des Frettes, la famille n'a pas de téléviseur, pas de voiture, pas plus de téléphone ni de lave-vaisselle... L'hiver, le poêle à charbon, s'il fonctionne mieux que celui de la rue de la Tombe-Issoire, maintient une température souvent inférieure à quinze degrés. Emmitouflé sous ses couvertures, le petit Van Ruymbeke, qui a marché aussi tôt qu'il a parlé tard, se délecte des aventures de Tintin, qu'il lit et relit jusqu'à l'écœurement. Il découvre aussi la littérature : il dévore Jules Verne et Alexandre Dumas père. Mais le petit garçon passe le plus clair de son temps dans le jardin. Dissimulé dans les haies ou juché sur un arbre, il s'invente des aventures extraordinaires, comme tous les gamins de son âge. Magie de l'enfance qui transforme le chat du voisin en monstre préhistorique ou une banale branche d'arbre en épée digne de ces mousquetaires qui le fascinent tant... Surtout, il y a le football. Qu'il pleuve ou qu'il vente, été comme hiver, il y joue chaque jour, des heures durant. Pire qu'une passion, une maladie. Avec un voisin, surnommé Riwal, un petit garçon légèrement enrobé, il se livre à des parties endiablées jusqu'à la tombée de la nuit. Quand il pleut trop, il reste la table de ping-pong, installée au sous-sol. Renaud Van Ruymbeke est plutôt chétif, si bien que, lorsqu'ils le voient avec son copain Riwal, ses parents ne peuvent s'empêcher de penser à Laurel et Hardy. Atavisme oblige, on verra pourquoi, André Van Ruymbeke a transmis très tôt le virus du football à son fils. Côte à côte sur le canapé du salon, le père et le fils ne manquent aucun grand match à la télévision – le poste a été acheté en 1958, pour assister au retour de De Gaulle au pouvoir. Ils communient dans le même enthousiasme devant le jeu déployé par le grand Real Madrid d'Alfredo di Stefano, partagent la même déception lorsque le Stade de Reims de Raymond Kopa échoue en finale de la Coupe d'Europe, éprouvent la même fascination pour le football-samba du Brésil... Lors de la Coupe du monde, rituellement, André Van Ruymbeke et ses enfants font des pronostics sur les matches, qu'ils déposent chacun dans une enveloppe cachetée, gardée en lieu sûr par Mme Van Ruymbeke.

Et puis, il y a le rugby. Pas question de rater un match du Tournoi des Cinq Nations, le samedi après-midi. André Van Ruymbeke fait aussi découvrir à son gamin le stade de Colombes, puis le Parc des Princes, où ils assistent à des rencontres de l'équipe de France, que le ballon soit ovale ou rond. C'est lors d'un match qu'André Van Ruymbeke s'aperçoit que son fils de dix ans a du mal à déchiffrer les publicités au bord du terrain. Myope, Renaud Van Ruymbeke devra bientôt porter des lunettes. La famille se rend aussi de temps en temps à Charléty, pour vibrer aux exploits de Michel Jazy. « Ces sorties au stade avec mon père, cela reste parmi les meilleurs souvenirs de ma vie », confie, nostalgique, le magistrat.

Très vite toutefois, plutôt que de regarder les autres, le petit Renaud préfère jouer lui-même. Le jardin semble bien trop étroit pour assouvir sa soif de grands espaces. Et puis, après tout, le football est un sport qui se joue à onze contre onze, pas à deux ni à quatre, et si possible avec des poteaux pour délimiter les buts plutôt que les rosiers de maman !... Ses parents l'inscrivent donc, à dix ans, au club de la Croix-de-Berny, à Antony. Tous les jeudis après-midi, puisque ce jour-là il n'y a pas école, il traverse le parc de Sceaux pour retrouver ses copains de foot. « À l'époque, je jouais arrière ou milieu, des postes où il faut courir sans arrêt, ça me permettait de me dépenser. » Balle au pied, le gamin démontre de belles dispositions. Ses qualités d'organisateur font – déjà – merveille. De fait, il est rapidement désigné capitaine de son équipe. Parallèlement au football, le jeune Renaud Van Ruymbeke va s'enticher d'une seconde passion, la musique. Pour André Van Ruymbeke, le développement harmonieux d'un enfant passe par une éducation physique ET musicale. André et Éliane Van Ruymbeke, qui ne sont pas eux-mêmes musiciens, proposent donc à leur fils et à sa sœur, Fabienne, qui a un an de moins, de se mettre au piano. Il débutera à l'âge de huit ans. Une fois par semaine, ils prennent des cours chez une professeure, dans un pavillon voisin. « En fait, au départ, c'est moi qui étais attirée par le piano, se rappelle Fabienne Van Ruymbeke. Mais comme je n'avais que sept ans, mes parents ne voulaient pas me laisser aller seule aux cours et ils ont demandé à Renaud de m'accompagner. Il s'y est mis à son tour et d'entrée ça lui a beaucoup plu. [1] » Si l'essai est fructueux, le coup de foudre n'est pas immédiat. Mais, au fil des ans, la « saine occupation » imaginée par ses parents va se muer en authentique histoire d'amour. Bientôt, le petit garçon consacrera jusqu'à trois heures par jour à son instrument, qui a été installé dans la chambre de sa sœur.

À l'école, Renaud Van Ruymbeke est considéré par ses professeurs successifs comme un élève extrêmement timide mais aussi fort studieux et surtout très sage. « Il était naturellement doué mais ne travaillait que quand il le voulait » [2], relativise son père. Une chose est sûre : ses résultats sont très satisfaisants. D'ailleurs, dès l'école élémentaire (il est inscrit à L'Haÿ-les-Roses), sous la pression de son père, il saute une classe. Il entre ainsi au collège Lakanal à l'âge de neuf ans. Déjà réservé de nature et physiquement frêle, le petit garçon a du mal à s'imposer face à des enfants souvent beaucoup plus grands que lui. On se moque parfois de son prénom, incongru à l'époque. Les professeurs l'orthographient parfois « Renault », comme les voitures. Du coup, même s'il a toujours figuré parmi les bons élèves, surtout en français, longtemps sa matière préférée, il ne garde pas de souvenirs émus de sa scolarité. Si ses notes sont bonnes, c'est sans doute moins du fait d'une folle envie d'étudier que pour échapper au courroux de son père, dont il redoute terriblement les accès de colère. Parfois, ce dernier, qui s'est offert une auto en 1956, l'accompagne à l'école : quel bonheur !

1. Entretien avec l'auteur, août 2006.
2. Entretien avec l'auteur, septembre 2006.

Dans la 4 CV noire, André Van Ruymbeke fait réciter une dernière fois à son fils ses leçons de maths. Le reste du temps, le collégien prend le bus, ce qui est beaucoup moins drôle. Pour son entrée en cinquième, il se voit offrir une bicyclette. Ravi de cette nouvelle autonomie, il pédale avec délectation, matin et soir, dans les allées du parc de Sceaux.

Solitaire, le petit Van Ruymbeke a pourtant eu rapidement de la compagnie : Fabienne, donc, qui est venue au monde un an après lui, suivie, quatre ans plus tard, par Olivier. Le nouvel arrivant reçut un accueil particulier de la part de ses deux aînés : croyant qu'il s'agissait d'une poupée, Renaud et Fabienne tentèrent de le peser sur le jeu de bascule qu'ils avaient reçu pour Noël. Lorsque son père l'en dissuada, Renaud ouvrit de grands yeux et lâcha : « Mais alors, c'est un vrai bébé ? » Renaud Van Ruymbeke et sa sœur sont inséparables. Pourtant, Fabienne est très démonstrative, extravertie, volubile... Tout le contraire de son frère aîné. Ce dernier est moins proche d'Olivier, l'écart d'âge étant trop important pour créer entre eux une véritable complicité. « Curieusement, raconte Fabienne, avec Renaud, on ne se quittait pas, alors que nos tempéraments étaient – et sont toujours – diamétralement opposés. Je faisais plein de bêtises, je cassais toujours tout, j'étais totalement exubérante... Lui, c'était la sagesse même, le petit garçon modèle, très obéissant. Les raclées, c'est moi qui y avais droit ! Lui, je n'ai même pas le souvenir qu'il ait reçu une fessée...[1] » Beaucoup plus tard, en 1962 puis en 1970, deux autres garçons, Bertrand et Frédéric, viendront renforcer la fratrie. Aujourd'hui encore, Frédéric reste un enfant aux yeux de Renaud Van Ruymbeke. En revanche, il se sent très proche de Bertrand, qui lui ressemble beaucoup.

Est-ce que son goût des responsabilités date de cette époque ? En tout cas, le jeune Renaud Van Ruymbeke assume sans rechigner son statut d'aîné. « Dans une famille où se côtoient

1. Entretien avec l'auteur, août 2006.

quatre frères et une sœur, il y a une rivalité très forte, confirme Olivier Van Ruymbeke. Pour nous, Renaud était à la fois la référence et le concurrent. Lui était très conscient du rôle dévolu à l'aîné. Il l'assumait et n'hésitait pas à en jouer. Aussi loin que je me souvienne, il a toujours été très sûr de lui, et je pense que le fait d'être le plus âgé a dû y contribuer. [1] » Aux yeux de ses frères et de sa sœur, Renaud Van Ruymbeke fait figure de modèle. Cela ne lui déplaît pas, même si, souvent, ces enfants plus petits que lui l'agacent plus qu'autre chose. Sa sœur surtout. « J'ai tout fait plus tôt que lui, déclare en riant Fabienne. Ça l'énervait profondément, surtout quand les gens qui venaient à la maison me prenaient pour l'aînée ! Même physiquement, j'étais plus costaude que lui. Il a fait sa croissance assez tard, il ne m'a dépassée en taille qu'à l'âge de seize ans. [2] »

Heureusement, quand le petit Renaud, gardé par une nourrice jusqu'à l'âge de cinq ans, est trop contrarié, il y a sa mère, Éliane, qui sait trouver les mots justes pour le consoler. Éliane Faucheux, c'est la gentillesse même. Issue d'une famille ouvrière du nord de la France, du côté de Boulogne-sur-Mer, cette jolie femme est, selon la formule consacrée, douce et attentionnée. Elle est surtout, malgré un fort caractère, totalement dévouée à son mari, même si elle regrette que ses activités le contraignent à rentrer si tard le soir... quand il rentre. Car, dans les années 1960, André Van Ruymbeke est souvent absent du foyer. Ses activités à la Direction du commerce extérieur l'amènent à se déplacer régulièrement à l'étranger, au Maghreb, en Afrique noire et en Europe de l'Est notamment. Fonctionnaire au défunt ministère de la Marine marchande, Éliane Faucheux avait rencontré son mari alors qu'elle préparait le concours interne à l'École nationale d'administration (ENA), où lui-même dispensait des cours. Très attachée à son autonomie,

1. Entretien avec l'auteur, octobre 2006.
2. Entretien avec l'auteur, août 2006.

Éliane Van Ruymbeke prit toutefois sa retraite anticipée en 1962, peu après la naissance de Bertrand. Le nouveau-né ayant frôlé la mort – il avait contracté une coqueluche à la clinique et fut sauvé d'extrême justesse –, Mme Van Ruymbeke jugea plus sage de se consacrer désormais uniquement à ses enfants.

Éliane Van Ruymbeke, tout comme son mari, est très engagée politiquement. Elle aussi est une fidèle militante du Parti communiste français – et une déléguée CGT redoutée au ministère de la Marine marchande. Elle sera marquée à vie par sa rupture avec le PCF, provoquée par la répression sanglante de l'insurrection hongroise, en novembre 1956. Plus tard, elle rapportera à ses enfants cette scène pénible où, avec une voisine, elle-même encartée au PCF, elles durent s'expliquer devant les camarades de leur cellule sur les raisons de leur départ, assimilé à une trahison. Les deux femmes étaient alors enceintes (Éliane, de sept mois). Mais le responsable de la cellule ne les autorisa pas à s'asseoir. C'est donc debout, devant des dizaines de militants, jusqu'alors si prévenants et soudainement hostiles, qu'Éliane et sa camarade, les larmes aux yeux, furent contraintes de se justifier, avant de quitter la salle sous les lazzis... Une demi-heure de cet ersatz de procès stalinien qui eut au moins le mérite d'achever de convaincre Éliane Van Ruymbeke qu'elle avait fait le bon choix. Pourtant, le couple Van Ruymbeke va perdre instantanément la quasi-totalité de ses amis, restés, eux, fidèles au Parti. Quelques jours après sa « comparution » devant sa cellule, Éliane Van Ruymbeke reçut par la poste un volumineux colis contenant tous les livres qu'elle avait prêtés à sa meilleure amie. L'envoi n'était accompagné d'aucun mot. À quoi bon, Éliane avait compris le message. Elle n'eut plus jamais de nouvelles de sa camarade... Plus que son engagement politique et syndical, ses enfants ont surtout gardé de leur mère l'image d'une femme droite, d'une extrême générosité, débordant d'amour pour sa progéniture. En revanche, ils ne sauront jamais rien ou presque de la famille Faucheux. Éliane avait rompu les ponts avec ses dix frères et sœurs comme avec ses parents. Tout juste comprirent-ils qu'elle avait été traumatisée par la Seconde Guerre mondiale et ses bombardements incessants, ses tickets de rationnement et le harcèlement des nazis. Elle en garda, jusqu'au bout, une profonde aversion pour les Allemands. Seule enfant de sa famille à être parvenue à se sortir de cette condition ouvrière à laquelle son destin la vouait inexorablement – ses parents tentèrent par tous les moyens de la dissuader de poursuivre ses études –, Éliane Faucheux, dès qu'elle en avait eu la possibilité, s'était éloignée, pour ne pas dire enfuie, d'une famille et d'une région qui lui rappelaient trop de mauvais souvenirs.

Et puis, il y a le père. Impossible de comprendre la personnalité et donc la trajectoire du juge Van Ruymbeke sans explorer le lien particulier qui le lie à son géniteur. « Mon père pensait que... », « Mon père disait que... », « Mon père n'aimait pas que... ». Lorsqu'il évoque son enfance et son adolescence, Renaud Van Ruymbeke fait en permanence référence à son papa, dont la très forte personnalité semble l'avoir longtemps écrasé. « Il était extrêmement cultivé, assez strict, avec beaucoup de principes et autoritaire. Ce n'était pas une autorité stupide mais intelligente, à laquelle il valait mieux ne pas essayer d'échapper », concède-t-il. Pour ce père si impressionnant, Renaud Van Ruymbeke, que son statut d'aîné place en « première ligne », éprouve plus que de l'admiration : une fascination absolue. Pas mal de crainte aussi. En cas de mauvais résultat, Renaud et son frère Olivier se présentaient en tremblant devant leur père au moment de venir lui faire signer leur carnet de notes.

Né en 1921, le père du juge fut d'abord un élève remarquable, doté d'un sacré caractère. À dix-huit ans, alors qu'il est déjà en khâgne, André Van Ruymbeke laisse tout tomber au moment où la Seconde Guerre mondiale éclate pour s'engager aux côtés des Forces françaises, en Afrique du Nord. Il fait la guerre au Maroc, où il a passé son enfance. L'armistice écœure ce militant communiste, qui rejoint alors la Résistance. Il est fait prisonnier en Espagne, dans le sévère camp de Miranda. Relâché, il s'engage dans l'armée coloniale d'Afrique du Nord et participe au débarquement de Provence et à la libération de Toulon, frôlant la mort à plusieurs reprises. Il côtoie le maréchal de Lattre et le général de Gaulle. En remontant vers le nord de la France, afin de libérer Strasbourg, il est blessé alors qu'il est juché sur une automitrailleuse. Son meilleur ami, assis à côté de lui, a moins de chance : il meurt sous ses yeux. À la Libération, André Van Ruymbeke reprend ses brillantes études, comme si de rien n'était. En 1947, il intègre la prestigieuse École nationale d'administration et se trouve dans la même promotion que Michel Poniatowski, futur ministre de l'Intérieur de Giscard, qui milite alors à ses côtés... à la CGT ! Il entame ensuite une carrière de haut fonctionnaire et participe au relèvement économique de la France d'après-guerre, à la Direction du commerce extérieur notamment, après un passage au Quai d'Orsay – où son engagement communiste lui vaut une mise au placard en bonne et due forme – puis au ministère des Finances. Comme beaucoup de gens de leur génération, André Van Ruymbeke et son épouse vont donc rompre brutalement – et définitivement – avec le parti communiste, en 1956, lors de l'entrée des chars soviétiques à Budapest. L'ancien résistant va se rallier au gaullisme et se considérera dès lors lui-même comme un homme de droite. Malgré diverses propositions, cet homme charismatique, incarnation presque caricaturale du « grand commis de l'État », choisira toutefois de ne pas s'engager en politique, qui lui inspire beaucoup de méfiance. Sans doute son expérience au PCF l'avait-elle vacciné... Dans les années 1970, il dirigera notamment l'Union laitière normande (ULN), alors première coopérative française avec ses quelque onze mille employés. Il se retirera ensuite dans le Var et tentera même, à plus de soixante-dix ans, de se faire élire maire de Cogolin, petite station balnéaire de neuf mille habitants.

À la fois omniscient et omniprésent, André Van Ruymbeke va, au nom de l'idéal républicain, inculquer à ses enfants des grands principes dont Renaud Van Ruymbeke ne se départira jamais : respect de l'autorité, civisme, désintéressement, grandeur du service public, tolérance... « Des valeurs très chrétiennes finalement, alors que nos parents étaient des tenants de la laïcité, souligne Fabienne Van Ruymbeke. Je me souviens que notre père nous disait souvent qu'il ne fallait pas juger sans comprendre. Je crois que Renaud, une fois magistrat, a retenu ce commandement.[1] »

André Van Ruymbeke n'a lui-même quasiment pas connu son père, Bobby. Il a d'abord été élevé par sa grand-mère, jusqu'à sept ans, puis par sa mère, qui avait purement et simplement exclu Bobby du foyer ! Bobby était un aventurier, parti exploiter une mine de plomb en Corse avant d'aller vendre des parfums en Afrique...

Un bref retour en arrière s'impose : la saga des Van Ruymbeke prend sa source en Belgique, au XIIIe siècle. La famille, issue de la bourgeoisie, se développe autour de son bastion, un magnifique château situé dans le village de Rumbeke, près de Courtrai, dans les Flandres (en flamand, *ruymbeke* signifie « large ruisseau »). À la fin du XIXe siècle, Joseph Van Ruymbeke, l'arrière-grand-père de Renaud, le grand homme de la famille, décide, à la fin de brillantes études menées en Belgique, d'émigrer aux États-Unis pour tenter d'y faire fortune. Selon la légende familiale, ce grand scientifique, chimiste réputé, est aussi un inventeur de génie. Il dépose toutes sortes de brevets, qui lui rapportent énormément d'argent, à l'aube du XXe siècle. Malheureusement, ce personnage iconoclaste va tout perdre d'un coup : il a eu la mauvaise idée de stocker son magot dans la cave de sa maison de Louvain, en Belgique. Or, au cours de la première guerre mondiale, cette commune fut dévastée par les soldats allemands, qui brûlèrent tout sur leur passage – le petit pavillon de Joseph Van Ruymbeke inclus... Le mythe est en marche. Loin de se résigner, Joseph retraverse l'Atlantique. Il met au point des procédés révolutionnaires, qui vont notamment être utilisés pour nettoyer et désinfecter les abattoirs de Chicago. Il découvre aussi de nouvelles méthodes de désulfu-

1. Entretien avec l'auteur, août 2006.

ration du pétrole. Les affaires marchent bien, très bien même. En quelques années, Joseph Van Ruymbeke a reconstitué son capital. Il va même jusqu'à s'associer à la famille Rockefeller, dont l'aura va grandissant aux États-Unis. Visionnaire, le roué John D. Rockefeller a compris avant tout le monde l'intérêt d'investir dans l'or noir. Avec ses techniques d'avant-garde, Joseph Van Ruymbeke peut lui apporter une aide précieuse. Prometteuse sur le papier, l'association se révèle être un marché de dupes : naïf, l'inventeur va se faire déposséder de tous ses brevets, et perdre brutalement toute sa fortune... Joseph Van Ruymbeke décide de repartir de zéro. En quelques années, notre Sisyphe parvient, une fois encore, à se refaire, grâce à de nouvelles inventions. À la fin des années 1920, c'est redevenu un homme riche. Échaudé par l'épisode de Louvain, il a pris soin, cette fois, de placer son argent en lieu sûr, en l'occurrence dans de grands établissements financiers américains. C'est à croire qu'il est maudit : en octobre 1929, le Krach de la Bourse de New York, qui va plonger l'Amérique dans la Grande dépression, n'épargne pas le malheureux Joseph Van Ruymbeke. Il se retrouve ruiné en l'espace de quelques heures. Mais il en faudrait plus pour le décourager. Patiemment, il va s'atteler à reconstituer son pécule... Inutile, après cela, de se demander d'où Renaud Van Ruymbeke tient sa formidable ténacité. Certains de ses fils (il a eu neuf enfants au total), dont le père d'André, Bobby, naîtront sur le sol américain mais viendront rapidement s'installer en France. En 1918, quatre des fils de Joseph mettent le cap sur Marseille. Bobby (né en 1898), Douglas, Gaston et Joseph-Charles ont un point commun : ils adorent le football, ce sport encore confidentiel, d'autant moins apprécié en France qu'il a été inventé par ces maudits Anglais ! Le quatuor est doué. Très doué. Phénomène sans doute unique dans les annales du sport, les quatre frères Van Ruymbeke intègrent l'équipe première de l'Olympique de Marseille, club avec lequel trois d'entre eux (Bobby, Douglas et Gaston – ce dernier en tant que remplaçant) gagnent même la Coupe de France, au stade Pershing, à Paris, en 1924 (3-2 contre Sète).

Le grand-père de Renaud, qui fut un brillant pilote de chasse durant la Première Guerre mondiale, joue dans les buts. C'est pour cette raison que, lors de ses premiers matches, le futur magistrat demandera à occuper le poste de gardien, avant de renoncer, l'expérience ne s'étant pas révélée probante... Si l'on en croit *Le Miroir des Sports* d'avril 1924, le grand-père du juge ne fut pas tout à fait irréprochable lors de la fameuse finale contre Sète : « Après un quart d'heure de jeu, Cazals enlève le ballon des mains de [Bobby] de Ruymbecke, qui avait bloqué insuffisamment un shot de près de Caballero et égalise. » À l'époque, la presse sportive, plutôt que « Van Ruymbeke », parlait des frères « De Ruymbecke », qui avaient souhaité franciser leur patronyme.

Aux yeux du jeune Renaud Van Ruymbeke, Bobby, qui dut stopper prématurément sa carrière de footballeur après s'être cassé la jambe, quelques semaines après la victoire en Coupe de France, est une figure d'autant plus mythique qu'elle est abstraite. Car, à la maison, le sujet est tabou : André ne parle jamais de son géniteur, qu'il se souvient n'avoir vu que trois ou quatre fois dans son enfance. « La dernière fois, ce devait être en 1942 ou 1943, lorsqu'il est parti pour le Rwanda-Burundi, où il était planteur. Mais, même si je lui ressemble comme deux gouttes d'eau, je ne l'ai jamais considéré comme mon père. [1] » André Van Ruymbeke n'avait que mépris pour cet homme – décédé en 1963 – qui s'était rendu coupable du pire des péchés : abandonner sa progéniture. Il se qualifiait d'ailleurs lui-même auprès de ses amis d'« enfant naturel ». André Van Ruymbeke s'efforcera ainsi d'être, pour ses enfants, le père qu'il n'avait pas eu.

1. Entretien avec l'auteur, septembre 2006.

2

« Magistrat ? C'est un corps de lâches »

C'est proprement ne valoir rien que de n'être utile à personne.

René DESCARTES, *Discours de la méthode.*

Il ne faudrait pas grandir. Et, accessoirement, ne pas déménager. Quitter la maison où l'on a été élevé est souvent un déchirement. Pour Renaud Van Ruymbeke, ce fut un drame. Il survint en 1965. Il avait alors treize ans. « Quand mes parents m'ont annoncé que l'on quittait Cachan pour nous installer, à six, dans un cent mètres carrés rue Lacordaire, dans le XVe, ça m'a fait un choc... » Adieu les formidables séances de cache-cache, les interminables parties de foot, les pique-niques improvisés dans le jardin, les barbecues du dimanche... Renaud Van Ruymbeke pleurera longtemps son Éden perdu.

Désormais parisien, Renaud doit se résoudre à abandonner ses copains, restés étudier à Lakanal. Il va poursuivre sa scolarité au lycée Buffon, boulevard Pasteur. Il lui faut désormais partager sa chambre avec ses deux frères, Olivier et Bertrand. Faute de place, le piano est installé... dans le couloir. C'est un piano droit, acheté d'occasion. Mais l'appartement de la rue Lacordaire se révèle décidément trop exigu pour la grande famille. Du coup, en 1968, les Van Ruymbeke mettent le cap sur le XIIIe. Ils emménagent rue Charbonnel, dans un appartement moderne, à la fois plus confortable et plus spacieux. Le logement dispose d'une vaste terrasse ; de plus, il est situé à proximité du magnifique parc Montsouris. Renaud dispose de sa propre chambre, qui abrite enfin son instrument de musique chéri. Entre-temps, la situation financière d'André Van Ruymbeke s'est grandement améliorée, puisqu'il a été nommé à la tête du tout-puissant FORMA, le Fonds d'orientation et de régularisation des marchés agricoles.

À Paris, l'adolescent continue toutefois à jouer au foot. Au collège, il se fait un copain qui lui propose de le rejoindre dans son équipe. Ni une ni deux, il s'inscrit à l'Association sportive et artistique (ASA) du VIIe arrondissement. Tous les vendredis soir, il s'entraîne au stade Suffren, près de la tour Eiffel. Et le dimanche après-midi, c'est le grand jour : il y a match. Le jeune garçon adore la compétition, ces montées d'adrénaline qui rythment les minutes précédant le coup d'envoi. Il sait, déjà, parfaitement gérer son stress. Et puis, par la grâce de quelques retransmissions télévisées, il se découvre une nouvelle idole : Johann Cruyff, l'avant-centre néerlandais. Devant son poste, il ne manque pas une miette des exploits de l'Ajax Amsterdam, qui règne alors sur l'Europe du football. Les Rouge et Blanc imposent un look (cheveux longs, dégaine de rock stars), et surtout un style : le fameux football total, où tous les joueurs participent, multipliant les courses et les échanges de balle. L'Ajax et son prodige Cruyff, dont les accélérations foudroyantes l'envoûtent, meublent les rêves de l'adolescent Van Ruymbeke. Il s'intéresse à d'autres sports. Il ne manque pas une miette des jeux Olympiques de Mexico, en 1968, et vibre aux exploits des athlètes noirs américains : Bob Beamon et son saut d'extraterrestre (8,90 m à la longueur), bien sûr, mais aussi Tommie Smith et John Carlos, respectivement premier et troisième du deux cents mètres, qui écoutent sur le podium l'hymne des États-Unis, tête baissée et poing ganté de noir, par solidarité avec leurs frères de couleur en butte à la ségrégation. L'image, passée à la postérité, ne trouble guère le jeune homme, qui n'a pas encore de conscience politique.

C'est d'ailleurs de très loin qu'il suit le mouvement de mai 68. Il se souvient simplement d'une période d'allégresse. De toute façon, son père a décidé que cette révolte de petits-bourgeois relevait du caprice d'enfants gâtés. À son fils Bertrand, âgé de six ans, qui lui demande qui sont ces manifestants, il rétorque, implacable : « Ce sont des gens qui t'empêchent d'aller à l'école. » Inutile de préciser que le gamin se sentit immédiatement en phase avec les contestataires ! « C'est le bazar, les gens ne travaillent plus », répète sans arrêt André Van Ruymbeke à Renaud, qui commence toutefois à prendre ses distances avec l'autorité paternelle. Non sans mal. Face à une personnalité aussi forte, il est bien difficile de se positionner. Renaud attendra l'âge de seize ans avant d'oser se heurter frontalement au *pater familias*. On ne s'attaque pas impunément à la statue du Commandeur... Dans ses Mémoires, publiés aux éditions Les Perséides (fondées par Thomas Van Ruymbeke, l'un des fils du magistrat), André Van Ruymbeke, qui évoque très peu sa famille, se souvient notamment de ce jour de mai où Renaud rapporta à la maison un tract appelant à une manifestation en faveur de De Gaulle. » « Ma femme et mon fils souhaitèrent y participer et je les approuvai [...]. Éliane et Renaud rentrèrent tard, exténués et enchantés [1]. » Olivier Van Ruymbeke se rappelle, lui, qu'« à la maison, on discutait toujours beaucoup de politique. Pendant les événements de mai 68, on écoutait tous les soirs à la radio ce qui se passait. Quant à Renaud, il était le seul dans sa classe à être contre les grévistes. Je suis persuadé que cela ne le dérangeait pas outre mesure. Il a toujours voulu avoir sa propre vision des choses, ne pas dépendre des opinions établies ou des convenances. C'est un peu une marque de famille !... [2] »

Été 1968. Le calme est revenu dans les facs. Après avoir vacillé, le pouvoir gaulliste, quoique vieillissant, a repris la

1. André Van Ruymbeke, *Une guerre et deux républiques*, Les Perséides, 2004.
2. Entretien avec l'auteur, octobre 2006.

main. Renaud Van Ruymbeke entame, lui, sa rébellion. À sa manière. Calmement mais fermement. Prototype de l'enfant sage, ce n'est pas vraiment le genre à claquer la porte du domicile familial pour aller découvrir les joies de la vie en communauté avec les hippies ou pour s'initier aux paradis artificiels au fin fond du Népal. Renaud Van Ruymbeke, qui a toujours un an d'avance au lycée, vient d'achever sa première C (section scientifique) sans briller, ses notes en mathématiques étant très mauvaises. Il est toutefois admis en terminale. Un soir, au dîner, il se lance. Froidement, en regardant son père dans les yeux, il lui annonce : « Papa, je passe en A [section littéraire], je veux faire du droit. » Son ton n'autorise aucune discussion. André Van Ruymbeke est fortement contrarié, davantage sans doute par le fait que son fils lui résiste que par la nature de son choix. « Mon père a découvert à cette occasion que, sous des abords dociles, Renaud dissimulait un sacré caractère[1] », souligne Fabienne Van Ruymbeke. André Van Ruymbeke va tenter de raisonner son fils, de lui expliquer que la section littéraire est une impasse et que le bac scientifique constitue le meilleur viatique pour accéder à l'ENA. Car, dans l'esprit d'André Van Ruymbeke, cela ne fait pas l'ombre d'un doute : son fils aîné doit marcher sur ses traces. Le passage par l'École nationale d'administration, où sont formés les hauts fonctionnaires, ne se discute même pas. Hors de question d'être commerçant, par exemple. « Depuis tout petit, rapporte Renaud Van Ruymbeke, j'entendais mon père évoquer "l'intérêt général", "le service public"... Je baignais dans cette culture et j'y adhérais, sauf que je ne voulais pas faire comme mon père. » L'adolescent veut désormais tracer son propre chemin, réussir par lui-même, peut-être pour se libérer d'un poids devenu trop pesant. Têtu, Renaud Van Ruymbeke ne cède pas. Il accable même un peu plus son père lorsqu'il lui explique, à la fin de ce fameux dîner, la finalité des études de droit qu'il envisage

1. Entretien avec l'auteur, août 2006.

de mener : « Papa, je veux être magistrat. » Le visage d'André Van Ruymbeke se décompose. Furieux, le haut fonctionnaire a cette phrase définitive, que son fils n'oubliera jamais : « Magistrat ? C'est un corps de lâches. Il n'y a pas eu beaucoup de résistants chez eux, un seul d'entre eux a refusé de prêter serment à Pétain ! » La sentence est à l'image de son auteur : impitoyable et sans appel. Dès le départ, Renaud Van Ruymbeke a une vision dévaluée de la magistrature, corporation peuplée, selon son père, de « larbins » et de « fainéants ». Autoritaire, André Van Ruymbeke n'en est pas moins intelligent. Il comprend que la décision de son fils, dont la détermination le surprend, a été mûrement réfléchie. À contrecœur, il finira par s'incliner. « Sa volonté était telle, je ne pouvais pas m'y opposer. Mais il est vrai que j'étais fort contrarié, admet aujourd'hui André Van Ruymbeke. Pour moi, c'est exact, les juges sont des pleutres. En 1940, ils ont obéi à l'occupant, puis ont retourné leur veste en 1944. J'en sais quelque chose : en tant que résistant, j'ai été poursuivi sous l'Occupation. Deux ans après, j'ai découvert que les mêmes qui m'avaient jugé condamnaient des collaborateurs... [1] »

C'est au cours de l'année 1968 que, progressivement, l'idée d'embrasser la carrière de magistrat a germé dans l'esprit de Renaud Van Ruymbeke. Élevé dans le culte du service public, il ne se voyait pas, de toute façon, travailler autrement qu'au profit de la collectivité. L'idée de rendre la justice le séduit, elle correspond bien à son tempérament raisonnable et équilibré. En première, même son professeur de maths le soutiendra dans son projet, persuadé que le remarquable esprit de synthèse dont fait montre son élève fera merveille dans cette profession. « J'avais une conception idéale, donc assez abstraite, de la justice, se rappelle Renaud Van Ruymbeke. Saint Louis sous son chêne, en quelque sorte. J'avais dans la tête l'image du juge de paix, du juge solitaire aussi, qui n'a de comptes à rendre à

1. Entretien avec l'auteur, septembre 2006.

personne. Je me disais que je pourrais être indépendant, alors que dans la fonction publique il y a toujours quelqu'un au-dessus de soi. À l'époque, je n'avais jamais rencontré de magistrat. Heureusement d'ailleurs. Sinon, je n'aurais sans doute pas choisi cette voie-là ! » Une autre raison, beaucoup plus terre à terre et donc moins avouable, a présidé à son choix. Devenir magistrat, c'est la possibilité de vivre en province, de retrouver un peu de son paradis perdu, une maison avec un grand jardin. Et puis, il aura du temps pour travailler son piano. Une carrière de haut fonctionnaire, dans cette France hypercentralisée, l'aurait, en revanche, sans doute contraint à rester à Paris. Car l'adolescent Van Ruymbeke ne s'est jamais fait à la capitale. La foule, le brouhaha des voitures, le manque d'espaces verts... Tout cela lui est insupportable. Quarante ans plus tard, il n'a pas changé d'un iota.

Décrétée érotique par Serge Gainsbourg, l'année 1969 est surtout studieuse pour Renaud Van Ruymbeke. Désormais pressé de découvrir l'univers de la magistrature, il se concentre sur ses études pour être certain d'obtenir son bac. Une fois ses devoirs terminés, il lui reste encore le piano, qui est désormais son principal hobby : il y consacre jusqu'à cinq heures par jour. Ces dernières années, il a beaucoup progressé sous la houlette d'un professeur qu'il adule (et réciproquement), le directeur du conservatoire des XVe et XVIe arrondissements, Guy Lasson – qui fut l'élève du grand pianiste Yves Nat. « Je me souviens que j'allais jouer chez lui. Son appartement donnait sur les quais, vers Bir-Hakeim. Dans une pièce calfeutrée, il y avait ce magnifique piano à queue. Quand il a joué devant moi, la première fois, j'ai été absolument émerveillé. Cet homme était fascinant, il avait une personnalité exubérante. Il m'a emballé. »

Pour ses seize ans, Renaud Van Ruymbeke a reçu un cadeau inestimable : un électrophone. Il se régale des symphonies de Beethoven, des concertos de Chopin... Ravel et Bach ont aussi ses faveurs. Mozart ? Il juge les compositions du génie autrichien trop empreintes de facilité. La rigueur, toujours. Inutile de préciser que l'avènement du rock'n roll le laisse parfaitement indifférent. Quand on lui demande s'il est plutôt Beatles ou Rolling Stones, il répond invariablement « Horowitz », l'immense pianiste d'origine russe ! Aujourd'hui encore, lorsque l'un de ses – nombreux – enfants lui lance : « Papa, tu n'es vraiment plus à la mode », le juge rétorque, pince-sans-rire : « Mais je ne l'ai jamais été. » Parfois, pour les provoquer, il leur lâche : « Vous savez, la musique douce, c'est celle qu'on joue dans les porcheries, il paraît que ça permet aux cochons d'engraisser plus vite, et aussi dans les supermarchés, pour inciter les gens à consommer ! » Des arguments auxquels ses enfants sont restés insensibles jusqu'ici… « Renaud était dès son plus jeune âge comme habité par la musique classique, confirme sa sœur Fabienne. À Paris, quand il n'avait pas classe, il lui arrivait de faire jusqu'à sept heures de piano par jour. Les voisins devenaient fous ! On a fini par mettre le piano, qui était dans le couloir, dans sa chambre. Il était vraiment très doué, il a fini deux fois deuxième du concours de Paris. Il aurait pu faire carrière, la question s'est posée à un moment. Mais il n'a vraiment percé qu'à dix-sept ans, ce qui est déjà tard pour un pianiste.[1] »

L'adolescent Van Ruymbeke lit aussi beaucoup. « J'aime la lecture car elle permet de se dégager de la réalité, d'aller vers l'abstraction, exactement comme la musique classique », dit-il. Il se passionne pour l'histoire, notamment la période révolutionnaire et l'abolition des privilèges qu'elle a entraînée. À seize ans, la découverte des œuvres de Jean-Jacques Rousseau, en particulier les *Rêveries du promeneur solitaire*, qui devient son livre de chevet, agit comme une révélation. « Je me suis totalement identifié à lui, avoue le juge. J'ai toujours été fou de la nature, allergique à la vie urbaine, aux voitures, à la pollution… » Grâce à Rousseau, mais aussi à deux professeurs charismatiques – l'un lit à ses élèves Heidegger dans le texte –, Renaud Van Ruymbeke s'initie à la philosophie. La discipline l'enthousiasme. Il plonge avec délice dans Socrate, dont l'une des devises – « Je sais que je ne sais pas » – paraît avoir été

1. Entretien avec l'auteur, août 2006.

inventée pour lui. Outre les penseurs grecs, Descartes avec son *Discours de la méthode*, mais aussi Hegel et Kant deviennent ses maîtres à penser. Ils le sont toujours : « Ce que j'apprécie chez ces philosophes, c'est leur absence totale d'a priori, de préjugés, la supériorité de la raison sur toutes les passions. » Un temps, Renaud Van Ruymbeke caresse d'ailleurs le rêve de devenir philosophe. Sauf que c'est un métier dont on vit rarement. Prof de philo, alors ? Impossible, à moins de se heurter à un nouvel oukase paternel. Car André Van Ruymbeke tient également les enseignants en très faible estime. Il ne cesse de critiquer ces fonctionnaires, accusés de ne pas travailler suffisamment, de ne pas être « dans l'action », en un mot de ne servir à rien. Pour André Van Ruymbeke, un vrai métier, cela consiste d'abord à agir concrètement pour le bien de la société.

Renaud Van Ruymbeke obtient son bac sans difficulté, en juin 1969, avec la mention assez bien (12,8 de moyenne générale). Il est toutefois extrêmement déçu de récolter un 8/20 en philo, sa matière favorite. Manque de chance, il est tombé sur un texte sur l'État, de Spinoza, qu'il ne connaissait pas... Il s'inscrit en droit à la faculté de Sceaux, dans les Hauts-de-Seine, à laquelle sont rattachés les étudiants du XIIIe arrondissement. Tous les jours, il se rend à pied à la station Cité universitaire pour prendre le RER, qui le conduit directement à Sceaux. À la fac, qui a été épargnée par l'agitation soixante-huitarde, c'est boulot-boulot. Ce n'est pas pour déranger le jeune Van Ruymbeke, qui sort peu. « À cette période, il vivait une vie quasi monacale, rapporte son frère Olivier. Il se levait à 4 ou 5 heures du matin, bossait son droit jusqu'à 8 heures, se rendormait une heure, puis faisait du piano jusqu'au déjeuner. Ensuite, il partait à la fac et, en rentrant, se remettait au piano avant de réviser ses cours. Je me souviens qu'il s'accordait comme seul moment de détente le dimanche soir, pour regarder un film à la télé ![1] »

Heureuse surprise, les études de droit, pourtant rébarbatives,

1. Entretien avec l'auteur, octobre 2006.

n'ennuient pas du tout Renaud Van Ruymbeke. Au contraire, quoique aride, cette discipline extrêmement rationnelle lui convient parfaitement. Ses résultats sont parmi les meilleurs. À l'université de Sceaux, il côtoie une étudiante nommée Édith Boizette, qui se fera connaître plus tard en instruisant – notamment – le dossier dit de la Vache folle et que Van Ruymbeke retrouvera au pôle financier. « Nous ne nous fréquentions pas vraiment, se souvient la magistrate. Il était assez solitaire, moi aussi du reste... Et puis, sauf pour les oraux, il venait assez peu à la fac, il n'était pas très assidu en cours, ce qui ne l'empêchait pas d'avoir les meilleures notes ! Il donnait l'image d'un autodidacte. À l'époque, je portais mon nom de jeune fille, Verdonck, et de ce fait je venais juste après lui dans l'ordre alphabétique. Ce n'était vraiment pas un avantage, parce qu'il était compliqué d'avoir des bonnes notes derrière lui ! [1] »

L'étudiant trouve malgré tout encore le temps de jouer au foot, toujours sous les couleurs de l'ASA du VIIe, et de travailler son piano jusqu'à quatre heures par jour. Les filles ? Bof, Renaud Van Ruymbeke n'est pas un coureur de jupons. Son frère Olivier se rappelle juste une brève aventure avec une lointaine cousine. « On ne l'avait appris que beaucoup plus tard, Renaud n'avait rien dit à personne. Dans la famille, on est très pudiques. Même entre frères, nous ne parlions jamais des filles. [2] » Et puis, André et Éliane Van Ruymbeke autorisent rarement leurs enfants à sortir. De toute façon, Renaud n'est pas à l'aise dans les boums. Il ne sait pas danser, déteste le twist, le rock et autres « perversions » musicales. Sans compter qu'il se moque totalement de son apparence – on ne parlait pas encore de « look ». Il est vrai que sa timidité ne lui facilite pas la tâche. Elle ne l'empêche toutefois pas de succomber aux charmes de Brigitte, une étudiante en musique, passionnée d'orgue, qui donne des cours pour subventionner ses études.

1. Entretien avec l'auteur, septembre 2006.
2. Entretien avec l'auteur, octobre 2006.

Ils se rencontrent au conservatoire du XVIe en 1969, alors qu'il est en terminale, et tombent amoureux l'année suivante. Les deux tourtereaux ne perdent pas de temps. Dès 1972, ils se marient. Il a vingt ans. La majorité est alors fixée à vingt et un ans. Du coup, à la mairie, ce n'est pas Renaud qui dit « oui », mais ses parents. Si ces derniers ont donné leur consentement à cette union, ils en désapprouvent le principe. Non pas qu'ils aient quelque chose contre leur future belle-fille, mais ils jugent leur fils aîné immature et craignent qu'il ne se soit précipité. L'avenir leur donnera raison. Mais, en ce temps-là, l'union libre se pratiquait assez peu. On rencontrait une fille, on se mariait, on avait des enfants, point. Pour le jeune Van Ruymbeke, tout cela a été trop vite. À l'époque, il n'avait pas vécu du tout. Très rapidement d'ailleurs, il a regretté les joies du célibat. D'autant que le couple ne fera pas les choses à moitié : un premier enfant, Virginie, naîtra de leur union dès juin 1974. Afin d'assumer son indépendance, Renaud Van Ruymbeke s'installe avec sa compagne dans un petit studio situé dans une tour, au onzième étage, avenue d'Ivry. L'appartement appartient à ses parents, qui le lui prêtent gracieusement. Au cours de sa dernière année de droit, il se trouve en parallèle un petit boulot. Rien de plus facile, à l'époque. Le pays est en pleine croissance ; le chômage, quasi inexistant. Pourtant, les Trente Glorieuses touchent à leur fin ; le premier choc pétrolier va bientôt plonger le pays dans une crise durable. Deux à trois fois par semaine, Renaud Van Ruymbeke travaille pour une société de marketing. Il livre des bouteilles de bière, comptabilise les ventes... Il est payé 10 francs l'heure.

Au mois de juin 1973, il obtient sa maîtrise de droit et, dans la foulée, passe le concours d'entrée à l'ENM, l'École nationale de la magistrature, où il est admis en décembre 1973. Quelle joie il éprouve lorsqu'il apprend qu'il est reçu ! Son père douche rapidement son enthousiasme : « Tu as choisi la facilité, Renaud, c'est un concours au rabais », lui lâche-t-il. Qu'importe, après quatre années de théorie, l'étudiant modèle a hâte de se confronter à la pratique. Reste encore un obstacle à franchir : l'armée. De son service militaire, Renaud Van Ruymbeke garde un mauvais souvenir. Trop de contraintes, d'ordres inutiles, de supérieurs stupides... Et puis, il est tout sauf militariste. Mais pas question d'y échapper. Son père, arc-bouté sur ses principes républicains, le lui a assez répété : « Ton service, tu le feras, comme tout le monde. » Comme tous les titulaires du diplôme de l'ENM, Renaud Van Ruymbeke avait la possibilité de faire une école d'officiers afin d'être directement aspirant. À ce titre, il aurait pu se choisir une planque, ou une place prestigieuse, dans la marine ou l'aviation. D'autant que son père lui propose d'intervenir en sa faveur. Mais il n'en est pas question. Il abhorre – déjà – les privilèges, les passe-droits, le piston... « Je ne voulais pas me la couler douce sur un bateau, cela m'aurait semblé injuste pour les autres », confie-t-il. Il ira donc dans l'infanterie, « comme tout le monde ». Il passe cinq mois à Coëtquidan, dans l'infanterie de marine. Puis il est rapatrié, en juin 1974, près de Paris, à Maisons-Laffitte, afin de se rapprocher de sa famille – sa fille Virginie vient de naître. À l'armée, il s'ennuie ferme. Se lever tôt ne le dérange pas, en revanche « jouer à la guéguerre », comme il dit, lui paraît totalement puéril. Il en profite pour faire du sport : du football, bien sûr, mais aussi du judo et beaucoup de footing. Surtout, il apprécie le fait que tout le monde, fils de commerçants, d'ouvriers ou de hauts fonctionnaires, se trouve sur un pied d'égalité sous l'uniforme kaki. Toujours ces grands principes, dont il ne se départira jamais... Il découvre ainsi la « France profonde », des jeunes qui ne savent même pas lire et à qui il donne un coup de main. En sa qualité d'aspirant, il obtient même, à Maisons-Laffitte, la responsabilité d'une section de trente soldats. Mais il se sent beaucoup plus proche des appelés que de l'encadrement. Au fil des mois, le manque de liberté lui devient intolérable. Les accrochages se multiplient avec les officiers de carrière. Un jour, un colonel lui donne tort alors qu'il est dans son droit, uniquement parce qu'il n'est pas gradé. Il vit très mal l'incident. Avec son père, il avait l'habitude d'obéir à une autorité intelligente, ce qui est loin d'être le cas à l'armée. Ses conflits répétés avec des supérieurs souvent bornés finissent par le braquer. Il commence à développer cette allergie à toute tutelle hiérarchique qui ne le quittera plus. Son goût de l'indépendance, déjà développé par opposition à son père, s'en trouve définitivement renforcé.

3

Juges rouges et peur bleue

Heureux est l'homme qui possède la rectitude du jugement.

Sénèque, *La Vie heureuse.*

Bordeaux, ses vignobles, ses ponts, son équipe de foot... et son école de magistrats. Au sortir d'un service militaire éprouvant, Renaud Van Ruymbeke est soulagé, en ce mois de février 1975, de mettre le cap sur l'Aquitaine. Il s'installe avec son épouse et leur fille Virginie, née huit mois plus tôt, dans un petit appartement situé dans le quartier Caudéran, proche du centre-ville. Bordeaux séduit assez rapidement l'apprenti magistrat. Il s'initie aux joies de l'œnologie, profite du climat tempéré... Et puis, dans cette grande ville bourgeoise, la retenue est de mise, ce qui correspond parfaitement à son caractère. D'ailleurs, à l'ENM, Renaud Van Ruymbeke ne s'intègre pas réellement, et se fait peu d'amis. Solitaire, voire sauvage, il a de toute façon peu de raisons de sortir : une femme et un enfant en bas âge l'attendent à la maison, ce qui le place en décalage vis-à-vis de la plupart de ses camarades, souvent encore célibataires. Le 29 mai 1976, Brigitte donnera naissance à Thomas. La famille Van Ruymbeke n'a pas fini de s'agrandir...

Cette première année d'étude, uniquement vouée à la théorie, ne l'enthousiasme pas. Il a le sentiment de faire une cinquième année de droit. Heureusement, à la fin de l'année, il s'initie enfin à la pratique. De novembre 1975 à décembre 1976, il effectue son stage sur la Côte d'Azur, au tribunal de Grasse. Rémunéré l'équivalent du SMIC, il loue une maisonnette à quelques kilomètres de la capitale du parfum, dont le charme légèrement désuet le séduit. Cette fois, il découvre vraiment son métier, sous toutes ses facettes. Il passe deux mois au parquet, puis deux mois au siège, deux à l'instruction, deux encore au tribunal pour enfants et enfin deux mois au tribunal d'instance. Il se plaît beaucoup au parquet, où il faut prendre sans arrêt des décisions : il a le sentiment d'assouvir son goût des responsabilités. D'autant qu'il n'est pas seulement observateur. On lui laisse effectuer certains actes, comme un substitut. « C'était un peu comme la conduite accompagnée, on pouvait faire des choses par nous-mêmes, mais en restant sous contrôle », se souvient-il. Il prend aussi beaucoup de plaisir au tribunal d'instance : le juge d'instance lui rappelle le juge de paix, chargé de régler les petits litiges (loyers, tutelles...) et bénéficiant d'une grande autonomie. Mais c'est encore son stage à l'instruction dont il conserve le meilleur souvenir. Il a été placé dans le cabinet du juge Jean-Yves Monfort, futur président de la 17e chambre du tribunal correctionnel de Paris. « Monfort, dit-il, était très compétent, très technique, une belle mécanique intellectuelle. Vraiment un modèle... J'ai beaucoup appris auprès de lui. Et puis, il y avait plein de dossiers passionnants à traiter. Des affaires de drogue, de détournements de fonds... » L'admiration semble réciproque, puisque Jean-Yves Monfort, aujourd'hui président du tribunal de Versailles, confie être « particulièrement fier d'avoir accueilli un tel stagiaire » dans son cabinet. « Pour moi, il fait partie des tout meilleurs juges d'instruction français. Malgré les ennuis qu'on lui a faits dans l'affaire Clearstream, je lui conserve mon estime et mon amitié. À Grasse, il était déjà comme il est aujourd'hui : incollable sur la procédure. On sentait chez lui une authentique passion pour le pénal, l'instruction. Et puis, il avait déjà ce côté juvénile, insouciant, qu'il a toujours conservé. Il avait beaucoup d'humour, une très grande distance par rapport à sa fonction, ce qui est à mon avis une qualité primordiale pour un juge d'instruction. Je me souviens qu'il m'avait confié avoir beaucoup hésité entre le conservatoire et l'école de la magistrature. Il me semble que beaucoup depuis ont regretté qu'il n'ait pas choisi la musique ! [1] »

Le piano, Renaud Van Ruymbeke l'a provisoirement délaissé en Gironde, faute d'espace et de moyens. En revanche, il pratique toujours le football, dans l'équipe des auditeurs de justice de Grasse. À l'instar de toute une génération, il est traumatisé, en mai 1976, par l'injuste défaite des Verts de Saint-Étienne en finale de la Coupe d'Europe face aux Allemands du Bayern Munich. Comme des millions de Français, il vibre devant son écran en voyant entrer sur le terrain, à quelques minutes de la fin, l'idole de l'époque, Dominique Rocheteau. Las, même « l'ange vert » se brisera les ailes sur le roc allemand... C'est à Grasse que Renaud Van Ruymbeke, voyant que plusieurs de ses collègues l'arborent, décide de se laisser pousser la moustache, qui ne le quittera plus. L'une de ses rares concessions à la mode. À la maison, Van Ruymbeke, malgré son jeune âge, pouponne avec plaisir. Avec un autre auditeur de justice, en stage à Grasse, il fait un pari insensé : les deux magistrats en herbe se promettent d'avoir chacun... douze enfants ! Van Ruymbeke s'arrêtera finalement à sept, ce qui est déjà, on en conviendra, un chiffre respectable.

À la fin de l'année 1976, Renaud Van Ruymbeke se voit remettre son diplôme de l'ENM. Cette fois, ça y est, il est vraiment magistrat. Son stage à Grasse lui a confirmé que son instinct ne l'avait pas trompé : c'est un métier de responsabilité, où l'on peut bénéficier d'une grande autonomie. Exactement ce qu'il recherche. Et tant pis pour ce que pense son père. Vient maintenant l'heure du choix. Il demande un poste de juge d'instruction et jette son dévolu sur le tribunal de Caen. Il obtient satisfaction. Pourquoi Caen ? À l'époque, son père

1. Entretien avec l'auteur, septembre 2006.

dirige l'Union laitière normande, basée à Saint-Lô. Ses parents vivaient la moitié du temps en Normandie et l'autre à Paris. Or, quoique déjà père de famille, Renaud Van Ruymbeke n'a pas encore tout à fait coupé le cordon qui le relie à ses géniteurs. Il manque de maturité et a besoin de leur présence rassurante à ses côtés. C'est avec une joie teintée d'appréhension qu'il prend ses nouvelles fonctions, le 1er février 1977. « Quand vous avez vingt ans, vous mourez d'envie d'avoir des responsabilités, mais, avec le recul, je me dis que j'étais trop jeune pour exercer de telles fonctions », reconnaît-il aujourd'hui. Au tribunal de grande instance (TGI) de Caen, il y a quatre juges d'instruction. L'ambiance est chaleureuse. Toutefois, Renaud Van Ruymbeke ne se fait pas de grands amis, plutôt des connaissances. Il prend déjà l'habitude de ne pas trop se lier, sachant que, dans cette profession, on est amené à déménager très souvent. En effet, pour progresser dans la carrière, c'est-à-dire obtenir de l'avancement, les magistrats doivent changer régulièrement de tribunal pour prendre de nouveaux postes. Van Ruymbeke travaille dans un petit bureau peu fonctionnel, aménagé dans les combles du vieux palais de justice de Caen. Avec ses grandes fenêtres rondes et son sol carrelé, le minuscule cabinet a toutefois beaucoup de cachet. Derrière son siège, le juge a accroché un dessin, placé sous verre, parodiant la célèbre phrase qui conclut invariablement les albums de Lucky Luke : « *I'm a poor lonesome JI* » (« Je suis un pauvre juge d'instruction solitaire »). « Ce croquis de Lucky Luke m'avait été offert par un ami qui connaissait un jeune très doué pour le dessin. Je le trouvais à la fois très drôle et esthétiquement parfait. Il amusait tout le monde, j'y étais très attaché. » Ce dessin, Van Ruymbeke ne s'en séparera plus, jusqu'à cette funeste nuit de février 1994, lorsqu'un terrible incendie ravagera le parlement de Bretagne, qui abrite le palais de justice de Rennes. Du cabinet du juge, il ne restera qu'un amas de cendres. Aucune trace de son large bureau métallique, qui a fondu comme du beurre, ni bien sûr de ses dossiers et de son fameux dessin. Le lendemain du sinistre, sous les yeux d'un collègue affolé, Van Ruymbeke, en équilibre sur une poutre miraculeusement épargnée par les flammes, traversera ce qu'il reste de son cabinet, le visage maculé de suie, défiant le vide, pour accéder à l'armoire en fer qui semblait encore en état. Las, tous les documents rangés à l'intérieur ne formaient plus qu'un magma dégoulinant... Il pleurera surtout la disparition de sa robe de juge, à laquelle il était tellement attaché : c'est sa mère qui la lui avait offerte, le jour où il avait été reçu à l'ENM...

Tout va très vite. À peine installé à Caen, c'est à son tour d'accueillir des magistrats stagiaires dans son cabinet. Il garde ainsi un bon souvenir du stage effectué par Éric Halphen. « Un excellent auditeur, très ouvert », affirme-t-il. Aujourd'hui de retour dans sa corporation d'origine après avoir tenté sa chance, avec des fortunes diverses, en politique et en littérature, celui qui s'est mis en congé de la magistrature en janvier 2002, après que la cour d'appel eut sanctionné des erreurs procédurales en le dessaisissant de l'affaire des HLM de Paris, n'a pas souhaité évoquer cette période de sa vie. « Je n'ai aucune envie de parler de Renaud Van Ruymbeke », lâche-t-il durement. On comprend mieux les réticences d'Éric Halphen à la lecture de son dernier ouvrage, publié en août 2006, dans lequel il reproche à son ancien collègue de « hurler avec les loups » – en l'occurrence d'avoir pris position en faveur de la suppression du juge d'instruction, à l'occasion d'un entretien accordé au *Monde* en janvier 2006. « C'est lui, l'élément déclencheur, la goutte d'eau », écrit Halphen, qui explique en préambule que c'est à la lecture de cette interview qu'il a décidé de rédiger ce plaidoyer pour la fonction de juge d'instruction. « Oui, lui ; Renaud Van Ruymbeke. Un de mes symboles, de mes repères. Un de ceux qui m'avaient accueilli à Caen, quand j'étais auditeur de justice, qui dans son vieux cabinet au plafond voûté et aux fenêtres basses m'avait enseigné les rudiments, livré quelques ficelles. Et conforté dans mon désir. Lui avec qui j'ai échangé des balles, parfois, sur les courts élégants du stade

Hélitas, qui m'a plusieurs fois convié en sa demeure et à qui il est arrivé de dormir chez moi. Non, impossible. Une sorte de trahison. [1] »

À Caen, Renaud Van Ruymbeke, de même que ses trois collègues juges d'instruction, accueille aussi dans son cabinet des étudiants en droit désireux de se confronter au quotidien de la justice. Parmi eux, Didier Duval, aujourd'hui sous-directeur des affaires économiques et financières à la Direction centrale de la police judiciaire. « J'ai passé une année passionnante, en 1977, aux côtés des quatre juges d'instruction, se souvient-il. Van Ruymbeke avait été très gentil, très accueillant. Je me rappelle qu'à l'époque, même s'il était encore inconnu du grand public, il était déjà très réputé, à la fac comme au palais de justice. Il impressionnait tout le monde par son sérieux, son extrême rigueur, son grand professionnalisme. [2] »

Renaud Van Ruymbeke découvre le métier de juge d'instruction au moment même où celui-ci change de nature – et de statut. Jusqu'alors considérés comme des notables, au même titre que les notaires, les instituteurs, les grands chefs d'entreprises ou les élus, les juges s'émancipent. Du moins certains d'entre eux, qui découvrent même les délices du vedettariat. Actée par la mort de Georges Pompidou, la fin du gaullisme historique et la diffusion progressive de l'esprit contestataire soixante-huitard à toutes les couches de la société finissent par rejaillir sur la magistrature, corps pourtant éminemment conservateur. Renaud Van Ruymbeke a ainsi été profondément marqué par les « exploits » des juges Henri Pascal et Patrice de Charrette, qui osèrent s'en prendre à des notables. Le premier fit incarcérer, en 1972, un notaire de Bruay-en-Artois, qu'il soupçonnait du meurtre d'une adolescente. Mais Henri Pascal, surnommé « le petit juge », fut dépassé par son dossier et assista,

1. Éric Halphen, *Le Bal des outrés – Propositions en réponse à ceux qui veulent tuer le juge d'instruction*, Privé, 2006.
2. Entretien avec l'auteur, octobre 2006.

impuissant, à son dessaisissement et à la mise hors de cause du notaire. Le second envoya, en 1975, un patron en prison dans une affaire d'accident du travail. Une décision spectaculaire qui provoqua un scandale sans précédent. Le chef d'entreprise fut rapidement remis en liberté par la cour d'appel, et l'insolent magistrat désavoué. Membre du Syndicat de la magistrature, une organisation marquée à gauche créée après les événements de mai 68, le juge de Charrette devint, pour la presse, « le juge rouge ». Et puis vinrent ceux qui eurent le courage de se dresser, seuls ou presque, contre la pègre. Plusieurs y laissèrent leur vie : le juge François Renaud, surnommé « le shérif » (assassiné en 1975), ou encore le juge Pierre Michel (abattu en 1981).

Impressionné par le cran de ces magistrats, Renaud Van Ruymbeke ne verse toutefois pas dans l'admiration béate. « Je ne fonctionne pas par rapport à des modèles mais par rapport à des idées, résume-t-il. Les juges Pascal et Renaud, par exemple, avaient des personnalités trop atypiques pour que je m'identifie à eux. » Ces deux juges, de fait, étaient aussi courageux qu'iconoclastes. L'un parlait sans arrêt aux médias, l'autre fréquentait les truands pour obtenir des informations... « Le fait que l'on puisse tuer un juge me choquait profondément. L'assassinat qui m'a le plus touché reste celui du juge Michel », se rappelle Van Ruymbeke. Le jeune magistrat vit également très mal les « affaires d'État étouffées » : l'enlèvement de Ben Barka, le scandale de la Garantie foncière et, surtout, l'affaire Jean de Broglie, du nom de ce député gaulliste assassiné à Paris en décembre 1976. « J'avais été scandalisé, dit-il, par l'intervention du ministre de l'Intérieur, Michel Poniatowski, qui déclara, après la mort du député, alors qu'il y avait une instruction en cours : "Toutes les personnes impliquées ont été arrêtées. Le coup de filet est complet." On sentait qu'il y avait derrière bien plus qu'une affaire crapuleuse, sans doute un règlement de comptes politique. » Van Ruymbeke a plus de mal à l'époque à se positionner par rapport à l'affaire de Charrette. « Je ne me suis jamais considéré comme un "juge rouge", et je n'appartiens à aucune chapelle », souligne le magistrat, qui n'a par exemple jamais été syndiqué.

En tout cas, le jeune juge découvre à cette occasion la puissance que lui confère son statut. Ce pouvoir, celui notamment de mettre en détention, il est à la fois jouissif et effrayant. Van Ruymbeke en mesure toute l'étendue dès sa première affaire, début 1977. Il s'agit d'un dossier de viol. Un commerçant, domicilié près de Caen, est soupçonné d'avoir abusé d'une éducatrice âgée de vingt ans. La jeune femme reconnaît son agresseur. Estimant les éléments à charge suffisants, le néophyte prononce sa première inculpation... et sa première incarcération. Le commerçant nie catégoriquement. Van Ruymbeke est mal à l'aise. Il ne sent pas cette affaire. S'il a placé le suspect en prison, c'est pour vérifier son alibi et procéder à toutes les investigations possibles. Il s'agit d'aller vite. Hors de question de laisser un éventuel innocent croupir dans une cellule. « Je n'avais vraiment aucune certitude, révèle-t-il. À l'époque, malheureusement, on ne connaissait pas les prélèvements d'ADN. En fait, c'était parole contre parole. » Le juge décide d'explorer la personnalité des deux protagonistes de son dossier. Il en conclut que le commerçant a effectivement le profil d'un agresseur sexuel... et l'éducatrice a celui d'une affabulatrice ! La jeune femme avait déposé une plainte similaire, quelques années auparavant, dans des circonstances troubles... Van Ruymbeke plonge dans les affres du doute. Il a peur. Peur de se tromper. Peur de laisser un innocent en prison... ou de libérer un violeur. Terrible alternative. Au bout d'une semaine, contre l'avis des policiers, persuadés de tenir le coupable, il décide finalement de remettre en liberté le commerçant. Quelques mois plus tard, il lui accordera un non-lieu, faute de preuves. Dès sa première affaire, il acquiert la conviction que, en toute circonstance, le doute doit profiter à l'accusé, au suspect. Et s'aperçoit qu'il détient un pouvoir extraordinaire, presque exorbitant : celui d'envoyer des gens en prison. Loin de le griser, cette puissance l'effraie. De cette époque date sans doute sa réticence à recourir à la détention provisoire.

Van Ruymbeke l'ignore, mais il avait failli hériter, d'entrée, d'un dossier explosif. Comme si cet homme, par un improbable sortilège, aimantait littéralement les affaires sensibles. Quelques semaines après son installation au tribunal, Van Ruymbeke est de permanence. La première affaire qui passe doit lui revenir. Et voilà qu'il est informé par la police de la découverte de deux cadavres dans un appartement chic du centre-ville. Deux jeunes gens victimes d'une overdose, sans doute au cours d'une « drogue-partie ». À l'époque, en France, beaucoup d'adolescents découvraient les substances artificielles dont on mesurait encore assez mal les effets : on recensait jusqu'à cent overdoses par an... Les deux victimes ont succombé à une « OD » d'héroïne. Mais l'information principale n'est pas là : la funeste soirée était organisée au domicile du fils du bâtonnier, accessoirement sénateur et maire de Caen, Jean-Marie Giraud... L'affaire est d'autant plus délicate qu'elle survient à quelques jours seulement des élections municipales, organisées en mars 1977, et que le maire de Caen est alors pressenti pour être nommé par le gouvernement... « Monsieur Drogue ». Alors doyen des juges d'instruction du tribunal, Georges Moitié raconte la suite : « J'ai été convoqué au parquet et, là, je me suis retrouvé face au procureur et à ses substituts, la mine sombre. Ils m'ont résumé l'affaire et m'ont dit qu'ils étaient embêtés à l'idée que le jeune Van Ruymbeke instruise un pareil dossier d'entrée de jeu ! Ils m'ont demandé si je ne pouvais pas l'instruire à sa place. J'ai pensé qu'ils avaient raison et j'ai accepté. [1] »

Au cours de ces premiers mois à Caen, les affaires de délinquance sexuelle constituent le quotidien de Van Ruymbeke. Incestes, attouchements, viols... Le jeune magistrat se plonge, jusqu'à la nausée, dans des dossiers sordides. Il n'imaginait pas son métier sous cet aspect-là. Il se souvient encore avoir été terriblement choqué par des parents qui battaient violemment

1. Entretien avec l'auteur, octobre 2006.

leur enfant. Il découvre la misère humaine, le quart-monde... Le jeune homme prend la mesure du décalage entre le milieu dans lequel il a été élevé et celui auquel il est désormais confronté. Il s'aperçoit qu'il est possible d'abuser sexuellement de ses enfants, et même de trouver cela normal sous prétexte que ses parents faisaient la même chose. Il comprend que les valeurs que lui ont inculquées ses parents ne sont pas partagées par tout le monde. Extrêmement déstabilisé, Renaud Van Ruymbeke en tirera toutefois une certitude : il est impossible de rendre justice sans tenir compte du contexte.

Mal à l'aise dans ces dossiers, qui heurtent trop sa grande sensibilité et remettent en cause ses convictions humanistes, il va heureusement s'initier à un autre type d'affaires, beaucoup plus adaptées à ses qualités – et à son caractère : les enquêtes financières, dont les prémices commencent à se faire sentir dans les tribunaux. Il en tâte un peu à travers quelques dossiers de vol ou d'escroquerie. C'est une révélation, il a le sentiment d'avoir trouvé sa voie. Du coup, lorsqu'il apprend, début 1979, qu'en vertu d'une loi votée quatre ans plus tôt, un poste de juge spécialisé dans la matière financière est créé à Caen, il postule immédiatement. Coup de chance, sa candidature est acceptée. Il faut dire qu'à l'époque, on ne se bousculait pas pour conduire ces enquêtes, réputées complexes et – surtout – risquées en terme de carrière, car il y a toujours l'éventualité, au fil des investigations, de tomber sur un notable... D'autre part, dès ses débuts dans la magistrature, Van Ruymbeke a été bien noté par sa hiérarchie, qui pouvait de ce fait difficilement lui refuser ses demandes de mutation. L'examen de son dossier administratif indique toutefois que, dès le départ, ce juge atypique a aussi suscité certaines réserves chez ses notateurs. Ainsi, en 1978, le président du tribunal de grande instance de Caen déplore « un manque de pondération et une vision des situations trop peu nuancée », imputés à la jeunesse du magistrat. L'année suivante, le nouveau président du TGI, M. Daussy, indique à propos du juge : « Ses instructions sont bien menées mais parfois sans mesurer suffisamment le respect des règles juridiques. M. Van Ruymbeke devra aussi, pour devenir un excellent magistrat, modérer ses jugements et réactions. » La même année, le premier président de la cour d'appel de Caen va jusqu'à préconiser que Van Ruymbeke soit « suivi et conseillé dans la mesure où, comme beaucoup de ses jeunes collègues, il est susceptible d'accepter des avis et plus encore de les suivre ». En 1980, juste après l'affaire Boulin, le président Daussy n'épargnera pas Van Ruymbeke dans son rapport : « Confronté à des situations exceptionnellement difficiles, M. Van Ruymbeke n'a pas toujours su garder son sang-froid, de même qu'au cours de ses procédures il s'est quelques fois écarté du strict respect des règles juridiques. » Un commentaire que l'on ne peut manquer de mettre en résonance avec le comportement du magistrat dans l'affaire Clearstream, vingt-cinq ans plus tard... « Il est permis d'espérer que, l'expérience venant, M. Van Ruymbeke gagnera en pondération et fera alors un excellent magistrat », nuançait toutefois le président du TGI de Caen. Interpellé sur ces commentaires par l'Inspection générale des services judiciaires (IGSJ), le 20 octobre 2006, Van Ruymbeke déclarera : « Le président Daussy était connu pour être proche du pouvoir politique en place à l'époque. Il n'a jamais eu l'honnêteté ni le courage de me dire en face ce qu'il écrivait dans ses appréciations. [...] J'observe quand même, ajoutera-t-il, qu'après la notation de 1978 du président du TGI de Caen on m'a confié début 1979 la responsabilité d'un cabinet financier regroupant les affaires les plus complexes de l'ensemble de la cour d'appel ; je m'étonne que l'on ait pu confier une telle responsabilité à un magistrat présentant des péchés de jeunesse. »

Désormais juge spécialisé, Van Ruymbeke, qui va retaper lui-même une petite maison en centre-ville (dotée d'un jardin, bien sûr), se voit confier plusieurs dossiers restés jusqu'alors en sommeil au tribunal. Enterrés. Il les rouvre, un par un, avec délectation. Pourtant, la matière est aride. Mais le défi, excitant. Il a un peu le sentiment de débarquer en terra incognita, d'explorer des voies que ses prédécesseurs ont soigneusement évitées. « Dès le départ, l'investigation financière m'a plu », confirme-t-il. Savoir que certains s'en mettent plein les poches, volent les plus démunis, cela le choque. D'autant qu'à l'époque, les classes dirigeantes baignent dans un sentiment d'impunité absolue. Y mettre un terme correspond bien au caractère de l'idéaliste qu'il n'a en fait jamais cessé d'être.

Au palais de justice de Caen, l'ambiance est excellente entre les quatre juges d'instruction, dont les bureaux sont regroupés dans le même couloir. L'un d'entre eux, Bernard Callé, évoque avec plaisir cette période de sa vie : « Régulièrement, avec nos quatre greffiers, nous allions manger tous ensemble. C'était vraiment très sympa. » D'après le magistrat, « Van Ruymbeke était déjà le personnage que l'on connaît : très ouvert, toujours souriant, mais également extrêmement sérieux dans son travail. Secret aussi. Il n'aimait pas parler de ses dossiers, même à ses collègues. Il était aussi extraordinairement accrocheur. Pour sortir une affaire, il était prêt à tout, dans les limites du code de procédure pénale bien entendu. Et puis, il avait une conception dynamique du rôle de juge d'instruction. Par exemple, plutôt que de faire déplacer trois témoins domiciliés loin du tribunal, il n'hésitait pas à se rendre lui-même dans les locaux de la mairie ou de la gendarmerie proche de leur domicile pour les interroger. »[1] L'ancien doyen des juges, Georges Moitié, garde lui aussi un souvenir ému de ses années caennaises. « Entre juges d'instruction, on s'entendait très bien. Nous étions très soudés, notamment par opposition à un procureur pas drôle du tout, quelqu'un de très caractériel ! Et puis, nous étions bien contents que l'un de nous se soit dévoué pour s'occuper des dossiers financiers, qui n'intéressaient pas grand monde à l'époque et paraissaient bien compliqués. Il est apparu très vite que Van Ruymbeke, lui, maîtrisait parfaitement cette matière. Je me rappelle qu'il avait réussi à sortir des dossiers que quatre ou cinq juges d'instruction successifs n'étaient pas

1. Entretien avec l'auteur, octobre 2006.

parvenus à terminer. À l'époque, déjà, j'étais certain qu'il deviendrait un grand magistrat, un crack de l'instruction. [1] »

Le plus gros dossier dont hérite Renaud Van Ruymbeke était enlisé dans le cabinet d'un juge de Coutances, dépassé par l'affaire. Non pas qu'il ait refusé de l'instruire, mais les petites juridictions étaient – cela n'a d'ailleurs pas changé – dans l'impossibilité matérielle de gérer de gros dossiers. On apporte à Van Ruymbeke une armoire pleine de classeurs. La tâche s'annonce ardue. Le dossier Robert commence. Robert est l'un des plus gros notaires de la région, le notable par excellence. Personnage balzacien, il fait la navette entre la Normandie et son luxueux pied-à-terre parisien, situé sur l'île Saint-Louis. Soupçonné d'avoir détourné des fonds très importants, le notaire Robert est réputé intouchable, et il le sait. Franc-maçon de haut rang, il dispose d'appuis importants à la chancellerie. Van Ruymbeke n'en a cure. Il convoque les victimes du notaire, dont plusieurs sont défendues par un avocat talentueux nommé Roland Dumas. Van Ruymbeke entreprend de décortiquer minutieusement tous les comptes de Robert, ce qui lui prend un temps fou. « Ce qui m'a le plus marqué, c'est l'énormité du dossier ; il y avait des centaines de transactions suspectes, une masse formidable de mouvements financiers à analyser », se souvient-il. Ce travail de bénédictin ne le rebute pas, bien au contraire. C'est presque un jeu de fouiller ainsi des masses de documents à la recherche de la « pépite », l'indice ou la preuve d'une malversation. « Les montages étaient compliqués, c'était intellectuellement intéressant », confirme-t-il. Intéressant mais parfois, aussi, épuisant, car trop complexe. Certes, il s'est formé sur le tas et il peut s'appuyer sur la police judiciaire, qui compte déjà une section financière, mais tout de même, il sent bien qu'il a trop de lacunes. L'ENM ne lui a pas appris les mécanismes bancaires ni ceux de l'évasion fiscale... Alors, il décide de suivre des cours de comptabilité. Il s'inscrit, sur ses

1. Entretien avec l'auteur, octobre 2006.

propres deniers, à la fac de Caen. Une heure et demie par semaine, pendant un an, il va apprendre à déchiffrer les écritures comptables, à jongler avec les bilans... Il emmagasine de précieuses connaissances, dont il tirera profit tout au long de sa carrière.

Au cours de l'année 1979, le juge met à nu le système Robert, qu'il place en détention provisoire de crainte qu'il ne prenne la fuite. En 1980, il renvoie le notaire aux assises pour « détournement de fonds publics » et « faux en écritures publiques ». Mais Robert ne sera jamais jugé. Gravement malade, il décède en prison, juste avant l'ouverture de son procès. L'avocat du notable, Jacques Vergès, en voudra longtemps à Van Ruymbeke. Pour la seconde fois, et en l'espace de quelques mois, le principal protagoniste de l'un de ses dossiers meurt brutalement. La seconde fois, car, juste avant le notaire, un homme sur lequel il enquêtait s'est suicidé.

Un certain Robert Boulin.

4

Accusations d'outre-tombe : l'affaire Boulin

Celui qui se tue court après une image qu'il s'est formée de lui-même : on ne se tue jamais que pour exister.

André MALRAUX, *La Voie royale.*

À quoi tient le destin ? Quel chemin aurait emprunté la carrière de Renaud Van Ruymbeke s'il avait choisi un autre tribunal que celui de Caen pour effectuer ses premiers pas à l'instruction, puis s'il avait décidé de ne pas postuler pour ce poste de juge financier ?... Car parmi les dossiers qu'il a récupérés en prenant ses nouvelles fonctions, en février 1979, il s'en trouve un qui va le faire basculer dans un autre univers, celui de la célébrité. Mais de quelle manière...

Le jeune magistrat est loin de se douter de ce qui l'attend lorsqu'il s'attaque au volumineux – et obscur – dossier instruit jusqu'alors par un juge de Coutances, concernant des transactions suspectes menées à Ramatuelle, dans le Var. Au centre de cet imbroglio immobilier, un affairiste à la réputation controversée, Henri Tournet. Intime de Jacques Foccart, le « Monsieur Afrique » – et l'homme de l'ombre – du général de Gaulle, Tournet est suspecté d'avoir, par un incroyable tour de passe-passe, vendu deux fois les mêmes terrains, une trentaine d'hectares situés à Ramatuelle, sur la presqu'île de Saint-

Tropez. Cédés une première fois à des gros promoteurs normands, ils l'ont été une seconde fois à une société prête-nom, Holitour, derrière laquelle se dissimule en fait... Tournet lui-même. Profitant de la naïveté du notaire choisi par les promoteurs, Tournet l'a empêché, une fois l'acte de vente réalisé, de le publier aux hypothèques. L'acte n'est donc pas opposable aux tiers. En d'autres termes, les terrains, pourtant achetés par les Normands, tombent dans la poche de Holitour, c'est-à-dire redeviennent la propriété de Tournet. Les promoteurs lésés ont déposé plainte à Coutances, où la procédure a sommeillé plusieurs années. Lorsqu'il le récupère, le juge Van Ruymbeke est un peu perdu. Le dossier part dans tous les sens, il ne comprend pas ce qu'il s'est réellement passé.

Peu à peu, les choses finissent par s'éclaircir. Le magistrat acquiert la conviction qu'il a affaire à un escroc qui n'en est visiblement pas à son coup d'essai. Surtout, il découvre qu'une partie des terrains au cœur du litige, en l'occurrence une parcelle de deux hectares, a été revendue en 1974 par Tournet à un ministre, Robert Boulin. Dès lors, l'affaire change de dimension.

Personnage discret voire austère, Robert Boulin, dont le regard dégage une profonde mélancolie, est alors une figure de la majorité. Champion de la longévité ministérielle (treize fois ministre, avec neuf portefeuilles différents, seize ans de présence au gouvernement entre 1961 et 1979), le maire (RPR) de Libourne est réputé pour son intégrité et sa modestie. Homme de dialogue, il est particulièrement apprécié des organisations syndicales. Médaillé de la Résistance, ce gaulliste historique, très lié à Jacques Chaban-Delmas, est même pressenti pour succéder à Raymond Barre à Matignon. Valéry Giscard d'Estaing ne manque pas une occasion de louer la « compétence » et la « loyauté » de son ministre du Travail et de la Participation.

Dans les premiers mois de son enquête, le magistrat ne perçoit pas précisément le rôle joué par Boulin dans l'affaire de Ramatuelle. Au début, sa cible principale, c'est Tournet. Dans son esprit, Boulin lui semble davantage être une victime qu'autre chose.

Juin 1979. Le magistrat, accompagné de policiers, décide de mener une perquisition au domicile de Tournet, à Neuilly-sur-Seine. Tournet semble interloqué de voir les enquêteurs surgir chez lui. Évidemment, débarquer à l'improviste chez une personne disposant d'appuis en haut lieu, cela ne se faisait pas trop à l'époque. Visiblement, Tournet se pensait protégé. D'ailleurs, il ne s'en cache pas et annonce à Van Ruymbeke, menaçant, qu'il va faire jouer ses « relations ».

La perquisition est fructueuse. Les enquêteurs saisissent notamment des correspondances échangées entre Tournet et Boulin. Au terme de l'opération, Van Ruymbeke demande aux policiers de placer l'homme d'affaires en garde à vue, au commissariat de Neuilly, afin qu'il y passe la nuit. Lui-même rentre chez lui, à Caen. Il est convenu que Tournet lui sera présenté le lendemain à son cabinet afin d'y être inculpé.

Stupéfait, le juge apprend par la bande, le lendemain matin, que Tournet a été remis en liberté dans la nuit, à son insu. Tournet n'avait pas menti. Il dispose bien de soutiens au plus haut niveau. Avec l'aval d'un juge de Nanterre, un commissaire de police de Neuilly est intervenu et l'a fait libérer, pour « raisons médicales ». L'homme d'affaires semblait pourtant en pleine forme la veille. Van Ruymbeke n'en aura jamais la preuve, mais il a immédiatement la certitude que quelqu'un au gouvernement est intervenu afin de protéger Boulin. Furieux, le juge rédige le matin même un mandat d'amener, qu'il confie aux gendarmes, de préférence aux policiers, trop dépendants du ministère de l'Intérieur. Les militaires retrouvent Tournet dans la journée et le conduisent illico dans le cabinet du magistrat. Le soir même, Tournet était placé en détention provisoire. À travers cet épisode, Van Ruymbeke découvre, pour la première fois, les limites de son indépendance par rapport au pouvoir politique... mais aussi les frissons de la transgression.

Me Bernard Cahen, qui défendait alors Tournet, n'a pas oublié sa première rencontre avec le juge Van Ruymbeke.

« C'était assez surréaliste. Avec mon collaborateur, nous avons foncé en voiture vers Caen pour y assister notre client. Mais il était déjà tard, de sorte que le palais de justice était fermé. On a fait le tour et repéré une fenêtre où il y avait de la lumière, au deuxième étage. On en a conclu que ce devait être celle du juge Van Ruymbeke. Alors, tels des enfants, on a jeté des petits cailloux sur les vitres jusqu'à ce que la greffière nous remarque et nous ouvre ! » L'avocat se rappelle surtout avoir « tenté de profiter de l'inexpérience de ce magistrat en lui opposant de nombreux moyens de procédure ». « Il était tellement jeune ! C'était de bonne guerre. D'ailleurs, quelques années plus tard, il m'a remercié en me disant que j'avais été son meilleur professeur de procédure pénale... [1] »

Au cours de l'été, le jeune magistrat prend enfin conscience du rôle exact joué par Robert Boulin dans cette affaire. De victime, le ministre devient témoin principal puis suspect. Les nombreux documents saisis mais aussi les dépositions de Tournet, qui « lâche » le ministre, lui permettent de reconstituer le puzzle de Ramatuelle. Il découvre qu'au fil des ans, par faiblesse ou par naïveté, Boulin a couvert plusieurs opérations douteuses menées par son ami Tournet. Les deux hommes se sont connus en 1962, à Paris. Ils étaient voisins, rue de Rémusat. Cheveux et moustache blancs, toujours habillé de tweed, Légion d'honneur bien en vue, Henri Tournet porte beau. Il brasse tout un tas d'affaires, entre Neuilly et Ibiza, où se situe sa résidence principale, et se targue de hautes relations, dans tous les milieux. Quel contraste avec Boulin, personnage humble, effacé, voire terne, qui semble avoir embrassé la carrière politique comme on entre en religion...

À sa grande surprise, le juge Van Ruymbeke découvre que Boulin était intervenu une première fois pour son ami, en 1968. Tournet, beau parleur, avait convaincu la propriétaire de la Compagnie fermière des eaux et boues de la petite station

1. Entretien avec l'auteur, septembre 2006.

thermale de Saint-Amand-les-Eaux (Nord) de monter un projet pharaonique. Un complexe de loisirs avec, notamment, un casino. Restait à décrocher un prêt. Pour cela, il fallait obtenir l'accord d'une banque, mais aussi la garantie de la ville et du département. Tournet y parvint sans difficulté : avec l'aval du Crédit agricole de Lille, il obtint 5,7 millions de francs, une somme énorme à l'époque. Le juge s'aperçoit que toutes ces autorisations ont été débloquées sur intervention de Robert Boulin. Dans un ouvrage publié en 1993, les journalistes Jean-Marie Pontaut et Jacques Derogy ont raconté dans quelles conditions le responsable du Crédit agricole du Nord avait donné son feu vert : « Le téléphone sonne un jour sur son bureau. À sa stupéfaction, on lui annonce le ministre de l'Agriculture en personne (c'est, à cette époque, la fonction exercée par Robert Boulin). "Henri Tournet est un ami, on peut lui faire confiance", déclare, péremptoire, l'homme politique au directeur de banque tétanisé. Tournet aura son prêt...[1] »

Mais Saint-Amand n'aura pas son casino. Car les fonds débloqués s'évaporent immédiatement. Tournet quitte brutalement Saint-Amand, en octobre 1968, et fonde en Suisse la société Holitour avec l'argent détourné. Bien entendu, les banques exigent le remboursement des sommes avancées. Alors, une nouvelle fois, Boulin intervient, afin que la Région rembourse... L'escroquerie donnera lieu à une enquête judiciaire, ouverte, le 19 décembre 1973, au tribunal de Valenciennes.

Van Ruymbeke se fait communiquer le dossier et découvre que seuls deux lampistes ont été condamnés, en 1976 ! Ni Tournet ni Boulin n'ont été inquiétés... Pourtant, les éléments ne manquaient pas. Le juge tombe par exemple sur un courrier du 4 janvier 1974 adressé par le responsable du Crédit agricole de Lille au directeur général de la Caisse nationale de la banque verte. « À la suite d'escroqueries importantes, écrit-il, une partie

1. Jean-Marie Pontaut et Jacques Derogy, *Investigation, passion – Enquête sur 30 ans d'affaires*, Fayard, 1993.

des fonds de l'emprunt contracté par la Compagnie fermière a été détournée de son objet et c'est, indirectement, les contribuables du département du Nord et de la ville de Saint-Amand qui ont fait et feront, probablement, les frais des malversations. Un scandale risque donc d'éclater où seront impliqués les collectivités publiques ayant donné leur garantie, l'ancien secrétaire d'État au Budget puis ministre de l'Agriculture qui a appuyé l'opération et continue d'intervenir pour le compte du principal bénéficiaire des escroqueries, ainsi que la caisse régionale du Crédit agricole mutuel du Nord et la Caisse nationale du Crédit agricole qui, en toute bonne foi, ont facilité l'attribution du prêt. » Le juge découvre aussi des lettres envoyées par Tournet au même destinataire, dans lesquelles il met en avant sa relation privilégiée avec Robert Boulin. Le 26 mai 1973, il écrit ainsi au directeur général du Crédit agricole – qui s'est retourné contre lui : « M. Robert Boulin, qui me dit vous avoir connu alors qu'il était ministre de l'Agriculture, m'autorise à mentionner son nom et vous fournira des renseignements personnels me concernant si vous le jugez utile. » Encore plus explicite, cet autre courrier, toujours signé Tournet, du 23 novembre 1973 : « Le Crédit agricole du Nord lance une nouvelle procédure abusive, dans l'espoir fallacieux de me lasser [...]. M. Robert Boulin, après avoir pris connaissance du dossier, a eu l'obligeance d'accepter de vous rencontrer, et ceci dans un ultime effort de conciliation. » Lorsqu'il referme le dossier qui a été instruit au TGI de Valenciennes, Van Ruymbeke est consterné : comment une aussi grosse affaire a-t-elle pu être étouffée ?...

Pour le magistrat, en tout cas, le lien entre les deux dossiers est évident : c'est avec les fonds soustraits à Saint-Amand que Tournet a acquis trente-cinq hectares sur la presqu'île de Saint-Tropez. Mais Tournet n'avait pas prévu une difficulté majeure : les terrains ne sont pas constructibles. Alors, encore une fois, il s'est résolu à « actionner » son ami Boulin. Van Ruymbeke se rend lui-même dans le Midi, où il interroge les services de l'équipement, le cadastre, les préfets du secteur... Il apparaît qu'entre janvier et mars 1973, Robert Boulin est intervenu à quatre reprises auprès du préfet du Var pour obtenir des permis de construire. Le juge a d'ailleurs saisi au domicile de Tournet une lettre que lui avait fait parvenir Boulin, en janvier 1973. « J'ai effectué une pressante démarche auprès du préfet du Var afin d'appuyer la requête que tu lui as adressée en vue d'une exécution échelonnée de l'accord de construire vingt-six maisons à Ramatuelle », a imprudemment écrit celui qui était alors ministre des Relations avec le Parlement.

Le magistrat n'est pas au bout de ses surprises. Il s'aperçoit, donc, que Tournet a cédé à Boulin, en juillet 1974, deux hectares de terrain pour une somme dérisoire – 40 000 francs. Terrain dont, il faut le rappeler, Tournet n'est pas le vrai propriétaire. De plus, Boulin a obtenu, lui, que sa parcelle devienne constructible. Le juge comprend que, mécontent de ne pas obtenir de permis pour les trente-trois hectares restants, Tournet a commencé à faire chanter son ami. Datée du 27 février 1979, une lettre adressée à Boulin, dont le double a été saisi au domicile de Tournet, va causer la perte du ministre. « Il est certain, écrit Tournet, que j'ai protégé tes intérêts jusqu'à maintenant, ce qui m'a coûté beaucoup de temps, d'efforts et d'argent. J'ai agi ainsi par amitié, comme bien souvent, comme pour un certain soutien et financement électoral, comme pour le don du terrain... » Interrogé par le juge, Tournet, qui est toujours incarcéré, va plus loin et enfonce définitivement son ami. Il confirme que la vente est fictive et qu'il a remboursé Boulin. Il indique aux policiers où trouver son ancien chéquier sur la souche duquel est effectivement inscrit, en regard de la somme de 40 000 francs : « R. BIN ». C'est un chèque au porteur, qui a été encaissé le 13 février 1975 par un inconnu – sans doute un intermédiaire. En août 1979, Van Ruymbeke remet Henri Tournet en liberté, contre une caution de 500 000 francs. « Robert Boulin va interpréter, à tort, cette remise en liberté comme une faveur que j'aurais accordée à Tournet, pour le remercier de m'avoir "balancé" un ministre », estime aujourd'hui Renaud Van Ruymbeke. Le parquet (placé sous l'autorité du garde des Sceaux) ne s'étant pas opposé à cette remise en liberté, Boulin, qui commence à développer une forme de paranoïa, en conclut que la chancellerie est de mèche avec le juge pour le faire tomber. À la rentrée, l'affaire s'accélère. Les premiers articles sortent dans la presse. Le juge hésite à demander l'audition de Boulin, comme témoin, au Conseil des ministres. Plus tard, il se félicitera d'y avoir renoncé : que n'aurait-on dit, après le suicide de Boulin, s'il était intervenu après qu'il eut été convoqué ? Ironie de l'histoire, au printemps 1979, en discutant avec son père, Renaud Van Ruymbeke a découvert que ce dernier avait été, dans les années 1960, l'un des collaborateurs de Robert Boulin au secrétariat d'État au Budget puis au ministère de l'Agriculture. « Heureusement, ils n'étaient pas intimes, sinon je me serais déporté, avoue-t-il. Le hasard les avait fait se croiser, c'est tout. En tout cas, mon père n'a pas cherché à se mêler de mon enquête, il m'a juste dit que Robert Boulin avait la réputation d'être honnête. » Dans ses Mémoires, André Van Ruymbeke passe rapidement sur cet épisode : « Sans dire grand-chose, Renaud me demanda quel homme était Boulin. Je lui dis tout le bien que j'en pensais et que j'en pense encore.[1] » André Van Ruymbeke, qui coule une tranquille retraite du côté de Sainte-Maxime, précise : « Boulin, que je connaissais très bien, était l'intégrité même. Sa mise en cause dans cette affaire m'avait réellement surpris.[2] »

Début octobre, avec les premières fuites dans la presse, le scandale politique menace, plaçant le gouvernement et le président de la République dans l'embarras. D'autant que, depuis plusieurs mois, Valéry Giscard d'Estaing envisageait de nommer à Matignon le consensuel Robert Boulin, afin de désamorcer la crise qui couvait dans sa majorité. Car, en cet automne 1979, le climat politique est délétère. L'affaire des

1. André Van Ruymbeke, *Une guerre et deux Républiques, op. cit.*
2. Entretien avec l'auteur, septembre 2006.

diamants offerts à Giscard par l'empereur centrafricain Jean Bédel Bokassa éclate dans *Le Canard enchaîné* le 10 octobre. Une semaine plus tard, le Premier ministre, Raymond Barre, doit se faire hospitaliser en urgence suite à une crise d'hypertension. Dans un contexte économique défavorable (le second choc pétrolier enfonce un peu plus le pays dans la crise, les courbes du chômage et de l'inflation entamant une course infernale), la question du remplacement du Premier ministre se pose ouvertement. Dans la coulisse, Jacques Chirac, qui a claqué avec fracas la porte de Matignon en 1976, souffle sur les braises. Le président du RPR a objectivement intérêt à affaiblir Giscard, à qui il entend succéder en mai 1981. Raymond Barre donné partant, Alain Peyrefitte, alors garde des Sceaux, a eu un moment la faveur des pronostics, avant d'être supplanté par Robert Boulin. Avec son profil de technicien, ce gaulliste progressiste semble être l'homme idéal pour assurer à Giscard une fin de mandat dans un climat apaisé.

Las. À la mi-octobre 1979, après avoir fait parvenir une commission rogatoire à Bernard Lagriffoul, un juge de Libourne qu'il a rencontré lors de son stage à Grasse et qui deviendra son ami, le juge prend une nouvelle initiative. Il envoie une réquisition à la BNP de Libourne afin d'avoir accès au compte de Robert Boulin. Ce dernier l'apprend immédiatement ; il comprend que le piège vient de se refermer sur lui. Le juge recevra la réponse de la banque la deuxième semaine de novembre. Elle sera accablante pour Robert Boulin, qui a versé sur son compte une somme de 40 000 francs le 14 février 1975... soit le lendemain du chèque au porteur signé par Tournet.

Pourtant, Robert Boulin ne sera jamais inculpé, ni même convoqué, par Renaud Van Ruymbeke. Et pour cause : le 30 octobre 1979, la France, effarée, apprend que le corps du ministre du Travail et de la Participation a été retrouvé, noyé dans un étang, en forêt de Rambouillet. L'enquête, dont on découvrira par la suite qu'elle a été bâclée, conclut rapidement au suicide par absorption de barbituriques. La nouvelle de la mort de Boulin provoque un séisme dans le pays. D'autant que, avant de se donner la mort, le ministre a laissé une longue lettre d'explication au contenu explosif. Boulin accuse pêle-mêle la presse, ses amis politiques (notamment le garde des Sceaux, Alain Peyrefitte, « plus préoccupé de sa carrière que du bon fonctionnement de la justice »), Henri Tournet et le juge Van Ruymbeke lui-même de l'avoir poussé au suicide. Dans ce brûlot d'outre-tombe, Boulin dénonce « la collusion évidente d'un escroc paranoïaque, mythomane, pervers, maître chanteur avec un juge ambitieux, haineux de la société, considérant a priori un ministre comme prévaricateur, et avec certains milieux politiques dont hélas [ses] propres amis ne sont pas exclus ». La lettre s'attarde particulièrement sur le cas du « jeune juge Van Ruymbeke, aveuglé par sa passion de faire un carton sur un ministre », « qui joue au vedettariat et au Saint-Just ». « Je préfère la mort à la suspicion », conclut le courrier posthume.

Lorsqu'il est informé du décès de Boulin, le père de Renaud Van Ruymbeke culpabilise. « Je me sentais fautif de n'avoir rien pu faire, avoue-t-il dans son livre. Pourquoi Boulin, ou son entourage, ne m'avait-il pas appelé ? J'aurais pu, au moins, lui parler amicalement, comme en 1969, après l'échec du référendum qui l'avait si rudement secoué.[1] » Son fils, lui, ne dramatise pas. À vrai dire, il n'est pas totalement surpris. Le ministre se savait pris au piège. Son parcours exemplaire menaçait de s'achever dans le scandale et l'opprobre. Pour cet homme si soucieux de son image immaculée, le spectre de l'indignité avait été plus fort que la peur de la mort...

Et puis, pour le juge, Boulin, qu'il n'a jamais rencontré, reste un personnage abstrait, des images fugitives dans les journaux télévisés ou dans la presse, quelques remarques de son père... Pourtant, s'il reste placide, le jeune magistrat s'apprête à vivre les moments les plus difficiles de sa carrière, voire de sa vie. Car, très vite, c'est la curée. « Le jour de l'annonce de la mort

1. André Van Ruymbeke, *Une guerre et deux Républiques*, *op. cit.*

du ministre, c'est la presse qui a été attaquée, rappelle-t-il. Mais dès le contenu de la lettre adressée à l'Agence France-Presse connu, les médias me sont tombés dessus, trop contents de se débarrasser du boulet. » Prévenu par un collègue qui a découvert la teneur de la missive posthume à la radio, le magistrat voit une horde de journalistes fondre sur son cabinet. Il leur ferme la porte au nez, puis se ravise et tente de sortir. Malheureusement, les couloirs du palais de justice sont envahis par les reporters. Scène surréaliste : le juge, totalement paniqué, pris en chasse tel un gangster, parvient à échapper aux flashes des photographes et s'enferme, comme une bête traquée, dans la bibliothèque du palais. Il y restera caché une bonne partie de l'après-midi. C'est ici, dans ce décor un rien suranné, au milieu des ouvrages de droit, recueils historiques et autres vieux grimoires, que Renaud Van Ruymbeke va vraiment craquer. Affalé sur une chaise en bois branlante, le jeune magistrat va pleurer toutes les larmes de son corps, longuement... Il pense moins à sa carrière qu'à sa réputation. Et puis, il culpabilise. Est-ce que cette enquête méritait de provoquer la mort d'un homme ? Non, à l'évidence... Prisonnier volontaire de cette immense bibliothèque qui semble défier le temps, il mesure presque physiquement la solitude du juge d'instruction. « Cette affaire reste un abominable souvenir, confie aujourd'hui le magistrat. J'étais vraiment très très mal lorsque j'ai appris le décès de Robert Boulin. On m'accusait tout simplement d'avoir tué un homme ! En plus, je ne pouvais pas me défendre, j'étais bloqué : on ne polémique pas avec un mort. J'avais certes ma conscience pour moi, car il y avait un grand décalage entre les accusations posthumes de Boulin et la réalité, mais cela pesait d'un faible poids face à la dimension tragique du suicide d'un ministre. » Et puis, il y a les menaces. Le magistrat reçoit beaucoup de courrier : quelques témoignages de soutien, mais aussi de nombreuses lettres d'insultes, où il est parfois question de représailles... L'une d'elles, émanant d'un groupe d'anciens résistants – du moins se présentent-ils comme tels –, se conclut ainsi : « On te fera la peau. » Brigitte Van Ruymbeke, qui met au monde, le 6 novembre, leur troisième enfant, Guillaume, s'inquiète. Elle demande à son beau-père, qui a ses entrées à l'Élysée, d'intervenir. « J'ai été voir le directeur de cabinet de Giscard et je lui ai dit : "Tu vas avoir un nouveau juge Renaud sur les bras !" L'assassinat de ce magistrat, tué en 1975, était encore dans toutes les têtes. Alors, il a affecté un gendarme à la surveillance du domicile de mon fils [1] », raconte André Van Ruymbeke. En attendant que les choses se calment un peu, Renaud Van Ruymbeke retourne même vivre, avec femme et enfants, quelques jours chez ses parents, logés à l'époque dans un château, à Saint-Lô... Il s'agissait plutôt d'une gentilhommière quasiment en ruine pour laquelle André Van Ruymbeke avait eu le coup de foudre. Il lui fallut près de trois ans de travaux pour rendre le manoir habitable. C'est dans ce cadre idyllique, que Renaud Van Ruymbeke va se ressourcer.

Heureusement, les collègues du juge vont faire bloc autour de lui. « Nous avons essayé de le protéger des journalistes, qui le harcelaient dans les couloirs du tribunal mais aussi chez lui. C'était d'autant plus difficile pour lui que son épouse, presque au terme de sa grossesse, était à la clinique, raconte l'ancien juge d'instruction Bernard Callé. Dès la médiatisation des accusations de Boulin, j'ai été trouver mes collègues pour les convaincre de signer une motion de soutien. J'ai ensuite interrompu les audiences pour demander aux magistrats de se réunir d'urgence en assemblée générale. Tout le monde a compris ma démarche, et Van Ruymbeke, qui était très apprécié au tribunal, a bénéficié d'un soutien unanime. Il m'a confié plus tard à quel point cela lui avait fait du bien. [2] » Le doyen des juges d'instruction de Caen, Georges Moitié, estime lui aussi que son collègue « a eu la chance de bénéficier d'une forte mobilisation. Fait exceptionnel, les chefs de la juridiction, qui jugeaient sa conduite du dossier irréprochable, sont même

1. Entretien avec l'auteur, septembre 2006.
2. Entretien avec l'auteur, octobre 2006.

montés le défendre à Paris. Lui-même a en plus fait preuve d'un sang-froid admirable, alors que beaucoup au tribunal pensaient que sa carrière allait s'arrêter là.[1] »

Le procureur de la République de Caen lui-même, dans une déclaration publique, assurera que l'information judiciaire avait été conduite dans les règles et que le secret de l'instruction n'avait pas été violé. L'enquête sera même déclarée exemplaire et menée « hors de toute pression » par le Conseil supérieur de la magistrature (CSM), appelé par le chef de l'État à se prononcer – une première dans l'histoire de la Ve République – sur l'indépendance du juge. Elle débouchera d'ailleurs, en 1980, sur le renvoi aux assises puis la condamnation – par contumace, car il avait pris la fuite à Ibiza puis au Brésil – d'Henri Tournet à quinze ans de prison ferme. Van Ruymbeke l'ignore, mais à la fin de l'enquête un épisode, jamais évoqué, va révéler le climat nauséabond régnant au sein du gouvernement à cette époque. Après que le procureur de la République de Caen eut clôturé son instruction, il revint au parquet de Caen de rédiger un réquisitoire, préalable nécessaire à la rédaction, par le magistrat instructeur, de l'ordonnance de renvoi devant le tribunal correctionnel. Son document rédigé, le procureur de la République le communiqua pour approbation, via le parquet général, à la chancellerie. À l'époque tout jeune magistrat en poste Place Vendôme, le futur procureur de Valenciennes et de Nice, Éric de Montgolfier, n'a rien oublié. « Le projet de réquisitoire épargnait relativement Boulin, puisque ce dernier était mort, révèle-t-il. Or, le cabinet du garde des Sceaux l'a jugé beaucoup trop indulgent à son égard : il a réécrit le texte et renvoyé au parquet un réquisitoire accablant le malheureux Boulin. Sans doute s'agissait-il d'asseoir a posteriori l'idée que le ministre de la Justice, Alain Peyrefitte, critiqué pour ne pas avoir soutenu Boulin, voire même accusé de l'avoir lâché, avait

1. Entretien avec l'auteur, octobre 2006.

eu raison d'adopter cette attitude. De toute ma carrière, c'est l'une des choses qui m'a le plus choqué.[1] »

Avec le temps, Renaud Van Ruymbeke comprendra mieux la vigueur des accusations posthumes proférées à son encontre par Robert Boulin. À l'époque, toutes les affaires susceptibles d'impliquer des personnalités étaient enterrées. Sans doute est-ce pour cela que Boulin lui en a tant voulu. Le ministre du Travail et de la Participation était persuadé que l'histoire de Ramatuelle avait été montée en épingle par certains élus de la majorité afin de le déstabiliser, et que Van Ruymbeke avait, à cette fin, été manipulé par Peyrefitte. Cette conviction est renforcée à la lecture de l'ouvrage du fils de l'ancien ministre. « La presse, écrit Bertrand Boulin, a dit à plusieurs reprises que mon père craignait que le juge de Caen ne soit un "juge rouge". C'était tout le contraire. Mon père croyait que Peyrefitte manœuvrait contre lui. Un juge appartenant au syndicat de la magistrature l'aurait rassuré. Il me l'a dit en ces termes, alors que je venais de lui apprendre que Renaud Van Ruymbeke n'était pas proche du syndicat : "C'est bien dommage." Certains lui faisaient croire que le juge de Caen se prenait pour un shérif. Cette affirmation a considérablement contribué à la mort de mon père.[2] »

Un autre témoignage renforce l'idée selon laquelle Robert Boulin a d'abord été victime des règlements de comptes internes à son propre camp. Il émane de l'avocat de Tournet, Me Bernard Cahen, qui lève le voile sur une anecdote restée jusqu'ici secrète. « Je connaissais bien Robert Boulin, que j'avais rencontré à plusieurs reprises lorsque je militais à l'UNR-UDT, les gaullistes de gauche réunis autour de René Capitant. Alors, au début de l'affaire, lorsque son nom a commencé à apparaître, Boulin m'a passé un coup de fil. Je ne l'oublierai jamais. Après les politesses d'usage, Boulin, qui était très nerveux, m'a dit :

1. Entretien avec l'auteur, novembre 2006.
2. Bertrand Boulin, *Ma vérité sur mon père*, Stock, 1980.

"Maître, vous qui avez accès au dossier, pouvez-vous me dire ce qu'il y a dedans ? Y a-t-il vraiment des choses gênantes pour moi ?" J'étais stupéfait. Il était tout de même ministre, il devait avoir accès au dossier facilement ! Je l'ai rassuré et, en souvenir de notre vieille amitié, j'ai accepté de lui résumer la procédure, en lui précisant que son nom était très peu cité, ce qui était le cas à ce moment-là. Mais, à la fin de notre conversation, je n'ai pas pu m'empêcher de lui faire part de mon étonnement. Je lui ai rappelé que la chancellerie avait accès intégralement à la procédure et qu'il pouvait être informé en temps réel de son avancement. Il a eu un petit rire sarcastique. "Vous savez qui est le garde des Sceaux, tout de même ? Comprenez que cette affaire, c'est le moyen dont dispose Peyrefitte pour se débarrasser de moi dans la course à Matignon. Il se garde bien de me dire ce qu'il y a dans le dossier et, s'il le faisait, je ne le croirais pas." Voilà comment j'ai découvert l'ampleur de la rivalité opposant les deux ministres de Giscard. [1] »

Plus tard, la famille de Robert Boulin mettra en cause la version officielle de la mort du ministre du Travail, mais l'enquête menée par la juge Laurence Vichnievsky se soldera par un non-lieu, en 1991. La réouverture du dossier et l'audition de nouveaux témoins, dix ans plus tard, ne donneront pas plus de résultats, laissant la famille du défunt à ses doutes et à son chagrin. De cette dramatique affaire, Renaud Van Ruymbeke – qui n'a, contrairement à son père, jamais cru à la thèse de l'assassinat – tirera de nombreuses leçons. « Il ne faut pas oublier que je n'avais que vingt-sept ans : ce fut quand même un peu rude comme baptême du feu... Je n'étais pas prêt à affronter une telle pression. Mais, du coup, cela m'a vacciné, blindé pour la suite. J'ai découvert que la presse était à la fois toute-puissante, difficilement maîtrisable et versatile. En revanche, cela n'a rien changé concernant mes méthodes de travail, que j'ai toujours conservées. Dans cette affaire, si c'était

1. Entretien avec l'auteur, septembre 2006.

à refaire, je referais exactement la même chose... » En tout cas, en cette fin d'année 1979, Renaud Van Ruymbeke a accédé, dans les pires conditions possible, à une brutale notoriété. Il s'en serait bien passé. Voir sa tête dans les journaux, surtout dans ce contexte, l'horripile. En revanche, il confiera à certains de ses collègues caennais combien il avait apprécié d'avoir, à travers cette enquête, redressé l'image de la magistrature, démontré que ce n'était pas forcément un corps servile, contrairement à ce que lui avait toujours dit son père. Vous avez dit Œdipe ?

5

Badinter, rien ne va plus

Quand le déshonneur est public, il faut que la vengeance le soit aussi.

Pierre Augustin CARON DE BEAUMARCHAIS,
Le Mariage de Figaro.

L'affaire n'eut droit aux faveurs des médias que fugitivement. Seuls quelques initiés en ont eu connaissance dans le détail. Pourtant, potentiellement, elle aurait pu déstabiliser le nouveau pouvoir socialiste.

Été 1981. La gauche jubile. Dans le sillage de François Mitterrand, elle est enfin parvenue à mettre un terme au règne interminable (près d'un quart de siècle) de la droite. Les clameurs provoquées par la mort de Robert Boulin se sont tues. Renaud Van Ruymbeke, toujours en poste à Caen, a replongé avec soulagement dans les obscurs dossiers financiers, qui sont désormais son quotidien. Mais il faut croire que l'homme attire les « gros poissons » et les ennuis – ce qui revient à peu près au même. L'histoire a des allures de saga : une princesse japonaise, descendante d'une dynastie de samouraïs, désireuse d'investir en France, a placé, à partir du milieu des années 1950, une partie de ses fonds dans l'Hexagone. Kuniko Tsutsumi, née en 1928, est issue d'une des familles les plus fortunées du Japon. Ancien président de la Diète (la Chambre des représentants), son père, Yasujiro Tsutsumi, a notamment récupéré une grande part des actifs de l'empereur Hirohito. Le demi-frère de Kuniko, Yoshiaki Tsutsumi, est l'un des hommes les plus riches du monde (avec une fortune estimée à 15 milliards de dollars, il figurera même au premier rang dans un classement publié par le magazine *Challenges* en décembre 1989). Il dirige notamment le tout-puissant groupe Seibu, un État dans l'État au Japon. En 1976, Kuniko Tsutsumi crée de toutes pièces, à Port-Barcarès (Pyrénées-Orientales), un vaste complexe touristique comportant entre autres un hôtel, des appartements et un casino – le Lydia. Car, à Paris, Kuniko Tsutsumi a succombé au démon du jeu. Plutôt que de perdre son argent sur les tapis verts, pourquoi ne pas en gagner en créant son propre établissement ? se dit-elle. À Port-Barcarès, le succès est d'abord au rendez-vous. Bientôt, la belle princesse Tsutsumi, qui adore les mondanités, devient une figure du Tout-Paris, en pâmoison devant cette femme « libérée », en rupture avec cette société japonaise décidément trop patriarcale au goût de la belle princesse – c'est d'ailleurs pour cette raison qu'elle avait fui l'archipel pour la France, au grand désarroi de son père. Mais, à partir de 1978, le Lydia commence à perdre de l'argent. Beaucoup d'argent. Comme tout « accro » au jeu qui se respecte, Mme Tsutsumi décide de se refaire. Ça tombe bien, elle a entre-temps jeté son dévolu sur le casino de Trouville, qui cherchait un repreneur. En avril 1978, le nouvel établissement, qui comporte une discothèque gérée par Régine, est inauguré en présence de tout ce que la jet-set compte de célébrités : Charles Aznavour, Omar Sharif, Pierre Bergé, Françoise Sagan... Las, début 1979, les premières difficultés financières se font jour. Bientôt, le casino de Trouville est mis en cause par la sous-direction des courses et jeux des Renseignements généraux pour avoir accepté, en paiement de dettes de jeu, un chèque falsifié établi par un comptable indélicat qui avait détourné 8 millions de francs des caisses de sa société. À l'automne 1979, rien ne va plus pour la princesse nippone. Tandis que le casino est placé en cessation de paiement, une instruction est ouverte au cabinet d'un juge de Lisieux, Jean Reynaud, qui inculpe Mme Tsutsumi pour « recel d'abus de biens sociaux » en octobre 1979. Le dossier va rapidement mettre en cause le maire de Trouville, convaincu de corruption, et déboucher sur plusieurs affaires connexes. Début 1981, le juge Reynaud se dessaisit du dossier principal, à savoir la banqueroute du casino, au profit de son collègue caennais spécialisé, lui, dans les enquêtes financières : Renaud Van Ruymbeke. La chancellerie, en revanche, s'oppose à ce que Van Ruymbeke soit saisi des faits mettant en cause le maire de Trouville, que le juge Reynaud ne pouvait instruire du fait du privilège de juridiction (lorsqu'un élu était mis en cause, l'affaire était automatiquement dépaysée, c'est-à-dire confiée à un autre tribunal). Cette partie de l'enquête sera finalement confiée à un juge de Rouen.

L'affaire principale, désormais instruite par Van Ruymbeke, va bientôt changer de nature. Au cours de l'été 1981, Mme Tsutsumi, défendue par un avocat réputé, Me Jacques Vergès, change de stratégie. S'estimant lâchée par tous, elle décide de parler. Elle apprend à Van Ruymbeke que le rachat du casino de Trouville, fin 1974, a donné lieu au versement d'un pot-de-vin. Kuniko Tsutsumi a versé officiellement 2 millions de francs aux anciens propriétaires, les frères Robert et Pierre Chauvelot... plus un dessous-de-table de 1 million de francs, placé sur un compte numéroté ouvert en Suisse. Renaud Van Ruymbeke découvre que ce virement avait déjà attiré l'attention des douanes puis d'un juge d'instruction parisien, dans le cabinet duquel le dossier sommeillait profondément. Il s'aperçoit que, interrogée dès le mois d'avril 1977 par la Direction nationale des enquêtes douanières (DNED), la princesse avait mis en cause son conseil d'alors, Me Jean-François Prat, qui avait dressé l'acte de vente du casino. Elle avait affirmé, sur procès-verbal, que les coordonnées du compte suisse lui avaient été « communiquées avant le mois de mai 1976 ». « Cela m'a été signalé par mon avocat, qui est Me Prat », avait-elle précisé. Dans le cabinet du juge Van Ruymbeke, Mme Tsutsumi va réitérer ces déclarations. Or, Jean-François Prat – qui contestera les accusations de la princesse Tsutsumi – est l'un des quatre associés de l'un des plus prestigieux cabinet d'avocats parisien, celui de Robert Badinter... Robert Badinter n'est pas seulement l'un des plus remarquables pénalistes de sa génération, l'homme qui sauva Patrick Henry de la guillotine en 1977, le combattant inlassable des droits de l'homme... C'est surtout, depuis le mois de mai 1981, le ministre de la Justice du gouvernement Mauroy. L'un des hommes les plus respectés de France en est également désormais l'un des plus puissants. Van Ruymbeke comprend mieux pourquoi, depuis plusieurs mois, sa hiérarchie suit d'aussi près l'évolution de son enquête. D'autant que, en examinant le dossier de la DNED, le juge remarque qu'un autre avocat proche du nouveau pouvoir socialiste s'est entremis dans cette affaire. Il s'agit de Me Jacques Ribs, conseil de la société Seibu – dirigée par le demi-frère de Mme Tsutsumi. Me Ribs, sans en référer à Mme Tsutsumi, avait accepté la transaction proposée par l'administration des douanes après la découverte du pot-de-vin : le paiement d'une amende de 2,1 millions de francs en échange de l'arrêt des poursuites. Depuis le mois de mai 1981, Jacques Ribs est conseiller technique, chargé des rapatriés, auprès du nouveau président de la République, François Mitterrand. Furieuse de découvrir qu'une négociation a été menée dans son dos, Mme Tsutsumi fait parvenir, le 3 juin 1981, un courrier vengeur à Me Ribs : « Je ne comprends pas la signification de cette initiative hâtive et coûteuse, initiative prise par vous sans que rien n'ait été tenté pour réduire cette amende de moitié », écrit la princesse, avant de s'interroger : « Votre intention était-elle d'épargner à Me Badinter les préoccupations occasionnées par l'inculpation de son collaborateur ? [1] »

Renaud Van Ruymbeke n'ignore pas ce que les révélations de Mme Tsutsumi signifient. Il a noté avec intérêt que la

1. Contrairement à ce que cette phrase suggère, Me Prat n'a pas fait l'objet de poursuites dans cette affaire.

princesse japonaise était conseillée par Me Jacques Vergès, dont l'hostilité envers Robert Badinter est notoire. Une nouvelle affaire d'État se profile, lui qui aspirait enfin à un peu de tranquillité. Le magistrat a tort de se faire du souci, car les révélations de Mme Tsutsumi n'auront tout simplement aucune suite. Conformément au code de procédure pénale, le juge, après avoir recueilli ce procès-verbal, informe le parquet de Caen car il s'agit de faits nouveaux. Estimant que les déclarations de l'inculpée laissent soupçonner l'existence d'une fausse convention d'achat – le vrai prix du casino ayant été dissimulé –, il demande à son procureur de lui délivrer un réquisitoire supplétif, afin d'étendre sa saisine à des faits de « faux et usage de faux ». Autrement dit, de l'autoriser à mener des investigations sur cette affaire de dessous-de-table. Devant le caractère sensible du dossier, le procureur de Caen informe immédiatement, via le parquet général, la chancellerie, à laquelle il est organiquement rattaché, afin d'y prendre ses instructions. On imagine sans peine l'embarras au ministère de la Justice... Une chose est sûre, le juge n'obtiendra jamais son supplétif et l'affaire n'ira pas plus loin. Le nom de Robert Badinter sera toutefois évoqué brièvement dans la presse, par *Libération* notamment. Suffisamment en tout cas pour nourrir la rancune du dignitaire socialiste... Selon Jean-François Prat, « Mme Tsutsumi a raconté des histoires pour essayer de s'en sortir. Elle a affirmé que j'étais au courant du versement d'un pot-de-vin, alors que c'était faux. D'ailleurs, je n'ai jamais été inquiété. [1] » Alors compagnon de Kuniko Tsutsumi, Jean-François Victor, qui était à l'époque directeur des relations extérieures du casino de Trouville, révèle aujourd'hui pourquoi, selon lui, l'affaire a tourné au pétard mouillé. « Ma compagne, espérant trouver un arrangement avec l'État français, n'a pas tout dit au juge Van Ruymbeke, assure-t-il. Elle m'avait confié détenir des éléments encore plus compromettants, concernant

1. Entretien avec l'auteur, octobre 2006.

le versement de pots-de-vin sur un autre compte numéroté, en Suisse. Si cela avait été connu, il y aurait eu de quoi faire sauter le gouvernement socialiste. » Mme Tsutsumi, décédée en 1997, a emporté son lourd secret dans sa tombe. « Elle avait peut-être conservé des documents, mais toutes ses archives ont été rapatriées au Japon », ajoute M. Victor. Selon lui, « le dossier Tsutsumi », qui menaçait les relations franco-nippones, a fait l'objet d'un arbitrage « au plus haut niveau ». « C'est l'ancien ambassadeur du Japon en France, M. Kitahara, avec le soutien du groupe Seibu, qui a directement négocié avec l'État français afin de mettre un terme à cette pénible affaire [1] », affirme-t-il. De fait, l'amende réclamée à Mme Tsutsumi sera finalement réduite à 900 000 francs. Quant au dossier pénal, il se conclura par plusieurs non-lieux et une légère condamnation de la princesse, en 1985. Afin d'éviter tout « dérapage » à l'audience, les autorités japonaises parviendront même à convaincre Mme Tsutsumi de se débarrasser de son incontrôlable avocat. Le 27 juin 1985, à quelques jours de son procès, Kuniko Tsutsumi écrira ainsi à Me Vergès : « Je vous demande maintenant l'impossible. Je vous demande simplement de ne pas être disponible le jour de mon audience. Vous êtes ailleurs. » Et de conclure : « M. Kitahara tient beaucoup à vous remercier pour votre acceptation de la présente demande, demande qui est difficile à formuler. J'espère de tout cœur que vous me pardonnerez. » L'avocat n'eut d'autre choix que de s'incliner [2].

L'épisode Tsutsumi va renforcer Renaud Van Ruymbeke dans sa méfiance à l'égard de certains de ses collègues, du parquet notamment, mais aussi du pouvoir politique auquel les procureurs sont assujettis. Le magistrat entretient, depuis toujours, un rapport particulier à la politique. Quand il était jeune, elle ne l'intéressait pas vraiment, même si elle était au centre

1. Entretien avec l'auteur, octobre 2006.
2. Me Vergès n'a pas donné suite aux différentes demandes d'entretien formulées par l'auteur.

des conversations lors des repas de famille. Là encore, il ne cache pas qu'il a été fortement influencé par son père. Y compris dans ses difficultés à se situer sur l'échiquier politique. À la maison, son père louait les bienfaits du service public et dénonçait les inégalités, mais regrettait aussi que l'on pénalise trop les entrepreneurs... André Van Ruymbeke faisait aussi passer l'idée qu'il y avait eu un grand homme, Charles de Gaulle, et personne depuis. Après lui, le déluge.

Instinctivement, Renaud Van Ruymbeke se sent plus attiré par la gauche. Le coup d'État militaire au Chili, en 1973, avec la mort en martyr de Salvador Allende, l'a longtemps traumatisé. Sans la révélation des crimes de Staline, il aurait sans doute été communiste. Une chose est certaine en revanche : il a toujours eu à l'esprit que François Mitterrand était un « imposteur », un « usurpateur ». C'est généralement en ces termes peu flatteurs que son père évoquait le futur président de la République. Pas question en tout cas pour Renaud Van Ruymbeke de ne pas voter. Combien de fois a-t-il entendu, petit, son père lui dire : « Il y a trop de gens dans le monde qui n'ont pas le droit de voter, trop de personnes qui sont mortes pour l'obtenir » ? Du coup, le magistrat ne fera l'impasse sur aucune élection majeure, quitte, parfois, à glisser un bulletin blanc dans l'urne. Ainsi, même s'il était alors plutôt proche des idées du Parti socialiste, Van Ruymbeke se refusa à donner sa voix à Mitterrand en 1981. Outre ce que lui en disait son père, il n'a jamais cru en cet homme, notamment sur le plan de l'éthique, et dont le parcours trouble lui déplaisait. La suite ne fera que le conforter dans ses préventions. L'affaire des Irlandais de Vincennes, les écoutes de l'Élysée, Greenpeace, Urba... Autant d'affaires qui le choqueront. D'autant, et il en fera personnellement l'expérience, que la gauche au pouvoir tentera d'étouffer les scandales la mettant en cause avec le même cynisme que la droite, qu'elle avait pourtant attaquée si fortement – et à juste titre – sur ce thème.

En fait, Renaud Van Ruymbeke s'est très rapidement affranchi du concept droite-gauche, autour duquel s'est développée la Ve République. Aujourd'hui, ceux qui ont l'occasion de discuter régulièrement avec lui le disent à la fois contre l'assistanat à outrance et les 35 heures, mais, dans le même temps, totalement solidaire des sans-papiers et opposé aux lois sécuritaires dites Sarkozy. Il se définit davantage comme quelqu'un de pragmatique, sans idéologie, plus susceptible de voter pour une personne que pour un parti. Il se reconnaît assez bien, par exemple, dans Tony Blair, et apprécie aussi le positionnement original de Ségolène Royal. À la vérité, cette difficulté à se situer l'arrange bien : après tout, s'engager politiquement lorsque l'on est juge, donc supposé totalement impartial, n'est pas franchement recommandé. Il exprime souvent un regret, toutefois : que ses enquêtes qui ont provoqué la mise en cause de nombreux élus de droite et de gauche aient pu nourrir les discours poujadistes, sur le thème du « tous pourris ». « Cette idée m'est d'autant plus insupportable que je déteste l'extrême droite, dit-il. Donc, cela m'interpelle, mais en même temps, si l'on raisonne comme ça, on ne fait plus rien. Et puis, prenons l'exemple de l'opération "Mains propres" en Italie. Certains ont prédit qu'elle provoquerait la dislocation du pays, et c'est l'inverse qui s'est produit. Je reste convaincu que mettre le doigt là où ça fait mal est salutaire pour la démocratie. »

Le 10 juin 1983, Renaud Van Ruymbeke, échaudé par l'affaire Tsutsumi, quitte l'instruction. Il n'est toutefois pas contraint de déménager puisqu'il est nommé premier substitut au parquet de Caen. Officiellement numéro deux du parquet, il en est, de fait, le patron, car son procureur, récemment nommé, lui laisse une autonomie totale. Il savoure cette liberté absolue et s'investit dans la politique pénale, qu'il tente de dynamiser. Il multiplie les initiatives, notamment en direction du tribunal de commerce, où il se rend régulièrement. Près de deux ans s'écoulent ainsi, sans nuages... Au parquet, l'ambiance est très conviviale. Van Ruymbeke sympathise avec un autre substitut, François Gosselin. Le dimanche, quand le temps le permet, les deux magistrats se régalent de sardines grillées et refont le monde autour d'un verre de muscadet. « C'est quelqu'un qui m'a énormément marqué par l'audace dont il a fait preuve dans l'utilisation de la procédure pénale. Il ouvrait de nouveaux champs d'analyse et ne se sentait en aucun cas limité par ce qu'avaient pu faire ses prédécesseurs, raconte François Gosselin. Ainsi, il avait une vision très dynamique du parquet, ce qui détonnait un peu à l'époque. Par exemple, il n'hésitait pas à accompagner les policiers ou les gendarmes en perquisition, comme lors de cette enquête sur des fausses factures commises par un fabricant de jeans, qui l'avait conduit à perquisitionner dans le Sentier, au cœur de Paris. » Dans une autre affaire, Van Ruymbeke parviendra à convaincre le juge d'instruction saisi de poursuivre un fabricant de bois, suspecté de tricher sur la taille des coupes, pour « abus de biens sociaux ». « C'était a priori un raisonnement acrobatique, qu'un jeune auditeur de justice aurait été bien en peine de mener. Pourtant, il est parvenu à démontrer que les faits étaient constitués et a obtenu du tribunal une condamnation[1] », rapporte encore François Gosselin. Novateur, Van Ruymbeke profite également de cette période pour initier ses jeunes collègues, d'abord incrédules, aux joies de la vidéo. Avec une petite caméra amateur, il filme des reconstitutions de scènes authentiques (interrogatoires de première comparution, confrontations, rédaction d'un document du parquet...), destinées à être montrées aux auditeurs de justice afin de les sensibiliser aux réalités du métier. D'abord méfiants, les collègues de Van Ruymbeke, réquisitionnés pour interpréter leur propre rôle, finiront par se prêter au jeu avec enthousiasme...

Tout cela était sans doute un peu trop beau pour être vrai... En 1985, Renaud Van Ruymbeke récupère un dossier qui va le conduire à claquer la porte du parquet quelques mois plus tard. Il s'agit de l'affaire de l'hôtel de la Monnaie, un respectable établissement parisien. Françoise Verne, sous-directrice de l'administration des Monnaies, est prise la main dans le sac par

1. Entretien avec l'auteur, septembre 2006.

la police judiciaire, qui découvre qu'elle a dérobé plusieurs pièces rares – notamment un « écu Carambole » à l'effigie de Louis XIV – appartenant à la collection de l'hôtel de la Monnaie. Elle est suspectée d'avoir revendu ces pièces – qu'elle dissimulait dans ses bas et ses chaussures pour échapper à la vigilance des surveillants ! – à des numismates de Paris et de Caen. Le substitut Van Ruymbeke ouvre donc une information judiciaire, impliquant la désignation d'un juge d'instruction. Mais le magistrat a négligé un petit détail : la sous-directrice, énarque tout comme son mari, a de l'entregent. Elle est la sœur d'un certain Didier Schuller, futur élu RPR impliqué dans le scandale des HLM des Hauts-de-Seine, membre de divers cabinets ministériels sous Valéry Giscard d'Estaing... Elle est surtout mariée à Jacques Verne, lui aussi familier des cabinets ministériels. Au cours de l'enquête, Didier Schuller sera lui-même interrogé par les policiers : sa sœur lui avait confié le soin d'écouler auprès de numismates parisiens des « essais », ces pièces de monnaie coulées dans l'or offertes en cadeau à certaines personnalités au moment du lancement de nouveaux exemplaires. Moralement discutable, le procédé n'était toutefois pas pénalement répréhensible.

À plusieurs reprises, Van Ruymbeke se heurte dans cette affaire à son procureur, qui dit obéir aux instructions du parquet général et de la chancellerie. Le procureur lui fait comprendre qu'il faut rendre des comptes en permanence à la hiérarchie, que madame la sous-directrice est une personnalité respectable, etc. Le message est clair : il faut mettre la pédale douce sur ce dossier. Le substitut, déjà rétif à toute forme d'autorité, fulmine. Cette immixtion lui semble inacceptable. Il se trouve dans une position inconfortable, coincé entre le juge, qui souhaite instruire l'affaire, et ses supérieurs, visiblement désireux de la bloquer. « Je me suis expliqué directement avec le procureur puis le procureur général, raconte Renaud Van Ruymbeke. Je leur ai dit que j'étais en désaccord profond avec eux, que je ne pouvais plus continuer à travailler dans ces conditions. Et j'ai quitté le parquet, convaincu que toute tutelle hiérarchique m'était insupportable. »

Vingt-trois ans après, alors que sa sœur est décédée, Didier Schuller a accepté d'évoquer les dessous de cette drôle d'histoire. « L'affaire était effectivement suivie de très près par le gouvernement socialiste, révèle-t-il, et pour cause : mon beau-frère s'était vanté d'avoir découvert des choses compromettantes concernant les campagnes électorales de Pierre Bérégovoy, alors ministre de l'Économie et des Finances, à Nevers. Il faisait chanter le PS, exigeant notamment d'être nommé trésorier payeur général des impôts, le poste de ses rêves. Le gouvernement avait peur du scandale et n'avait aucun intérêt à contrarier Jacques Verne.[1] » Finalement, l'affaire se tassera. Sous-directrice de l'administration des Monnaies jusqu'en 1985, Mme Verne, inculpée en décembre 1984, fut finalement condamnée à trois ans de prison avec sursis et à 20 000 francs d'amende. Brouillée avec son frère, elle est décédée quelques années plus tard, tout comme son mari, qui emporta – décidément – ses éventuelles révélations avec lui.

Ainsi donc, au printemps 1985, la chancellerie, trop heureuse de se débarrasser d'un gêneur, accepte le départ de Van Ruymbeke. Reste à lui trouver un point de chute. Renaud Van Ruymbeke demande à être muté à Bordeaux : il souhaite retrouver le calme de l'ENM, mais cette fois dans le rôle du professeur et non plus de l'élève. Après huit ans en juridiction, le magistrat s'apprête à tourner une page importante de sa carrière. L'institution judiciaire ayant été éclaboussée par les errements du juge Jean-Michel Lambert dans l'affaire Grégory, le ministre de la Justice, Robert Badinter, a créé deux postes de maîtres de conférences supplémentaires afin d'améliorer l'enseignement pratique dispensé aux auditeurs de l'ENM. Van Ruymbeke dispose d'un allié dans la place en la personne de Bernard Callé, avec qui il avait sympathisé à Caen, désormais

1. Entretien avec l'auteur, septembre 2006.

maître de conférences. Callé recommande chaudement sa candidature au nouveau directeur de l'ENM, Raymond Exertier. Mais un nouvel obstacle se dresse sur la route de Van Ruymbeke. Un matin, un coup de fil d'Henri Desclaux, futur procureur général de Versailles, alors directeur des études de l'ENM, lui apprend que sa nomination est gelée. « C'est le cabinet du garde des Sceaux qui bloque », lui affirme son interlocuteur. Van Ruymbeke est ébahi. « J'ai été très surpris d'apprendre, au dernier moment, que ma nomination avait été, contre toute attente, bloquée par le cabinet du garde des Sceaux, confirme aujourd'hui Van Ruymbeke. C'était manifestement une décision politique. » Desclaux, que Van Ruymbeke avait eu pour maître de conférences lors de son stage à l'ENM, ne comprend pas l'attitude de la chancellerie. Le substitut lui répond qu'il a sa petite idée. Pour lui, il est clair que Robert Badinter, qui était toujours ministre de la Justice à l'époque, veut lui faire payer sa gestion du dossier Tsutsumi.

Aujourd'hui à la retraite, Raymond Exertier a bien voulu exposer, par écrit, les conditions dans lesquelles, au printemps 1985, il avait décidé de faire venir Van Ruymbeke à l'ENM. « L'image de ce jeune magistrat, que je ne connaissais pas et que je n'avais encore jamais rencontré, était tout à fait excellente et de nature à valoriser l'enseignement – et aussi la réputation – de l'école : rigoureux, énergique, compétent et soucieux de compétence technique, il s'était surtout fait remarquer par sa force de caractère et son incontestable esprit d'indépendance. [1] » Comme tant d'autres de ses collègues, Raymond Exertier avait été marqué par l'affaire Boulin et sa gestion par Van Ruymbeke. « À la différence de bien d'autres magistrats, il ne s'était jamais mis en avant mais avait au contraire manifesté une parfaite discrétion. Il était facile de deviner qu'il avait pourtant dû résister à de nombreuses pressions. » Son choix fait, le directeur de l'ENM devait donc encore le soumettre, pour la forme, à

1. Correspondance par mail avec l'auteur, septembre 2006.

la chancellerie, qui procède aux nominations. Et là, grande surprise… « Le cabinet du ministre ne s'est pas du tout montré ouvert à ma proposition. Renaud Van Ruymbeke y était présenté comme un magistrat rigide, excessif, trop intransigeant, voire quelque peu paranoïaque. Bref, il avait très mauvaise presse dans les couloirs du ministère et, sans me fournir de plus amples explications, on m'avait expliqué que sa façon de mener l'instruction de l'affaire Boulin n'avait pas du tout été appréciée. » Raymond Exertier est un homme têtu. Il insiste. « Je me trouvais encore dans la "période de grâce" que connaît tout directeur au cours de ses premiers mois de fonctions. En outre, je connaissais bien le ministre, M. Badinter, qui ne m'avait d'ailleurs pas caché qu'il avait lui-même une opinion réservée. J'ai donc dû faire son siège et, au bout de quelques semaines, sans doute dans l'été ou à l'automne 1985, j'ai finalement arraché son accord. Je le revois encore dans son immense bureau du rez-de-chaussée de la Place Vendôme me répondant avec une certaine humeur : "Bon ! Allez, prenez-le !" Par la suite, je n'ai jamais rencontré autant de difficultés pour obtenir une nomination de maître de conférences. » Finalement, grâce au forcing mené par Exertier, qui a mis toute son autorité dans la balance, la chancellerie s'est effectivement laissé fléchir. À contrecœur, le ministère de la Justice nomme, le 24 décembre 1985, avec quatre mois de retard, Renaud Van Ruymbeke comme maître de conférences à l'ENM. Exertier n'a jamais regretté d'avoir remué ciel et terre pour recruter Van Ruymbeke. « Je suis certain que ceux qui ont suivi son enseignement se souviennent de lui et ont beaucoup appris non seulement sur la technique de l'instruction, mais aussi sur la rigueur morale et l'indépendance d'esprit[1] », conclut-il.

Robert Badinter n'a sans doute, lui non plus, rien oublié de cet épisode. Sauf qu'il semble en avoir conservé un moins bon souvenir. Vingt ans plus tard, en pleine tempête Clearstream,

1. Entretien avec l'auteur, septembre 2006.

l'ancien garde des Sceaux, désormais sénateur, dans un entretien accordé au *Monde* (le 20 mai 2006), stigmatisera le comportement du juge Van Ruymbeke dans cette affaire de dénonciation anonyme. « J'ai été surpris, parce que j'ai toujours considéré M. Van Ruymbeke comme un magistrat très compétent. Que des juges aillent chez des avocats pour rencontrer les clients de ces derniers et en recevoir des informations confidentielles, qui ne font pas l'objet de procès-verbaux et qui leur sont envoyées ensuite sous forme d'écrits anonymes, cela ne me paraît pas conforme aux exigences du code de procédure pénale », déclarera M. Badinter. Il sera le seul avocat – s'il n'exerce plus, il a conservé le titre d'avocat honoraire – à prendre publiquement position contre Renaud Van Ruymbeke. Une attitude qui décevra beaucoup le magistrat, pour qui le grand avocat Badinter avait longtemps été une référence.

Invité à s'exprimer sur l'antipathie que semble lui inspirer Renaud Van Ruymbeke, Robert Badinter a refusé d'évoquer l'affaire Tsutsumi tout comme les conditions de la nomination du magistrat à l'ENM. Il s'est contenté d'affirmer, dans un e-mail envoyé le 26 octobre 2006 : « Je n'ai aucune raison de m'exprimer sur la personnalité de M. Van Ruymbeke, que je n'ai jamais rencontré, ni comme avocat avant juin 1981, ni comme garde des Sceaux, ni à titre privé. Je ne connais de lui que ce que le public sait déjà. Dès lors, mon "témoignage" ne peut être d'aucune utilité. »

6

Le « touriste » de Bordeaux

Un homme qui enseigne peut devenir aisément opiniâtre, parce qu'il fait le métier d'un homme qui n'a jamais tort.

MONTESQUIEU, *Essai sur les causes qui peuvent affecter les esprits et les caractères.*

Un peu de répit, enfin. Sur le plan professionnel, Van Ruymbeke va passer trois années très tranquilles à l'École nationale de la magistrature. « J'ai aimé cette parenthèse, c'était un bon appel d'air pour moi, d'autant que j'étais parti en rupture du parquet de Caen. Il y avait une très bonne ambiance à l'école, et puis, apprendre l'instruction à de jeunes auditeurs, c'est intéressant, y compris pour soi-même, eu égard aux échanges riches que l'on peut avoir », confie-t-il. Le magistrat introduit dans les cours l'usage de la vidéo, un outil pédagogique dont il avait pu tester l'efficacité à Caen. Par chance, il est logé à proximité du Parc Lescure, le stade de football. D'ailleurs, il fait généralement son footing sur le terrain annexe. À l'époque, Bordeaux dispose d'une très bonne équipe. Le magistrat assiste aux matches des Girondins dès qu'il le peut. Il se souvient des parades exceptionnelles de Bruno Martini lors de la venue d'Auxerre ou de la facilité technique affichée par Éric Cantona à l'occasion d'un Bordeaux-OM.

Sur le plan privé, en revanche, ces trois années resteront sans doute comme les plus difficiles de sa vie. D'abord, en 1986, il a la douleur de perdre sa mère adorée, emportée par une embolie pulmonaire à l'âge de soixante et un ans. Le coup est très rude pour Renaud Van Ruymbeke. Encore plus pour son jeune frère, Frédéric, qui n'a que seize ans. Le décès d'Éliane sera aussi, indirectement, à l'origine d'une longue brouille – dix ans – entre Renaud Van Ruymbeke et son père, qui a décidé de refaire sa vie avec une autre femme. Une fâcherie que le magistrat, qui aurait préféré que son père respecte une période de viduité, préfère ne pas évoquer, preuve que la plaie n'est toujours pas refermée. Et puis, la cohabitation avec sa femme, Brigitte, se révèle de plus en plus difficile au fil des ans. En fait, dès le départ, le couple a été miné par de très vives tensions. Pendant longtemps, le magistrat a feint de ne pas voir que leur union était condamnée. L'idée même du divorce lui était insupportable. Toujours ces vieux principes... En 1987, il se résout pourtant à la seule solution raisonnable et quitte son épouse. Le divorce est prononcé un an plus tard. Mais Brigitte, qui ne travaille pas, obtient la garde de leurs quatre enfants, alors respectivement âgés de quatorze, douze, neuf et six ans. Elle décide de partir s'installer en Bretagne, à Rennes. Elle ignore qu'elle va ainsi faire basculer le destin de son ex-mari. Privé de sa famille, Renaud Van Ruymbeke est totalement déstabilisé. Pas longtemps. « Il y a une idée très forte dans la famille : on peut toujours se relever, renaître de ses cendres, explique sa sœur Fabienne. Cela a beaucoup servi à Renaud au moment de l'affaire Boulin, comme dans tous ses moments difficiles, y compris sur le plan privé. Nous sommes tous convaincus qu'on peut toujours rebondir, peut-être parce que notre père a réchappé à la guerre, à sa condition sociale, qu'il a réussi à faire l'ENA... On était fascinés par l'idée véhiculée par papa, à savoir qu'on peut toujours s'en sortir. Ce discours portait énormément, d'autant plus qu'il y avait l'image de cet arrière-grand-père mythique, qui avait fait trois fois fortune après avoir été autant de fois ruiné. [1] »

1. Entretien avec l'auteur, août 2006.

À l'ENM, Renaud Van Ruymbeke tombe sous le charme de Bernadette, une magistrate qui a fait tout son début de carrière au parquet et qui est désormais également maître de conférences. Cette belle femme, grande blonde à l'œil vif et aux répliques mordantes est aussi extravertie qu'il est discret, spontanée qu'il est réservé... Bref, ils sont faits pour s'entendre. Débute une longue histoire d'amour qui dure toujours, deux décennies et trois enfants plus tard. Car, dès septembre 1988, Bernadette a mis au monde un petit garçon, Amaury. À partir de ce moment, la magistrate va mettre ses ambitions personnelles de côté afin de ne pas gêner la carrière de son mari, dont elle devient en quelque sorte la « conseillère occulte » – comme il la qualifie parfois lui-même pour plaisanter[1]. De fait, depuis 1988, Renaud Van Ruymbeke ne prend plus une décision d'importance sans consulter d'abord Bernadette, qui est un peu devenue au magistrat le plus célèbre de France ce que Mme Columbo – autre surnom dont elle est parfois affublée – est au fameux inspecteur à l'imper mastic : à la fois invisible et omniprésente. Bernadette Van Ruymbeke, dont les amis du couple louent la finesse d'esprit, exerce sur son mari une influence déterminante, le guidant dans ses choix les plus importants. Il lui fait une confiance totale, presque aveugle. Pas au point, évidemment, d'en perdre son libre arbitre, notamment lorsqu'il s'agit de conduire ses dossiers, dont elle ignore la plupart du temps les détails. Sans doute se serait-il d'ailleurs épargné bien des ennuis dans l'affaire Clearstream s'il avait davantage écouté certaines de ses mises en garde, concernant par exemple ses relations avec Denis Robert – nous y reviendrons.

En 1988, le nouveau couple décide de prendre en pension, pour un an, Frédéric, le plus jeune frère de Renaud, qui ne se remet pas de la mort de sa mère. Ses résultats à l'école sont catastrophiques et son père ne sait plus quoi faire. Le magistrat

1. Bernadette Van Ruymbeke, qui entend rester dans l'ombre de son époux, n'a d'ailleurs pas souhaité être citée dans cet ouvrage.

l'inscrit dans un lycée privé assez strict, afin de le remettre sur la bonne voie. Mais l'expérience se soldera par un échec. Un grand frère ne remplace pas un père, pas plus qu'une belle-sœur ne se substitue à une mère.

À l'ENM, Van Ruymbeke affine son profil de technicien du droit. En 1987, il s'attelle avec plusieurs de ses collègues – dont Bernard Callé, qu'il avait côtoyé à Caen – à la rédaction d'un *Mémento de l'instruction*, un ouvrage collectif que tout juge d'instruction digne de ce nom a aujourd'hui sur son bureau. Devenue une référence, cette bible est périodiquement réactualisée. Un an plus tard, Van Ruymbeke rédige moyennant une rémunération symbolique, un « Que sais-je ? » sur le juge d'instruction. « Depuis, je dois le remettre régulièrement à jour avec l'éditeur, ce qui montre bien l'inflation extraordinaire de lois depuis vingt ans ! », s'exclame le magistrat. L'ouvrage commence par ces phrases, qui sonnent déjà comme un aveu chez cet homme qui ne cessera, tout au long de sa carrière, de s'interroger sur la pratique de son métier : « Véritable Janus du monde judiciaire, le juge d'instruction présente un double visage. Son ambivalence puise sa source dans sa propre définition : en effet, s'il dispose de pouvoirs préjudiciables aux libertés, il représente, par son existence même, une garantie fondamentale en tant que magistrat dont l'indépendance à l'égard du pouvoir exécutif est assurée par la Constitution. » Juste après la parution du « Que sais-je ? », Van Ruymbeke sera contacté par les éditions Sofiac, spécialisées dans les publications juridiques, afin de rédiger un *Traité pratique du juge d'instruction*. L'ouvrage se fera sans lui : fidèle à sa ligne de conduite, il refusera d'y participer, estimant anormal, vu son statut, d'être rémunéré par une maison d'édition privée... Van Ruymbeke est aussi à l'origine de la création d'une publication bimensuelle, *Instruction actualité*, qui informe les juges d'instruction des arrêts de la Cour de cassation, des réformes en cours ou de l'état de la jurisprudence... Enfin, il décide de développer la matière économique et financière, jusqu'alors superbement ignorée à l'école. Il élabore des programmes spécifiques avec la complicité de Jean-Pierre Michaud, un autre juge d'instruction réputé.

Renaud Van Ruymbeke, rendu célèbre par l'affaire Boulin, impressionne les jeunes auditeurs. Brigitte Raynaud, qui instruira à son tour quelques dossiers médiatiques vingt ans plus tard en tant que juge au Tribunal aux armées de Paris (elle mettra en cause l'armée française pour des exactions commises en Côte d'Ivoire et au Rwanda), se souvient parfaitement du maître de conférences Van Ruymbeke : « C'était quelqu'un de très sérieux, d'une rigueur extrême. On le sentait très réservé, voire timide, alors qu'il aurait pu avoir la grosse tête avec l'affaire Boulin. Et il était vraiment incollable sur la procédure pénale. » Brigitte Raynaud dit d'ailleurs avoir « conservé un grand respect, et même une immense admiration » pour ce magistrat, à qui elle s'est parfois identifiée. « Il a souvent buté sur le secret-défense, comme moi je me suis heurtée à des intérêts d'État au cours de mes enquêtes au Tribunal aux armées[1] », glisse la magistrate. Également auditeur, Thierry Rolland, qui connaîtra dix ans plus tard son heure de gloire en instruisant, à Toulon, l'affaire Arreckx, conserve également le souvenir d'un maître de conférences « très à cheval sur les règles procédurales. Tous ses élèves avaient un grand respect pour lui. Mais nous avions vraiment des rapports de professeur à élèves, car il mettait beaucoup de distance dans sa pédagogie.[2] »

Afin de préparer les auditeurs à ce qui les attend, leurs professeurs leur soumettent parfois de vraies procédures judiciaires. C'est ainsi que Van Ruymbeke va hériter d'un dossier qui l'avait passionné et ému, comme tous les Français : l'affaire Ranucci. Soupçonné d'avoir enlevé et assassiné une petite fille, Marie-Dolorès Rambla, Christian Ranucci avait été condamné à mort, puis exécuté en 1976. Mais la parution du livre-enquête de

1. Entretien avec l'auteur, septembre 2006.
2. Entretien avec l'auteur, octobre 2006.

l'écrivain Gilles Perrault[1], convaincu de l'innocence de Ranucci, porta un coup sévère à la thèse officielle. Van Ruymbeke, comme tant d'autres, en fut déstabilisé. Avant d'examiner le dossier judiciaire, il était convaincu de l'innocence de Ranucci, persuadé que l'affaire avait été mal instruite et le jeune homme, condamné sans preuve. Mais l'examen de la procédure va le faire totalement changer d'avis. Il sera ébranlé de découvrir la lourdeur des éléments à charge pesant sur Ranucci. « Une chose est sûre, regrette-t-il aujourd'hui, si l'on avait disposé dès cette époque des tests ADN, il n'y aurait jamais eu de polémique. »

À l'ENM, Van Ruymbeke hérite d'un curieux surnom : « le touriste ». Gilbert Cousteaux, qui fut l'autre maître de conférences nommé par la chancellerie fin 1985, partageait à l'époque son bureau avec Van Ruymbeke. « On l'a surnommé ainsi parce qu'il donnait parfois l'impression d'être dilettante, raconte-t-il. Il était toujours décontracté, pas stressé le moins du monde. Et puis, surtout, il travaillait plus vite que tout le monde, sa vivacité d'esprit était exceptionnelle. D'où cette impression de facilité, voire de désinvolture, qu'il pouvait dégager. » Gilbert Cousteaux, aujourd'hui en poste au tribunal de grande instance de Toulouse, assure que Van Ruymbeke jouissait d'une « réputation d'enfer auprès des auditeurs ». « C'est sans doute l'un des maîtres de conférences qui a le plus marqué l'ENM. Ses exposés étaient d'une clarté formidable. Moi, je suis devenu son ami. J'ai appris à découvrir l'homme, dont la principale qualité, à mes yeux, est de ne pas se prendre au sérieux. Déjà à l'époque, alors qu'il avait été médiatisé par l'affaire Boulin, il avait énormément de distance par rapport à son métier. Il pratiquait beaucoup l'autodérision, ce qui n'est pas courant dans ce corps.[2] »

1. Gilles Perrault, *Le Pull-over rouge*, Ramsay, 1978.
2. Entretien avec l'auteur, octobre 2006.

À Bordeaux, Van Ruymbeke renoue avec une vieille connaissance : Bernard Lagriffoul, qu'il avait côtoyé à Grasse puis au moment de l'affaire Boulin. Encore un amateur de football. « On jouait souvent ensemble, il adorait ça. Il était un peu limité techniquement, mais il avait une grosse condition physique, il mettait du cœur à l'ouvrage. Sur le terrain, il pouvait avoir mauvais caractère, car il n'aimait pas perdre ! [1] », s'esclaffe Lagriffoul. Les deux hommes se retrouveront, avec quelques collègues, lors d'une sortie en boîte de nuit, pour une soirée mémorable, qui s'achèvera aux alentours de 5 heures du matin. Bernadette, qui était alors enceinte de leur premier enfant, n'a rien oublié. Après avoir sermonné son époux – lui qui disait détester les boîtes de nuit ! –, elle mena sa petite enquête afin de s'assurer qu'il n'avait pas commis l'irréparable. Elle fut soulagée de constater qu'il avait échappé aux griffes redoutables de celles que toute l'école surnommait « les trois tigresses », des auditrices réputées peu farouches ! Renaud Van Ruymbeke assure ne pas avoir gardé de souvenir précis de cette escapade nocturne. Même les grands esprits peuvent avoir la mémoire sélective.

Van Ruymbeke sympathise également avec un autre maître de conférences, Pierre Lavigne. Au départ, c'est encore le sport qui rapproche les deux hommes. Van Ruymbeke est très foot ; Lavigne, plutôt rugby. Ils s'invitent pour voir les grands matches à la télé et se rendent même parfois ensemble à Paris, au Parc des Princes. Et, le dimanche matin, ils font leur footing ensemble. Parfois, ils défient les auditeurs sur un terrain de foot. Van Ruymbeke joue milieu offensif, un poste où sa vision du jeu peut s'exprimer à plein. Van Ruymbeke confie alors à son ami son envie d'écrire un roman. « Le héros en aurait été un juge d'instruction, évidemment. C'était un projet sérieux, il avait même rencontré un éditeur à Paris », se souvient Pierre Lavigne, qui dit avoir été « frappé par l'esprit d'indépendance »

1. Entretien avec l'auteur, septembre 2006.

de son collègue. « Il était très ouvert, mais en même temps refusait de rentrer dans le moule. Il détestait par exemple les grandes discussions collectives. Il voulait avoir le contrôle de tout ce qu'il faisait. Ce n'était pas le genre à se laisser embrigader. Il se définissait lui-même comme pragmatique, réaliste. J'aurais d'ailleurs été bien incapable de dire s'il était de droite ou de gauche, je savais seulement qu'il admirait de Gaulle.[1] » Mais ce qui a le plus marqué Pierre Lavigne, c'est sa rencontre avec André Van Ruymbeke. « Comme avec Renaud nous étions devenus intimes, j'ai eu l'occasion de rencontrer son père à plusieurs reprises, notamment dans sa somptueuse propriété sur la Côte d'Azur. Je crois qu'André Van Ruymbeke a eu une énorme influence sur son fils. C'était vraiment le patriarche, un homme fin et cultivé, amateur de bonne chère, mais aussi d'une très grande autorité, pas facile du tout. Je le qualifierais de père castrateur et dominateur. Cette personne m'a profondément marqué. » Un soir, à l'issue d'un match de Coupe d'Europe auquel Lavigne et Van Ruymbeke père et fils avaient assisté, à Paris, les trois hommes décident d'aller dîner ensemble. Le repas s'apparente à un monologue. Quel que soit le sujet abordé, André Van Ruymbeke, dont l'autorité irréfragable fascine Lavigne, semble intarissable. Ni son fils ni Pierre Lavigne n'osent lui couper la parole. À un moment, la conversation vient sur Jean Lacouture. Lavigne, qui dîne pour la première fois avec André Van Ruymbeke, confie son admiration pour les ouvrages de l'historien. Que n'avait-il dit là ! « Moi, je n'ai pas fait l'École de la magistrature mais Normale sup, donc je sais de quoi je parle quand je dis que Lacouture écrit mal », lance sèchement André Van Ruymbeke à l'impudent. Le ton n'autorise aucune réplique. « J'étais paralysé. C'est rare de rencontrer des gens aussi directs, aussi durs alors que vous les connaissez à peine. Il était vraiment impressionnant. J'ai compris ce jour-là qu'il valait mieux ne pas le contredire.

1. Entretien avec l'auteur, septembre 2006.

C'est d'ailleurs ce que faisait Renaud. Il le laissait parler, avec son petit sourire en coin. C'est drôle, mais finalement, dans les relations humaines Renaud est à l'opposé de son père. Il laisse parler les gens, évite les conflits, s'exprime de manière mesurée... »

Au bout de trois ans passés à l'ENM, Renaud Van Ruymbeke estime avoir fait le tour de la question. « Ce fut une expérience enrichissante, mais je déplorais un manque d'ouverture de l'école sur l'extérieur, une certaine forme de corporatisme », résume-t-il. Le jeune magistrat est également frustré de ne plus avoir de dossiers, d'être dans l'incapacité de « rendre la justice », ce qui était quand même la raison première de son engagement dans ce métier. Et puis, généralement, quel que soit le poste qu'il occupe, au bout de quelques années il commence à s'ennuyer. Il abhorre la routine, ne supporte pas l'idée de refaire deux fois la même chose. Renaud Van Ruymbeke demande donc de nouveau à être muté, si possible à Rennes, afin de se rapprocher de ses quatre premiers enfants qui lui manquent tant. Ça tombe bien, un poste est disponible à la cour d'appel. Après avoir un peu hésité, il l'accepte. Il part, en décembre 1988. « La cour, c'était réputé être pour les "vieux", alors que, moi, je n'avais que trente-six ans. Mais bon, je me suis dit que c'était un mal pour un bien, que j'aurais du temps pour m'occuper de mes enfants. À ce moment-là, dans ma tête, j'avais fait une croix sur les "affaires". »

Ce n'était pas réciproque...

7

Urba, une épine dans la rose

Je crois qu'il faut presque toujours un coup de folie pour bâtir un destin.

Marguerite YOURCENAR, *Les Yeux ouverts*.

Heureusement, les policiers mouraient de faim. Il est 11 h 30, ce mardi 14 janvier 1992, lorsque les quatre enquêteurs du SRPJ (service régional de police judiciaire) de Rennes qui accompagnent depuis l'aube Renaud Van Ruymbeke indiquent au magistrat qu'ils souhaiteraient faire un break. Après tout, ils sont sur le pont depuis 5 heures du matin. L'équipée a quitté Rennes à bord de deux voitures, filé directement à Paris, boulevard Saint-Germain, dans les bureaux de la Sages, une société de relations publiques suspectée d'avoir contribué au financement occulte du Parti socialiste. Au terme d'une longue perquisition, le juge a indiqué à ses « accompagnateurs », surpris, qu'une autre opération était programmée, sans plus de précisions. L'objectif du magistrat ? Tout simplement le 10 de la rue de Solférino, l'adresse du Parti socialiste... Mais les policiers ont obtenu du juge qu'il repousse d'une heure ou deux cette opération, le temps de se restaurer dans une brasserie du boulevard Saint-Germain. « J'ai bien fait de les écouter ! », dit aujourd'hui dans un sourire Renaud Van Ruymbeke. Car ce que le juge ignore à ce moment-là, c'est que, coïncidence extraordinaire, au même moment, les pontes du PS sont précisément réunis rue de Solférino. La matinée est consacrée à la transmission des pouvoirs entre le premier secrétaire sortant, Pierre Mauroy, et Laurent Fabius, désigné pour le remplacer. Le protégé de François Mitterrand a pour mission, à moins d'un an des élections législatives, d'améliorer l'image d'un parti divisé par les courants et, accessoirement, d'un gouvernement éclaboussé par les scandales (affaires Pechiney, Société générale, Carrefour du développement...). Après le déjeuner, Van Ruymbeke demande aux policiers de l'attendre quelques minutes, prétextant une course à faire dans le quartier. Une demi-heure plus tard, le magistrat, sa greffière et les quatre enquêteurs se retrouvent au 10, rue de Solférino. Cette fois, les hommes de la PJ comprennent qu'ils s'apprêtent à vivre un événement historique. Pour la première fois, le siège d'un parti politique, au pouvoir qui plus est, va être perquisitionné. Et le juge Van Ruymbeke va à nouveau occuper la une des journaux.

Pourtant, en prenant ses fonctions de conseiller à la cour d'appel de Rennes, fin 1988, Van Ruymbeke pensait en avoir terminé avec les dossiers sensibles. Sa priorité du moment serait plutôt de remettre un peu d'ordre dans sa vie, en se rapprochant de ses enfants. Bonne nouvelle : sa compagne, Bernadette, a obtenu un poste de premier substitut au parquet. Lui a pris du galon, passant de juge deuxième grade à juge premier grade. En arrivant, Van Ruymbeke a été reçu par le premier président de la cour d'appel, qui lui a confié la chambre des affaires familiales (c'est-à-dire les divorces) à trois quarts temps et la présidence de la cour d'assises des Côtes-d'Armor le reste du temps. Il a été un peu déçu en apprenant la nouvelle. Il aurait préféré la chambre commerciale ou la chambre d'accusation. « Je ne connaissais rien aux divorces. Alors je m'y suis mis, j'ai dû étudier la loi... Après tout, c'est aussi la richesse du métier de magistrat, pouvoir traiter tous les contentieux. Et puis, j'avais tout de même une petite expérience personnelle... » De fait, en 1988, le magistrat a divorcé de Brigitte, par consentement mutuel. Psychologiquement, cette mésaventure va beaucoup l'aider dans l'exercice de ses nouvelles fonctions. Son expérience lui a par exemple appris que la notion de faute était relative. Aussi douloureux fut-il, son propre divorce lui aura au moins permis d'appréhender avec davantage de sérénité les affaires soumises à sa sagacité – et à son jugement.

Aux affaires familiales, Van Ruymbeke, que ses collègues surnomment déjà « VR » (son père avait en son temps hérité du même diminutif), essaie de rendre les décisions les plus justes en ayant une priorité à l'esprit : l'intérêt des enfants. Il se concentre sur les droits de visite et les droits de garde. Mais la présidence de la cour d'assises, qui est située à Saint-Brieuc, l'intéresse beaucoup plus. Il découvre la lourdeur de la fonction. Le président fait un peu tout : il pose les questions, organise l'audition des témoins, gère les incidents, participe aux délibérés... Cette fonction, nouvelle pour lui, l'occupe quinze jours par trimestre. Chaque session le laisse totalement épuisé, physiquement et psychologiquement. Le président de la cour d'assises a aussi un rôle pédagogique. Il lui faut expliquer aux jurés populaires la procédure, les peines encourues, les enjeux... Les affaires défilent, assez semblables. Beaucoup de viols, d'incestes, quelques hold-up, le meurtre d'une femme sur le parking d'un supermarché...

Mais c'est en qualité de simple assesseur que VR va connaître une affaire qui a beaucoup marqué la juridiction : le jugement de quatorze truands corses, soupçonnés d'une série de vols à main armée dans la région, commis la plupart du temps avec une grande violence. Les accusés ne sont à l'évidence pas des enfants de chœur. Une grande tension règne au tribunal. Le président de la cour est littéralement terrorisé. Il a l'impression d'être suivi lorsqu'il rentre chez lui, il reçoit des menaces... Dans leur box, les accusés le fixent méchamment du regard. De temps en temps, l'un d'eux passe son index autour du cou, pour bien signifier au magistrat ce qui l'attend. Encore plus explicite, l'un des complices, fou de rage, lui lance, en pleine audience : « Je te tuerai ! J'enverrai des amis t'assassiner ! » Me Philippe Billaud, défenseur de l'un des accusés, se souvient :

« À la stupéfaction générale, le premier assesseur, Renaud Van Ruymbeke, a pris les choses en main. Il a vite compris que le président était dépassé, qu'il paniquait totalement. Je me souviens qu'à un moment, il lui a même lancé : “Rentrez dans la salle des délibérés et n'en sortez plus !” Van Ruymbeke a fait preuve d'un courage et d'un sang-froid exceptionnels. Il soutenait sans ciller les regards mauvais des durs à cuire qui lui faisaient face. À l'un d'eux qui se plaignait d'être condamné, il a lancé froidement : “Si vous n'êtes pas content, faites un pourvoi en cassation.” Le tout dit sans aucune agressivité. Je me suis dit : “Quel sacré bonhomme !” De là date mon admiration pour lui. [1] »

Renaud Van Ruymbeke finit bientôt par se lasser des « assiettes » – surnom de la cour d'assises : trop d'affaires de mœurs (environ 90 % des dossiers), dont l'aspect glauque et répétitif le déprime. Elles lui rappellent celles qu'il avait eu à traiter à Caen, lorsqu'il était à l'instruction. Fouiller dans le passé des accusés pour en extirper des secrets inavouables lui devient de plus en plus insupportable. Même un magistrat expérimenté – qu'il n'est du reste pas à l'époque, puisqu'il n'a pas quarante ans – ne saurait sortir indemne de ces plongées dans les tréfonds les plus obscurs de l'âme humaine. Il en retire une impression de fatalité : les violeurs ont souvent été violés eux-mêmes, les victimes d'inceste abusant parfois à leur tour de leurs enfants... « Je me demande à quoi sert la justice », confie-t-il alors à ses proches...

Avec le recul, Renaud Van Ruymbeke estime que son expérience à la cour d'assises lui a beaucoup appris. Elle a sans doute influé sur le cours de sa carrière. « M'étant retrouvé au bout de la chaîne pénale, j'ai compris qu'un bon juge devait instruire dans la perspective de l'audience, et rien d'autre. Ce doit être le seul objectif de l'instruction », assure-t-il. Pour chasser ses idées noires, il intègre une équipe de foot créée par

1. Entretien avec l'auteur, novembre 2006.

des avocats rennais, Juri Sport. Il joue libero, un poste clé que l'on confie généralement aux techniciens, à ceux qui savent rapidement décrypter le jeu adverse. Du sur-mesure pour Van Ruymbeke. Il assiste aussi aux matches du Stade Rennais, au stade de la Route-de-Lorient, dont il reste aujourd'hui un habitué : l'un de ses fils est d'ailleurs un fan des Rouge et Noir. Le juge, lui, n'a pas l'âme d'un supporter. Ce qui l'intéresse, c'est le beau jeu, peu importe qui le pratique. Et puis, il aime les ambiances des stades, qui lui rappellent sans doute ces moments magiques vécus, enfant, auprès de son père.

Avocat au barreau de Rennes, Jean-Michel Bellat était le capitaine de l'équipe Juri Sport. Il a découvert Renaud Van Ruymbeke le jour de l'installation du magistrat à la cour d'appel. Une cérémonie un rien guindée, organisée dans la somptueuse grand-chambre du parlement de Bretagne, au premier étage, dans la partie est du bâtiment partiellement détruit dans l'incendie de 1994. « Quelqu'un nous a présentés, juste après la cérémonie, raconte Me Bellat. Il m'a serré la main et m'a lancé : “Il paraît que vous vous occupez de l'équipe de foot, il faut qu'on se voie vite.” Je n'en revenais pas. C'était ça, sa principale préoccupation ! » Et voilà comment, tous les samedis après-midi, Van Ruymbeke, maillot bleu ciel – sponsorisé par le Crédit lyonnais – sur le dos, écuma les terrains du district d'Ille-et-Vilaine, dans le cadre du championnat « corpo ». « C'était un joueur assez sec, un très bon défenseur central, assure Me Bellat. Il avait une allure un peu britannique. Il était d'ailleurs extrêmement fair-play. J'ai toujours pensé qu'on était dans la vie comme sur le terrain. Je me souviens d'un attaquant qui jouait avec nous : quand il ratait son tir, il se tenait la jambe, simulant une blessure ! Van Ruymbeke, c'était tout l'inverse, il ne trichait pas. [1] » Fair-play, Van Ruymbeke n'hésite pas non plus à « chambrer » (gentiment) ses adversaires. Lors d'un match amical juges-avocats, gagné par les

1. Entretien avec l'auteur, septembre 2006.

magistrats 7-0, il lance au gardien de but adverse, Me Michel Hardouin : « Tu sais, au foot, les gardiens ont le droit d'utiliser leurs mains ! » L'avocat ne lui en a pas voulu : la preuve, les deux hommes sont devenus amis. « Il était à cette époque comme il est aujourd'hui, témoigne Michel Hardouin. Sérieux dans le travail, détendu dans le privé – même si je l'imagine mal animateur de soirées ! Il était d'une honnêteté intellectuelle totale. En même temps, quand il avait une idée dans la tête, il était difficile de l'en faire démordre. Je me souviens qu'il avait fait incarcérer pour corruption un de mes clients, le maire PS d'une petite commune, parce qu'il était persuadé que derrière il y avait une affaire de financement politique occulte, ce qui n'était pas le cas. [1] »

Les développements de l'affaire Urba vont bientôt amener au bord des terrains de foot quelques curieux, des journalistes notamment, pressés de voir de près ce magistrat qui fait trembler le pouvoir. Cela donnera lieu à quelques scènes surréalistes. Un jour, Van Ruymbeke, en tentant de dégager le ballon, envoie malencontreusement un coup de pied dans les parties génitales d'un attaquant adverse. Désolé, le magistrat se précipite auprès de son adversaire pour l'aider à se relever. Aussitôt, une nuée de photographes envahit l'aire de jeu pour réaliser au plus près des clichés de l'incident ! Une autre fois, un journaliste parvient à s'introduire dans le vestiaire de l'équipe Juri Sport et photographie le magistrat... dans le plus simple appareil. Heureusement, Van Ruymbeke parviendra à convaincre le reporter de lui donner la pellicule, en échange de la promesse d'une photo plus... conventionnelle. Me Bellat sera, lui, interviewé par *France-Dimanche*, en sa qualité de capitaine de Juri Sport, dont la renommée ne cesse d'enfler dans la région. Le harcèlement des médias, que Van Ruymbeke avait déjà connu au moment de l'affaire Boulin, se poursuit jusque dans son intimité. C'est sa femme, Bernadette, qui va organiser la contre-

1. Entretien avec l'auteur, septembre 2006.

attaque en négociant avec les photographes. Sa hantise étant qu'ils publient des clichés de leurs enfants, elle va leur interdire de « planquer » devant le domicile familial et, en échange, les autoriser à photographier son mari marchant dans la rue.

Au cours de l'année 1991, Renaud Van Ruymbeke, qui achète un joli pavillon à Mordelles, tout près de Rennes, apprend qu'un poste se libère à la chambre d'accusation. Il postule immédiatement et obtient satisfaction, au mois de novembre. Le nouveau président de la « chambre d'acc' », Dominique Bailhache, est un homme réputé pour son indépendance d'esprit. Il avait fait la preuve de son sang-froid, en décembre 1985, lorsqu'il avait été pris en otage par un truand, devant les caméras de télévision, alors qu'il présidait la cour d'assises de Nantes. Le magistrat était parvenu à convaincre son agresseur et ses deux complices de se rendre aux policiers.

Van Ruymbeke succède à Robert Cornu, qui prend sa retraite. Ce dernier s'était vu confier, en juin 1991, le dossier Urba-Gracco, dont Van Ruymbeke a évidemment déjà entendu parler. VR, déjà très choqué par les lois d'amnistie votées en 1988 et 1990, a encore en mémoire l'émoi provoqué, en avril 1991, par le juge du Mans, Thierry Jean-Pierre, qui avait osé perquisitionner au siège de ce bureau d'études réputé proche du Parti socialiste. La sanction n'avait pas tardé : Jean-Pierre, accusé par le ministre délégué à la Justice, Georges Kiejman, d'avoir mené un « cambriolage judiciaire », avait été brutalement dessaisi – pendant la perquisition ! – par le président du tribunal. Van Ruymbeke avait suivi cela comme un simple spectateur. Les conditions du dessaisissement l'avaient outré. À l'époque, un juge d'instruction ne pouvant enquêter sur un élu, c'est la chambre d'accusation qui était désignée pour le faire à sa place. Ce « privilège de juridiction » sera supprimé peu après. Les esprits grincheux y verront la preuve qu'il avait été créé à la seule fin d'étouffer les affaires politico-financières. Dans le portefeuille de procédures que lui lègue Robert Cornu figure celle impliquant un industriel nantais, René Trager, lui aussi soupçonné d'être impliqué dans des financements politiques occultes.

Dès qu'il succède à Cornu, Van Ruymbeke se met en relation avec Thierry Jean-Pierre, afin qu'il lui résume le dossier Urba. Jean-Pierre est ravi : il connaît la réputation de « fonceur » de Van Ruymbeke, en qui il voit son digne successeur. « J'ai confiance en vous. Je me souviens de l'affaire Boulin, je sais que vous allez sortir ce dossier », lui lance d'emblée Jean-Pierre. Les deux hommes resteront en permanence en contact, même bien après la fin de cette affaire. La disparition brutale, au mois de juillet 2005, de Thierry Jean-Pierre, qui s'était entre-temps reconverti dans la politique, plongera Renaud Van Ruymbeke dans une profonde tristesse. « J'ai toujours eu une grande admiration pour cet homme, humainement attachant et d'une très grande intelligence », reconnaît-il. Van Ruymbeke n'a de cesse de rendre hommage au magistrat, rappelant souvent à ses interlocuteurs que sans lui il n'y aurait pas eu d'affaire Urba. Il ne cache pas non plus son admiration pour l'inspecteur Antoine Gaudino, à Marseille, qui avait découvert les fameux cahiers Delcroix révélant les dessous du financement du PS. À eux trois, dans le désordre et aux forceps, ces fortes personnalités ont mis au jour la première affaire politico-financière.

Au cours de l'automne 1991, Van Ruymbeke analyse méticuleusement le dossier. Au début de l'hiver, il finit par se forger une conviction : pour établir l'existence de liens entre les bureaux d'études soupçonnés de fausses factures et le Parti socialiste, une visite au siège du PS s'impose. D'autant qu'Urba-Gracco a été dissous l'année précédente et sa comptabilité, transférée rue de Solférino... Échaudé par les « parasitages » intervenus dans les enquêtes sur Robert Boulin et Kuniko Tsutsumi, Van Ruymbeke a décidé de frapper par surprise, le 14 janvier 1992. Il ne dit rien de ses intentions à personne. Ni au procureur général de Rennes, Jacques Brun, ni à celui de Paris, pas plus aux policiers de la brigade financière de Rennes, avec qui il entretient pourtant d'excellentes relations, mais qui sont soumis à leur hiérarchie... Patron du SRPJ de Rennes,

Guy Menez est simplement informé, la veille, que le conseiller Van Ruymbeke va mener des opérations en lien avec le financement du PS.

Tandis que le siège du PS s'est vidé progressivement et que quelques militants bénévoles rangent le champagne et terminent les petits-fours, le juge, sa greffière et les quatre policiers se retrouvent donc rue de Solférino. Avant d'entrer, Van Ruymbeke s'interroge encore. Et si cette perquisition était un coup de folie ? Fouiller les archives d'un parti politique, qui plus est au pouvoir, personne n'a jamais osé. Il risque gros. La visite a intérêt à être fructueuse, sinon...

Lorsque Van Ruymbeke annonce à l'hôtesse d'accueil du Parti socialiste qu'il vient conduire une perquisition, la jeune femme manque de défaillir. Les policiers qui l'accompagnent semblaient tout aussi stupéfaits, quelques minutes plus tôt, en découvrant leur « objectif ». « J'avais bien conscience de m'attaquer à un sanctuaire, dit-il. En pénétrant au siège du PS, j'ai vraiment senti que je franchissais le Rubicon. » Rue de Solférino, c'est bientôt l'affolement. L'hôtesse cherche fébrilement à joindre un responsable, tente de faire patienter le magistrat... Finalement, Van Ruymbeke perd patience et fonce à la trésorerie. Comme prévu, il tombe sur des masses de documents relatifs à Urba. L'ambiance est électrique. Très agressifs, des militants s'en prennent verbalement au juge et aux policiers, traités de « fascistes ». Certains restent muets, comme pétrifiés par l'insolence dont fait preuve ce magistrat, coupable de violer le saint des saints. D'autres encore le félicitent ironiquement, observant qu'il a bien choisi son moment : perquisitionner le jour de la passation des pouvoirs entre Mauroy et Fabius, c'est en effet l'assurance d'une publicité maximum... Quinze ans plus tard, Van Ruymbeke regrette toujours ce « télescopage malheureux ». « J'ignorais totalement ce qui devait se passer ce jour-là au siège du PS. Si je l'avais su, j'aurais reporté la perquisition de quelques jours. »

« Marqué à la culotte » par le délégué général à la trésorerie du PS, Laurent Azoulai, bras droit du trésorier Henri Emmanuelli, le conseiller commence à trier les documents que lui apportent ses quatre enquêteurs. La pêche se révèle assez vite miraculeuse. Il se fait indiquer le bureau d'Emmanuelli et lance alors aux policiers : « Cette pièce, vous n'y touchez pas, elle bénéficie de l'immunité. » Les quatre enquêteurs vont alors comprendre la raison de la courte escapade du juge juste après le déjeuner : il s'est tout simplement rendu à l'accueil de l'Assemblée nationale, comme un citoyen lambda, sans même décliner son identité, pour s'assurer, comme il l'avait lu dans la presse, que l'Assemblée était bien en session extraordinaire – et donc le député Emmanuelli protégé par l'immunité parlementaire.

À l'extérieur, la nouvelle de la perquisition se répand rapidement, dans les rédactions mais aussi et surtout dans les ministères. À la chancellerie, la panique est totale. Nommé par la gauche, le procureur général de Paris, Pierre Truche, furieux de ne pas avoir été prévenu par son procureur ni par Van Ruymbeke lui-même, pique une colère mémorable. Tandis que, vers 16 heures, les premières caméras font leur apparition devant le siège du parti, le magistrat reçoit un coup de fil surréaliste au standard. C'est Guy Menez. « Mais enfin, monsieur le juge, où êtes-vous ?, tonne le patron du SRPJ de Rennes. Vous le savez très bien, puisque c'est vous qui m'appelez ! », rétorque Van Ruymbeke sans se démonter. Le magistrat avait bien préparé son coup. La veille, comme le code de procédure pénale le lui impose, il avait avisé – par télécopie afin de laisser une trace de sa démarche – le procureur de la République du tribunal de grande instance de Paris (ressort sur lequel il se déplaçait) et le procureur général de la cour d'appel de Rennes (son supérieur hiérarchique) de son intention de mener des perquisitions, le 14 janvier, dans la capitale. Mais il n'avait bien entendu mentionné aucun de ses objectifs, de crainte que l'alerte ne soit donnée aux dirigeants du PS et que le ménage ne soit fait rue de Solférino. « Je n'ai pas menti, ou alors par omission, plaide aujourd'hui Van Ruymbeke avec un petit sourire. Je n'ai fait qu'appliquer les textes à la lettre. »

Au 10, rue de Solférino, les reporters se font de plus en plus pressants, ce qui agace Van Ruymbeke, qui souhaitait opérer dans la discrétion. Le conseiller et Azoulai se renvoient la responsabilité des fuites. Finalement, les deux hommes scellent un accord : Van Ruymbeke, qui a terminé sa perquisition vers 19 heures, accepte de ne quitter les lieux que deux heures plus tard, afin d'épargner la diffusion au journal de 20 heures d'images humiliantes de policiers sortant du siège du parti... De fait, les enquêteurs profiteront de la lecture d'un communiqué par le porte-parole du PS, qui mobilise ainsi l'attention des caméras, pour s'éclipser discrètement, vers 21 heures, les bras chargés de dix sacs-poubelle remplis de documents. Van Ruymbeke jubile. La moisson a été excellente. Il va pouvoir se livrer à son exercice favori, celui que, finalement, il pratique le mieux : défier le pouvoir.

8

Lynchage au congrès

À ces mots, on cria haro sur le baudet.

Jean DE LA FONTAINE, *Fables*,
« Les animaux malades de la peste ».

Avec ses épais sourcils noirs, son regard inquisiteur, sa grosse voix et son ton autoritaire, Henri Emmanuelli impressionne. Il le sait, il en joue. Au PS, ce Béarnais d'origine corse est un poids lourd, un « éléphant » pour reprendre le jargon socialiste. Souvent cassant vis-à-vis de ses adversaires politiques – y compris dans son propre camp –, cet ancien banquier n'aurait sans doute pas fait carrière dans la diplomatie. Pourtant, au début de l'année 1992, il a été porté par ses collègues à la présidence de l'Assemblée nationale, comme dans un geste de défi à l'égard de la justice, dont les investigations se rapprochent alors de plus en plus de celui qui a occupé le poste clé de trésorier du Parti socialiste (de mars 1988 à janvier 1992).

Au printemps 1992, le conseiller Van Ruymbeke est définitivement devenu, contre son gré, une vedette des médias. « Van Ruymbeke, l'incorruptible » titre *Paris-Match*, qui publie même un cliché du juge balle au pied, sous le maillot de l'équipe Juri Sport... Sur le fond des dossiers liés au financement du Parti socialiste, le magistrat a énormément progressé. L'examen des documents saisis en perquisition et une vague d'auditions lui ont permis de mettre au jour les « pompes à finances » occultes du PS. Il s'intéresse aux activités des bureaux d'études Urba et Sages – ainsi qu'à celles de Bretagne Loire équipement (BLE), filiale du Gifco, soupçonné, lui, d'alimenter le PCF –, mais aussi à l'homme d'affaires nantais René Trager. En reconstituant le parcours des flux financiers, le magistrat aboutit invariablement à la direction du PS. Au début du mois de juin, Van Ruymbeke, désireux de faire un point sur ses dossiers, organise une réunion avec ses deux collègues de la chambre d'accusation de la cour d'appel de Rennes, son président Dominique Bailhache et le conseiller Xavier Beuzit. Les trois hommes sont extrêmement soudés. À l'issue d'un court « brainstorming », ils se rendent à l'évidence : l'inculpation d'Henri Emmanuelli, en son ancienne qualité de trésorier, s'impose. Certes, les magistrats sont uniquement saisis des faits commis dans la région de Rennes, pas du financement du parti socialiste au niveau national. Mais ils estiment les charges suffisantes pour être notifiées à Emmanuelli. Respectueux des règles, le trio avertit verbalement le procureur général de Rennes, Jacques Brun, de ses intentions. Funeste erreur. « Nous aurions dû informer le procureur général par écrit, nous ne nous sommes pas assez méfiés », admet aujourd'hui Renaud Van Ruymbeke. Le PG avise immédiatement le garde des Sceaux, Michel Vauzelle, successeur d'Henri Nallet. Un contre-feu politique se prépare.

Van Ruymbeke apprend courant juin que le PS va tenir un congrès extraordinaire, à Bordeaux, les 9, 10 et 11 juillet 1992, officiellement consacré au traité de Maastricht. Le climat est lourd. Dans les rangs socialistes, l'inquiétude est de mise. Le parti a essuyé une claque mémorable lors des élections régionales de mars et la politique néolibérale menée par Pierre Bérégovoy, qui a succédé à Édith Cresson, dont le passage à Matignon s'est révélé catastrophique, ne fait pas l'unanimité parmi les siens. Et puis, il y a les « affaires », dont le parfum entêtant occasionne de plus en plus de migraines dans les rangs du pouvoir. Urba, Sages, Trager, bien sûr. Mais aussi le scandale du sang contaminé, qui éclabousse Laurent Fabius, Georgina Dufoix et Edmond Hervé. Au dernier moment, Van Ruymbeke, qui s'apprêtait à envoyer une convocation à Emmanuelli, change d'avis : « Je me suis dit qu'il valait mieux légèrement différer. Je n'aime pas interférer dans la vie politique. De plus, nous estimions à la chambre que les socialistes risquaient de dénoncer un acharnement judiciaire en plein congrès. » Bien vu. Mais si le magistrat pense avoir évité un piège, il ne sait pas qu'un second va lui être tendu. Imparable celui-là. Dans son édition datée du 9 juillet 1992, soit le jour de l'ouverture du congrès, *Le Monde* annonce que la chambre d'accusation de la cour d'appel de Rennes « a décidé » d'inculper Henri Emmanuelli. Pour les socialistes, l'occasion est trop belle d'afficher une solidarité mise à mal ces dernières années par d'interminables guerres intestines. Le congrès de Bordeaux se transforme immédiatement en tribunal populaire, avec un accusé : Renaud Van Ruymbeke. Durant trois jours, les orateurs qui se succèdent à la tribune vilipendent le magistrat. Henri Emmanuelli, qui a immédiatement dénoncé sa « pré-inculpation par voie de presse », monte lui-même à la tribune, dans une ambiance de corrida. La suite a été parfaitement racontée par Roland-Pierre Paringaux et Gilles Gaetner dans un ouvrage consacré aux affaires Urba, Sages et Trager : « Le président de l'Assemblée nationale prend la parole, face aux militants, pour un discours qui a tout du réquisitoire. Il est victime d'un "procès politique", de "partialité", d'un "acharnement à exhumer le passé". Il veut laver son honneur. Il en appelle au gouvernement pour qu'il modifie, de toute urgence, la procédure de l'instruction. Et cet homme, – qui vient, quelques jours auparavant, de présider solennellement les deux Chambres réunies à Versailles pour une modification de la Constitution européenne –, récuse ouvertement la justice. Au passage, il fera huer la presse et les magistrats. L'arrêt scandaleux, rendu quelques jours plus tôt dans l'affaire Touvier, lui permet d'évoquer à bon compte l'attitude de la magistrature française sous l'Occupation : "Inculper un parti, cela ne s'était pas fait depuis 1941." Emmanuelli fait un malheur. Il soulève les militants comme on soulève le peuple. La vraie, la seule légitimité. Pour un peu, le ci-devant Van Ruymbeke serait cité à comparaître devant l'assemblée survoltée.[1] » Les ministres socialistes ne sont pas en reste. Roland Dumas dénonce un « complot contre la République », le garde des Sceaux en personne stigmatise « le gouvernement des juges », tandis que Pierre Bérégovoy regrette que la justice donne « le sentiment de vouloir politiser le dossier ».

Impuissant, Van Ruymbeke assiste, par médias interposés, à son propre lynchage. En week-end chez ses beaux-parents, à Montceau-les-Mines, il regarde, consterné, les reportages télévisés sur le congrès de Bordeaux, où son nom est sifflé. « Il n'y a pas d'affaire Urba, il y a une affaire Van Ruymbeke », lance même, à la tribune, un responsable socialiste. Tenu au devoir de réserve, le magistrat enrage de ne pouvoir répondre. Dire qu'il avait justement décalé la convocation d'Emmanuelli pour éviter toute récupération politique... À l'évidence, même s'il s'en défendra publiquement, le garde des Sceaux a informé le président de l'Assemblée ainsi que les hiérarques du PS des projets du conseiller rennais. Mais, en ayant omis d'avertir par écrit leur supérieur, les trois magistrats de la cour d'appel ne peuvent prouver que la fuite ne vient pas d'eux. Van Ruymbeke enrage. Même les précisions de la rédaction du *Monde*, qui indique que l'origine des informations publiées n'est pas judiciaire mais politique (en l'occurrence, elles viennent du PS lui-même), ne suffisent pas à calmer le jeu. Ulcéré, le président de la chambre d'accusation envoie alors un courrier au vitriol au procureur général de Rennes. « Depuis de nombreux mois, nous avons tenu, M. Van Ruymbeke et moi-même, à vous informer du déroulement de la procédure », rappelle Dominique Bailhache. Avant d'ajouter, légèrement perfide : « Compte tenu

1. Roland-Pierre Paringaux et Gilles Gaetner, *Un juge face au pouvoir*, Grasset, 1994.

des entretiens que vous avez eus dans les semaines passées avec M. le garde des Sceaux, vous avez pu vous rendre compte que bien des déclarations faites autour de cette affaire sont délibérément contraires à la vérité. » En d'autres termes : la fuite vient de la chancellerie, pas de la chambre d'accusation. « Cet épisode a été tout de même assez pénible à vivre, conclut Renaud Van Ruymbeke. Heureusement, mes deux collègues ont fait bloc derrière moi. Moi qui passe pour un solitaire, j'ai pu à cette occasion mesurer les mérites de la collégialité. » Rancunier, Van Ruymbeke ne pardonnera jamais à Jacques Brun de ne pas avoir eu le courage, au cœur de la tempête, de reconnaître qu'il avait été informé de la future inculpation d'Emmanuelli. De ce jour, il n'adressera plus jamais la parole à son procureur général...

Ce n'est pas tout. Après le congrès de Bordeaux, certains responsables du Parti socialiste recommandent à des journalistes de s'intéresser au père de Renaud Van Ruymbeke. La rumeur va se propager : André Van Ruymbeke aurait été impliqué dans des opérations financières suspectes lorsqu'il dirigeait l'Union laitière normande. Il aurait même contribué au financement occulte de partis politiques. Ainsi donc, tout s'expliquerait : Renaud Van Ruymbeke mènerait une croisade pour régler ses comptes avec son père. Simpliste, la thèse n'a surtout jamais été étayée, même si le nom d'André Van Ruymbeke a bien été cité au détour d'une procédure judiciaire concernant l'ULN, ouverte au tribunal de Coutances. Mais André Van Ruymbeke ne fut en aucun cas mis en cause. En effet, l'enquête, déclenchée en 1992 à la suite d'une plainte de la Confédération paysanne, visait la gestion de la puissante coopérative agricole (15 milliards de francs de chiffre d'affaires à l'époque) par les successeurs de M. Van Ruymbeke, qui avait quitté l'ULN en 1981, dix ans après y être entré. Plusieurs dirigeants du groupe, mis en examen en mars 1996 notamment pour « abus de confiance », « abus de biens sociaux » et « abus de pouvoir », comparurent devant le tribunal correctionnel de Coutances, en février 1999. Parmi eux, un certain Alain Juillet, qui avait rejoint l'ULN en 1988 comme directeur général adjoint en charge du développement international avant de prendre les commandes du groupe, et que Van Ruymbeke fils retrouvera sur son chemin, bien des années après, en marge du scandale Clearstream. Ironie de l'histoire, c'est au détour de cette affaire de corbeau que ressurgiront, de manière fugace, les rumeurs concernant le père de Renaud Van Ruymbeke, avec la découverte, au printemps 2006, des notes de Philippe Rondot, l'agent secret mandaté par Dominique de Villepin pour vérifier l'existence de comptes occultes attribués à des personnalités. Dans un mémo du 27 juillet 2004, Rondot, alors membre du cabinet de la ministre de la Défense, Michèle Alliot-Marie, évoque la « tentative d'instrumentalisation » dont le juge Renaud Van Ruymbeke est en train d'être l'objet de la part de Jean-Louis Gergorin – le corbeau de l'affaire Clearstream. À propos du magistrat, le général Rondot ajoute surtout cette phrase, inquiétante sous la plume de celui qui était depuis 1997 conseiller pour les opérations de renseignement des ministres de la Défense : « Faire le passé de son père. » Interrogé comme partie civile le 24 mai 2006 dans cette affaire Clearstream, Alain Madelin sera le seul responsable politique à s'émouvoir de cette mention : « Ceci me paraît extrêmement grave, car à la tentative de soustraction de preuves s'ajoute peut-être une tentative de pression ou d'intimidation du magistrat en charge de l'affaire des frégates. » Questionné sur ce point la veille par les juges de l'affaire Clearstream, Philippe Marland, directeur de cabinet de la ministre de la Défense, affirmera de son côté : « Je n'ai pas la moindre idée de la signification de la mention relative au père du juge Van Ruymbeke. Je n'ai pas le souvenir d'avoir évoqué cette question avec le général Rondot. Je trouve cela scandaleux. » Et, comme les rumeurs ont décidément la vie dure, l'industriel nantais René Trager affirme encore aujourd'hui avec aplomb qu'« André Van Ruymbeke a participé au financement occulte du PCF via l'ULN, ce qui a dû traumatiser son fils.[1] » Peu importe qu'André Van Ruymbeke,

1. Entretien avec l'auteur, août 2006.

directeur général de l'ULN de 1971 à 1981, ait quitté le Parti communiste français en 1956...

En revanche, même si l'information n'a jamais été publiée, le nom d'André Van Ruymbeke est bien apparu au détour d'un scandale retentissant qui éclaboussa le Parti socialiste au milieu des années 1980 : l'affaire Luchaire, du nom de la société qui fut accusée d'avoir fourni des armes à l'Iran de l'ayatollah Khomeyni, en contravention avec l'embargo. En pleine guerre Iran-Irak, Luchaire avait vendu des centaines de milliers d'obus au régime des mollahs, entre 1981 et 1984. L'ancien ministre de la Défense socialiste, Charles Hernu, fut accusé par la presse d'avoir laissé faire, lorsque le scandale devint public, en 1986. Des soupçons de financement occulte du PS apparurent à cette occasion.

En 1981, André Van Ruymbeke, qui vient donc de quitter l'Union laitière normande, s'installe à La Croix-Valmer, dans le Var, et décide de créer une société de conseil pour l'exportation. Dans ses Mémoires, le père du magistrat consacre quelques courtes lignes à cette période de sa vie (il prit définitivement sa retraite en 1986, à la suite du décès de son épouse). « J'eus la chance de faire obtenir quelques gros contrats générateurs d'importantes commissions, écrit-il. Naturellement, elles devaient être partagées avec ceux qui m'avaient aidé et aussi ceux qui croyaient l'avoir fait. En quatre ans, je gagnai plus d'argent qu'en dix années d'ULN et trente de service public.[1] » Plus loquace aujourd'hui, André Van Ruymbeke explique qu'il a « conseillé avec succès des sociétés qui cherchaient à contracter avec des pays réputés difficiles d'accès comme la Hongrie ou l'Algérie.[2] » À l'occasion de certains marchés, André Van Ruymbeke activa les nombreux contacts qu'il s'était faits durant toute sa carrière, notamment à la Direction du commerce extérieur. « J'ai obtenu de confortables – et légales – commissions,

1. André Van Ruymbeke, *Une guerre et deux républiques*, *op. cit.*

2. Entretien avec l'auteur, octobre 2006.

en permettant par exemple à Airbus de vendre deux avions à l'Algérie. J'ai également aidé Peugeot à tenter de s'installer dans ce pays. » L'affaire Luchaire ? « Je n'ai été qu'indirectement concerné par ce dossier, assure-t-il. Je m'étais limité à donner des conseils à une société, dirigée par une de mes connaissances, Paul-André Falcoz, qui lui-même souhaitait vendre du matériel à l'Iran. C'était un ami intime, un ancien résistant que j'avais connu dans les années 1960 au FORMA, organisme à la tête duquel m'avait nommé Robert Boulin. Falcoz était proche du PS, notamment d'Édith Cresson et surtout de Charles Hernu. Il ne savait pas comment accéder aux arcanes gouvernementaux iraniens, je lui ai donc donné un coup de main en lui prodiguant quelques conseils, mais mon rôle s'est limité à cela. » Il fut toutefois jugé suffisamment intrigant pour motiver, en 1987, une perquisition au domicile d'André Van Ruymbeke, à la demande du juge parisien Michel Legrand, qui instruisait cette affaire. C'est ainsi que plusieurs policiers de la brigade financière débarquèrent un matin dans la propriété varoise de Van Ruymbeke père. À Paris, les opérations étaient coordonnées par le patron de la BF lui-même, Pierre Martinez, dont il sera question plus tard dans l'affaire Clearstream – décidément. « Cela s'est très bien passé. J'ai même offert du champagne aux policiers, se souvient André Van Ruymbeke. Mais ils n'ont rien trouvé intéressant leur enquête, tout simplement parce qu'il n'y avait rien à trouver. » Désormais à la cour d'appel de Montpellier, Michel Legrand, confirme que « le nom d'André Van Ruymbeke était bien apparu » dans son enquête. « Mais il avait seulement été cité en raison de sa proximité avec Falcoz, il n'était pas lui-même mis en cause. D'ailleurs, la PJ n'avait rien découvert de suspect le concernant.[1] » En revanche, l'ancien juge d'instruction confirme le rôle central joué par Paul-André Falcoz : « C'est lui qui avait négocié, au nom de la société Luchaire, auprès de Téhéran. Malheureusement, je n'ai jamais

1. Entretien avec l'auteur, novembre 2006.

pu recueillir ses explications. Il est mort début 1988, d'une crise cardiaque, le jour même où il devait se rendre dans mon cabinet. C'était sans doute une coïncidence, mais j'ai toujours trouvé cela étrange, surtout qu'à l'époque sa convocation gênait beaucoup de monde. » De fait, Paul-André Falcoz, qui faisait profession d'intermédiaire financier, était au cœur du dossier. N'avait-il pas écrit, en mars 1986, quelques jours avant l'ouverture de l'information judiciaire, à l'un des dirigeants de Luchaire qu'il était « couvert et [pouvait] continuer ses exportations » ? D'après plusieurs témoins entendus par le juge Legrand, Falcoz, qui traitait déjà des contrats d'armes avec le ministère de la Défense avant de se mettre au service de Luchaire, avait joué dans toute cette affaire un rôle essentiel : servir à Daniel Dewavrin, le patron de la société Luchaire, de « poisson pilote » pour l'aider à évoluer dans un monde inconnu, celui de l'élite socialiste.

Lancé avec fracas (« En pleine cohabitation, le RPR voulait abattre Mitterrand avec cette affaire », se souvient Michel Legrand), le scandale tourna court, puisqu'il se solda par un non-lieu, en 1989. « J'ai découvert, raconte Michel Legrand, que si François Mitterrand avait décrété publiquement un embargo sur les ventes d'armes à l'Iran, son Premier ministre de l'époque, Laurent Fabius, avait tout simplement oublié de prendre les arrêtés réglementaires officialisant cette décision. De ce fait, le délit de vente d'armes illicite n'était pas constitué ! » Hormis la perquisition de 1987, André Van Ruymbeke, quant à lui, ne fut plus jamais inquiété par cette affaire d'État qui ne le concernait pas vraiment, mais nul doute que certains furent tentés d'utiliser ce dossier pour nuire à son fils. Ce dernier, qui apprit l'existence de rumeurs courant sur son père au moment de son enquête sur Urba, n'a jamais su qu'elles trouvaient pour partie leur origine dans l'affaire Luchaire. Son père ne l'informa même pas qu'il avait été visé par une perquisition. Il est vrai qu'à cette époque – et jusqu'au milieu des années 1990 – les deux hommes ne s'adressaient plus la parole. Choqué que son père eût refait aussi rapidement sa vie après le décès d'Éliane, le magistrat n'appréciait pas non plus la nouvelle tournure prise par sa carrière. À ses yeux, en décidant de partir « faire de l'argent » dans le privé, André Van Ruymbeke avait tourné le dos à ses valeurs, celles qu'il avait transmises avec tant de ferveur – et de succès – à ses enfants.

Au sujet de la mise en cause de son client au cours de l'été 1992, Patrick Maisonneuve, l'un des deux avocats d'Henri Emmanuelli, se rappelle : « Certaines bonnes âmes, au PS et notamment au ministère de l'Intérieur, nous avaient effectivement suggéré de nous intéresser au père du juge, en espérant ainsi le déstabiliser. Je ne savais même pas de quoi il s'agissait et je ne voulais pas le savoir : nous les avions envoyés promener. Il était absolument hors de question de recourir à ce genre de méthodes. [1] »

Après bien des péripéties, Emmanuelli est finalement inculpé par courrier, au mois de septembre 1992, pour « complicité et recel de trafic d'influence ». Il doit maintenant se rendre dans le cabinet du conseiller rennais pour s'expliquer. Plutôt que de voyager en TGV, le président de l'Assemblée nationale a choisi de prendre un avion du GLAM. Et, pour marquer un peu plus son hostilité au magistrat rennais, il arrive en retard à la convocation. Si le dirigeant socialiste a choisi une porte discrète, à l'arrière du tribunal, pour accéder aux locaux de la cour d'appel, Van Ruymbeke, comme à son habitude, est arrivé par l'entrée principale. Il découvre avec stupéfaction que la place du Parlement est noire de monde. Il pénètre dans le magnifique parlement de Bretagne, par la grande porte, sous une salve d'applaudissements et les mots d'encouragement d'une foule de curieux ! Ce jour-là, VR a pu mesurer concrètement le soutien populaire dont les juges bénéficiaient alors. Aux micros qui se tendent sur son passage, le conseiller de la cour d'appel lâche simplement : « Je ne suis pas inquiet du tout. Je continue à traiter ces dossiers en dehors de toute agitation. »

1. Entretien avec l'auteur, octobre 2006.

Lorsqu'il entre dans le cabinet de Van Ruymbeke, Emmanuelli ne peut réprimer une grimace. C'est donc ici que travaille le grand juge Van Ruymbeke, dans ce bureau exigu, dont les murs défraîchis sont à peine éclairés par un œil-de-bœuf crasseux ?... « Henri Emmanuelli n'est pas spécialement attaché aux ors de la République, mais tout de même, lorsqu'il a découvert cette minuscule soupente, il n'en revenait pas. Pour l'image de la justice, ce n'était pas terrible [1] », raconte Philippe Lemaire, l'autre avocat du responsable socialiste. Quelques jours avant l'audition, le procureur général, Jacques Brun, par l'intermédiaire d'un magistrat du parquet général, avait proposé à VR de mettre à sa disposition son somptueux bureau afin d'accueillir son hôte de marque dans un cadre digne de lui. VR avait sèchement refusé, évoquant l'égalité des citoyens devant la loi... Dans le minuscule cabinet, ils sont cinq, serrés les uns contre les autres : le juge, sa greffière, Emmanuelli et ses deux conseils. Cette proximité physique ne réchauffe pas l'ambiance. L'audition se déroule dans un climat extrêmement tendu. Entre VR et l'ex-trésorier du PS, le dialogue tourne court. « Vous savez ce qu'est un abus de bien social ?, demande d'emblée le juge. – J'espère que vous n'avez pas dérangé le président de l'Assemblée nationale pour poser des questions pareilles », rétorque, cassant, Emmanuelli. Au terme de son audition, il refuse même de signer le procès-verbal et remet au magistrat une déclaration rédigée à l'avance dans laquelle il met en cause la légitimité du conseiller de la cour d'appel. « Je récuse les chefs d'accusation que vous venez de me notifier car ils ne reposent sur aucun élément. Votre dossier est si vide que je crois savoir que vous déployez des efforts considérables auprès des témoins ou inculpés que vous avez entendus pour qu'ils m'impliquent. Il est naturel qu'ils n'aient pu le faire. J'ai donc le sentiment, comme je vous l'ai déjà écrit, qu'il s'agit d'une instruction politique dans laquelle mon inculpation a pour

1. Entretien avec l'auteur, septembre 2006.

objectif d'obtenir un retentissement maximum, ce qui me paraît grave et regrettable à tous points de vue. » Puis, autoritaire, Emmanuelli lance à Van Ruymbeke : « Donnez-moi le P-V ! » Le juge est éberlué. La démarche d'Emmanuelli est pour le moins inhabituelle. Les inculpés ne sont pas censés se faire remettre une copie de leur interrogatoire. Seuls leurs avocats sont habilités à le faire, et encore doivent-ils passer commande. Déstabilisé par le ton impérieux du président de l'Assemblée nationale, Van Ruymbeke s'exécute tout de même et lui remet une copie du document. Inutile de créer un incident de plus, se dit-il. Cela n'apaisera pas la colère d'Emmanuelli, qui quittera furieux le palais de justice. Van Ruymbeke, lui, s'éclipsera dans le coffre d'une voiture, afin d'échapper aux photographes et aux cameramen. Cette médiatisation lui déplaît. Il soupçonne les responsables socialistes, qui lui en font porter la responsabilité, d'avoir une nouvelle fois joué les pompiers pyromanes afin de permettre à leur dirigeant de mettre en scène sa « victimisation ». De fait, un journaliste de *Ouest-France* surprendra, dans les couloirs du palais de justice, l'attachée de presse du président de l'Assemblée en train de rameuter, par téléphone, quelques journalistes amis... Et, le lendemain, les avocats d'Emmanuelli découvriront, effarés, que le service de communication du président de l'Assemblée nationale – qui avait décidé de tenir une conférence de presse pour dénoncer son inculpation – a distribué à plusieurs dizaines de journalistes la photocopie du P-V de leur client ! Une grossière violation du secret de l'instruction, qui ne donnera toutefois lieu à aucune poursuite, au grand soulagement de Mes Lemaire et Maisonneuve...

Quelques semaines plus tard, VR décide d'organiser une seconde audition. Mais il redoute que, à nouveau, l'information sorte prématurément dans la presse. Il met donc au point un stratagème. « J'ai écrit à M. Emmanuelli pour lui proposer de venir le jour qu'il voulait, à l'heure choisie par lui, en lui indiquant qu'il pourrait se présenter à mon cabinet, sans prévenir, du lundi au vendredi entre 9 heures et 18 heures. Et je lui ai demandé de ne pas me faire savoir à l'avance sur quelle date se porterait son choix. Comme ça, j'étais certain qu'on ne m'accuserait pas d'être à l'origine des fuites », raconte le magistrat. Mais Emmanuelli n'apprécie pas et s'émeut auprès du CSM de cette démarche qu'il juge provocatrice. Du coup, VR est contraint d'envoyer une convocation en bonne et due forme. Lorsque le responsable socialiste se présente pour la seconde fois au cabinet du magistrat, une mauvaise surprise l'attend. Il frappe à la porte et passe sa tête à l'intérieur. « Il est 14 heures, monsieur le juge, observe Henri Emmanuelli. – Oui, et je vous avais convoqué à 14 h 30, rétorque froidement VR. – Vous vous trompez, c'était bien à 14 heures, insiste l'ancien trésorier du PS. – Non, monsieur Emmanuelli, 14 h 30. De toute façon, je ne suis pas prêt, donc vous attendrez sur le banc », ordonne le juge, bien décidé à faire payer sa morgue au responsable socialiste. – Très bien, je note que vous faites attendre le président de l'Assemblée nationale dans le couloir ! », lance, rouge de colère, Emmanuelli, avant de claquer la porte...

Fidèle à sa stratégie de rupture, Henri Emmanuelli jouera la confrontation jusqu'au bout, sans dissimuler le mépris que l'effronté magistrat lui inspire. Sans succès. Il sera renvoyé devant le tribunal correctionnel – malgré l'opposition du parquet général –, condamné en première instance puis par la cour d'appel. Ce dernier jugement, qui le voit écoper de dix-huit mois de prison avec sursis et deux ans de privation de ses droits civiques pour « complicité de trafic d'influence », sera confirmé en décembre 1997 par la Cour de cassation, à la grande satisfaction de Renaud Van Ruymbeke [1].

Avec le recul, Me Lemaire éprouve, lui, des regrets. « Les choses se sont mal passées parce que Van Ruymbeke et Emmanuelli sont deux forts tempéraments. Mais si, à l'époque, j'avais mieux connu la personnalité et les méthodes de ce magistrat, dont on sait aujourd'hui qu'il est très ouvert à la discussion et

1. Sollicité par l'auteur, Henri Emmanuelli n'a pas souhaité s'exprimer.

à l'écoute des avocats, j'aurais sans doute adopté un autre système de défense. J'aurais évité de le prendre frontalement...[1] »

Le magistrat n'a pas entretenu de relations conflictuelles avec tous les responsables socialistes qu'il a poursuivis. Me Jean-Pierre Mignard, qui défendait deux secrétaires d'État (Robert Chapuis et Jean-Yves Le Drian) et un député (Jacques Floch), se souvient d'un magistrat « d'une courtoisie exceptionnelle, à la fois loyal, équitable et correct. Un personnage d'une forte dimension humaine et d'une grande intensité éthique. » L'avocat n'a pas oublié qu'en février 1994, après l'incendie du parlement de Bretagne, dans lequel le juge avait perdu beaucoup de ses dossiers, ses trois clients lui avaient spontanément demandé de mettre à la disposition de VR sa propre copie du dossier, afin de permettre à celui qui les avait pourtant inculpés de reconstituer la procédure ! « J'étais un peu interloqué, témoigne Me Mignard. Je crois que Renaud Van Ruymbeke est le seul magistrat à pouvoir susciter une telle démarche...[2] » Ce que l'avocat ignore, c'est qu'en homme prudent VR avait copié quelques-uns de ses dossiers les plus sensibles, qu'il avait cachés chez des amis, au cas où... Jean-Pierre Mignard avait gagné l'admiration de Van Ruymbeke lorsque, juste après la perquisition rue de Solférino, il avait démissionné de ses fonctions de délégué national à la justice du PS. « Je trouvais indigne l'attitude du parti, qui s'en prenait à la justice exactement comme l'aurait fait la droite. J'étais un peu dans la peau d'Antigone. Je me souviens qu'Henri Emmanuelli me regardait d'un sale œil. Et puis, au-delà des principes, je me suis battu pour un homme que je savais intellectuellement honnête. Je sentais ce magistrat de sensibilité rocardienne. Cela n'allait pas avec la théorie du complot, du juge manipulé, qui était véhiculée au PS, puisque le parti était justement aux mains des rocardo-

1. Entretien avec l'auteur, septembre 2006.
2. *Id.*

fabiusiens...[1] » Défenseur de Michel Reyt, faux facturier « historique » du PS, Me Philippe Billaud a, lui aussi, donné un coup de main au magistrat pour reconstituer sa procédure après l'incendie du parlement. « Pourtant, il avait quand même placé mon client sept mois en détention provisoire au début de l'enquête. À l'époque, il rechignait moins à y recourir. Cela dit, des années plus tard, il a reconnu qu'il avait été un peu trop dur avec Reyt. Mais il m'a expliqué qu'il n'agissait pas seul, et que son président, Dominique Bailhache, était impitoyable. » La nuit du sinistre, Me Billaud est réveillé par le téléphone. C'est Van Ruymbeke au bout du fil. « Maître, c'est affreux, le parlement brûle ! – C'est terrible, mais que puis-je faire ?, répond l'avocat dans un demi-sommeil. – Vous avez une copie du dossier, il faut que vous m'aidiez. » « J'ai passé un coup de fil à Reyt, qui a donné immédiatement son accord, et quelques heures plus tard, au petit matin, Van Ruymbeke était dans mon cabinet pour reconstituer sa procédure, se souvient l'avocat. Reyt, ajoute-t-il, avait accepté car il appréciait beaucoup ce magistrat. Il le trouvait chaleureux, humain. La confrontation de ces deux fortes personnalités était un régal.[2] » L'avocat a gardé en mémoire ce dialogue un tantinet surréaliste, au début de l'affaire, alors que Reyt était incarcéré. Le juge : « Monsieur Reyt, si vous voulez que votre sort s'améliore, il va falloir coopérer, il faut parler. » Reyt : « Non. J'en ai vu d'autres, j'ai combattu les Allemands en 1944, ce n'est pas pour être un délateur aujourd'hui. » Le juge : « Je vous comprends et je vous félicite... »

Dès la fin de l'année 1992, le volet principal du dossier relatif au financement occulte du PS est bouclé. VR commence à explorer les méandres de la galaxie Gifco, un bureau d'études suspecté de financer le Parti communiste français. Il va jusqu'à convoquer le président du Gifco, Jacques Grosman, un ancien

1. Entretien avec l'auteur, septembre 2006.
2. Entretien avec l'auteur, novembre 2006.

résistant lui aussi. « Appartenez-vous au PC ?, lui demande le magistrat. – La dernière fois qu'on m'a posé la question, c'était en 1943, dans les locaux de la Gestapo », rétorque Grosman. C'est ce qui s'appelle jeter un froid. Mais Van Ruymbeke n'en a pas tout à fait terminé avec les socialistes. L'homme d'affaires René Trager l'a mis sur une autre piste, menant cette fois à Georgina Dufoix. Trager a révélé, sur procès-verbal, comment, en 1985 et 1986, alors que Mme Dufoix était ministre des Affaires sociales, il avait négocié l'achat d'un appareil IRM à un constructeur américain, pour 21 millions de francs. Il assure qu'une large partie de sa commission – de 10 % – a été rétrocédée à l'entourage de la ministre. Déjà engluée dans le dossier du sang contaminé et les remous de l'affaire Habache (elle a autorisé, en janvier 1992, l'hospitalisation à Paris du terroriste palestinien), Georgina Dufoix n'obtiendra pas de la part de ses amis politiques la mobilisation exceptionnelle dont avait bénéficié Henri Emmanuelli. L'ancienne conseillère de François Mitterrand à l'Élysée étant ministre au moment des faits, Renaud Van Ruymbeke se dessaisira finalement du dossier en février 1993 au profit de la Haute Cour de justice – rebaptisée depuis Cour de justice de la République. Cauchemar du Parti socialiste, Renaud Van Ruymbeke va bientôt (re)devenir celui de la droite.

9

Longuet, Moatti : enterrements de première classe

On n'est curieux qu'à proportion qu'on est instruit.

Jean-Jacques ROUSSEAU,
Émile ou De l'éducation.

L'homme a écarté d'une main ferme les branches obstruant sa route. Il s'est retourné une dernière fois, au cas, fort improbable, où on l'aurait suivi. Puis il a deviné, entre les feuillages, ce cours d'eau si familier. Enfin, il s'est arrêté. Ça y est, il est arrivé au bout du chemin. C'est ici, dans ce petit coin de campagne où, tant de fois, il est venu se ressourcer, qu'il a choisi d'en finir. Ces dernières semaines, il n'a rien laissé deviner à ses proches, qui ont pris pour de la déprime ce qui était du désespoir. Sa décision, il l'a mûrie seul, comme à chaque fois qu'il a été confronté à un choix d'importance. L'hypothèse lui a d'abord semblé aberrante, avant, peu à peu, de s'imposer comme une évidence. L'idée qu'à près de soixante-dix ans son exceptionnel parcours politique puisse s'achever dans l'opprobre lui était devenue intolérable. Que son intégrité, valeur sur laquelle il avait fondé non seulement sa carrière mais tout simplement sa vie, soit entachée par une mesquine affaire financière, c'était plus qu'il ne pouvait en supporter. Il a eu une dernière pensée pour sa femme et ses enfants, puis il a fermé les yeux... Il s'est senti incroyablement léger tout à coup. Apaisé, enfin.

Cet homme, c'est Pierre Bérégovoy.

À moins que ce ne soit Robert Boulin.

Lorsqu'il a appris à la radio le suicide – et ses circonstances – de l'ex-Premier ministre socialiste, le 1er mai 1993, Renaud Van Ruymbeke a éprouvé une profonde tristesse, mais aussi un grand trouble. Il a instantanément replongé en ce jour d'octobre 1979, lorsque le ministre du Travail et de la Participation de Raymond Barre avait mis fin à ses jours. Quatorze ans après la disparition de Robert Boulin, celle de Pierre Bérégovoy résonnait comme un écho tragique. Mis en cause par l'enquête du juge Thierry Jean-Pierre à propos d'un prêt sans intérêts de 1 million de francs consenti par Roger-Patrice Pelat, un homme d'affaires proche de François Mitterrand, « Béré », qui avait été placé à Matignon un an auparavant pour « sauver les meubles » aux législatives de mars 1993, s'était également senti responsable de la déroute historique essuyée par les socialistes lors de ce scrutin. Une claque mémorable à laquelle les investigations visant le PS menées par le conseiller Van Ruymbeke n'étaient pas totalement étrangères... Clin d'œil du destin : une quinzaine de jours avant les élections législatives, Pierre Bérégovoy avait convoqué à Matignon... le père du magistrat. « Un matin, le directeur de cabinet du Premier ministre me téléphone pour me demander de venir discuter avec lui, révèle André Van Ruymbeke. Très étonné, j'ai accepté. L'entrevue a duré une demi-heure, dans un climat très cordial. Bérégovoy m'a rappelé qu'on s'était connus dans les années 1960 au PSU. Mais, évidemment, nous n'avons pas fait que parler du bon vieux temps. Les investigations de Thierry Jean-Pierre l'inquiétaient. Sachant qui était mon fils, il souhaitait savoir si je pensais qu'il y avait un complot des juges contre lui. Je lui ai dit que j'étais persuadé du contraire, que ce que je savais de mon fils m'avait plutôt enseigné que les juges étaient souvent des hommes seuls. Je ne suis pas certain de l'avoir rassuré... [1] »

1. Entretien avec l'auteur, septembre 2006.

Aussi surprenant que cela puisse paraître, à la chambre d'accusation, les enquêtes ne constituaient qu'une petite partie du travail de Renaud Van Ruymbeke. Les trois quarts de son temps, il les passait à la chambre civile et à la chambre commerciale. Au civil, le conseiller endosse un rôle très différent : celui de juge de paix, chargé de régler les petits litiges (renouvellement contesté de baux commerciaux, désaccord sur la garde des enfants...). « Cette expérience m'a beaucoup servi par la suite, indique-t-il. Au civil, à la différence du pénal, le juge n'est pas inquisiteur mais arbitre : les avocats des différentes parties apportent les preuves, développent leurs moyens et leur argumentation, et lui tranche en dernier ressort. Ça me plaisait bien. C'est sans doute pour cela que, plus tard, au pôle financier, je serai très à l'écoute des avocats. Je pense qu'il faudrait davantage s'inspirer de ce système au pénal, le principe du contradictoire est un élément fondamental de notre droit. » Cette thèse, Van Ruymbeke la défendra publiquement, début 2006, dans cette interview au *Monde* qui le mettra en porte-à-faux vis-à-vis de beaucoup de ses collègues. À la chambre civile, VR fait l'admiration de Bernard Lagriffoul, rencontré lors de l'affaire Boulin, puis au tribunal de Grasse et encore à l'ENM, et qui croise à nouveau son chemin, cette fois au parquet général de Rennes. « Il avait plus de temps libre que les autres, ce qui lui permettait de prendre des cours de piano à Paris une fois par semaine, et pourtant, il était plus efficace ! rapporte Bernard Lagriffoul. Pour une raison toute simple : il travaillait à une vitesse stupéfiante. Il avait des capacités d'analyse hors du commun. En plus, il était novateur. Il a été le premier au tribunal à rédiger ses arrêts sur ordinateur, alors que jusque-là, la règle était d'écrire à la main. [1] »

En ce printemps 1993, marqué par le retour de la droite aux affaires, le conseiller Van Ruymbeke s'apprête, une nouvelle fois, à braver le pouvoir. Le dossier Urba clôturé, l'affaire Longuet commence. Comme un fait exprès, à chaque fois, sans

1. Entretien avec l'auteur, septembre 2006.

qu'il y soit pour grand-chose, VR se retrouve dans le mauvais camp, à enquêter sur des personnalités de la majorité : Robert Boulin en 1979, Henri Emmanuelli en 1992, Gérard Longuet en 1994... Cela étant, concernant le dirigeant du PR, Van Ruymbeke se souvient ne pas avoir été mécontent, à l'époque, de pouvoir prouver qu'il n'instruisait pas uniquement contre la gauche, ce dont il avait été accusé publiquement.

Figure de « la bande à Léo » omniprésente au sein du gouvernement Balladur Gérard Longuet détient, depuis mars 1993, le portefeuille de l'Industrie, des Postes et des Télécommunications et du Commerce extérieur. Il est également président du Parti républicain. Mais c'est d'abord en son ancienne qualité de trésorier du PR qu'il va être mis en cause par Renaud Van Ruymbeke. Curieusement, c'est un collecteur de fonds du PS qui va attiser la curiosité du juge et le conduire sur la piste menant au PR. Le 4 mars 1993, alors que la campagne électorale bat son plein, le conseiller Van Ruymbeke interroge, dans son bureau, l'industriel nantais René Trager, celui-là même par qui le « scandale Dufoix » est arrivé. Le magistrat a découvert, en Suisse, de nouveaux mouvements de fonds suspects. « À quoi correspond la somme de 4,4 millions de francs français que vous avez retirée à la Banque vaudoise de crédit, en trois fois, entre février et avril 1988 ?, demande Van Ruymbeke. – Cette somme, répond Trager, correspond au prix de mon intervention auprès d'un élu local PR de Nantes pour l'obtention, en 1988, par Pont-à-Mousson, du marché d'adduction d'eau de la ville de Nantes. Je n'ai pas gardé cette commission. Je l'ai reversée au conseiller PR Jean-Pierre Lapègue. [1] » Interrogé à son tour, Lapègue va mettre en cause un réseau de financement occulte du PR, entre 1983 et 1988. Mais, pour Van Ruymbeke, la poursuite de l'enquête s'annonce délicate, puisqu'il n'est pas saisi de ces faits nouveaux. À plusieurs reprises, il demandera au procureur général Jacques Brun de

1. Procès-verbal d'audition de René Trager par le juge Renaud Van Ruymbeke le 4 mars 1993.

lui délivrer un réquisitoire supplétif, mais il lui sera systématiquement refusé. Van Ruymbeke, comme il en a désormais l'habitude, va donc devoir jouer très fin, afin d'éviter la faute procédurale qui entraînerait inéluctablement son dessaisissement. S'il n'enquête pas officiellement sur le PR mais sur Pont-à-Mousson, le conseiller rennais va cependant recueillir, au fil des mois, de nombreux indices contre ce parti, mais surtout contre son président. Il va notamment s'appuyer sur les confidences de Michel Reyt, l'homme d'affaires proche du PS, dont il a contribué au financement occulte via son bureau d'études, la Sages, et qui semble enfin décidé à collaborer. Après avoir passé sept mois en détention provisoire en 1992, Reyt va révéler au juge avoir revendu en 1988 son appartement du rez-de-chaussée de la rue de Constantine à une filiale de la Cogedim, qui l'a ensuite mis à la disposition du PR, afin qu'il y établisse son siège. À l'aide de Reyt, allié inattendu, le magistrat va mettre au jour une série de mouvements de fonds suspects. Au total, 6 millions de francs – somme négociée par Gérard Longuet lui-même, selon Reyt – auraient été versés en dessous-de-table à l'occasion de l'acquisition du siège de la rue de Constantine. Pour en savoir plus, Van Ruymbeke va plonger dans la comptabilité du PR. Il découvre que le parti a recueilli 28 millions de francs en espèces entre 1987 et 1991, puis détecte sa « pompe à fric », le Groupement des régies réunies (GRR), et enfin sa caisse noire, gérée en Suisse par Alain Cellier, un banquier proche de Gérard Longuet. Ce dernier est bientôt mis en cause à titre personnel. En effet, en s'intéressant à son patrimoine privé, le magistrat découvre que des irrégularités auraient été commises en 1991 lors des travaux effectués dans sa villa de Saint-Tropez par un entrepreneur de la Meuse dont il est proche. Mois après mois, le juge met également en lumière les fructueuses affaires réalisées par Longuet lorsqu'il était à la tête du fonds de placement Investel, ainsi que les versements effectués par SFR – à qui le ministre de l'Industrie venait d'attribuer une concession de téléphonie – en faveur du GRR. Lorsqu'il tombe sur SFR, le magistrat ne sait pas ce que signifie ce sigle. Il faudra qu'il lise par hasard un article du *Canard enchaîné* pour comprendre qu'il s'agit d'un opérateur de téléphonie mobile, filiale de la Compagnie générale des eaux (CGE) qui plus est. Détail important puisque Gérard Longuet, dans ses activités privées, avait été en relation d'affaires avec la CGE. Le conseiller met au jour deux autres dossiers embarrassants pour Longuet : celui de la Signalisation, une affaire de commission occulte susceptible de le mettre en cause en tant qu'ancien ministre délégué chargé des PTT (entre 1986 et 1988), et celui de la Cogedim, dans lequel il est soupçonné d'avoir revendu au géant de la promotion immobilière une étude sur les « immeubles intelligents » réalisée par l'une de ses anciennes assistantes au ministère de l'Industrie.

Au fil de ses découvertes, Van Ruymbeke envoie des rapports détaillés au parquet général. Après avoir réclamé des « investigations approfondies » sur le GRR le 24 mars 1994, il indique, deux mois plus tard, que les faits révélés par son enquête, « sous réserve d'investigations ne pouvant être menées que dans le cadre d'une information distincte, sont constitutifs d'abus de biens sociaux imputables à Gérard Longuet, voire de trafic d'influence et de corruption ». Enfin, le 27 septembre 1994, Van Ruymbeke détaille longuement les dessous de l'achat de la villa tropézienne. Le rapport fuite rapidement dans la presse, rendant la position du ministre intenable. Le 14 octobre 1994, Gérard Longuet démissionne. Même si, à cette date, il n'est pas encore poursuivi, le président du PR a agi conformément à l'esprit de la doctrine imposée par Édouard Balladur, et dont Alain Carignon a été le premier à faire les frais : tout ministre mis en examen (nouvelle dénomination de l'« inculpation », terme jugé trop infamant) doit quitter le gouvernement. Sur le perron de l'hôtel Matignon, Longuet, livide, lit une déclaration qui fera l'ouverture des journaux télévisés du soir : « Depuis plusieurs mois, le Parti républicain et moi-même sommes attaqués par des violations répétées du secret de l'instruction. Il y a quelques jours, c'est sur mon patrimoine personnel que l'attaque a porté. J'ai cru pouvoir bénéficier de quelques semaines pour établir ma bonne foi. En réalité, j'ai été condamné avant même que d'avoir été entendu. »

À l'annonce de cette démission, Van Ruymbeke éprouve des sentiments mitigés. D'abord, il ressent de la peur. Lorsqu'il voit le visage décomposé de Longuet à la télévision, il se dit : « Pourvu qu'il ne se suicide pas. » L'affaire Boulin l'a échaudé. Et puis, la fin tragique de Bérégovoy était encore dans tous les esprits. S'il est satisfait que le ministre ait quitté ses fonctions, le magistrat éprouve surtout de la frustration : il a été à l'extrême limite de ce que lui permettait sa saisine, mais il ne peut à l'évidence aller plus loin. Or, il redoute que le dossier, une fois dépaysé, soit enterré. Ses craintes se révéleront fondées. Le garde des Sceaux, Pierre Méhaignerie, qui, fait notable, n'a jamais tenté de faire obstruction aux investigations de Renaud Van Ruymbeke, va finalement décider, en accord avec le procureur de Paris, de confier l'essentiel des faits visant le PR et Gérard Longuet à la juridiction parisienne. En soi, ce n'est pas un choix illogique, la plupart des faits incriminés s'étant déroulés à Paris. Sauf que l'instruction, confiée à la juge Mireille Filippini, va rapidement sombrer dans une profonde léthargie. Au téléphone, Filippini et Van Ruymbeke auront une conversation orageuse, de laquelle le conseiller rennais retirera l'impression que les dossiers du PR n'aboutiront pas. Certes, Gérard Longuet sera rapidement mis en examen par la juge dans le dossier de la villa tropézienne et dans celui de la Cogedim, mais tous deux s'achèveront par une relaxe.

Quasiment laissés à l'abandon par Mireille Filippini, les autres faits révélés par Van Ruymbeke seront récupérés par une juge d'instruction réputée pour ses initiatives spectaculaires et son indépendance d'esprit : Isabelle Prévost-Desprez. Mais la magistrate, qui avait repris le cabinet de Mme Filippini, considérera le dossier trop mal ficelé pour pouvoir s'en occuper réellement. Isabelle Prévost-Desprez se rappelle parfaitement cette affaire. Elle a accepté d'en parler. Sans langue de bois. « J'ai récupéré le dossier au printemps 1998, lorsque j'ai été nommée au pôle financier. Ça m'a fait drôle de reprendre une affaire initiée par Van Ruymbeke. Jeune magistrate, j'éprouvais une telle admiration pour lui... Alors que j'étais encore à l'ENM, en 1983, il était venu donner une conférence sur le thème des relations entre la presse et la justice. Il avait été très clair, très pédagogique. Il semblait encore marqué par l'affaire Boulin, qui l'avait profondément blessé. » La juge se souvient avoir, peu après son arrivée au pôle financier, participé à un déjeuner organisé, à la demande de Van Ruymbeke, par Laurence Vichnievsky. VR souhaitait évoquer les dossiers relatifs au Parti républicain. « Comme je n'ai pas ma langue dans ma poche, je lui ai dit d'entrée : "Si vous voulez que je me dessaisisse à votre profit, n'y comptez pas ! Ça la ficherait mal que vous récupériez à Paris une affaire que vous avez initiée à Rennes." Il avait été un peu interloqué par ma franchise... » Van Ruymbeke souhaitait-il vraiment récupérer les enquêtes sur le PR ? « Il ne l'avait pas formulé explicitement, mais c'est ce que j'avais déduit de notre conversation, affirme Mme Prévost-Desprez. J'avais compris qu'il faisait de ce dossier un défi personnel. C'est quelqu'un qui s'investit beaucoup dans ses enquêtes. Le fait de réussir ou non, il en fait une affaire personnelle, ce qui peut être dangereux, parfois. [1] » Les choses ayant été clarifiées d'entrée entre les deux magistrats, leurs relations furent ensuite excellentes. « Il m'a énormément aidée à comprendre le dossier, assure Isabelle Prévost-Desprez. Tout le travail qu'il avait effectué à Rennes était excellent. Malheureusement, le boulot avait été "salopé", il n'y a pas d'autre mot, avant mon arrivée. D'abord, le dossier avait été saucissonné, ce qui était absurde juridiquement. Ainsi, l'affaire de la villa tropézienne avait été jugée à part alors que, moi, j'instruisais celle de l'étude sur les "immeubles intelligents", qui était directement liée à la première, puisque les fonds dégagés avaient servi à financer la maison ! Mais le procureur de Paris, qui agissait sur instruction, avait volontairement émietté les procédures. Et puis, de nombreux actes

1. Entretien avec l'auteur, septembre 2006.

effectués par Mme Filippini n'étaient ni faits ni à faire. Procès-verbaux entachés de nullité, perquisitions ratées… Une catastrophe irrattrapable.[1] » À l'époque procureur adjoint chargé des affaires financières au parquet de Paris, qu'il dirige aujourd'hui, Jean-Claude Marin confirme que « les différentes pistes ouvertes par Renaud Van Ruymbeke à propos du financement du PR et de Gérard Longuet ont été enterrées à Paris. Tout son travail a été purement et simplement saboté par le magistrat instructeur[2] », assure-t-il, faisant allusion à Mireille Filippini.

Nommée au tribunal de Nanterre en octobre 2003, Isabelle Prévost-Desprez sera remplacée par un juge venu du tribunal d'Évry, un certain Jean-Marie d'Huy, dont on n'a pas fini de parler… Fin 2006, près de quinze ans après les premières découvertes du conseiller rennais, le dossier du financement du Parti républicain dormait toujours dans un coin du cabinet du juge d'Huy. Le banquier Alain Cellier, dont le réseau de sociétés panaméennes gérait jusqu'à 50 millions de francs, n'a jamais été inquiété ni seulement interrogé par la justice française. Aujourd'hui, lorsqu'on le questionne sur l'affaire Longuet, Renaud Van Ruymbeke ne souhaite pas aborder le fond du dossier. Il se contente d'évoquer un « fiasco total »[3]… Curieusement, Van Ruymbeke retrouvera Gérard Longuet quelques années plus tard, lorsqu'il sera codésigné dans l'affaire des lycées d'Île-de-France. Mis en examen dans ce dossier en mai 2001 pour « recel de corruption », Gérard Longuet sera, une nouvelle fois, relaxé en octobre 2005…

À l'automne 1994, alors que les investigations menées sur le financement du Parti républicain sont à leur paroxysme, la famille Van Ruymbeke va connaître un grand moment de frayeur et de stress. Le vendredi 21 octobre au soir, Alain Vogelweith, un responsable du Syndicat de la magistrature que

1. Entretien avec l'auteur, septembre 2006.
2. Entretien avec l'auteur, octobre 2006.
3. Mireille Filippini, quant à elle, n'a pas souhaité s'exprimer.

VR avait eu comme auditeur à l'ENM, téléphone à Bernadette. Il lui relate la conversation qu'il vient d'avoir avec un journaliste de *L'Humanité*. Ce dernier assure qu'il y a un contrat sur la tête de Renaud Van Ruymbeke. Les détails sont suffisamment précis pour que le magistrat prévienne immédiatement le patron du service régional de police judiciaire de Rennes, Guy Menez, qui dîne au restaurant. Le policier se renseigne rapidement auprès du journaliste et organise le lendemain matin une réunion de crise dans le bureau de Van Ruymbeke, dans un immeuble tristounet situé au-dessus de la gare de Rennes où le tribunal s'était replié – le parlement de Bretagne était encore en reconstruction. Les policiers prennent l'affaire très au sérieux. Le journaliste de *L'Huma* leur a expliqué avoir rencontré un Yougoslave désigné pour faire partie d'un commando payé pour abattre Van Ruymbeke. Montant du contrat : 1 million de francs. Le Yougoslave aurait pris peur au dernier moment et décidé de se confier. L'assassinat doit avoir lieu le lundi matin. Le « repenti » a été très précis : il a donné l'identité de ses trois complices, deux Français et un Italien, précisant que deux d'entre eux ont réservé deux chambres dans un petit hôtel en surplomb de la gare. La PJ vérifie discrètement. Effectivement, deux chambres ont bien été réservées dans l'établissement aux noms donnés par le mystérieux Yougoslave. À la PJ, c'est l'affolement. Le ministre de l'Intérieur, Charles Pasqua, est immédiatement informé. En catastrophe, on fait blinder les fenêtres du bureau du magistrat, qui donnent sur la rue. Bernadette part précipitamment avec les enfants en Bourgogne, chez ses parents. Quant à VR, il se voit attribuer en permanence deux gardes du corps du groupement d'intervention de la Police nationale (GIPN) et imposer le port d'un gilet pare-balles – qu'il fera semblant de porter. Van Ruymbeke se souvient de cet appariteur du tribunal courant, paniqué, dans les couloirs après avoir croisé l'un de ses *bodyguards* armé jusqu'aux dents. Il n'a pas oublié, non plus, la mine ahurie de ce voisin qui avait risqué un œil dans son jardin : « J'étais en train d'arroser mes poireaux avec, deux mètres derrière moi, un type armé d'une mitraillette ! Mes haies étant à l'époque très courtes, les policiers estimaient qu'un tireur d'élite pouvait me tirer dessus dans mon jardin... C'était tout à fait surréaliste. » La PJ va planquer plusieurs jours à l'hôtel, mais les deux tueurs ne se montreront jamais. Quant au Yougoslave, il a disparu dans la nature, de sorte que personne n'a jamais su de quoi il retournait exactement. Les tueurs avaient-ils renoncé à leur projet après la défection de leur complice ? Ou alors s'agissait-il d'une mise en scène simplement destinée à effrayer le magistrat ? « Je n'ai jamais eu le fin mot de l'histoire, mais je me rappelle que nous avions pris cela très au sérieux », note le juge. Dans l'entourage mais aussi au sein même du PR, il y avait suffisamment d'anciens militants de la droite la plus extrême pour ne pas sous-estimer la menace. Au bout de trois semaines, Van Ruymbeke exigea en tout cas des policiers – qui lui demandèrent une décharge écrite pour se couvrir – qu'ils mettent fin à cette protection rapprochée qui commençait à l'étouffer. Parvenues aux oreilles des journalistes, les menaces visant Van Ruymbeke provoquèrent un incident entre le magistrat et France 3 Bretagne. La chaîne commit l'imprudence de diffuser, dès le lundi 24 octobre 1994, des images du pavillon de Van Ruymbeke, assorties d'une interview du maire de Mordelles, de sorte que le domicile du conseiller était parfaitement reconnaissable. France 3 reconnut sa gaffe, ce qui n'empêcha pas la chaîne d'être condamnée pour « atteinte à la vie privée » par le tribunal de Laval.

Au début de l'année 1995, tandis qu'il doit délaisser, à regret, ses investigations sur le PR, Renaud Van Ruymbeke se lance sur une nouvelle piste en poursuivant l'exploration des commissions perçues en Suisse par Michel Reyt, animateur d'un réseau de financement parallèle au profit de personnalités socialistes. Il avait mis au jour, dès 1992, une série de versements liés à l'attribution de marchés publics de la ville de Nantes. Alerté par lui, le parquet de Nantes avait ouvert sur ces faits, en 1993, une information judiciaire, que la chambre d'accusation de Rennes a finalement reprise à son compte, début 1995, et confiée au même Van Ruymbeke. Or, dans le même temps, le conseiller découvre l'existence de factures réglées à M. Reyt par GEC-Alsthom, laissant soupçonner un lien entre ces paiements et le marché du tramway de Nantes. Reyt a touché en octobre 1990 une commission de 2,8 millions de francs versée par GEC-Alsthom – rebaptisée depuis Alstom –, officiellement à l'occasion de la vente aux chemins de fer néerlandais de trente-huit locomotives. Un marché de 600 millions de francs dans lequel Reyt aurait joué le rôle d'intermédiaire. Le 10 mars 1995, en perquisitionnant au siège de GEC-Alsthom, le conseiller de la cour d'appel de Rennes exhume de nouveaux mouvements de fonds suspects laissant supposer que d'autres commissions occultes, d'un montant de 7,5 millions de francs, ont été versées, en 1989 et 1990, dans le cadre du marché des locomotives. Jusque-là, l'affaire n'a rien de très passionnant. Sauf que, au début du mois d'avril 1995, deux anciens dirigeants de GEC-Alsthom déclarent au magistrat rennais que les fausses factures imputées par leur société ne correspondent pas, en réalité, à cette vente. Selon Jean-Pierre Desgeorges et Franck Vaignedroye, respectivement anciens PDG et directeur général des affaires ferroviaires de GEC-Alsthom, les factures de 7,5 millions de francs auraient eu « pour seul objet de financer le Parti socialiste français ». Les deux hommes affirment avoir eu, dans cette histoire, affaire à deux interlocuteurs socialistes : Jacques Colliard, conseiller de Michel Delebarre, alors ministre des Transports, et un énigmatique « Monsieur X », mandaté par le PS pour négocier le montant et les modalités du versement. S'ils ignorent son identité exacte, ils en donnent une description relativement précise (la quarantaine, brun et de taille moyenne). Surtout, l'un des deux anciens responsables de GEC-Alsthom croit se souvenir de son nom : il s'agirait d'un certain « Moati ». Van Ruymbeke demande alors à la PJ de Rennes de vérifier qui peut bien être ce mystérieux personnage. Les policiers frôlent la gaffe : ils informent le magistrat qu'il doit s'agir de Serge Moati, un réalisateur de télévision proche du Parti socialiste ! Heureusement, les dirigeants de GEC-Alsthom préciseront rapidement que le prénom de l'intermédiaire est en fait Richard. L'affaire prend instantanément du volume. Vérification faite, les enquêteurs s'aperçoivent que Richard Moatti (avec deux « t ») est un homme d'affaires méridional qui a fait partie du comité directeur du PS, où il a été membre de la Commission nationale de contrôle financier jusqu'en 1994. Et sa proximité avec Lionel Jospin est notoire, ce qui leur sera confirmé lorsqu'ils perquisitionneront chez Moatti, où ils trouveront des photos réunissant les deux hommes. Or, ces découvertes interviennent à quelques semaines du premier tour de l'élection présidentielle, prévu le 23 avril, et Jospin est le candidat du Parti socialiste... Après une courte réflexion, Van Ruymbeke décide... qu'il est urgent d'attendre. Il sait que, s'il lance des investigations en direction de Moatti, les fuites seront immédiates et l'affaire exploitée à des fins politiques. Il a encore en mémoire l'embarras qui l'avait saisi en découvrant, le jour de la perquisition au PS, que son initiative se télescopait avec la passation des pouvoirs entre Mauroy et Fabius. Et puis, après tout, il n'est pas à quinze jours près. Van Ruymbeke demande tout de même à la PJ d'entendre discrètement Moatti le 27 avril, entre les deux tours, puis laisse passer l'élection de Jacques Chirac (le 7 mai 1995), avant d'interroger lui-même Richard Moatti, dès le 9 mai. Enfin, il communique verbalement ses dernières découvertes au parquet général... qui ne réagit pas. Van Ruymbeke n'obtiendra jamais de réquisitoire supplétif. Il n'insistera pas beaucoup. À ce moment-là, il était tout simplement écœuré : trop de supplétifs refusés, de dossiers enterrés... « De toute façon, avec le parquet général, c'était la guerre, on ne se parlait même plus », commente sobrement le magistrat. Si Van Ruymbeke n'adresse plus la parole au procureur général, Jacques Brun, en revanche, il a gardé le contact avec l'un de ses subordonnés, Jacques-Philippe Segondat. Et pour cause, les deux hommes avaient sympathisé quinze ans plus tôt, à Caen. VR était juge d'instruction et Segondat, premier substitut du procureur. « On s'entendait très bien, nous jouions régulièrement au tennis ensemble, explique Jacques-Philippe Segondat. Mais lorsque nous nous sommes retrouvés à Rennes, cela s'est mal passé. Il me considérait comme l'œil de Moscou. Il n'acceptait pas que j'informe ma hiérarchie de l'avancée de ses enquêtes, alors que c'était mon rôle. Et puis, au parquet général, nous avions le sentiment qu'il s'autosaisissait des affaires qui l'intéressaient – ce qui a été confirmé par la suite. Il avait une vision très noire de la chancellerie, pensant qu'elle voulait forcément étouffer ses dossiers alors qu'elle cherchait d'abord à être rassurée en s'informant. En plus, lui s'arrangeait pour communiquer immédiatement ses découvertes aux avocats, de telle manière que tout sortait très vite dans la presse. » Jacques-Philippe Segondat, tout en clamant son « admiration pour ce grand magistrat », dit conserver « un souvenir particulièrement amer de ces années rennaises ». « Renaud m'a fait avaler beaucoup de couleuvres. Je crois que son défaut est de parfois trop s'impliquer dans ses dossiers. Il a un petit côté Saint-Just, il est en mission. Cela peut être dangereux, comme on l'a vu dans l'affaire Clearstream. Ses derniers avatars sont finalement à l'image du rôle qu'il s'est créé. À force de se sentir investi d'une mission, il est devenu son propre personnage.[1] »

Le dossier Moatti somnola une bonne année, jusqu'à ce qu'une requête en annulation fût déposée par l'un des avocats de GEC-Alsthom, le 29 novembre 1996. Dans l'attente de l'examen de sa régularité par la chambre d'accusation, la procédure sombra à nouveau dans l'oubli, puisqu'il fallut attendre près de trois ans pour que l'avocat général Segondat fasse connaître ses réquisitions, le 6 juillet 1999. Entre-temps, le contexte politique avait changé, la dissolution de 1997 ayant entraîné le retour inattendu des socialistes au gouvernement et l'installation de Lionel Jospin à Matignon. Le 25 novembre 1999, la chambre d'accusation valida la procédure. Saisie de plusieurs pourvois, la Cour de cassation infirma cette décision et renvoya l'examen du dossier à la cour d'appel de Paris. C'est cette dernière juridiction qui, le 31 mai 2001, annula finalement tous les actes du juge Van Ruymbeke, accusé de s'être affranchi des limites de sa saisine, signant ainsi l'arrêt de mort définitif de cette affaire.

1. Entretien avec l'auteur, octobre 2006.

10

Juges de tous les pays...

Nos chimères sont ce qui nous ressemble le mieux.

Victor HUGO, *Les Misérables.*

Ils sont sept, mais ont peu à voir avec des mercenaires. Plutôt des croisés, aux nobles desseins : vaincre la corruption, démanteler les circuits financiers occultes, mettre fin à l'Europe des paradis fiscaux... Réunis autour de Renaud Van Ruymbeke, ces hérauts de la lutte contre l'argent sale sont tous magistrats, issus de cinq pays européens. Outre le conseiller rennais, on trouve deux Italiens (Edmondo Bruti-Liberati, substitut général près la cour d'appel de Milan, et Gherardo Colombo, substitut du procureur de Milan), deux Espagnols (Baltasar Garzón Real, juge d'instruction à Madrid, et Carlos Jiménez Villarejo, chef du parquet anticorruption de Madrid), un Belge (Benoît Dejemeppe, procureur du roi au parquet de Bruxelles) et un Suisse (Bernard Bertossa, procureur général de Genève). Un casting haut de gamme. Le 1er octobre 1996, les sept hommes lancent, sur les bords du lac Léman, le fameux appel de Genève, destiné à améliorer la coopération judiciaire en Europe pour endiguer la corruption. Adepte, comme tout bon footballeur, du contrepied, Renaud Van Ruymbeke s'offre, pour quelques mois, un rôle à contre-emploi. Réputé solitaire, voire individualiste, il est pourtant la figure de proue du groupe. Réticent à s'exprimer devant une assemblée et méfiant à l'égard des médias, il multiplie les interventions publiques et enchaîne les interviews sur le thème de la guerre contre l'argent sale...

À l'origine de cette métamorphose, il y a un homme, un ancien journaliste dont la force de conviction a fini par convaincre le magistrat de se lancer dans l'aventure. C'était au début de l'année 1996. Denis Robert, reporter jusqu'en 1995 à *Libération*, où il suivait les affaires judiciaires, a l'idée, au cours d'une discussion avec le procureur général de Genève, Bernard Bertossa, de lancer une initiative, avec les magistrats européens qu'il a eu l'occasion de rencontrer, afin d'intensifier la lutte contre la corruption. Robert s'adresse alors naturellement à Renaud Van Ruymbeke, dont il connaît parfaitement les dossiers. « Il suivait beaucoup mes enquêtes, se souvient le juge. Il avait notamment écrit pas mal de papiers sur le financement du Parti républicain, mais j'avais toujours refusé de le rencontrer. Un jour, cependant, il me convainc de le voir, non pour évoquer un dossier précis, mais pour parler des insuffisances de la coopération judiciaire. Cela m'a semblé intéressant », se rappelle VR. Les deux hommes se rencontrent, en présence de Laurent Beccaria, alors conseiller littéraire aux éditions Stock et ami de Denis Robert. « D'emblée, j'ai été séduit par leur idée, affirme le juge. J'ai accepté de m'y rallier parce qu'il y avait une dimension européenne. Il fallait donner de la perspective, bien faire comprendre que la lutte contre la corruption n'était pas un problème franco-français. Et puis, plutôt que de se battre chacun dans notre coin, nous avions intérêt à nous unir. En plus, Robert et Beccaria avaient la caution de Bernard Bertossa, en qui j'avais toute confiance. C'est un très grand magistrat, comme j'en ai peu connu. À la fois compétent, intègre, charismatique... » Si VR est intarissable à son endroit, Bernard Bertossa n'est pas en reste. Il dit ainsi, à propos de Van Ruymbeke, sa « grande admiration pour ce magistrat brillant et sérieux ». « C'est aussi quelqu'un de très discret, peu enclin à se mettre en avant. Je me souviens qu'au moment de l'Appel il était extrêmement réticent à l'idée de s'exprimer publiquement. Cela heurtait sa conception du métier. Il l'a fait contraint et forcé, pour la bonne cause, celle à laquelle il a voué sa vie : la justice, tout simplement.[1] »

Les deux hommes avaient sympathisé, à l'automne 1994, lors d'une réunion organisée à Genève par le procureur général, qui allait préfigurer le futur Appel imaginé par Denis Robert. Impressionné par l'opération *Mani pulite* (« Mains propres ») lancée au début des années 1990 par la justice italienne, Bertossa avait réuni autour de lui quelques magistrats italiens, suisses, espagnols mais aussi français : outre Van Ruymbeke, avaient été conviés le juge de Toulon Thierry Rolland, notamment en charge de l'enquête sur les comptes occultes de celui qui se surnommait lui-même « le parrain politique du Var », Maurice Arreckx ; son collègue lyonnais Philippe Courroye, le « tombeur » de Pierre Botton et de Michel Noir ; le magistrat de Créteil Éric Halphen, qui instruisait l'affaire des HLM de Paris ; et Thierry Philippon, plongé à Marseille dans le maquis des comptes suspects de l'OM. De manière informelle, les magistrats jettent les bases d'une coopération judiciaire alors embryonnaire. À l'époque, ces juges en charge d'enquêtes sensibles butent sur l'étranger. Van Ruymbeke s'est ainsi heurté à un mur lorsqu'il a tenté d'obtenir une réponse de Londres concernant l'homme d'affaires Richard Moatti. « Avec la Suisse et notamment Genève, où je bénéficiais du soutien du procureur Bertossa et du juge Perraudin, cela se passait en revanche très bien, note VR. Sauf que les délais de réponse étaient beaucoup trop longs, du fait des multiples recours autorisés et de la procédure, extrêmement lourde. Il fallait donc faire bouger les choses, même si nous savions que nous risquions de déplaire aux politiques. »

De fait, le 5 août 1995, quelques mois après la réunion organisée par Bernard Bertossa, le garde des Sceaux (RPR) Jacques Toubon avait fait scandale en faisant savoir, dans un courrier adressé à son homologue helvétique, que les informa-

1. Entretien avec l'auteur, septembre 2006.

tions transmises par la justice suisse aux magistrats français devaient emprunter la voie diplomatique (extrêmement lente) plutôt que de faire l'objet de procédures d'urgence, de juge à juge. Un « rappel au règlement » d'autant moins dénué d'arrière-pensées qu'il intervenait au moment où plusieurs affaires embarrassantes pour la droite connaissaient des prolongements financiers en Suisse. Furieux, Bernard Bertossa décida de protester publiquement contre la sortie de Jacques Toubon. Renaud Van Ruymbeke, Éric Halphen et Thierry Rolland manifestèrent alors leur soutien à leur collègue suisse, mais Philippe Courroye refusa de s'associer à leur démarche, jugeant maladroit d'engager une polémique avec un responsable politique. Une attitude qui déçut beaucoup Van Ruymbeke, dont les rapports avec Courroye ne cesseront par la suite de se dégrader. L'initiative valut en tout cas à l'incorrigible Van Ruymbeke une convocation en bonne et due forme dans le bureau de son supérieur hiérarchique, le premier président de la cour d'appel de Rennes, Claude Hanoteau. Mandaté par le garde des Sceaux, furieux d'être ainsi critiqué publiquement, Claude Hanoteau prit de haut Van Ruymbeke. « Vous savez, vous n'êtes pas le seul magistrat rompu aux dossiers sensibles. Moi aussi, j'ai traité de gros dossiers, l'affaire Mesrine notamment. Votre statut ne vous donne pas le droit de critiquer le ministre de la Justice. » Mais la discussion tourna court. « Dans quel cadre me convoquez-vous ? », se contenta de demander, froidement, Van Ruymbeke. Déstabilisé par tant d'insolence, Hanoteau n'eut pas le temps de répondre : Van Ruymbeke avait déjà quitté son bureau...

D'après Thierry Rolland, la rencontre organisée fin 1994 par Bernard Bertossa fut « capitale ». « À mon sens, elle a même été plus efficace que l'appel de Genève, qui exprimait davantage des généralités. Avec Bertossa, on s'était attachés à régler des problèmes concrets. Et les résultats n'ont pas tardé. Quelques mois après, j'ai ainsi pu récupérer 8 millions de francs placés sur des comptes suisses par Maurice Arreckx. J'ai obtenu que ces fonds, qui provenaient de la corruption, soient rapatriés en

France, où ils ont été confisqués par le tribunal de grande instance de Toulon, puis rendus à l'État français. Mes homologues suisses m'ont dit que cela ne s'était jamais fait auparavant.[1] »

Dans la foulée de la réunion organisée par Bertossa, Denis Robert prend le relais et imagine de lancer un appel solennel contre la corruption, afin de marquer les esprits. Une idée de génie. En accord avec son éditeur, Stock, il décide de coupler cette initiative à la publication d'un livre dans lequel les magistrats pourront développer leurs thèses. En librairie, *La Justice ou le Chaos* fera un triomphe. L'ouvrage permettra au conseiller Van Ruymbeke de dresser, dans le détail, un accablant état des lieux de la justice financière. « Dans les faits, la justice est véritablement à deux vitesses, y explique Van Ruymbeke. C'est d'autant plus scandaleux que l'Europe a aujourd'hui presque quarante ans. Pourquoi tolère-t-on des espaces libres de toute règle, si ce n'est l'opacité ? Dans ces circuits financiers, tous les coups et tous les enrichissements sont permis. Je trouve cela très choquant, en tant que juge et en tant que citoyen. »

Le 1er octobre 1996, donc, les sept magistrats lancent, depuis l'université de Genève, leur appel, dans lequel ils réclament notamment « la signature de conventions internationales entre pays européens, garantissant la levée du secret bancaire lors de demandes d'entraide internationale en matière pénale ; permettant à tout juge européen de s'adresser à tout autre juge européen ; prévoyant la transmission immédiate et directe du résultat des investigations demandées par commissions rogatoires internationales ». Le succès est immédiat. Dans les semaines qui suivent, cinq cents des six mille magistrats français – surtout des juges d'instruction – apposent leur paraphe au bas du texte. Van Ruymbeke est particulièrement heureux d'apprendre que, sur les cent soixante auditeurs de l'École nationale de la magistrature, cent trente-trois ont signé. La

1. Entretien avec l'auteur, octobre 2006.

promotion 1996 de l'ENM décide même de prendre « Appel de Genève » comme nom de baptême. Fait exceptionnel, le magistrat accepte de sortir de sa réserve pour participer à une émission de télévision, *La Marche du siècle*, sur France 3. « J'étais très mal à l'aise, pas du tout décontracté. C'était la première fois que je passais à la télévision », se souvient-il. VR a même invité ses frères et sa sœur sur le plateau de l'émission. « L'appel de Genève devait vraiment représenter quelque chose de spécial pour lui, affirme Olivier Van Ruymbeke, car c'est la première et dernière fois qu'il nous a un tant soit peu associés à ses activités. Sinon, lorsqu'on se retrouve en famille, Renaud ne parle jamais de ses affaires, sauf de ce qui a déjà été publié dans la presse ! On peut dire qu'il sait tenir sa langue... [1] » Selon Denis Robert, « le fait d'apparaître publiquement ne déplaisait pas tant que ça à Renaud, il a juste fallu le pousser un peu. Cela dit, il tenait absolument à s'inscrire dans une démarche collective, ce qui est tout à fait conforme à son tempérament. [2] »

L'initiative des sept magistrats reçoit également un excellent accueil dans les autres pays européens. Renaud Van Ruymbeke sera d'ailleurs officiellement entendu par le Parlement européen, le 16 avril 1997. Devant les parlementaires, le magistrat, à la fois utopiste et visionnaire, formulera trois propositions : la création d'un espace judiciaire européen au sein duquel les juges pourront se transmettre directement les demandes d'investigation et leurs résultats ; la suppression des recours dilatoires permettant, en Suisse et au Luxembourg, aux banques et aux titulaires de comptes de contester les demandes d'investigation ; l'uniformisation des législations pénales des États de l'Union européenne. « Le lancement de ce fameux Appel, dont le grand mérite revient d'abord à Denis Robert, a agi comme un détonateur, il a permis une prise de conscience, se souvient Benoît Dejemeppe. À l'époque, les affaires financières étaient

1. Entretien avec l'auteur, octobre 2006.
2. Entretien avec l'auteur, novembre 2006.

considérées comme secondaires. Cela dit, même si la coopération a progressé, les États continuent de ne collaborer que lorsqu'ils y ont intérêt, en France et en Belgique aussi ! » Le magistrat belge est resté en relation avec Renaud Van Ruymbeke, pour qui il éprouve beaucoup d'affection. « C'est vraiment un type bien, qui gagne à être connu, car il est très discret. À l'époque de l'Appel, il ne voulait surtout pas se mettre en avant, alors qu'il aurait pu. J'ai découvert un homme détestant la vulgarité, qui pense que pour montrer son cœur il ne faut pas forcément déboutonner son gilet. Il est à la fois austère et intègre. En fait, il a un côté protestant. C'est sans doute pour cela qu'il est tellement choqué par la corruption. Il a aussi une volonté phénoménale. Il me fait penser à ces grands champions de tennis ou de cyclisme, qui s'accrochent comme des fous jusqu'à atteindre leurs objectifs. » Benoît Dejemeppe se remémore la première visite du magistrat français à Bruxelles, en 1996. « Je l'avais invité à dormir à la maison. À peine arrivé, il a vu mon piano, car chez moi, tout le monde fait de la musique. Il a foncé, s'est installé et a commencé à jouer. C'était magnifique, même émouvant car il joue vraiment très bien. Nous étions sous le charme. Surtout, je l'ai découvert sous un autre jour ; lui qui me paraissait si réservé semblait tout à coup métamorphosé... [1] »

L'appel de Genève n'a pas seulement permis à Renaud Van Ruymbeke de se faire de nouveaux amis ; avec le recul, le magistrat estime que cette initiative, l'une de celles dont il est le plus fier, a changé beaucoup de choses. « Dès le départ, relève-t-il, l'Appel a eu un impact très fort, presque inespéré. Depuis 1996, il y a eu la création d'Eurojust, des magistrats de liaison... On a créé entre juges des contacts qui n'existaient pas, les commissions rogatoires internationales rentrent beaucoup plus vite de certains pays, comme la Suisse ou les îles Anglo-Normandes... » Toutefois, Van Ruymbeke, comme son

1. Entretien avec l'auteur, septembre 2006.

collègue belge, reste réaliste : si la bonne volonté s'est améliorée, dans les textes, l'Europe n'a pas bougé, et beaucoup des objectifs que s'étaient fixé les signataires de l'Appel sont restés à l'état de vœu pieux. Aucune des trois propositions avancées par VR en 1997 n'a, par exemple, été suivie d'effet. D'ailleurs, signe des temps, la cérémonie organisée à Bruxelles au Parlement européen le 2 octobre 2006, à l'occasion des dix ans de l'appel de Genève, est passée totalement inaperçue. Denis Robert, devenu infréquentable depuis le déclenchement de l'affaire Clearstream, n'avait pas été convié à la fête. Amer, il publiera le même jour une tribune dans *Libération* titrée : « Les prédateurs ont gagné ». « Le paradoxe, écrit-il, est que, si cette Europe judiciaire, pour laquelle je me suis battu, est parfaitement inefficace en matière de crime financier, elle fonctionne très bien quand il s'agit de me faire des procès ou de m'inculper pour diffamation. » Le dépit de Denis Robert est d'autant plus grand que l'anniversaire des dix ans de « son » Appel coïncide avec la fin d'une amitié.

En effet, le succès de l'appel de Genève n'a pas seulement marqué une prise de conscience sur la nécessité de combattre l'argent sale au niveau européen. Il a eu une autre conséquence, a priori totalement anecdotique mais qui prendra son importance quelques années plus tard : il a scellé le début d'une authentique relation de confiance entre Denis Robert – et à un degré moindre Laurent Beccaria – et Renaud Van Ruymbeke. À partir de 1996, l'ancien journaliste, qui a désormais décidé de se consacrer à l'écriture de livres, devient intime du magistrat.

Complices, les deux hommes dînent régulièrement ensemble, s'invitent pour le week-end, leurs épouses respectives sympathisent... Le magistrat ne décèle pas encore, chez Denis Robert, de signaux d'alerte. Denis Robert semble pourtant, dès cette époque, comme investi d'une mission. Aux médias qui l'interrogent, il décrit la France comme une république bananière sous la coupe d'intérêts mafieux, un pays ravagé par la corruption, un effrayant théâtre d'ombres où se côtoient truands, affairistes et politiciens véreux... Dans *Le Nouvel Observateur* du 3 octobre 1996, il assure ainsi que « la corruption en France est beaucoup plus grave et inquiétante qu'on ne le dit ». « La situation est d'une gravité exceptionnelle », martèle-t-il, avant d'assurer qu'« en France les grosses affaires ne sortent jamais ». « J'établis un parallèle entre la situation colombienne et la situation française. Pourquoi les gens du cartel de Medellin hier ou les nouveaux barons de la drogue aujourd'hui achètent-ils les hommes politiques ? C'est bien parce qu'ils ont une idée derrière la tête. Pour les groupes économiques, c'est pareil. On achète du politique. L'achat ne se fait pas à coups d'enveloppes mais par le financement des partis », assène Denis Robert.

Petit à petit, l'ancien journaliste, persuadé que l'Europe est un pandémonium aux mains de puissances occultes qu'il se doit de dénoncer – par tous les moyens –, quitte le terrain des faits pour celui des prédications. Ses thèses apocalyptiques, aux relents parfois poujadistes, rencontrent un certain écho dans une partie de l'opinion publique, le confortant encore dans ses convictions. Renaud Van Ruymbeke, qui éprouve de l'affection pour ce jeune idéaliste aux intentions pures, ne prend pas conscience de cette dérive. Le magistrat allait s'en mordre les doigts.

11

Caroline Dickinson et « l'horreur judiciaire »

Les gens qui veulent fortement une chose sont presque toujours bien servis par le hasard.

Honoré DE BALZAC, *La Vendetta.*

« M'occuper de ce dossier criminel, moi, le spécialiste des affaires financières, c'est peut-être la chose la plus utile que j'ai faite sur terre. » Dix ans après, Renaud Van Ruymbeke reste habité par l'affaire Caroline Dickinson. Lorsqu'il en parle, sa voix se casse légèrement, son regard se fait plus grave. Sa diction se trouble lorsqu'il évoque l'émotion qu'il a ressentie en découvrant les photos de l'adolescente, les frissons qui l'ont parcouru à la lecture de la dernière carte postale reçue par les parents de Caroline alors que leur fille était déjà morte... « Le meurtre d'une gamine, c'est plus grave que des histoires de détournements de fonds », lâche le magistrat, qui n'a rien oublié des détails de cette enquête extraordinaire, au sens propre du terme.

18 juillet 1996. Le corps sans vie d'une adolescente anglaise de treize ans est retrouvé au petit matin dans la chambre qu'elle partage avec quatre copines dans l'auberge de jeunesse de Pleine-Fougères (Ille-et-Vilaine). Les premières constatations des gendarmes ne laissent pas de place au doute : durant la nuit, Caroline Dickinson a été violée puis étranglée. Le caleçon en coton qui servait de pyjama à la collégienne est maculé de

sperme. Aussi incroyable que cela puisse paraître, aucune de ses voisines de chambrée n'a rien vu ni rien entendu.

Lorsqu'il apprend la nouvelle, Renaud Van Ruymbeke réagit en père de famille plus qu'en magistrat. Il pense immédiatement à sa deuxième fille, qui vient de fêter ses quinze ans. Elle se prénomme aussi Caroline... Dès le départ, devant l'horreur des faits, l'affaire est fortement médiatisée, faisant peser sur les gendarmes de la section de recherches (SR) de Rennes et sur le juge d'instruction Gérard Zaug, du tribunal de Saint-Malo, une pression colossale. La presse anglaise rappelle à loisir que Scotland Yard a mis moins de deux mois à confondre, l'année précédente, le meurtrier d'une étudiante française, Céline Figard. Il faut des résultats. Vite. Lancé sur la piste d'un routard, les gendarmes interpellent, dès le 20 juillet, un sans-abri au profil de coupable idéal. Patrice Padé, trente-neuf ans, a déjà été condamné pour des vols et des attentats à la pudeur. En garde à vue, Padé nie les faits, avant, en fin d'interrogatoire, de passer aux aveux. Le 22, il est mis en examen et écroué. Le lendemain, le juge et le patron des gendarmes de la SR de Rennes, triomphants, tiennent une conférence de presse. « Des expertises devraient corroborer les aveux de cet homme dans les prochains jours », annonce péremptoirement le juge Zaug. Il doit vite déchanter. Les résultats de l'examen sont formels : l'ADN de Padé n'a rien à voir avec celui identifié dans la semence du meurtrier. Mis hors de cause, Padé reste toutefois un suspect aux yeux des enquêteurs, qui se demandent s'il n'est pas entré dans la chambre de la collégienne avec un complice qui, lui, aurait violé l'adolescente. Mais leurs investigations n'aboutissent pas.

En juillet 1997, un an après le meurtre, le dossier est au point mort. D'abord observateurs, puis légèrement critiques, les médias britanniques, notamment les tabloïds, se déchaînent sur la justice française et particulièrement sur le juge Zaug. Les relations entre le magistrat et les parents de Caroline se détériorent également. Sans doute vexé par la campagne de presse qui se développe de l'autre côté de la Manche, le juge refuse à deux reprises de recevoir le père, qui s'est déplacé exprès à Saint-Malo. Le 18 juillet, l'avocat des Dickinson, Me Hervé Rouzaud Le Bœuf, demande que des prélèvements de sang et de salive soient systématiquement effectués sur les hommes de Pleine-Fougères. Gérard Zaug refuse. Cette fois, c'est la curée. Tandis que le *Sun* dénonce « l'incompétence française », le *Daily Mirror* s'en prend au juge d'instruction, présenté comme « un incapable, obsédé du secret, incroyablement lent dans ses réactions et pingre par-dessus le marché, au point de refuser les tests ADN pour des raisons budgétaires ». Même le Quai d'Orsay est sollicité par le gouvernement britannique. On frôle l'incident diplomatique...

« Le père de Caroline Dickinson ne comprenait pas que l'on refuse de faire ces tests ADN, se souvient Renaud Van Ruymbeke. Il disait qu'en matière de police scientifique, la Grande-Bretagne était très en avance. Il avait parfaitement raison. » De fait, dès 1987, la police du Leicestershire avait pratiqué des tests ADN à grande échelle pour mettre la main sur le meurtrier de deux adolescentes. C'est aussi la collecte d'échantillons génétiques sur plusieurs milliers de chauffeurs routiers conduisant un semi-remorque identique à celui dans lequel Céline Figard était montée, en décembre 1995, qui avait permis l'arrestation du tueur de la jeune Française.

Le juge Zaug n'ayant pas donné suite à sa demande, l'avocat des Dickinson, sans beaucoup d'illusions, fait appel, fin juillet 1997, devant la chambre d'accusation. Son président, Dominique Bailhache, étant en vacances, l'intérim est assuré par le conseiller de permanence, en l'occurrence Renaud Van Ruymbeke. Le 14 août, il rend un arrêt spectaculaire, ordonnant notamment l'identification par leurs empreintes génétiques de tous les hommes de Pleine-Fougères âgés, dans un premier temps, de quinze à trente-cinq ans. Une première en France. Souhaitant diplomatiquement, selon les termes de l'arrêt, donner « une orientation nouvelle » à l'enquête, la chambre d'accusation se saisit elle-même du dossier, au détriment du juge Zaug. Ce dernier essuie un humiliant camouflet, qu'il n'a pas pardonné à Van Ruymbeke. Les investigations sont confiées aux gendarmes de Saint-Malo. Leurs collègues rennais paient les « aveux » extorqués à Patrice Padé. « Il fallait absolument un regard neuf sur l'enquête, puisqu'elle avait échoué et se trouvait dans l'impasse, estime aujourd'hui Van Ruymbeke. Avec mes deux assesseurs, on a d'abord pensé désigner un autre juge, puis on s'est dit : "Pourquoi ne pas instruire nous-mêmes ?" » Après tout, le code de procédure pénale l'autorise, même si peu de cours d'appel s'y sont risquées. De plus, Van Ruymbeke avait l'habitude de mener des instructions. Sans compter qu'à cette époque il n'avait plus de dossiers à traiter et était donc totalement disponible.

Aujourd'hui procureur de la République au tribunal de Lons-le-Saunier, Gérard Zaug n'a rien oublié de sa mésaventure. « D'abord, maintient-il, je ne regrette pas d'avoir mis en examen et incarcéré Padé. On m'aurait traité de fou si je ne l'avais pas fait : condamné dans le passé pour viol, présent dans le secteur au moment des faits, il avait de plus reconnu l'assassinat de la petite Caroline en garde à vue ! Dès qu'on a eu les résultats des expertises, qui prenaient du temps à l'époque, je l'ai relâché. [1] » Concernant son refus de recevoir le père Dickinson, le magistrat explique : « J'ai toujours pensé que ce n'était pas à la famille d'une victime de faire l'enquête. M. Dickinson a débarqué un jour à Rennes, sans prévenir, accompagné d'un député anglais, et m'a intimé de l'accueillir dans mon cabinet. C'est vrai que j'ai opposé une fin de non-recevoir. » Quant aux tests ADN sur les hommes de Pleine-Fougères, l'ancien juge d'instruction explique les avoir refusés parce qu'il était « convaincu que cela ne donnerait rien ». « D'abord parce que les gens n'étaient pas obligés d'accepter, mais aussi parce qu'en été, entre les campeurs, les touristes de passage, les cousins et les neveux venus voir la famille, il y a deux fois plus de monde. Comment retrouver tous ces gens ? D'ailleurs, la suite

1. Entretien avec l'auteur, septembre 2006.

m'a donné raison. Cela a coûté cher pour aucun résultat. » Mais ce que Gérard Zaug n'a pas digéré, ce sont les conditions mêmes de son dessaisissement. « Van Ruymbeke, qui présidait la chambre d'accusation par intérim, s'est en fait désigné lui-même. Et il a rendu un arrêt assassin pour moi. Humainement comme juridiquement, il n'a pas été correct. Dans l'histoire, on m'a fait passer pour le couillon, et lui pour Zorro. Comme il était déjà médiatique, il a profité de ses accointances dans les journaux pour se faire mousser. Ainsi, en 1998, *Le Monde* a consacré une page entière à l'affaire pour démolir mon enquête. C'était vraiment téléguidé... » Toujours aussi contrarié dix ans après, Gérard Zaug conclut : « Je ne passerais pas mes vacances avec Van Ruymbeke ! Il est imbu de sa personne. Normalement, un juge qui se veut discret reste dans l'ombre. Lorsque l'on passe son temps à faire la une des journaux, c'est qu'on le veut bien, il ne faut pas être hypocrite... »

Loin de ce portrait au vitriol, en cet été 1997, pour les médias anglais comme pour la famille Dickinson, Van Ruymbeke est considéré comme le Messie. Le magistrat rennais décide de recevoir immédiatement le père de Caroline, John Dickinson, afin de le rassurer. Il lui explique que tout ce qui est humainement possible de faire pour trouver le meurtrier sera fait. Pendant trois ans, M. Dickinson viendra régulièrement voir Van Ruymbeke, souvent accompagné de son ex-femme. Ils avaient beau être séparés, les parents de Caroline faisaient totalement bloc, ce qui attendrissait un peu plus Van Ruymbeke. John Dickinson culpabilisait tant d'avoir laissé sa fille partir, pour la première fois, seule à l'étranger... Confronté à ce crime tellement odieux, à la détresse mais aussi à la dignité de ces parents, le magistrat rennais est bouleversé. Il décide de consacrer toute son énergie à cette affaire.

Le 17 août, il part deux semaines en vacances, le dossier sous le bras. À son retour, avec les gendarmes de Saint-Malo, qui constituent une « cellule Dickinson », il décide de reprendre l'enquête de zéro. Début septembre, la nuit précédant la première grande réunion qu'il a organisée avec les enquêteurs, VR connaît une grande frayeur. Il se réveille vers 4 heures du matin, affecté d'un terrible torticolis. Le magistrat gagne la salle de bains, où il s'écroule brutalement. Sa tête heurte la baignoire. Le bruit réveille son épouse, Bernadette, qui, affolée, le découvre inanimé, les yeux révulsés. Elle prend son pouls : VR ne respire plus. Bernadette est alors certaine que son époux vient de décéder. En pleurs, elle appelle les pompiers, se demandant déjà comment apprendre la nouvelle aux enfants... Au téléphone, un médecin lui apporte déjà un « soutien psychologique ». Soudain, elle entend une voix : celle de son mari, qui vient de reprendre connaissance. Stupéfaite, Bernadette, toujours au téléphone, lâche cette phrase magnifique : « Docteur, je crois qu'il n'est plus mort. » Transporté d'urgence à l'hôpital, VR est rapidement sorti d'affaire : les examens établissent que son torticolis avait fini par pincer un nerf, provoquant une légère commotion cérébrale. Les médecins l'affublent d'une minerve et lui prescrivent un repos complet de plusieurs jours. Leurs recommandations restent sans effet. Le magistrat appelle aussitôt sa femme et lui lance : « Apporte-moi immédiatement mes vêtements, je vais être en retard à la réunion Dickinson. » Les protestations de Bernadette resteront vaines...

Face aux gendarmes, Van Ruymbeke détaille sa première priorité : ces fameux tests ADN. Il leur communique le contenu de la lettre qu'il compte adresser à tous les habitants de Pleine-Fougères. Dans ce courrier, le conseiller de la chambre d'accusation tente de dédramatiser la situation : « Vous n'êtes pas tenu de vous présenter et vous êtes libre de consentir ou de refuser. Les résultats des présentes analyses ne pourront être utilisés hors de la présente affaire, et les prélèvements seront détruits après l'expertise. » L'initiative du magistrat n'a pas seulement pour but d'identifier le meurtrier. À ses yeux, elle doit aussi permettre de mettre un terme aux rumeurs qui courent dans la petite commune d'Ille-et-Vilaine, où chacun en est venu, au fil des mois, à suspecter son voisin. Pourtant, certaines associations comme la Ligue des droits de l'homme ou la Fédération anarchiste vont s'indigner et dénoncer « une mise en fiches » de la population. Le 25 août 1997, dans un article titré « Van Ruymbeke ou l'horreur judiciaire », l'hebdomadaire *Marianne*, sous la signature de Philippe Cohen – qui se « distinguera » quelques années plus tard en publiant, avec Pierre Péan, un pamphlet venimeux sur *Le Monde* –, ironise sur « la créativité décidément intarissable » du magistrat, accusé d'avoir lancé une « fatwa justicière ». « Sa décision procède-t-elle de la recherche de la vérité ? De l'avis de tous les enquêteurs, le test ne la fera pas progresser d'un iota », affirme, sûr de lui, le journaliste. Il conclut : « Les jeunes Pleine-Fougerais mâles de quinze à trente-cinq ans qui refuseraient le test Van Ruymbeke doivent être soutenus. » L'histoire est parfois cruelle. Car, n'en déplaise aux Cassandre, leurs sombres pronostics ont été balayés. Toute la population de Pleine-Fougères accepta de bonne grâce de se prêter aux tests (un simple prélèvement de salive en l'occurrence) et s'en trouva ainsi blanchie. Surtout, Van Ruymbeke a fait école. Comme le rappellent dans leur livre Hélène Hémon et Michel Tanneau, cette enquête – avec l'affaire Guy Georges, le tueur en série de l'Est parisien – « est celle qui aura révolutionné les méthodes d'investigation en France par l'utilisation à grande échelle des analyses génétiques[1] ». « Les tests de Pleine-Fougères ont été très utiles à la mise en place du FNAEG, le Fichier national automatisé des empreintes génétiques », estimera de son côté Marie-Hélène Cherpin, qui dirigea l'opération en tant que directrice du laboratoire de la police scientifique de Paris. Même Gérard Zaug tient à « rendre hommage à Van Ruymbeke sur ce point. Grâce à lui, les politiques ont compris la nécessité de créer un fichier génétique.[2] » Le juge Gilbert Thiel, qui eut à instruire l'affaire Guy Georges, qualifie d'ailleurs son collègue de « précurseur sur l'ADN ». « Je me souviens qu'à l'automne 1997 nous avions

1. Hélène Hémon et Michel Tanneau, *L'Affaire Caroline Dickinson – Une enquête hors du commun*, Apogée, 2005.
2. Entretien avec l'auteur, septembre 2006.

comparé nos dossiers. Il m'avait expliqué sa démarche de dépistage systématique. Malheureusement, ce n'était pas transposable à mon affaire : je n'allais pas tester tous les Parisiens ! Son initiative a en tout cas permis d'alléger le climat à la Pleine-Fougères, où tout le monde commençait à se regarder en chiens de faïence. Et cela a contribué au vote de la loi de juin 1998 établissant un fichier génétique. Si on l'avait eu à notre disposition dès 1995, lorsque Guy Georges avait été arrêté une première fois, il n'aurait pas été remis en liberté et nous aurions évité deux nouveaux meurtres... [1] »

De fait, aujourd'hui, le recours aux expertises génétiques, qui avaient suscité tant d'inquiétude et, parfois, de scepticisme, est systématique dans les affaires de viols et de meurtres. La molécule d'acide désoxyribonucléique est désormais considérée comme « la reine des preuves ». Van Ruymbeke n'a pas oublié l'émoi que suscita, en 1997, son initiative : « Il était normal que cette décision provoque un débat. La sauvegarde des libertés publiques, auxquelles je suis moi-même viscéralement attaché, nécessite une vigilance de tous les instants... Mais lorsqu'un collègue m'avait rapporté qu'on m'accusait d'avoir lancé une “fatwa”, j'avais tout de même été scandalisé. C'était à la fois stupide, injurieux et même indécent. »

Les expertises génétiques, dont les résultats sont connus dès la fin de l'automne 1997, font gagner un temps précieux à Renaud Van Ruymbeke. Elles lui confirment ce qu'il pressent, depuis le début, intuitivement : le meurtrier n'est pas du coin. Il envoie un échantillon du sperme du tueur à Scotland Yard, afin qu'il soit comparé à ceux figurant dans le fichier anglais, qui contenait déjà trois cent mille noms. Il se rend même à Londres, où il découvre les méthodes d'investigation des enquêteurs britanniques. « J'ai constaté que nous étions encore plus en retard que je l'imaginais. Ils m'ont expliqué comment ils travaillaient. Dès qu'ils étaient face à un meurtre, ils créaient

1. Entretien avec l'auteur, septembre 2006.

une cellule spéciale comprenant notamment un psychologue, un profileur, dont le rôle était de guider les recherches des enquêteurs. » Van Ruymbeke demande à rencontrer le profileur qui, pour Scotland Yard, a étudié le cas Dickinson. Il a le sentiment de tomber sur un voyant. « Ce M. West était très impressionnant. Il était parvenu à dresser un portrait psychologique très précis du meurtrier. Je me souviens très bien de ce qu'il m'a dit : "Votre type n'est pas un sédentaire, c'est un itinérant, qui se déplace en voiture, généralement la nuit. Comme il n'a pas d'attaches, vous aurez beaucoup de mal à le trouver. Mais si vous ne lâchez pas le morceau, vous y arriverez." J'étais un peu circonspect, mais les faits lui ont donné raison sur tous les points. » Rassuré par la prédiction du profileur, Van Ruymbeke repense sans doute à ce moment-là à ce que son père lui a enseigné, lui qui répétait sans cesse à ses enfants : « Il ne faut jamais se décourager, la ténacité est toujours récompensée. »

Van Ruymbeke multiplie les réunions avec les quinze gendarmes détachés spécialement auprès de la « cellule Dickinson ». Il leur assigne une mission herculéenne. Outre les quelque cinq cents hommes de Pleine-Fougères (ou ceux présents dans la commune au moment du drame), ils doivent retrouver toutes les personnes incarcérées dans la région pour attouchements sexuels, celles qui ont été libérées avant juillet 1996, mais aussi interroger les livreurs des auberges de jeunesse, faire le tour des hôpitaux psychiatriques, et même retrouver, grâce aux facturettes, les clients de la station-service proche de l'auberge où Caroline a été tuée... Il leur demande aussi d'étendre leur enquête à toutes les auberges de France, puis à tous les centres de vacances, d'auditionner leurs responsables et de noter tout ce qui peut être en lien, même lointain, avec l'affaire.

Le magistrat, en effet, a établi un rapprochement avec une tentative d'agression sexuelle commise, la même nuit que le meurtre de Pleine-Fougères, deux heures plus tôt, à Saint-Lunaire, dans une auberge distante d'une soixantaine de kilomètres. Obsédés par la piste Padé, les premiers enquêteurs avaient négligé celle-ci. Elle était pourtant prometteuse. Il s'agissait d'une agression en tous points similaire : une gamine qu'un inconnu avait tenté de violer, durant son sommeil, dans une auberge de jeunesse, et ce alors qu'elle partageait sa chambre avec quatre copines. L'agresseur avait essayé, déjà, d'étouffer sa victime avec du coton. Heureusement, l'adolescente s'était réveillée et l'avait mis en fuite. Le coton se révélera être un précieux indice, car on en avait retrouvé à côté du cadavre de Caroline. Or, il n'y en avait pas d'autre dans sa chambre. De plus, après analyse, il est apparu qu'il s'agissait d'un coton de mauvaise qualité, vendu dans les grandes surfaces britanniques, identique à celui retrouvé en grande quantité dans la salle de bains des adolescentes de Saint-Lunaire. À l'évidence, l'agresseur, après avoir raté son coup dans cette première auberge, avait pris la direction de Pleine-Fougères, emportant avec lui le coton qui lui servit ensuite à étouffer la malheureuse Caroline Dickinson...

Le lien étant fait entre les deux dossiers, Van Ruymbeke joint logiquement les procédures, ce que n'avait pas fait son prédécesseur. Et les gendarmes poursuivent leur travail de bénédictin... Quand un suspect paraît identifié, il subit un test ADN. Au total, trois mille cinq cents prélèvements et plus de sept mille cinq cents interrogatoires seront menés. « Ils ont effectué un travail colossal à une vitesse incroyable, se rappelle Van Ruymbeke. Les gendarmes sont très rigoureux, parfaitement organisés. Fin octobre, ils m'avaient déjà remis près de dix tomes de procédure. » Après un fastidieux travail d'élimination, le conseiller retient de ces volumineux classeurs deux cent vingt-trois dossiers, d'où il extrait finalement quatre-vingt-quinze noms de suspects potentiels. Marginaux, sans-abri, violeurs, pédophiles... Ils sont classés en trois catégories. Les « verts » sont ceux qui ne répondent qu'à un critère (par exemple s'ils ont des antécédents judiciaires). Les « orange » ont deux critères, tandis que les « rouges » en ont au moins trois. Il y a même ceux que Van Ruymbeke qualifie de « rouge foncé » (une petite dizaine de noms), cibles prioritaires des enquêteurs. Tous ces suspects ont donc un profil qui colle plus ou moins à celui du meurtrier de la petite Caroline. D'autant que le magistrat dispose désormais d'un portrait-robot relativement précis. « La consigne était claire : retrouver les quatre-vingt-quinze individus et leur faire passer un test ADN, même s'ils ne ressemblaient pas au portrait-robot », explique Van Ruymbeke. Mais la tâche se révèle extrêmement difficile. Beaucoup des quatre-vingt-quinze hommes recherchés sont introuvables. « Pour moi, se souvient le juge, la pire des hypothèses, c'était que ce soit un étranger. Et le pire du pire, qu'il ne soit pas en Europe. Évidemment, ce fut le cas... »

Au fil des mois, le magistrat raye consciencieusement de sa liste de quatre-vingt-quinze noms ceux que les gendarmes ont retrouvés. À chaque fois, les tests ADN les ont disculpés. À la chambre d'accusation comme à la gendarmerie de Saint-Malo, on commence à céder au découragement. Trop de suspects ont disparu dans la nature. Peut-être ne les retrouvera-t-on jamais ? Et puis, de toute façon, rien ne prouve que le meurtrier se trouve parmi eux... L'affaire hante les jours et les nuits du couple Van Ruymbeke. Souvent, le magistrat se réveille brutalement, en pleine nuit, se demandant ce qu'il a pu oublier, pourquoi le tueur n'est pas tombé dans ses filets... Démoralisé, le conseiller Van Ruymbeke ne s'inquiète pas seulement pour les parents de Caroline Dickinson. Persuadé d'avoir affaire à un violeur en série, il sait que le pervers est susceptible de frapper à nouveau, à tout moment. Peut-être même est-il déjà repassé à l'action, en France ou ailleurs ?...

Tandis qu'il désespère de retrouver la trace de l'agresseur de la petite Caroline, le conseiller Van Ruymbeke se concentre sur celle menant aux assassins de Madeleine Lagadec, une infirmière française assassinée au Salvador dans des circonstances abominables, en avril 1989. La jeune femme, originaire du Finistère, avait été tuée par l'armée salvadorienne alors qu'elle venait en aide à la population d'une région « tenue » par le Front Farabundo Martí pour la libération nationale (FMLN), un mouvement de guérilla en lutte contre la junte militaire au pouvoir. La famille de la victime ayant déposé plainte à Brest, une information judiciaire fut ouverte dès mai 1989. L'autopsie, le témoignage de plusieurs survivants puis un rapport de l'ONU révélèrent que Madeleine Lagadec avait été l'une des victimes d'une violente action commando menée par la force aérienne salvadorienne sur un hôpital de campagne, à San Vicente, où étaient soignés des rebelles. Avant d'être abattue de plusieurs balles, la jeune femme avait été violée, longuement torturée et mutilée par des militaires. Or, en 1993, le juge d'instruction brestois en charge du dossier avait rendu un non-lieu, faute de coopération des autorités salvadoriennes. Exactement comme elle le fit un peu plus tard dans l'affaire Dickinson, la cour d'appel de Rennes annula l'ordonnance du juge et décida de relancer l'enquête, qu'elle confia au conseiller Van Ruymbeke. Scandalisé par l'impunité dont semblaient bénéficier les militaires salvadoriens à l'origine du massacre de San Vicente, Van Ruymbeke consacra beaucoup de son énergie à ce dossier. De 1994 à 2000, il va multiplier les initiatives, jusqu'à délivrer des mandats d'arrêt internationaux pour « homicide volontaire avec emploi de la torture et actes de barbarie » visant quatre officiers de l'armée de l'air : le commandant des forces aériennes, son second, le chef des troupes spéciales ainsi que le commandant du bataillon parachutiste qui a attaqué l'hôpital. Mais une loi d'amnistie promulguée par le gouvernement salvadorien rendit cette initiative sans effet. « Aujourd'hui, il y a toujours une commission rogatoire internationale [CRI] en cours au Salvador, mais tout indique que ce crime odieux restera impuni, conclut Yann Choucq, l'avocat de la famille Lagadec. Je suis certain que si Van Ruymbeke était resté plus longtemps à Rennes il aurait pu en aller différemment. Il a déployé une telle énergie, parvenant ainsi à obtenir les rapports des services secrets sur place pour identifier les militaires présents. Je me souviens même qu'il s'apprêtait à partir pour le Salvador afin de faire avancer le dossier. Pour lui, la justice doit passer, en toute circonstance. Hélas, il n'a pas eu assez de temps... [1] », déplore l'avocat. Pour Van Ruymbeke, cette affaire est le comble de l'écœurement. Il considère cette jeune femme, martyrisée pour avoir porté secours à des malheureux, comme une sainte. Alors, lorsqu'il a su que les militaires à l'origine de son assassinat avaient été promus, il a pris toute la mesure de son impuissance. Il a tout de même décidé, sans illusions, de délivrer des mandats d'arrêt, pour marquer le coup. La justice n'est-elle pas aussi affaire de symboles ?

Mars 2000. Renaud Van Ruymbeke a convoqué M. et Mme Dickinson dans son bureau. Il vient d'apprendre sa nomination au pôle financier de Paris, en qualité de juge d'instruction. Il a consacré des centaines d'heures à traquer le meurtrier de leur enfant, passant ses soirées à relire, en anglais, les auditions des adolescentes de Pleine-Fougères, ses week-ends à décortiquer les milliers de procédures pour vols intentées dans la région, ses vacances à chercher le détail qui lui aurait échappé dans les auditions des directeurs de centres de vacances de tout l'Hexagone... Tout ça pour rien, ou presque. « Je tenais à informer les parents de mon départ, se souvient-il. Ils ont été très dignes, ne m'ont fait aucune remarque, mais j'ai bien senti qu'ils étaient déçus. Je les ai rassurés en leur disant que mon successeur, Francis Debons, était un excellent magistrat et qu'il poursuivrait l'enquête. » Face au couple Dickinson, Renaud Van Ruymbeke est particulièrement mal à l'aise. Il a l'impression de les trahir. N'avait-il pas pris une sorte d'engagement moral vis-à-vis d'eux ? Et puis, il déteste échouer.

Lorsque Renaud Van Ruymbeke quitte la cour d'appel de Rennes, le 1er avril 2000, les gendarmes ont retrouvé quatre-vingt-treize des quatre-vingt quinze suspects retenus à l'origine par le magistrat. Tous ont été mis hors de cause par les expertises génétiques. « Autant dire que je n'avais plus beaucoup d'espoir », confie-t-il. Arrivé au pôle financier, Van Ruymbeke

1. Entretien avec l'auteur, novembre 2006.

reste toutefois en contact avec Francis Debons, avec qui il entretient des relations amicales. Ce dernier l'informe régulièrement de l'avancée de l'enquête. Un jour, il annonce à Van Ruymbeke qu'il vient de rayer un quatre-vingt-quatorzième nom de la fameuse liste. Évidemment, le test ADN s'est une nouvelle fois révélé négatif. Il ne reste plus qu'un suspect dans la nature. Un certain Francisco Arce Montes. Un « rouge foncé », pour reprendre la terminologie des enquêteurs.

Courant 1998, Van Ruymbeke avait tenté d'approfondir la piste menant à ce marginal de nationalité espagnole, qui figurait dans ses fichiers de suspects dès le mois d'octobre 1997. Au cours de l'été 1994, les gendarmes de Bléré, en Touraine, avaient été alertés par le directeur d'un centre international de séjour (CIS) de La Croix-en-Touraine, situé près du château de Chenonceau. Un homme s'était introduit nuitamment dans une chambre d'adolescentes, avec qui il avait engagé la conversation avant de repartir. Les gendarmes avaient alors fait le rapprochement avec deux autres intrusions suspectes dans le même centre de vacances, signalées au cours de l'été 1993. Ils s'étaient mis en planque près du CIS et avaient rapidement interpellé un Espagnol de quarante-quatre ans, nommé Francisco Arce Montes. L'homme, placé en garde à vue, s'était présenté comme un routard à la recherche d'une chambre pour la nuit et avait démenti toute tentative d'agression. Faute d'éléments probants, il avait été remis en liberté. « Le procès-verbal de renseignement avait été classé par le parquet, mais heureusement conservé dans leurs archives par les gendarmes, qui l'ont transmis à leurs collègues de Saint-Malo lorsque ces derniers ont commencé leur tour de France des auberges », raconte Van Ruymbeke.

Parmi les quatre-vingt-quinze suspects retenus par le magistrat rennais, Arce Montes présentait donc un profil intéressant, même s'il ressemblait peu au portrait-robot du tueur de Pleine-Fougères. Début 1999, les gendarmes avaient contacté la mère et la sœur d'Arce Montes, à Gijón, mais elles avaient assuré être sans nouvelles de lui depuis décembre 1997. À tout hasard, le nom du routard espagnol avait été diffusé dans tous les commissariats et gendarmeries de France puis d'Europe. Sans succès... Il faut dire que la coopération judiciaire, comme venait de le souligner l'appel de Genève, laissait à désirer avec certains pays. Une commission rogatoire internationale avait ainsi été adressée aux autorités britanniques, afin qu'elles interrogent les responsables d'un restaurant de Londres où Arce Montes avait dit, lors de son audition par les gendarmes de Bléré, avoir travaillé. « Dix ans après, j'attends toujours la réponse de Londres », soupire Van Ruymbeke.

Mars 2001. Arce Montes semble définitivement introuvable. Les gendarmes s'apprêtent à entamer de nouvelles vérifications sur une cinquantaine d'autres suspects potentiels, mais le cœur n'y est plus. Van Ruymbeke apprend que son collègue Debons va, à son tour, être muté à Paris dans les trois mois. « Il m'a téléphoné pour m'annoncer qu'il allait faire un dernier voyage en Angleterre, pour “fermer les portes”. Il m'a dit qu'il y avait maintenant moins de gendarmes affectés à l'enquête. Ça sentait vraiment la fin. Là, j'étais pessimiste, je me suis dit qu'on n'y arriverait jamais. » Pourtant, un miracle va se produire. Ce miracle, il prend la forme d'un délit, celui que va commettre le juge Debons.

Une journaliste française, correspondante à Paris de l'hebdomadaire le *Sunday Times*, apprenant le prochain voyage du magistrat, lui passe un coup de fil. Le juge Debons lui révèle que l'enquête est sur le point de s'achever et qu'un suspect manque à l'appel : Francisco Arce Montes. En donnant ce nom à la journaliste, le magistrat viole le secret de l'instruction. Heureuse initiative ! Dans son édition du dimanche 1er avril 2001, le *Sunday Times* publie, dans ses pages intérieures, un article sur l'affaire Dickinson et cite le nom d'Arce Montes. Deux jours plus tard, un agent des services américains de l'immigration est attiré par la une du *Sunday Times*, dont un exemplaire traîne sur le comptoir de la compagnie British Airways, à l'aéroport de Detroit (Michigan). Il s'agit du numéro du 1er avril. Le policier feuillette machinalement l'hebdomadaire et tombe sur l'article relatif à l'affaire Dickinson. Par curiosité, il le parcourt et découvre qu'un Espagnol nommé Francisco Arce Montes est recherché par la justice française. L'homme retourne à son bureau et, à tout hasard, entre ce nom dans son ordinateur. Au cas où... Cette fois, la chance a changé de camp. Le policier découvre qu'Arce Montes a été arrêté pour une agression sexuelle sur une jeune femme commise la semaine précédente à Miami, où il est depuis incarcéré.

Immédiatement informé, Francis Debons répercute la nouvelle à Van Ruymbeke. « Je suis resté sceptique, se souvient-il. Il fallait attendre le résultat des tests ADN. On avait été déçus tellement de fois. En fait, je n'y croyais plus, mais au moins on était soulagés d'avoir retrouvé le suspect manquant, ça permettait de boucler la boucle. »

Coïncidence extraordinaire, les deux magistrats sont ensemble à ce moment-là. À son retour d'Angleterre, Francis Debons avait en effet pris la direction de Cahors, où il avait, de longue date, prévu de passer une semaine de congé dans un gîte, avec la famille... Van Ruymbeke ! À peine arrivé à Cahors, le conseiller Debons est donc informé qu'Arce Montes a été arrêté dans une auberge de jeunesse de Miami alors qu'il s'apprêtait à violer une adolescente dans une chambrée de cinq. Exactement comme à Pleine-Fougères. Le lendemain, Debons reçoit un nouveau coup de fil qui lève les derniers doutes. Les tout premiers résultats de l'expertise génétique sont formels : Francisco Arce Montes est bien l'homme qui a violé puis étranglé Caroline Dickinson. Le quatre-vingt-quinzième suspect, le dernier « rouge foncé », l'ultime nom de la liste sur laquelle il figurait depuis le début de l'enquête de Renaud Van Ruymbeke était le bon.

Du coup, le conseiller Debons abrège son séjour à Cahors et file sur Rennes, laissant son collègue à sa joie. Van Ruymbeke assure aujourd'hui n'avoir ressenti aucune frustration de ne pas avoir été directement impliqué dans l'heureux dénouement, seulement un grand soulagement. « Je n'en ai jamais fait un problème personnel, la seule chose qui importait, c'était de l'arrêter. Il ne faut jamais oublier qu'un juge n'est pas propriétaire du dossier qu'il instruit. Un juge qui s'identifie à son dossier, qui se l'approprie n'a plus la distance nécessaire pour conserver son libre arbitre et son objectivité. Dans l'affaire Dickinson, mon challenge, c'était que l'auteur soit dans les listes, ce qui était le cas. Si on l'a trouvé, c'est grâce à la commission rogatoire nationale délivrée aux gendarmes, qui sont ainsi parvenus à exhumer le P-V de la brigade de Bléré. »

Le magistrat a tiré un grand enseignement de l'affaire Dickinson. « Sans l'ADN, plusieurs des personnes interrogées par les gendarmes auraient pu être renvoyées devant les assises et y être condamnées, tellement les indices contre elles s'accumulaient. L'ADN est une preuve positive mais aussi négative, car elle permet de disculper des suspects. » Il se remémore ainsi le cas de ce délinquant originaire de Saint-Brieuc, dénoncé par une lettre anonyme extrêmement précise. Le jeune homme était connu pour vols. Or, un psychologue avait indiqué à VR que l'agresseur, qui semblait très à l'aise la nuit, pouvait être un cambrioleur. Le courrier anonyme indiquait, détail extrêmement troublant, qu'il avait été violé étant enfant par son père et que depuis il était obsédé par le coton, cette matière qu'avait utilisée le meurtrier, détail alors inconnu du public ! Ce n'est pas tout : le suspect correspondait à peu près au portrait-robot, il était présent dans la région au moment des faits, il avait disparu de chez lui depuis plusieurs semaines et, enfin, il avait été vu traînant sur la plage où les adolescentes de Pleine-Fougères avaient l'habitude de se baigner... Autant dire que le magistrat était à peu près certain d'avoir démasqué l'agresseur de Caroline Dickinson. Finalement, les gendarmes mettront la main sur le jeune homme et le placeront en garde à vue douze heures, le temps de procéder à un test ADN en urgence. Son comportement, très agressif, renforcera les enquêteurs dans leurs convictions. Le verdict de l'expertise génétique sera pourtant sans appel : cet homme n'y était pour rien. Van Ruymbeke confiera plus tard que, sans l'ADN, et si le malheureux n'avait pas eu d'alibi à l'heure du crime, il aurait sans doute été inculpé...

L'avocat de la famille Dickinson affirme conserver « un souvenir ému » de cette enquête et de ses rapports avec Van Ruymbeke. « J'ai découvert un magistrat d'une grande humanité, mais aussi un homme passionné par l'enquête, un véritable "chasseur", à la fois intuitif et méthodique », affirme Me Hervé Rouzaud-Le Bœuf. « John Dickinson, qui conversait avec lui en anglais, l'adorait. Il est vrai que Van Ruymbeke a instruit cette affaire comme un très grand professionnel alors que, jusque-là, on avait eu droit à un travail d'amateur. Sa détermination était extraordinaire. Ainsi a-t-il obtenu de la gendarmerie qu'elle mette à sa disposition une quinzaine d'hommes, choisis par lui ! On ne voit jamais ça dans les dossiers. Évidemment, cela a suscité pas mal de jalousies. Beaucoup de gens étaient sceptiques sur ses chances de parvenir à ses fins. Pourtant, sa ténacité a été récompensée. [1] »

Extradé vers la France, Francisco Arce Montes a été reconnu coupable du viol et du meurtre de Caroline Dickinson par la cour d'assises d'Ille-et-Vilaine, le 14 juin 2004. Il a été condamné à trente ans de réclusion criminelle avec une période de sûreté de vingt ans, peine confirmée en appel le 28 juin 2005. Créé en 1998, le Fichier national automatisé des empreintes génétiques comporte plus de trois cent mille empreintes. La généralisation des tests ADN dans les enquêtes judiciaires a permis de confondre de nombreux criminels, notamment des délinquants sexuels. Mais aussi – surtout ? – de mettre hors de cause des centaines d'innocents. « L'horreur judiciaire », on vous dit.

1. Entretien avec l'auteur, décembre 2006.

12

Le loup dans la bergerie

Faire confiance aux hommes, c'est déjà se faire tuer un peu.

Louis-Ferdinand CÉLINE,
Voyage au bout de la nuit.

Ce devait être le centre névralgique de la lutte contre l'argent sale et la corruption, un sanctuaire réservé à l'élite de la magistrature, le cauchemar des affairistes véreux, politiciens indélicats et autres mafieux... Bref, la vitrine de la justice française. En inaugurant, le 4 mai 1999, les locaux du pôle financier, rue des Italiens, à Paris, dans les anciens locaux du journal *Le Monde*, la ministre de la Justice Élisabeth Guigou ne cachait pas ses ambitions. Affirmer qu'elles ont été déçues relève de la litote. Près de huit ans après sa création, le fameux pôle affiche un bilan négatif. Combien de dossiers enterrés, faute de magistrats compétents ; de rivalités stériles entre juges, dont l'ego s'est parfois révélé inversement proportionnel à leur puissance de travail ; d'enquêtes à grand spectacle moins destinées à étancher la soif de justice que celle de médias avides de sensationnel ; d'instructions bâclées ou conduites en dépit du bon sens, dont les lacunes se sont étalées au grand jour à l'occasion d'audiences ponctuées de spectaculaires relaxes, vécues comme autant de désaveux par les juges d'instruction ?...

Pourtant, les objectifs affichés au moment de la création de ce pôle étaient séduisants : regrouper dans un même lieu géographique magistrats du parquet et juges d'instruction spécialisés dans la délinquance économique et financière, et leur adjoindre des assistants spécialisés, ces fonctionnaires issus de la Cour des comptes ou du ministère des Finances par exemple, pour les décharger des tâches ingrates. Une *task force* inspirée du pool antimafia italien. C'est d'ailleurs ce qui séduisit deux des magistrats les plus réputés du pays, Philippe Courroye et Renaud Van Ruymbeke, qui avaient, l'un à Lyon et l'autre à Rennes, fait leurs preuves en matière de lutte contre la corruption. Ils furent nommés à Paris, à leur demande, à six mois d'intervalle, entre 1999 et 2000.

Pour Renaud Van Ruymbeke, le déclic s'est produit dès la fin de l'année 1997, avant même la création du pôle. Il raconte : « Au cours d'un voyage à Budapest, dans le cadre d'une conférence sur les suites de l'appel de Genève, je me suis retrouvé avec Denis Robert. Nous avons eu une discussion informelle, au cours de laquelle je lui ai expliqué ce que je faisais à la cour d'appel de Rennes. » Ce qu'il faisait, et surtout ce qu'il ne faisait pas... Car le magistrat commence à tourner en rond à la chambre d'accusation, où il n'a plus de dossiers intéressants – à l'exception notable, bien entendu, de l'affaire Dickinson. En revanche, il dispose de plus de temps qu'auparavant pour sa famille. « Et là, reprend VR, Denis Robert m'a glissé en souriant que j'étais en fait en semi-retraite. Il ne l'a pas dit méchamment du tout, mais ça m'a titillé pendant plusieurs jours. À Rennes, à l'évidence, j'avais fait le tour de la question. De là est née mon idée de partir pour Paris, où je savais que les dossiers financiers les plus difficiles étaient instruits. » Van Ruymbeke l'avait appris à ses dépens à plusieurs reprises dans sa carrière, notamment lors de ses investigations sur le Parti républicain et Gérard Longuet, dont il avait été systématiquement dessaisi au profit du tribunal de Paris. Après tout, la capitale, siège des partis politiques et des grandes entreprises, est naturellement vouée à être le réceptacle des affaires sensibles.

Celles qui, depuis toujours, attirent Van Ruymbeke. Denis Robert n'a rien oublié non plus de cette escapade hongroise : « Nous étions logés loin du centre-ville de Budapest, et comme Renaud adore marcher, pour regagner notre hôtel, nous faisions sept ou huit kilomètres à pied ! Alors, pour s'occuper, nous parlions. On avait des discussions très profondes. C'est là que je lui ai dit qu'il était à la retraite. Je crois que ça l'a vexé. Mais je ne pensais pas que cela l'influencerait tant dans sa décision de quitter la cour d'appel de Rennes. [1] »

Une autre personne va jouer un rôle décisif dans la venue du conseiller rennais à Paris : Eva Joly. D'origine norvégienne, cette femme énergique à l'accent inimitable avait été nommée au tribunal de Paris en 1992, à l'âge de quarante-neuf ans, onze ans seulement après avoir entamé sa carrière de magistrate comme substitut du procureur, à Orléans. En avril 1994, la juge Joly, alors totalement inconnue du grand public, s'était vu confier par la présidence du tribunal – qui désigne les juges d'instruction, tandis que le parquet ouvre les informations judiciaires – l'enquête portant sur les conditions du renflouement par Elf des sociétés de l'homme d'affaires Maurice Bidermann. C'est à cette période que, pour la première fois, elle se met en relation avec Renaud Van Ruymbeke. « Elle m'avait passé un coup de fil, à Rennes, pour me dire à quel point elle était heureuse de se lancer dans les investigations financières, que mes enquêtes constituaient une référence à ses yeux, etc. Ce fut une prise de contact informelle très sympathique, mais que je pensais sans lendemain... », raconte le juge.

Quatre ans plus tard, Eva Joly reprend contact avec lui. Entre-temps, le contexte a changé. Le dossier Bidermann s'est mué en « affaire Elf », un scandale d'État marqué notamment par la mise en cause de l'ancien ministre des Affaires étrangères de François Mitterrand, le président du Conseil constitutionnel Roland Dumas. Quant à Eva Joly, elle a accédé au rang de

1. Entretien avec l'auteur, novembre 2006.

star, de même que sa collègue Laurence Vichnievsky, nommée à ses côtés en mai 1997. C'est Mme Joly qui avait sollicité le renfort d'un second juge, invoquant alors la gravité du dossier et des pressions pesant sur sa personne. Depuis 1996, elle était du reste placée sous protection policière. Le mystérieux cambriolage du siège de la brigade financière, où furent dérobés en avril 1997 des documents relatifs à l'affaire Elf, avait achevé de convaincre la présidence du tribunal de la pertinence de la demande d'Eva Joly.

Cadette de douze ans d'Eva Joly, Laurence Vichnievsky, une grande brune – du moins à l'époque, car elle s'est décoloré les cheveux depuis – au visage émacié, avait été nommée à la galerie financière du tribunal de Paris après un passage au ministère de la Justice. Ses premiers contacts avec Van Ruymbeke avaient été assez froids. Ils remontent à 1996, alors qu'elle instruisait à Paris un volet de l'affaire Gifco, le bureau d'études soupçonné de contribuer au financement occulte du Parti communiste français. Au même moment, Van Ruymbeke instruisait à Rennes un dossier mettant en cause une filiale du Gifco. Logiquement, la magistrate prit contact avec son homologue rennais afin qu'il se dessaisisse à son profit du dossier. Mais il refusa. Après une bataille procédurale, Laurence Vichnievsky obtint satisfaction, mais elle acquit dès ce moment la conviction que VR n'était pas très partageur. Lorsque Eva Joly l'informa de son intention de le faire venir dans le dossier Elf, Laurence Vichnievsky lui fit d'ailleurs part de ses réserves. En vain.

En 1998, donc, Eva Joly rappelle Renaud Van Ruymbeke. « Elle m'a immédiatement parlé du dossier Elf, se souvient-il. Elle m'a expliqué qu'il était énorme, avec une multitude de ramifications à l'étranger. Elle m'a fait comprendre qu'avec Laurence elles ne s'en sortaient pas. Elle pensait que je pourrais venir les épauler. » À cette époque, Eva Joly était devenue très connue, mais cela n'avait strictement aucune importance pour VR. Ce qui le motivait, c'était l'affaire Elf elle-même, qui lui semblait taillée à sa mesure. Séduit, Renaud Van Ruymbeke repousse toutefois l'offre, excipant de l'affaire Dickinson, qu'il ne veut pas abandonner. Il est définitivement convaincu au printemps 1999, après une nouvelle approche d'Eva Joly. Elle avait un nouvel argument à faire valoir. « C'était au tout début du pôle financier, qui exerçait un fort pouvoir d'attraction dans la profession, rappelle VR. Cette idée de pôle, c'est-à-dire réunir des compétences pour travailler plus efficacement, je la trouvais formidable, cela me correspondait parfaitement. C'est vraiment ce qui m'a motivé. De plus, j'avais le sentiment de ne rien pouvoir faire de plus dans le dossier Dickinson. »

À titre privé, un éventuel déménagement à Paris paraissait à Van Ruymbeke un peu plus aisé qu'il ne l'aurait été quelques années auparavant. Les trois enfants qu'il avait eus avec Bernadette n'étaient plus des bébés : en 2000, Amaury, Kevin et Laure étaient respectivement âgés de douze, dix et huit ans. Quant aux quatre enfants de son premier mariage, ils étaient désormais tous majeurs. Et, grâce au TGV, Rennes n'était qu'à deux heures de la capitale : il se dit qu'il pourrait y passer plusieurs jours par semaine, à analyser ses dossiers, et venir à Paris uniquement pour les auditions et les actes très importants. Restait toutefois un obstacle à franchir : obtenir l'accord de la chancellerie, qui initie les mouvements de magistrats, avant l'aval du Conseil supérieur de la magistrature. En apparence, pour Van Ruymbeke, il s'agissait d'une simple formalité, puisqu'en venant à Paris il ne montait pas en grade. A priori, le nommer au poste qu'il briguait ne causait aucune difficulté particulière. Mais il faut croire qu'avec VR, les choses ne se passent jamais simplement.

Renaud Van Ruymbeke fit donc une demande officielle auprès de la Direction des services judiciaires (DSJ) du ministère de la Justice. Logiquement, il aurait dû être inscrit sur la « transparence », la liste de la chancellerie qui recense les propositions d'affectation de magistrats ; d'autant, encore une fois, qu'il ne réclamait aucun avancement. Pourtant, cela ne fut pas le cas. Intrigué, Van Ruymbeke se renseigna, officieusement, auprès de collègues magistrats. On lui confirma qu'il y avait bien un « blocage » sur son nom à la Place Vendôme. Le cabinet d'Élisabeth Guigou semblait plus que réticent à l'idée de le voir débarquer au pôle financier parisien. Le juge s'interrogea : le pouvoir socialiste, déjà éclaboussé par l'affaire Dumas, s'inquiétait-il des futurs développements de l'enquête sur les dérives d'Elf Aquitaine ? Lionel Jospin lui en voulait-il d'avoir initié une enquête sur son ami Richard Moatti, quelques années auparavant ? L'hostilité manifeste de Robert Badinter à son égard avait-elle durablement « contaminé » la Place Vendôme ? Il n'obtint jamais de réponses à ses interrogations. « J'avais été surpris de ne pas figurer sur les premiers projets de mouvements élaborés par la chancellerie, concède VR. Ce n'était pas la première fois que j'avais le sentiment d'être bloqué par le pouvoir politique. Et ce n'était d'ailleurs pas la dernière ! » Dans un livre de souvenirs publié en 2003, Eva Joly évoque également l'obstruction de la chancellerie à la venue de Van Ruymbeke à Paris : « Le garde des Sceaux ne l'entend pas de cette oreille. Pendant plusieurs mois, le tableau d'avancement de la galerie financière est gelé par ses services pour qu'une parade soit trouvée à sa candidature. Mais Renaud Van Ruymbeke est le candidat le plus ancien au grade le plus élevé : la volonté politique ne peut rien contre cela. [1] »

« Ce qui est certain, affirme Van Ruymbeke, c'est qu'Eva a remué ciel et terre à ce moment-là pour me faire venir. Elle a même pris position pour mon arrivée lors d'une interview accordée à Ruth Elkrief sur TF1. » But avoué : mettre la pression sur la chancellerie. Visiblement, le lobbying d'Eva Joly se révéla efficace. Le conseiller à la chambre d'accusation de Rennes fut enfin inscrit sur la « transparence », en janvier 2000, et nommé, après accord du CSM, premier juge d'instruction au pôle économique et financier du tribunal de Paris, le 31 mars. Folle de joie, Eva Joly allait rapidement déchanter.

Une bien mauvaise surprise attend le juge Van Ruymbeke, dès le premier jour de son entrée en fonctions. C'est en toute

1. Eva Joly, *Est-ce dans ce monde-là que nous voulons vivre ?*, Les Arènes, 2003.

confiance qu'il pénètre dans le bureau de Claude Nocquet, première vice-présidente du tribunal, en charge du service pénal, c'est-à-dire de l'organisation. Un poste clé, puisque c'est aussi elle qui répartit les dossiers entre les juges et qui détient le pouvoir de notation. Interloqué, VR s'entend annoncer qu'il n'y a pas de poste libre à la section financière – celle qui gère les gros dossiers et où travaillent les « poids lourds » de l'instruction – et qu'il est nommé à la section en charge de la délinquance astucieuse. Van Ruymbeke est ulcéré, même s'il n'en laisse rien paraître. L'incident augure mal de ses relations avec l'incontournable Claude Nocquet. Il ne s'attendait pas à un coup pareil. Sans qu'il nourrisse un quelconque complexe de supériorité, il lui semblait qu'on l'avait fait venir à Paris pour profiter de son expérience des affaires sensibles. C'est d'ailleurs ce qu'on lui avait promis. « J'étais déçu, confirme-t-il, mais je ne pouvais pas protester. Je me dois de respecter ma hiérarchie. J'ai pris acte de ce que Mme Nocquet me disait, d'autant que j'étais quand même codésigné dans le dossier Elf et qu'elle m'a assuré que je serais nommé à la section financière dès qu'un poste se libérerait. » Pour cela, il lui fallut toutefois patienter un an et demi. D'après Jean-Claude Marin, qui suivait alors les affaires financières au parquet de Paris, VR pourrait avoir payé l'attitude d'Eva Joly, qui avait tendance à se considérer comme la vraie « chef » du pôle financier. « Claude Nocquet m'avait dit : “Que je sache, ce n'est pas Mme Joly qui nomme les juges d'instruction.” Mme Nocquet était d'autant plus sensible sur ce point que c'est elle, avec mon concours, qui avait littéralement “porté” le pôle financier...[1] », se souvient Jean-Claude Marin.

Heureusement, juste avant son arrivée à Paris, Van Ruymbeke avait négocié avec le président du tribunal, Jean-Marie Coulon, sa codésignation dans le dossier Elf, condition sine qua non à sa venue. De fait, dès le 6 avril, il était nommé aux

1. Entretien avec l'auteur, octobre 2006.

côtés d'Eva Joly et de Laurence Vichnievsky. « Je me suis dit : "Tant pis si j'ai des affaires sans intérêt à gérer, j'ai au moins l'assurance d'avoir un gros dossier" », rapporte VR.

D'emblée, cette mésaventure doucha son enthousiasme et lui fit comprendre qu'il n'était pas forcément le bienvenu au pôle économique et financier. On ne lui ferait, à l'évidence, aucun cadeau. À certaines attitudes, quelques remarques, il comprit assez vite qu'il était jalousé. Plusieurs magistrats craignaient visiblement qu'il ne leur fasse de l'ombre, d'autres étaient tout simplement allergiques à son statut de « juge star ». Sans compter la traditionnelle rivalité Paris-Province, qui n'épargne pas la magistrature. Lui-même ne tenait pas forcément dans une très haute estime le tribunal de Paris. Il avait toujours en travers de la gorge le funeste sort réservé à ses découvertes sur le financement du Parti républicain et Gérard Longuet. À vrai dire, il appréhendait quelque peu sa venue dans la capitale. La suite des événements allait valider son pressentiment.

Pourtant, à son arrivée au pôle, il dispose a priori d'une alliée de poids dans la place : Édith Boizette, qu'il avait connue à la fac, est désormais à la fois doyenne des juges d'instruction du pôle et chef d'établissement. Elle détient surtout, par délégation du président du tribunal, le pouvoir de désigner les juges d'instruction pour conduire les informations judiciaires ouvertes par le parquet. Un poste névralgique. « En fin stratège, Renaud Van Ruymbeke venait régulièrement me voir. Il savait qu'il avait besoin de moi, déclare dans un sourire la magistrate. Au moment de l'affaire Elf, il venait souvent me trouver pour me faire part de ses difficultés avec Eva. Cette dernière a, je crois, vite regretté d'avoir fait appel à lui. Il n'était pas le seul à venir me raconter ses malheurs. Dominique de Talancé ou Philippe Courroye faisaient de même. Moi, j'essayais d'arrondir les angles. Renaud Van Ruymbeke faisait partie des juges difficiles à codésigner. Plus que de solitaire, je le qualifierais d'isolationniste. Il n'aime pas partager les pouvoirs, ce qui n'enlève rien à ses grandes qualités, notamment son formidable esprit de synthèse.[1] » Chargé de suivre le dossier Elf au parquet en tant que vice-procureur, Hervé Robert sourit à l'évocation des premières difficultés rencontrées par VR à son arrivée rue des Italiens. « Sans s'en rendre compte, Eva Joly a fait entrer le loup dans la bergerie[2] », glisse-t-il.

Avant de s'attaquer à Elf, Renaud Van Ruymbeke prend connaissance des quelque cent cinquante dossiers qui croupissent dans le cabinet d'Olivier Larmanjat dont il a désormais la charge. Des affaires sans intérêt, d'escroqueries minables en carambouilles à deux sous, de chéquiers volés en fausses attestations prud'homales, sans compter les constitutions de partie civile abusives, ces plaintes non fondées simplement destinées à ennuyer un concurrent ou un ennemi... Heureusement, le tentaculaire dossier Elf, dont il s'est fait faire une copie, s'annonce beaucoup plus prometteur.

1. Entretien avec l'auteur, septembre 2006.
2. Entretien avec l'auteur, septembre 2006.

13

Haute tension avec les « pétroleuses »

Est-ce que je me trompe [...] *si je me crois plus grand quand j'agis seul ?*

Jean GIONO, *Le Hussard sur le toit.*

Un jour de juin 2000, on frappe à la porte du cabinet de Renaud Van Ruymbeke, situé au deuxième étage du pôle financier. Un bureau sans âme, à l'image de l'immeuble lui-même, flambant neuf certes, mais dont le décor aseptisé évoque plus celui d'une banque d'affaires que d'un palais de justice. La silhouette d'Eva Joly, bouille ronde et lunettes cerclées, se dessine dans l'entrebâillement de la porte. « Réno [la magistrate d'origine norvégienne a toujours eu un mal fou à prononcer le prénom de VR], on pourrait se voir avec Laurence ? » Quelques minutes plus tard, les trois juges se retrouvent dans le bureau d'Eva. Sans doute s'agit-il de faire le point sur l'affaire Elf, se dit VR. En deux mois, l'ancien conseiller de la cour d'appel de Rennes a déjà rattrapé beaucoup de son retard. Il est vrai qu'il s'astreint à une discipline de fer : profitant de son « célibat » – Bernadette et les enfants sont restés à Rennes –, il débarque au pôle chaque matin à 6 heures et n'en part pas avant 22 heures. Premier arrivé, dernier parti ! Mieux encore que Philippe Courroye, lui aussi très matinal et gros travailleur... À ce rythme, Van Ruymbeke étant tout de même accaparé une partie de son temps par ses procédures de délinquance astucieuse, il lui faudra environ six mois pour « digérer » le dossier Elf et en acquérir, selon ses propres termes, une « excellente connaissance ».

Eva Joly et Laurence Vichnievsky, surnommées « les pétroleuses » par la presse depuis qu'elles se sont attaquées à une partie de l'establishment français, semblent vaguement embarrassées. C'est Eva Joly qui prend la parole. Non parce qu'elle est la plus âgée, mais parce que, ayant été désignée la première pour instruire l'affaire, elle est la juge « leader ». Vichnievsky est numéro deux et Van Ruymbeke, seulement numéro trois. « Tu travailles trop, commence Eva Joly. On ne te suit plus. Tu devrais lever un peu le pied, prendre plus de temps pour ta femme et tes enfants. » Van Ruymbeke fait mine d'être surpris. En réalité, il comprend parfaitement le message de ses deux collègues : il en fait un peu trop, au risque de les déposséder du dossier. LEUR dossier. « Je leur ai répondu que, si j'étais venu, c'était pour travailler et que, si j'étais bien entendu prêt à mieux leur expliquer ce que je faisais, je n'entendais pas ralentir le rythme. Je pense qu'elles craignaient de perdre la maîtrise de l'affaire, à laquelle elles s'étaient totalement identifiées », raconte VR.

Entre les trois magistrats, l'idylle aura été de courte durée. Dès les premières semaines, Van Ruymbeke a compris que leur trio, comme tous les ménages à trois, aurait bien du mal à fonctionner. Surtout, VR a dès le départ la conviction qu'il est, et de loin, le mieux placé pour conduire cette affaire à son terme. Seul. Peut-être les choses se seraient-elles mieux passées si Van Ruymbeke n'avait eu affaire qu'à Eva Joly. Mais cette dernière, quoique première juge, semblait sous l'influence de Laurence Vichnievsky, dont elle était très proche. À de nombreuses reprises, Van Ruymbeke s'entend dire : « Laurence pense que », « Laurence n'est pas d'accord »... Très rapidement, pour éviter l'inévitable clash, les trois magistrats s'étaient réunis afin de se répartir les tâches. À Eva Joly le renflouement de Bidermann, les dépenses de Loïk Le Floch-Prigent, l'ex-PDG d'Elf (de 1989 à 1993), et de son ancienne épouse Fatima Belaïd ; à Laurence Vichnievsky les employés fictifs d'Elf Aquitaine international (EAI) et le dossier des frégates de Taïwan ; et à Renaud Van Ruymbeke le reste, c'est-à-dire « l'international ». Autrement dit l'essentiel, puisque ce volet incluait les opérations effectuées à l'étranger par deux des principaux acteurs du dossier : André Tarallo, ancien directeur de la branche hydrocarbures du groupe pétrolier et dirigeant historique de ses filiales africaines, et Alfred Sirven, ex-directeur des affaires générales de la compagnie, en fuite depuis le début de l'affaire. Cette répartition convenait parfaitement à Van Ruymbeke. « J'étais en terrain connu. Il me fallait explorer des comptes en Suisse, gérer les dizaines de commissions rogatoires internationales qui commençaient à rentrer et dont Eva et Laurence n'avaient pas le temps de s'occuper... Toutes choses dont j'avais l'habitude », explique Van Ruymbeke.

Mais très vite, on l'a vu, l'activisme du magistrat a agacé ses deux collègues, qui n'avaient visiblement pas prévu qu'il prendrait tant à cœur ce dossier. C'était mal connaître le caractère de Van Ruymbeke, qui n'a pas vraiment le profil du juge à qui l'on délègue les tâches subalternes... Pendant deux ans, le trio va fonctionner de manière bancale : Eva Joly et Laurence Vichnievsky continueront à travailler en binôme, Renaud Van Ruymbeke menant ses propres investigations – avec le soutien notable de son homologue suisse, le juge d'instruction de Genève Paul Perraudin, chargé d'exécuter une grande partie des commissions rogatoires. « Nous nous sommes tout de suite bien entendus, explique le magistrat helvète. Nos caractères sont assez semblables, on fait tout pour que nos procédures aboutissent, quitte à déployer une énergie considérable. Je dirais que nous partageons la même obsession, au bon sens du terme, dans l'appréhension des dossiers.[1] » VR bénéficie d'un autre renfort de valeur en la personne de Hervé Robert, le magistrat

1. Entretien avec l'auteur, novembre 2006.

du parquet voué au suivi du dossier Elf. Les deux hommes, réunis par leur passion commune pour le piano, ont rapidement sympathisé. « J'ai particulièrement apprécié de travailler avec cet homme d'une grande culture et d'un grand humanisme », confirme VR, qui regrette de ne pas avoir entretenu les mêmes relations complices avec Eva Joly et Laurence Vichnievsky. « Il est exact qu'après cette répartition, il y a eu pas mal de tensions entre nous, concède-t-il. En fait, j'ai progressivement agi de manière autonome. C'est un peu dommage car j'étais vraiment venu dans l'idée de faire un travail collectif. » VR va donc mener ses investigations dans son coin. Désormais, il n'en référera plus à ses deux collègues.

Visage poupin et regard franc, un éternel nœud papillon autour du cou, Hervé Robert, qui a quitté en 2006 le parquet de Paris pour Tracfin, le service antiblanchiment du ministère des Finances, confirme avoir, de fait, constitué un « binôme » avec VR. « Dès mon arrivée au parquet, en septembre 2001, le courant est passé entre nous. Il est devenu mon interlocuteur quasi exclusif dans le dossier Elf. Il jouait vraiment le jeu, ne me cachait rien. Eva, elle, préférait traiter directement avec le procureur, Jean-Pierre Dintilhac, et son adjoint pour les affaires financières, Jean-Claude Marin. Quand je la croisais, elle me disait toujours : "Il faudra qu'on parle, j'ai une vision du dossier différente de celle de Renaud." Sauf qu'on ne parlait jamais... Plusieurs juges étaient jaloux de notre relation privilégiée. Et puis, pour certains d'entre eux, le parquet, c'est l'ennemi, il est forcément inféodé au pouvoir politique. En fait, avec Renaud, nous échangions en permanence, mais nous n'étions pas toujours d'accord et je me suis parfois opposé à lui. [1] »

Autre source de malentendus entre les magistrats de l'affaire Elf : Eva Joly avait indiqué à Renaud Van Ruymbeke, à son arrivée à Paris, qu'elle entendait quitter le pôle financier dans les six mois. Implicitement, Van Ruymbeke en avait conclu

1. Entretien avec l'auteur, septembre 2006.

qu'il venait prendre le relais et non jouer les forces d'appoint. Seulement voilà, Eva reste plus longtemps que prévu – elle ne quittera le pôle financier qu'en mars 2002. Au fil des mois, Van Ruymbeke s'est aussi agacé, de plus en plus ouvertement, du comportement de ses deux collègues, à des années-lumière de sa conception du métier de juge d'instruction. Avec leurs chauffeurs et leurs gardes du corps, Eva Joly et Laurence Vichnievsky lui donnaient parfois l'impression de se comporter en divas, d'être devenues plus importantes que leur dossier.

Et puis, il y avait les séquelles de l'affaire Dumas. Après avoir examiné cet aspect du dossier, dont l'instruction était déjà terminée lorsqu'il est arrivé au pôle financier, Renaud Van Ruymbeke s'était montré fort dubitatif. Il avait le sentiment que les faits n'étaient pas pénalement démontrés et qu'« accrocher » le président du Conseil constitutionnel pour des faits dérisoires comme l'achat d'une paire de chaussures de luxe n'était pas probant. À ses yeux, il aurait sans doute fallu explorer davantage d'autres pistes. De même avait-il été choqué par le long placement en détention provisoire – mesure à laquelle il a le plus souvent évité de recourir – de la maîtresse de l'ancien ministre des Affaires étrangères, Christine Deviers-Joncour. Ses réserves furent confirmées par la relaxe qu'accorda à Roland Dumas, en janvier 2003, le tribunal correctionnel de Paris.

Ce climat tendu n'a pas empêché Van Ruymbeke de passer rapidement à l'action. Car le magistrat ne s'est évidemment pas contenté de remettre en ordre le dossier (classé chronologiquement à son arrivée, il l'a réorganisé par thèmes). Dès l'été 2000, il prend des initiatives – spectaculaires, forcément. Le 10 juillet, il interroge longuement André Tarallo, mis en examen depuis 1996. Ce dernier lui révèle que l'Élysée de François Mitterrand avait avalisé, en 1992, le versement de commissions occultes lors du rachat par Elf, pour 256 millions de francs, de la raffinerie de Leuna, en ex-Allemagne de l'Est. « Pour Leuna, Loïk Le Floch-Prigent m'a dit qu'il avait obtenu l'autorisation du président de la République », déclare Tarallo. À l'en croire, outre le chef de l'État lui-même, « le secrétaire général de la présidence, le ministre des Finances, le directeur des douanes, le directeur du Trésor » avaient cautionné ces versements. Interrogé sur l'identité des bénéficiaires ultimes de ces fonds, il indique avoir ultérieurement « appris qu'il s'agissait de la CDU », le parti d'Helmut Kohl, alors au pouvoir en Allemagne et dont les liens d'amitié avec François Mitterrand étaient notoires. Tarallo détaille également l'alimentation de caisses noires d'Elf au Liechtenstein au profit de dirigeants africains.

Fort de ce témoignage d'importance, Van Ruymbeke décide de se rendre, à l'improviste, à la Direction générale des douanes, à Paris, afin d'obtenir la communication de l'ensemble des commissions versées par le groupe Elf Aquitaine durant la période visée par l'enquête, soit entre 1989 et 1993. Le 3 août 2000 au matin, le magistrat reçoit un accueil glacial – il en a désormais l'habitude – rue de l'Université, au siège des douanes. C'est auprès d'elles que, depuis le début des années 1980, les grandes entreprises françaises doivent déclarer les sommes versées en marge de leurs contrats à l'étranger et destinées à en favoriser l'obtention. En fouillant dans les archives, Van Ruymbeke met la main sur un volumineux classeur marqué « Elf ». Exactement ce qu'il cherchait. C'est alors que s'interpose le directeur général des douanes, François Auvigne, qui était sur ses talons depuis son arrivée. « Ces documents sont couverts par le secret-défense, vous n'avez pas le droit de les consulter et encore moins de les saisir », lui lance-t-il fermement. L'argument du patron des douanes semble imparable. Le visage du juge s'assombrit. Il tente tout de même de convaincre son interlocuteur qu'il ne s'intéresse qu'à des contrats civils, en l'occurrence les versements occultes effectués par Elf en 1991, lors de la reprise de la compagnie espagnole Ertoil, et en 1992, lors du rachat de la raffinerie allemande de Leuna et du réseau de distribution d'essence Minol. En vain. Van Ruymbeke, qui a le sens des rapports de force, s'incline et se résout à repartir, après avoir toutefois réglé une petite formalité. Sous les yeux de François Auvigne, la greffière de VR ligote le dossier Elf avec de la ficelle, puis le scelle avec de la cire brûlante sur laquelle elle applique un tampon aux armes du tribunal de Paris. Une odeur qui rappelle un peu celle de l'encens envahit le bureau du directeur des douanes. Van Ruymbeke se dit que, s'il n'a pas l'autorisation de consulter le fameux classeur, les fonctionnaires des douanes ne pourront pas non plus y accéder, au cas où leur prendrait l'envie d'en retirer quelques documents embarrassants...

De retour dans son cabinet, le juge cogite. Encore une fois, il se heurte aux « intérêts supérieurs » du pays. Dès le lendemain, il adresse une lettre au ministre de l'Économie et des Finances, Laurent Fabius, pour lui demander la déclassification du dossier Elf aperçu aux douanes. La réponse sera négative. La première d'une longue série. Tout au long de cette enquête, puis bientôt dans l'affaire des frégates de Taïwan, Renaud Van Ruymbeke se heurtera au mur du secret-défense, renforçant l'idée selon laquelle la République aurait d'inavouables secrets à dissimuler. « Je ne suis pas contre, par principe, l'existence de documents classifiés, précise le magistrat. Il y a des informations confidentielles susceptibles de menacer les intérêts vitaux et la sécurité du pays qu'il convient de mettre à l'abri. En revanche, je ne pense pas que le secret-défense doive servir à couvrir des opérations de corruption. »

Semaine après semaine, les avocats de l'affaire Elf se familiarisent avec la « méthode Van Ruymbeke ». Un jour, il convoque dans son cabinet Guy Weyssade, le conseil historique d'Havas, qu'il soupçonne d'avoir joué les prête-noms afin de permettre à Alfred Sirven de placer discrètement en Suisse des fonds distraits de la comptabilité du groupe pétrolier. Au cours de l'audition, Weyssade – décédé depuis – affirme au juge qu'il a simplement mis un compte à la disposition de Sirven, mais qu'il ne sait rien de plus. « Sirven m'a expliqué que pour son groupe il avait à transférer certaines sommes en Suisse », déclare-t-il sur procès-verbal. Mais ses explications laissent VR sceptique. Il décide de s'entretenir avec son avocat, Me Bernard Gorny, pour lui indiquer que la mise en examen est inéluctable. « C'est un vieil homme, de bonne foi qui plus est. Cette mise en examen n'est pas nécessaire », plaide l'expérimenté avocat. VR réfléchit quelques instants et lance à Me Gorny, éberlué : « Je vous donne trois jours pour prouver la bonne foi de votre client. Si vous y parvenez, vous avez ma parole d'honneur que je ne le mettrai pas en examen. Il restera témoin assisté. » L'avocat ne demande pas son reste, file à Genève, et revient trois jours plus tard avec une lettre manuscrite du directeur de la banque attestant que Weyssade n'était pas informé des mouvements de fonds opérés sur le fameux compte Sirven et qu'il n'avait aucun intérêt financier dans ces transactions. « En aucun cas M. Weyssade n'a bénéficié de ces versements », écrit le banquier. VR tient sa parole et ne met pas Weyssade en examen. Mais l'histoire n'est pas terminée. Trois semaines plus tard, Me Gorny passe saluer le magistrat dans son bureau. Ennuyé, Van Ruymbeke lui fait savoir qu'il a reçu de nouveaux documents de Suisse et que ces derniers pourraient affaiblir la position de son client, qui serait susceptible, cette fois, d'être mis en examen. « Le juge m'a alors dit : "Je ne le ferai pas. Quand j'ai donné ma parole, je ne reviens pas dessus." J'étais à la fois stupéfait et ravi, raconte Me Gorny. Depuis que je suis avocat, ajoute-t-il, je n'ai jamais connu un juge d'instruction de cette qualité. J'ai vu la différence avec Eva Joly. Je me rappelle qu'elle m'avait convaincu de faire venir l'un de mes clients de l'étranger, m'assurant qu'il ne risquait rien. Et, quand il est arrivé, elle l'a expédié illico à la Santé. Je lui ai rappelé sa promesse et tout ce qu'elle a trouvé à me répondre, ça a été : "J'ai changé d'avis."[1] » Van Ruymbeke se souvient de l'épisode, confirme bien avoir tenu parole au vu des documents innocentant Weyssade, mais assure que s'il n'a pas mis ce dernier en examen ultérieurement, c'est surtout faute de temps. « Il aurait fallu lancer de nouvelles investigations, que je n'avais pas le temps de mener puisque je m'apprêtais à clôturer le dossier », explique-t-il.

1. Entretien avec l'auteur, octobre 2006.

Les mois passant, le juge approfondit ses investigations vers l'Afrique, où se sont évaporées des sommes colossales. Une partie était destinée aux décideurs politiques locaux, l'autre revenant en France, sous forme de « rétrocommissions », au profit de certains responsables d'Elf du temps de Loïk Le Floch-Prigent. Cette partie du dossier est tout sauf facile à gérer. VR sent que les avocats des nouveaux dirigeants d'Elf – partie civile – redoutent qu'il fouille certains comptes, comme ceux du Président gabonais Omar Bongo, ruinant ainsi l'image du groupe en Afrique. Mais le magistrat estime qu'il n'a pas à se préoccuper des intérêts géostratégiques de la compagnie pétrolière. Il doit en revanche tenir compte d'un autre écueil. « Je me suis rapidement aperçu que la plupart des faits n'étaient pas punissables : la convention de l'OCDE [Organisation de coopération et de développement économiques], qui proscrit la corruption d'agents publics étrangers, n'ayant été ratifiée par la France qu'en 2000, elle ne pouvait s'appliquer à des opérations effectuées entre 1989 et 1993. Il y avait donc une ligne jaune que je ne franchissais pas », assure-t-il. Van Ruymbeke s'est donc concentré sur les fonds touchés par les dirigeants d'Elf eux-mêmes, via une myriade de comptes gérés, notamment, par Sirven et Tarallo. Le magistrat reconnaît avoir régulièrement expliqué ses choix aux avocats de la compagnie pétrolière, Jean Veil et Emmanuel Rosenfeld, renforçant sa réputation de « juge qui copine avec les avocats ». « Outre que c'est un homme sympathique, c'est aussi quelqu'un d'intelligent, note Jean Veil. Il ne part pas du principe que les avocats sont des menteurs. En fait, sa pratique permet de corriger les excès de rigidité du code de procédure pénale. » Le père de Jean Veil avait connu celui du juge Van Ruymbeke au ministère des Finances. « Je sais qu'André Van Ruymbeke avait la réputation d'être extrêmement sévère avec ses enfants[1] », souligne l'avocat.

1. Entretien avec l'auteur, septembre 2006.

À mesure que le juge progresse dans sa connaissance des circuits occultes empruntés par les dirigeants d'Elf à l'époque de Le Floch-Prigent, sa frustration s'accroît d'autant. À l'évidence, son enquête bute sur un obstacle invisible, Alfred Sirven en l'occurrence, dont l'absence nuit à la cohérence du dossier. Seulement voilà : l'ancien directeur des affaires générales du groupe pétrolier est en cavale depuis 1997 et rien n'indique qu'il puisse être retrouvé. Heureusement, Renaud Van Ruymbeke va pouvoir, une nouvelle fois, compter sur ce qu'il appelle – depuis l'arrestation de Francisco Arce Montes, le tueur de Caroline Dickinson –, sa « bonne étoile ». Ce jour-là, il s'était dit que, dans les dossiers difficiles qu'il avait eu à instruire, il avait toujours eu de la chance, bénéficié d'un petit coup de pouce du destin, comme si une bonne étoile veillait sur lui. Ainsi, dans l'affaire Boulin, la presse s'était déchaînée contre lui avant que le CSM ne le réhabilite. Dans le dossier Urba, Emmanuelli et les principaux dirigeants du Parti socialiste l'avaient vivement pris à partie, mettant en cause son impartialité, mais les faits lui avaient ensuite donné raison. Quant à Arce Montes, seul un extraordinaire concours de circonstances avait permis de le débusquer... Le cas Alfred Sirven n'allait pas échapper à la règle.

14

Sirven ou les bulles amères

L'affection ou la haine changent la justice de face.

Blaise PASCAL, *Pensées.*

Que faisait donc à Madrid, ce jeudi 8 février 2001, le juge Renaud Van Ruymbeke ? Officiellement, du moins l'avait-il assuré avant son départ à ses deux collègues Eva Joly et Laurence Vichnievsky, il se rendait en Espagne afin d'accélérer l'exécution de la commission rogatoire internationale délivrée dans le volet Ertoil du dossier Elf. En réalité, Van Ruymbeke a fui Paris. Il ne voulait surtout pas assister au pot organisé par Eva Joly afin de célébrer l'arrestation inespérée, à Manille, d'Alfred Sirven. « Lorsque j'ai appris qu'Eva souhaitait sabler le champagne avec James Tosoc, le policier philippin qui avait permis l'arrestation de Sirven, j'ai trouvé cette initiative déplacée. J'ai préféré ne pas m'y associer », confirme VR. A priori anecdotique, l'épisode du champagne, qui valut aussi à Mme Joly les foudres de la présidence du tribunal, a profondément choqué Van Ruymbeke. Il a contribué à creuser un peu plus le fossé séparant les deux juges d'instruction. S'il ne participe pas au petit pince-fesse organisé au pôle financier, Van Ruymbeke n'en savoure pas moins ce qui est aussi sa victoire. Dans l'avion qui le conduit à Madrid, le juge repense à ce coup de téléphone reçu, à son cabinet, au début de l'été 2000.

Au bout du fil, Pierre Goujard, un commissaire de police affecté auparavant à la Direction centrale de la police judiciaire et désormais en poste à Europol, à La Haye. Van Ruymbeke n'a jamais eu l'occasion de travailler avec lui. Goujard connaît le juge seulement de réputation. Il lui explique qu'il s'ennuie un peu aux Pays-Bas et qu'il pourrait peut-être aider à arrêter Alfred Sirven grâce à ses contacts aux Philippines. Ancien patron de l'antenne de Manille du Service de coopération technique internationale de police (SCTIP), Goujard, qui parle couramment le dialecte philippin, le tagalog, a passé trois ans aux Philippines avant d'être nommé numéro deux d'Europol.

Depuis plusieurs mois, la traque du plus célèbre fugitif de France – titre peu enviable que lui dispute alors Yvan Colonna, l'homme suspecté d'avoir tiré sur le préfet Claude Érignac le 6 février 1998 – s'oriente vers la piste asiatique. Jusque-là, sa trace semblait être définitivement perdue. Si l'enquête s'était rapidement rapprochée de lui, Sirven n'avait pas pris la fuite immédiatement. C'est seulement le 13 juin 1997, alors que Loïk Le Floch-Prigent, dont Sirven était le bras droit – ou plutôt le mauvais génie –, avait été placé en détention provisoire en juillet 1996, qu'Eva Joly avait délivré contre l'ancien directeur des affaires générales du groupe pétrolier un premier mandat d'arrêt international visant des faits de « complicité et de recel d'abus de biens sociaux ». Le 30 mars 1998, un second mandat avait été lancé, visant cette fois les avantages consentis par Elf à Roland Dumas et à Christine Deviers-Joncour. Stupeur en janvier 1999 lorsque *Le Monde* révéla que le fuyard était recherché par Interpol dans cent soixante-dix-sept pays depuis le 9 décembre 1998 seulement. Jusqu'alors, les deux mandats d'arrêt n'avaient été diffusés qu'en Suisse ! Ce retard a priori incompréhensible, fruit, semble-t-il, d'un dysfonctionnement judiciaire, alimenta longtemps les interrogations sur la volonté de la justice française de rechercher réellement Sirven. Les suspicions s'accrurent encore au cours de l'été 1999 lorsque

Paris-Match assura avoir trouvé la trace du fugitif à Manille, ce que n'étaient pas parvenus à faire les enquêteurs, pourtant lancés sur cette piste l'année précédente. Sans doute désireuse de montrer la volonté de la justice de tout faire pour retrouver Sirven, dont elle ne semble pas avoir mesuré immédiatement l'importance dans le dossier, Eva Joly multiplia alors les initiatives : elle s'envola, avec Laurence Vichnievsky, pour l'Afrique du Sud, où le fugitif aurait été vu, et surtout perquisitionna le cabinet de l'un de ses avocats, Éric Turcon, provoquant un scandale retentissant – et l'hostilité durable du barreau. Coûteuse, l'escapade sud-africaine se révéla un fiasco total. Et pour cause : selon les avocats de Sirven, ce dernier, qui bénéficiait à l'époque d'un solide réseau en France, avait lui-même attiré les magistrates sur cette fausse piste afin de gagner du temps... et de les humilier.

Au téléphone, donc, le commissaire Goujard se montre très convaincant. Il explique que sa femme est philippine, qu'il a souvent séjourné là-bas... Bref, qu'il connaît parfaitement le pays, ce qui n'était absolument pas le cas des policiers dépêchés l'année précédente par la brigade financière, et dont certains ne parlaient même pas anglais. « Laissez-moi constituer une petite équipe efficace et je vous ramène Sirven », lance avec audace Goujard. Van Ruymbeke raccroche et réfléchit quelques minutes. Ce Goujard a l'air sérieux. Ses arguments tiennent la route. Sans réseau sur place, impossible d'espérer quoi que ce soit, lui a expliqué en substance le policier. Van Ruymbeke est rapidement convaincu qu'il faut dépêcher Goujard à Manille. « De toute façon, se dit-il, nous n'avons rien à perdre. » Et puis, son instinct le trompe rarement.

Van Ruymbeke fonce alors dans le bureau d'Eva Joly pour lui rapporter le contenu de sa conversation avec Pierre Goujard. Eva se montre aussi enthousiaste que lui. « C'est génial ! », s'exclame-t-elle. La partie n'est pas gagnée d'avance. D'abord, ce sont les policiers de la brigade financière qui sont saisis de l'enquête. Il va falloir leur faire avaler la « pilule Goujard ». Et puis, surtout, on n'a jamais vu un juge d'instruction choisir ses policiers. Ces derniers sont placés sous l'autorité du ministère de l'Intérieur, pas de la chancellerie, des parquets ni des présidents de tribunaux. Et encore moins des magistrats instructeurs... Les trois juges prennent alors leur plus belle plume et écrivent directement au ministre de l'Intérieur afin d'obtenir la mise à disposition de Pierre Goujard et de trois autres enquêteurs choisis par lui. Goujard avait en effet expliqué à VR que, dans l'idéal, il fallait quatre policiers répondant à l'un de ces deux critères au moins : connaître les Philippines et/ou parler parfaitement anglais. Prévoyants, les trois juges cotent leur courrier au dossier. Une manière habile de faire pression sur la Place Beauvau : un éventuel refus aurait été versé à la procédure, donc communiqué aux nombreux avocats y ayant accès. L'information, in fine, serait immanquablement sortie dans la presse, plaçant alors le gouvernement dans l'embarras. La tactique est payante. La Place Beauvau donne rapidement son feu vert aux magistrats. Van Ruymbeke annonce la bonne nouvelle à Goujard, qui lui demande quelle sera sa marge de manœuvre. Le policier explique au juge qu'il y a de la corruption dans la police philippine, que c'est sans doute pour cela que Sirven a été prévenu de l'arrivée de la brigade financière la première fois, et qu'il sera peut-être nécessaire de distribuer quelques enveloppes... Un discours difficile à accepter pour un magistrat supposé lutter contre la corruption. D'un autre côté, ne faut-il pas, parfois, s'adapter au contexte ? « Débrouillez-vous, lâche finalement Van Ruymbeke. Faites au mieux, sans me donner de détails. Je vous fais entièrement confiance. » Malgré le scepticisme de la presse (pourquoi les policiers réussiraient-ils là où ils avaient échoué deux ans auparavant ?), Pierre Goujard est confiant. Il a obtenu le renfort de deux policiers naguère en poste à l'ambassade de France à Manille : Thierry Verde, alors affecté à la sécurité publique parisienne, et Jean-Paul Mounier, de la sous-direction des courses et jeux des Renseignements généraux. Il « recrute » aussi le commissaire Yves Delabrousse, en fonctions à Singapour pour le SCTIP. La « mission Goujard » commence. Et les tensions entre juges reprennent.

En décembre 2000, trois mois environ après le départ des quatre policiers pour les Philippines, Renaud Van Ruymbeke apprend, au détour d'une conversation téléphonique avec Pierre Goujard, qu'un repas doit réunir, le vendredi suivant, les juges d'instruction et plusieurs responsables policiers. Au menu : la mission Goujard. Les jours suivants, Van Ruymbeke s'attend évidemment à être invité à ce déjeuner. Mais rien ne vient. Il attend le vendredi en se gardant bien de dire à ses deux collègues qu'il est au courant de l'existence de ce repas. Toujours rien. Le week-end se passe. Van Ruymbeke enrage. Il a le désagréable sentiment d'être dépossédé de son idée. Le lundi, Eva Joly débarque dans son bureau, visiblement gênée. « Ah, j'ai oublié de te dire, lui lance-t-elle, on a eu une petite réunion vendredi... » Van Ruymbeke l'accueille fraîchement. Comprenant qu'elle a fait une gaffe, Eva Joly s'excuse platement, mais l'incident achèvera de convaincre Van Ruymbeke que ses deux collègues veulent le mettre à l'écart du dossier.

Pierre Goujard ne s'était pas vanté. Grâce à ses contacts sur place, il a réussi à « loger » Sirven, qui est arrêté, à Tagaytay, une cité balnéaire située à une soixantaine de kilomètres de Manille, le vendredi 2 février 2001. L'un de ses avocats, Éric Turcon, a accepté de raconter les dernières heures de liberté du fuyard. Lorsqu'il a été informé au téléphone par sa compagne, Vilma, que les policiers venaient d'arrêter son chauffeur à l'aéroport et qu'ils étaient maintenant en route vers sa maison, Alfred ne s'est pas enfui comme il aurait pu le faire. Il avait pourtant prévu un dispositif de repli d'urgence, dont il n'a finalement pas profité : il lui suffisait de marcher environ cent cinquante mètres le long du lac tout proche, puis de se dissimuler dans le coffre de la voiture d'un voisin, qui l'aurait ensuite convoyé en lieu sûr. Mais il était fatigué de fuir. « Je voulais faire face à mon destin », expliquera-t-il à ses avocats à Paris. Juste avant l'arrivée des hommes du National Bureau of Investigation (NBI), la police judiciaire philippine, Sirven se rend aux toilettes. Là, tranquillement, son éternel cigare aux lèvres, il va consciencieusement déchirer les pages de son précieux carnet d'adresses. Pas celui publié par *Paris-Match*, un peu plus tard. Il s'agit d'un second carnet, beaucoup plus récent et bien plus précieux, recensant les noms de ses contacts les plus confidentiels. Ces petits bouts de papier, peut-être susceptibles, eux, de faire « sauter la République », vont finir au fond de la cuvette des W-C... Sirven doit d'ailleurs tirer deux fois la chasse d'eau pour les faire totalement disparaître. C'est alors que les enquêteurs philippins, James Tosoc à leur tête, surgissent dans la petite maison. Sirven les observe en train de passer au peigne fin ses affaires. Soudain, son portable sonne. L'appel vient de France. Il émane d'un ami, visiblement haut placé. « Préviens tout le monde, je viens d'être arrêté », lâche seulement Sirven, qui, en raccrochant, comprend soudain son erreur. Il a oublié de détruire son téléphone, dont l'examen permettrait à coup sûr de remonter à ses contacts... Fébrilement, l'ancien numéro deux du groupe pétrolier tente d'ouvrir son portable afin de détruire la puce électronique, mais il n'y parvient pas. Tosoc observe son manège, intrigué, et lui demande ce qu'il fait. Sirven sait que le culot paie. Alors, l'air sûr de lui, il demande au policier, en anglais, s'il peut l'aider à ouvrir son portable. Ne comprenant pas où il veut en venir, Tosoc s'exécute de bonne grâce. Sirven attrape alors la carte SIM, referme le téléphone, le tend à Tosoc et lui lance : « Tenez, je vous l'offre si vous voulez. » Et, dans le même temps, il avale la puce du mobile, sous les yeux ébahis du policier. Dans *L'Express* du 8 février 2001, Tosoc avait présenté une autre version des faits, plus à son avantage : « Quand la conversation [téléphonique] s'est terminée, j'ai vu qu'il tentait de démonter l'appareil d'une main. Le temps que je m'en empare, il avait retiré la carte SIM. Et il l'a avalée ! J'étais tellement surpris que j'ai simplement dit : *« You swallowed it ! »* ["Vous l'avez avalée !"] » Ce qui est certain, c'est que quelques minutes plus tard, en pénétrant à leur tour dans la maisonnette, les policiers français se rueront vers leurs homologues philippins en hurlant : *« Where is his mobile, where is his mobile ? »* (« Où est son portable, où est son portable ? »)...

Van Ruymbeke apprend la nouvelle de l'interpellation de Sirven de la bouche d'Eva Joly, alors qu'il s'apprête à partir rejoindre sa famille à Rennes, comme tous les week-ends. Il pense annuler son billet de train, afin d'aider sa collègue. Mais Eva Joly lui fait rapidement comprendre qu'elle entend gérer seule le rapatriement de Sirven en France. Renaud Van Ruymbeke, à la fois frustré d'être mis à l'écart et ravi de l'arrestation du fugitif, passe donc le week-end en Bretagne. Il regagne Paris le lundi matin. Au pôle financier, c'est l'effervescence, bien entendu. Sirven de retour, il faut maintenant définir les modalités de ses auditions. Les juges ont une foule de questions à poser au personnage central de l'affaire. Lors d'une courte réunion avec Eva Joly et Laurence Vichnievsky, Van Ruymbeke propose que chacun d'entre eux interroge Sirven sur la partie du dossier qu'il gère. Ses deux collègues ne semblent pas sur la même longueur d'onde. Finalement, Eva Joly a décidé de l'interroger seule, longuement, puis ce sera au tour de Laurence Vichnievsky. Van Ruymbeke le prend mal et le fait savoir à Eva Joly, qui lui répond : « Si tu veux, quand j'en aurai fini avec lui, je te le présenterai dans le couloir. » Cette fois, il a le sentiment qu'elle se moque de lui et s'énerve vraiment. Il obtient satisfaction : lui aussi pourra questionner Sirven, qui va d'abord répondre aux questions interminables d'Eva Joly. « C'était troublant : Eva Joly était tout de rouge vêtue, exactement comme le Petit Chaperon rouge qui accueillerait le grand méchant loup ! [1] », se souvient Éric Turcon, l'un des avocats de Sirven. L'ancien homme fort d'Elf, que ces rivalités entre juges déconcertent, – du moins au début – va ensuite découvrir le bureau de Laurence Vichnievsky, puis, enfin, le cabinet de Renaud Van Ruymbeke. En fait, il n'y reste que quelques minutes. VR ne juge pas correct d'infliger une nouvelle audition au vieil homme, qui n'a toujours pas pu se reposer depuis son arrestation. « Même si vous voulez vous expliquer, je ne

1. Entretien avec l'auteur, octobre 2006.

vous interrogerai pas ce soir. Allez dormir ! », lui lance le magistrat. Il est près de 2 heures du matin. Sirven va passer sa première nuit au quartier VIP de la Santé. « Dès le départ, souligne Pierre Haïk, autre avocat de Sirven, on a vu deux conceptions de la justice s'affronter. Pour Mmes Joly et Vichnievsky, Sirven était l'ennemi public numéro un qu'il fallait interroger immédiatement, sans lui faire de cadeau. Van Ruymbeke, lui, a d'abord pris en compte qu'il avait face à lui un vieil homme. C'est cet humanisme qui en fait un magistrat exceptionnel, dans tous les sens du terme.[1] »

Les rapports entre les trois juges de l'affaire Elf vont encore se détériorer. Quelques semaines après l'arrestation de Sirven, Eva Joly informe Van Ruymbeke qu'elle vient d'avoir une discussion avec Sophie Portier, qui préside le procès Dumas, ouvert devant la 11e chambre du tribunal correctionnel de Paris quelques semaines auparavant. Sophie Portier estime que les auditions de Sirven par les trois juges d'instruction doivent être différées de deux mois, afin de ne pas interférer avec le procès de l'ancien ministre des Affaires étrangères – dans lequel Sirven doit d'ailleurs comparaître. Eva Joly partage l'avis de Sophie Portier. Une nouvelle fois, Van Ruymbeke déplore de ne pas avoir été consulté. Surtout, sur le fond, il est totalement en désaccord et le fait savoir. Au sortir d'un repas avec des magistrats étrangers, à deux pas du Châtelet, les deux juges ont alors une sévère dispute, qui se conclut par ces mots d'Eva Joly : « Je t'interdis de convoquer Sirven. De toute façon, c'est moi le chef. » « Ce n'était pas la peine de me faire venir », rétorque Van Ruymbeke, qui laisse sa collègue plantée sur le trottoir.

Réputé pour sa souplesse d'esprit, Renaud Van Ruymbeke est en fait extrêmement têtu. Il décide de passer outre l'oukase d'Eva Joly. En regagnant son bureau, à pied comme toujours, il se dit qu'il a déjà avalé trop de couleuvres. C'est décidé, il ne se laissera plus faire. Il prend contact avec les trois avocats

1. Entretien avec l'auteur, octobre 2006.

de Sirven (Éric Turcon, Pierre Haïk et Jean-Pierre Gastaud) afin de mettre au point les modalités d'une convocation de leur client, incarcéré à la maison d'arrêt de la Santé depuis son retour des Philippines. Van Ruymbeke promet aux avocats une confidentialité totale. De fait, Sirven sera entendu discrètement le jeudi 1er mars et l'information ne fuitera qu'après coup. Eva Joly elle-même n'a pas été prévenue, ce qui provoquera sa colère lorsqu'elle l'apprendra – c'est du moins sa version –, à la lecture du *Monde*, le lundi 5 mars en début d'après-midi. Eva Joly confiera avoir été d'autant plus scandalisée par la méthode employée par son collègue qu'elle vit au même moment un drame familial : la disparition brutale de son mari – même s'il ne partageait plus sa vie –, dont les obsèques furent organisées le 2 mars.

Van Ruymbeke, agacé par la mise en scène à grand spectacle orchestrée à l'occasion des précédentes venues de Sirven au pôle (cortège de motards, sirènes hurlantes, haie de photographes, etc.), n'est pas mécontent de pouvoir prouver que lui sait travailler dans la discrétion. Il négocie directement avec le directeur de la maison d'arrêt de la Santé l'extraction secrète de Sirven. Il s'est auparavant heurté au refus des policiers de la brigade financière, outrés de découvrir que Van Ruymbeke n'a pas alerté leur juge, Eva Joly. Dans son livre *Est-ce dans ce monde-là que nous voulons vivre ?*, Eva Joly évoque un coup de téléphone du commissaire principal de la brigade financière, Noël Robin, qui lui aurait dit ceci : « Madame, je veux vous prévenir que je viens de refuser d'exécuter la commission rogatoire par laquelle M. Van Ruymbeke me demandait d'extraire Alfred Sirven de sa cellule. C'est la première fois de ma carrière que je n'exécute pas l'ordre d'un juge. Mais je n'ai pas pu vous faire cela aujourd'hui.[1] » Une anecdote qui prouve au moins qu'elle a bien été informée dès le 1er mars de l'audition de Sirven.

1. Eva Joly, *Est-ce dans ce monde-là que nous voulons vivre ?*, *op. cit.*

L'initiative de VR n'a pas fait que des malheureux. Les défenseurs de Sirven ont immédiatement accepté la proposition du juge, ravis de l'aubaine. Ils ont pris la mesure dès le départ des fortes dissenssions qui déchirent les trois magistrats instructeurs et ils entendent bien en profiter. « J'ai bien vu qu'ils essayaient de jouer sur la division entre nous », reconnaît aujourd'hui Van Ruymbeke. Il est vrai qu'à cette période les rapports entre Eva Joly et les avocats étaient extrêmement tendus, parfois même haineux. La magistrate avait été, on l'a vu, jusqu'à conduire une perquisition au cabinet de Me Turcon, dans l'espoir de trouver un indice la menant à Sirven, et cet épisode avait laissé des traces. Du coup, Sirven, qui était très malin, décréta qu'il s'expliquerait devant VR et personne d'autre ! L'un des défenseurs de Sirven, Pierre Haïk, assure toutefois qu'il était « parfaitement inutile d'essayer de créer une division entre les juges pour la bonne raison qu'elle existait déjà au moment de l'extradition d'Alfred Sirven ». Au dire de l'avocat, « c'est après l'épisode du champagne, qui avait choqué mon client, que celui-ci avait décidé de ne plus adresser la parole à Mmes Joly et Vichnievsky, qu'il jugeait déloyales. [1] » Dans son livre, Eva Joly suggère plutôt que « Réno » a succombé aux flatteries des avocats : « Il faut me déconsidérer à tout prix, et si possible m'écarter. Les principaux acteurs du dossier font donc assaut d'amabilité et de prévenance envers Renaud, qui n'y reste pas insensible : il est difficile de ne pas croire tout le bien dont les autres vous créditent. [2] »

Avec Sirven, Van Ruymbeke entretient des rapports cordiaux. Le juge apprécie la truculence du personnage, avec qui il discute volontiers hors procès-verbal de ses faits d'armes dans la Résistance, même si la personnalité de cet homme, à la fois matois et retors, est à l'opposé de la sienne. Il a d'abord éprouvé du mépris pour cet aventurier avide d'argent, ivre de pouvoir,

1. Entretien avec l'auteur, octobre 2006.
2. Eva Joly, *Est-ce dans ce monde-là que nous voulons vivre ?*, *op. cit.*

hâbleur, manipulateur, voire, quand il travaillait chez Elf, menaçant. En même temps, VR admire le fait qu'il obéisse à certains principes. Ainsi, jusqu'au bout, il s'est refusé à « balancer », notamment les politiques. Cet aspect du personnage séduit le magistrat, qui finit par éprouver de l'affection pour le vieil homme. Van Ruymbeke avait été impressionné par la réaction de Sirven au moment de son arrestation, lorsqu'il avait avalé la puce de son téléphone portable. Personnage fascinant, Sirven est aussi déroutant. S'il accepte de s'expliquer dans le cabinet du juge Van Ruymbeke, qui exigera des gendarmes, à chaque audition, qu'ils lui enlèvent ses menottes, il ne lui fait aucune révélation, notamment sur la piste du financement politique occulte dont il était sans doute le maître d'œuvre au sein de la compagnie pétrolière. De fait, la justice n'a jamais établi la destination exacte des quelque 200 millions de francs en espèces retirés par Sirven sur ses comptes suisses... « Renaud a sincèrement cru qu'il allait obtenir des explications détaillées sur le dossier en le convoquant. Il a tenté et perdu [1] », conclut Eva Joly dans son ouvrage. « À un moment, Sirven a été tenté de parler, de donner le nom des politiques qui avaient touché. Il s'est ravisé, car c'était un homme d'honneur. Mais je me souviens qu'il m'avait dit que, s'il parlait, il le ferait devant Van Ruymbeke et personne d'autre [2] », soutient de son côté Pierre Haïk. « Les avocats d'Alfred Sirven, qui ont profité de Renaud Van Ruymbeke pour marginaliser Eva Joly et Laurence Vichnievsky, ont tenté de s'attirer ses bonnes grâces en lui laissant entendre que leur client était susceptible de lui révéler ce qu'il avait refusé de dire aux deux autres », analyse de son côté Hervé Gattegno, qui a suivi – et parfois précédé – pour *Le Monde* les multiples développements de l'affaire, au point d'en être considéré aujourd'hui comme l'un des meilleurs spécialistes, magistrats et policiers inclus. « À son corps défendant,

1. Eva Joly, *Est-ce dans ce monde-là que nous voulons vivre ?, op. cit.*
2. Entretien avec l'auteur, octobre 2006.

reprend le journaliste, le juge Van Ruymbeke a été "choisi" par Sirven, un peu comme le personnage de Jodie Foster l'est par le psychopathe joué par Anthony Hopkins dans *Le Silence des agneaux*...[1] »

Dans ce drôle de jeu où, en réalité, personne n'est dupe, il n'y aura ni gagnant ni perdant. « De toute façon, conclut Hervé Gattegno, tous les paiements attribués à Sirven avaient été réglés en liquide. Donc, même s'il avait parlé, cela n'aurait sans doute rien donné d'un point de vue pénal, faute de preuves. Finalement, Sirven savait beaucoup de choses dangereuses pour lui mais inexploitables contre les autres. C'est sans doute pour cette raison qu'il s'était enfui. »

Celui que la presse avait surnommé « l'homme qui en savait trop », celui qui devait « faire sauter vingt fois la République » ne livra jamais ses secrets : il est mort le 12 février 2005 après avoir été condamné, dans le dossier Dumas et dans l'affaire Elf, à huit ans de prison au total.

Avec André Tarallo – « dont le rôle central, ignoré par Eva Joly, a été révélé par Van Ruymbeke », selon Me Haïk –, les rapports sont différents. D'abord, Tarallo est un personnage plus cultivé, plus éduqué que Sirven. Moins charismatique aussi. Surtout, le magistrat juge sa structure de défense remarquable, beaucoup plus difficile à démonter que celle de Sirven. Longtemps, VR restera perplexe, se demandant si, finalement, Tarallo n'avait pas raison ; si, comme il le prétendait, tous les fonds qui lui étaient attribués n'étaient pas en fait destinés à Omar Bongo... Heureusement, il parviendra à démonter son système de défense. « Sinon, je crois qu'il aurait bénéficié d'une relaxe », confiera-t-il plus tard à un avocat. L'audition de Sirven en plein procès Dumas, réalisée contre la volonté d'Eva Joly, scelle le divorce entre les deux magistrats – sur le départ, Laurence Vichnievsky, à ce moment-là, ne s'occupait quasiment plus du dossier. Les points de désaccord se multiplient entre

1. Entretien avec l'auteur, août 2006.

eux. Le retour du fugitif marque, aux yeux de Van Ruymbeke, le dernier rebondissement de l'affaire, qu'il entend désormais conclure au plus vite, ce que se refuse à faire Eva Joly. « J'ai toujours essayé, tout au long de ma carrière, de renvoyer le plus rapidement possible mes dossiers devant le tribunal, où se déroule l'audience publique, explique Van Ruymbeke. Les instructions interminables doivent être proscrites. » VR a alors le sentiment que, pour Eva Joly et Laurence Vichnievsky, renvoyer cette affaire constitue un déchirement, comme si on leur arrachait leur enfant. Se dessaisir de leur « bébé » au profit du tribunal semblait trop difficile psychologiquement. Hervé Robert confirme : « Eva était dans l'incapacité de lâcher ce qu'elle considérait être SON dossier. Même au profit de Van Ruymbeke, dont elle était pourtant à l'origine de la venue. »

À la rentrée 2001, Van Ruymbeke indique à plusieurs reprises à Eva Joly que le dossier est désormais en ordre, prêt à être renvoyé. Il lui demande de notifier aux parties la clôture de l'instruction, conformément à l'article 175 du code de procédure pénale. Sans succès. Il finit par perdre patience et lui lance, un jour d'octobre : « Si tu ne signes pas le “175”, je m'en vais. » Face à la détermination de son collègue, qui plus est soutenu par le parquet mais aussi par le président du tribunal de grande instance, Jean-Claude Magendie, Eva s'incline. Deux mois après, un nouvel incident se produit. L'affaire étant quasiment close, il faut déjà anticiper sur la rédaction et la signature de l'ordonnance de renvoi, le document qui résume l'enquête et récapitule les charges justifiant le renvoi des mis en examen devant le tribunal correctionnel. Van Ruymbeke a déjà préparé une synthèse de cinq cents pages. Un document de travail qui, dans son esprit, devait être le support de l'ordonnance de renvoi. « Dans les dossiers importants, j'ai l'habitude, au fur et à mesure de l'avancée de l'enquête, de faire des synthèses régulièrement. C'est nécessaire si l'on veut s'y retrouver, a fortiori quand on gère plusieurs grosses instructions de front », explique le magistrat. « À la différence de beaucoup de juges d'instruction, Van Ruymbeke ne joue pas “perso”, ajoute Hervé Robert.

Il dit toujours qu'un dossier est réussi si l'audience se passe bien. [1] » Une réunion est donc organisée en décembre 2001 par le président du tribunal, Jean-Claude Magendie. Sont notamment conviés, outre Renaud Van Ruymbeke, Eva Joly et Claude Nocquet, le procureur Jean-Pierre Dintilhac et quatre membres de son parquet : François Foulon, chargé des affaires financières, Hervé Robert, qui a suivi toute la procédure au jour le jour, François Cordier, chargé de l'audiencement, et David Peyron, chef de la section financière. Magendie, qui juge l'affaire Elf capitale pour la réputation du pôle financier, souhaite connaître le plus tôt possible la date de clôture prévisible de l'enquête puis celle de la signature de l'ordonnance de renvoi, afin de libérer des audiences – et accessoirement de trouver un président d'envergure, ce qui ne va pas toujours de soi...

Rapidement, la réunion dégénère. Van Ruymbeke lance les hostilités. Il demande à être désigné juge numéro un afin de pouvoir signer l'ordonnance de renvoi. Il estime en effet avoir remis le dossier en ordre et il a le désagréable sentiment qu'Eva Joly veut s'approprier son travail. Or, procéduralement, seul le juge directeur est habilité à parapher ce document. « Je ne veux pas être le nègre d'Eva », a confié à plusieurs reprises VR à Hervé Robert. Eva Joly s'oppose immédiatement à la demande de son collègue, soutenue... par Claude Nocquet, qu'elle ne porte pourtant pas dans son cœur. S'estimant à l'origine de la création du pôle financier, Claude Nocquet n'a jamais accepté qu'Eva Joly tire la couverture à elle, au point d'apparaître comme le « visage » du pôle. Van Ruymbeke s'emporte. Cette alliance contre nature l'agace au plus haut point. Il rappelle à l'assemblée qu'Eva Joly s'est effacée au profit de Laurence Vichnievsky dans l'affaire des frégates de Taïwan et qu'elle doit faire de même pour Elf. Après tout, ne répète-t-elle pas elle-même depuis un moment qu'elle est sur le départ ? « Au fait, quand

1. Entretien avec l'auteur, septembre 2006.

est-ce que tu pars exactement, Eva ?, lance VR à sa collègue. – Je ne sais pas du tout, répond-elle. – Quand même, vous devez bien avoir une idée ?, insiste Magendie. – Non, vraiment », assure la juge, qui ne convainc évidemment personne. Claude Nocquet, qui reproche à Van Ruymbeke d'être « individualiste », s'entend répondre par le juge qu'elle n'a « aucune leçon » à lui donner, lui qui a fait une grande partie de sa carrière à la chambre de l'instruction, où la collégialité est de mise. Ambiance... Les quatre membres du parquet regardent le bout de leurs chaussures, gênés, comme des instrus qui assisteraient à une dispute familiale. « On va peut-être vous laisser », glisse timidement Jean-Pierre Dintilhac. Les larmes aux yeux, Eva répète : « C'est mon dossier. – Oui, mais l'ordonnance, c'est mon travail », rétorque VR. La réunion s'achève, dans la confusion, sur un constat de désaccord. Van Ruymbeke quitte, ulcéré, le bureau de Magendie, poursuivi par Claude Nocquet qui tente d'arrondir les angles. Peine perdue. Rouge de colère, Renaud Van Ruymbeke, sur les marches du palais, explique froidement à Claude Nocquet qu'il n'a aucune confiance en elle et qu'il sait parfaitement qu'elle a toujours soigneusement évité de lui confier les dossiers intéressants pour le cantonner à la section de la délinquance astucieuse. Consternée, Claude Nocquet tourne à son tour les talons... Finalement, le conflit se réglera de lui-même, au grand soulagement de Jean-Claude Magendie. Après s'être résignée, en février 2002, à clôturer l'instruction comme le souhaitait son collègue, Eva Joly fut nommée, le mois suivant, conseillère auprès du gouvernement norvégien, laissant ainsi définitivement le champ libre à Van Ruymbeke.

Enfin seul ! Renaud Van Ruymbeke a obtenu, in extremis, ce dont il rêvait en fait depuis le début : gérer le dossier de A à Z. Devoir passer sous les fourches Caudines d'Eva Joly et – pis encore – de Laurence Vichnievsky lui était apparu, au fil des mois, de plus en plus insoutenable. Avant de clôturer le dossier, VR souhaite réentendre l'ex-PDG de la compagnie pétrolière,

Loïk Le Floch-Prigent, recordman des mises en examen (trente-trois au total !) dans ce dossier. Or, le 22 janvier 2002, Le Floch-Prigent, usé physiquement – il a fait un malaise dans le bureau de VR trois mois auparavant – et psychologiquement, finit par craquer. Il s'en prend vertement au juge en ces termes, rapportés par Marie-France Etchegoin et Matthieu Aron dans leur biographie d'Eva Joly : « Vous voulez me faire crever, vous êtes aussi partial qu'Eva Joly. Vous êtes un petit salaud. Vous ne me connaissez pas, mais, moi, je vous connais depuis longtemps. Deux jours avant sa mort, Robert Boulin, que j'ai côtoyé quand il était ministre, est venu me voir...[1] » Quatre ans après, l'ancien patron d'Elf Aquitaine a la dent toujours aussi dure contre le magistrat. « L'excellente réputation dont il bénéficie est totalement usurpée. Il n'est pas plus respectueux de la vie humaine qu'Eva Joly. Lui aussi soigne sa carrière. Je me souviens que je me heurtais à mes propres avocats qui lui donnaient raison contre moi ! » Concernant l'épisode Boulin, Le Floch-Prigent assure avoir rencontré l'ancien ministre du Travail et de la Participation deux jours avant sa mort, dans le bureau de Pierre Aigrain, secrétaire d'État à la Recherche. « Je travaillais auprès d'Aigrain depuis une dizaine d'années ; il était très proche de Boulin. Ce jour-là, quand Boulin est entré dans le bureau d'Aigrain, il était livide. Durant une demi-heure, il a expliqué que le juge Van Ruymbeke le harcelait, qu'il le poussait au suicide.[2] »

L'instruction bouclée et les réquisitions du parquet connues, le juge put donc signer à la fin de l'année 2002 l'ordonnance de renvoi, fondée sur sa fameuse synthèse de cinq cents pages. Présidé par Michel Desplan, le procès de l'affaire Elf sera de haute tenue. Beaucoup considèrent que son succès, venant après plusieurs camouflets essuyés par la justice financière, a « sauvé »

1. Marie-France Etchegoin et Matthieu Aron, *Eva ou La justice est un roman*, Robert Laffont, 2002.

2. Entretien avec l'auteur, octobre 2006.

le pôle de la rue des Italiens. Il a en tout cas permis de redresser son image écornée. À l'issue du jugement, Van Ruymbeke éprouvera le même soulagement qu'il avait ressenti après la condamnation d'Henri Emmanuelli.

Ni Eva Joly ni Laurence Vichnievsky n'ont souhaité évoquer leurs rapports avec Renaud Van Ruymbeke. Mme Vichnievsky, qui entend ne « nourrir aucune polémique », se contente de souligner : « J'estime que, malgré tout ce qui s'est passé, nous avons fait du bon travail. » En 2001, furieuse d'apprendre que Van Ruymbeke avait obtenu l'ouverture d'une seconde instruction sur l'affaire des frégates de Taïwan, Laurence Vichnievsky lui avait lancé : « Renaud, plus déloyal que toi, ce n'est pas possible ! » Pour les responsables du parquet comme pour la quasi-totalité des avocats du dossier, il ne fait pas de doute, comme le résume Me Philippe Lemaire, que « Van Ruymbeke a sauvé la procédure [1] ». « Avec Eva Joly, le dossier partait dans tous les sens, mais Van Ruymbeke y a mis bon ordre [2] », ajoute l'un des avocats de Loïk Le Floch-Prigent, Olivier Metzner. Jean-Claude Marin renchérit : « Van Ruymbeke a fait un travail remarquable, il a rendu le dossier compréhensible. Eva Joly, qui avait pour elle un instinct extraordinaire, faisait plus dans l'impressionnisme, son travail était beaucoup moins précis. [3] » Au parquet, une plaisanterie avait énormément de succès à cette époque. Il se disait qu'Eva Joly posait aux suspects qui défilaient dans son cabinet la question favorite des policiers esquimaux : « Que faisiez-vous dans la nuit du 31 octobre au 15 mars ? » Le genre de blague que Van Ruymbeke s'est bien gardé de colporter. D'ailleurs, malgré les nombreuses divergences qui les ont opposés, VR rend tout de même hommage au travail de sa collègue d'origine norvégienne : « Finalement, Eva et moi avons été très complémentaires. Et puis, elle a eu d'excellentes

1. Entretien avec l'auteur, septembre 2006.
2. *Id.*
3. Entretien avec l'auteur, octobre 2006.

intuitions et beaucoup de courage, surtout au début de l'enquête, lorsqu'elle était seule. » Hervé Gattegno partage ce point de vue, qu'il résume d'une formule lapidaire : « Sans Eva Joly, il n'y aurait pas eu d'affaire Elf, mais sans Renaud Van Ruymbeke, il n'y aurait pas eu de procès. »

15

« On convoque Chirac ou pas ? »

Mais le trône soutient la majesté des rois
Au-dessus des mépris, comme au-dessus des lois.

Pierre CORNEILLE, *Médée.*

Le diable, c'est bien connu, se niche dans les détails. Les dossiers judiciaires n'échappent pas à la règle – surtout pas ceux dont a eu à connaître Renaud Van Ruymbeke. Au début de l'année 2001, le juge d'instruction est sollicité par deux de ses collègues du pôle financier, Armand Riberolles et Marc Brisset-Foucault, qui instruisent le dossier des marchés de rénovation et de réhabilitation des lycées attribués par le conseil régional d'Île-de-France entre 1989 et 1995. L'enquête, ouverte en 1997, s'est brutalement accélérée en 2000 avec la découverte d'un vaste système corruptif et la mise en examen de nombreuses personnalités de droite et de gauche, avec une prédominance RPR (qui était à la tête de l'exécutif régional). Il règne une ambiance pesante autour du dossier, sur lequel plane, insistante, l'ombre de Jacques Chirac. Maire de Paris et président du RPR de 1977 à 1995, il a forcément été informé, à ce double titre, du financement clandestin de son parti, destinataire d'une grosse partie des fonds détournés en marge des marchés franciliens. C'est du moins la conviction des juges. Mais une déduction ne constitue pas une preuve. Pourtant, les indices ne manquent pas. Ainsi la fameuse cassette contenant les confessions posthumes de Jean-Claude Méry, financier occulte du RPR mort en juin 1999, que les juges versèrent à la procédure en septembre 2000 à la suite de la publication de son contenu dans les colonnes du *Monde*. L'ancien promoteur, dans cet ahurissant témoignage d'outre-tombe, évoquait des versements réguliers d'argent liquide « ponctionné » sur les entreprises attributaires de marchés, et relatait même la remise d'une « valise de billets » – contenant 5 millions de francs – dans le bureau de Michel Roussin, en octobre 1986, à l'hôtel Matignon, « en présence de M. Chirac », alors Premier ministre.

Fidèle de Jacques Chirac, dont il dirigea le cabinet à Matignon (entre 1986 et 1988) et à la mairie de Paris (entre 1983 et 1986 puis de 1988 à 1993), Michel Roussin était présenté par de nombreux protagonistes du dossier comme l'un des responsables du système mis en place à la Région Île-de-France et à la mairie de Paris. Mis en examen et brièvement incarcéré (il sera rapidement remis en liberté par la cour d'appel) par Armand Riberolles et Marc Brisset-Foucault en décembre 2000, Michel Roussin va être, bien involontairement, à l'origine de la désignation de Van Ruymbeke dans le dossier. Devant les deux juges, Roussin va au clash. Il refuse purement et simplement de répondre à leurs questions en invoquant, via son avocat Me Pierre Haïk, une nullité de procédure. L'ancien ministre de la Coopération estime que Marc Brisset-Foucault n'a pas le droit d'instruire contre lui, étant donné qu'il a eu à traiter, à son poste précédent, une affaire similaire. De fait, Brisset-Foucault était auparavant substitut du procureur de Créteil, et à ce titre chargé du suivi de l'enquête sur les HLM de Paris, conduite par Éric Halphen. Ce dernier avait mis Roussin en examen, en 1994, avant de faire machine arrière et de lui accorder un non-lieu l'année suivante. L'argument soulevé par le fidèle serviteur de Jacques Chirac suscite un vif embarras au palais de justice de Paris. Si Marc Brisset-Foucault refuse de se dessaisir, il se voit toutefois contraint de prendre un peu de recul. En fin tacticien, Armand Riberolles, qui est le premier juge sur ce dossier, comprend que Brisset-Foucault fragilisé, c'est toute la procédure qui risque d'être affaiblie. D'où l'idée de s'adjoindre un renfort de poids comme Van Ruymbeke. Les deux hommes ne se connaissent pas beaucoup, mais les quelques échanges qu'ils ont eus jusque-là ont été très cordiaux. Van Ruymbeke accepte avec enthousiasme la proposition de son collègue. Il se dit que ce dossier le changera de ses histoires de chèques volés... Il n'ignore pas non plus que Riberolles et Brisset-Foucault jouissent, au pôle financier, d'une réputation de « bosseurs », allergiques à la médiatisation, ce qui lui convient parfaitement. « Je suis arrivé dans un tout autre esprit que dans le dossier Elf, où j'étais venu prendre le relais. Là, il était clair que je venais juste donner un coup de main, je n'avais pas la maîtrise de l'enquête. D'ailleurs, quand je suis arrivé, elle était déjà très avancée », explique-t-il. Effectivement, ses deux collègues avaient parfaitement démonté le système de répartition des fonds – prélevés sur les marchés – entre les grands partis et certaines personnalités, même si la façon dont l'argent était utilisé in fine restait encore à éclaircir.

Fidèle à sa méthode, Van Ruymbeke plonge avec avidité dans le dossier, ingurgitant en quelques semaines des dizaines de tomes. Un document va attirer son attention. Une facture. Banale, en apparence. Sauf que son exhumation va aboutir à la mise en cause du président de la République. Elle est issue de documents transmis plusieurs mois auparavant par un autre juge parisien, Jean-Pierre Zanoto, qui instruisait, de son côté, une plainte de salariés d'Air France concernant des déplacements offerts par la compagnie aérienne à des personnalités. À tout hasard, Zanoto avait communiqué, le 24 novembre 2000, quelques éléments susceptibles d'éclairer l'enquête de ses collègues. La facture qui intéresse Renaud Van Ruymbeke révèle que, au mois de juillet 1993, Jacques Chirac avait fait régler en espèces l'agence de voyages Gondard, dirigée par Maurice Foulatière. Rondelette (119 339 francs), la somme correspondait à un voyage de trois jours pour trois personnes à New

York. Van Ruymbeke est persuadé de tenir une piste intéressante. D'autant qu'un informateur lui a confié qu'il y aurait trace d'autres voyages dans les archives de la société. Il va alors insister auprès d'Armand Riberolles afin qu'il mène de nouvelles investigations sur ce point. « Il faut absolument retourner voir le voyagiste », lui lance VR. En effet, Foulatière a déjà eu l'occasion de s'expliquer – brièvement – devant les enquêteurs. Outre plusieurs documents comptables émanant de l'agence de voyages Gondard, le juge Zanoto avait transmis un procès-verbal d'audition du voyagiste, établi par la brigade financière le 28 mars 2000. Devant les policiers, Foulatière avait benoîtement déclaré qu'il avait été réglé en espèces pour le voyage à New York et que le paiement lui avait été « apporté à l'agence par l'un des chauffeurs de M. Chirac ». « C'est la seule fois où M. Chirac nous a réglé un voyage de la sorte, en espèces [1] », avait précisé Foulatière.

D'abord réticent, Riberolles se laisse convaincre et ordonne une perquisition au siège de l'agence Gondard et chez son directeur, Maurice Foulatière. L'opération est un succès : les enquêteurs saisissent d'autres factures attestant que, entre les mois de décembre 1992 et de mars 1995, de très nombreux voyages profitant à Jacques Chirac ou à ses proches ont été réglés en espèces, pour un montant total d'environ 2,4 millions de francs. Et, en garde à vue, Foulatière reconnaît tout. « Comment tu as su ?, demandera Riberolles à Van Ruymbeke le lendemain de l'audition de Foulatière. – Je ne peux rien te dire, j'ai promis la confidentialité à mon informateur », rétorquera VR, énigmatique, qui se retrouvera dans une situation quasiment similaire quelques années plus tard, au moment de l'affaire Clearstream. Aujourd'hui encore, Van Ruymbeke refuse de donner l'identité de sa source – probablement un avocat.

1. Hervé Gattegno, *L'Irresponsable – Une présidence française, 1995-2007*, Stock, 2006.

En tous les cas, après l'audition de Foulatière, les trois magistrats jubilent. Cette fois, ils en sont persuadés, le lien est fait entre leur procédure et ces factures suspectes. Acrobatique, le raisonnement des juges est résumé dans l'ordonnance d'incompétence qu'ils rendent le 17 juillet 2001. Évoquant les voyages effectués par M. Chirac et son entourage, ils écrivent : « Ces éléments semblaient établir l'existence d'importantes sommes en espèces à la mairie de Paris en 1993, soit à une période proche de celles où, selon les investigations, des versements en espèces avaient été effectués en relation avec l'attribution des marchés de lycées de la Région Île-de-France. » En termes plus crus, les trois juges soupçonnent l'ancien maire de Paris de s'être offert de luxueuses vacances grâce aux importantes sommes en liquide reçues d'entreprises désireuses d'obtenir des marchés. Crédible, l'hypothèse soulevée par le trio relève toutefois surtout de l'intuition. Encore faut-il l'étayer. Une gageure. À ce moment-là, la pression qui pèse sur les épaules des trois magistrats, convaincus de tourner autour de la caisse noire de Jacques Chirac, est énorme. Dans un premier temps, ils décident d'interroger les proches du chef de l'État qui ont, eux aussi, bénéficié des voyages. Maurice Ulrich, d'abord. Conseiller à la présidence de la République, il avait occupé une fonction similaire auprès de Jacques Chirac lors de son dernier mandat à la mairie de Paris (1989-1995). Il est entendu le 10 juillet par Armand Riberolles et Renaud Van Ruymbeke. Au cours de son audition, Ulrich confirme avoir conservé, dans un coffre-fort situé dans son bureau à l'hôtel de ville de Paris, des sommes en espèces provenant des primes de cabinet qu'il avait perçues sous cette forme, entre mars 1986 et mai 1988, alors qu'il dirigeait le cabinet de Chirac à Matignon, et les avoir utilisées pour régler des séjours à l'étranger. Maurice Ulrich indique avoir également gardé, à la demande et pour le compte de Jacques Chirac, les primes dont ce dernier avait bénéficié, au titre des « fonds secrets », alors qu'il était à la tête du gouvernement, durant la même période.

L'explication, qui sera habilement reprise par Jacques Chirac lors de sa rituelle interview télévisée du 14 juillet 2001, créant ainsi un contre-feu autour de la question des « fonds secrets », laisse dubitatifs, c'est un euphémisme, les trois juges. Jacques Chirac aurait attendu 1993 pour dépenser des sommes qu'il aurait reçues en 1986 ?

Renaud Van Ruymbeke va ensuite accueillir dans son bureau, avec Marc Brisset-Foucault, un autre témoin de choix : la fille du chef de l'État, qui est aussi sa conseillère, Claude Chirac. Afin d'éviter que la jeune femme ne soit accueillie au pôle financier par une meute de photographes et de cameramen, Van Ruymbeke va organiser, avec la complicité de Francis Szpiner, l'avocat officieux de l'Élysée sur le front des « affaires », un interrogatoire discret, sans convocation écrite. Certainement soulagée que sa venue soit restée secrète, Claude Chirac se montrera extrêmement courtoise avec VR. En privé, Armand Riberolles regrettera que Van Ruymbeke ne se soit pas montré assez incisif dans ses questions. À ses yeux, la convocation de Claude Chirac était prématurée.

Malgré quelques divergences, les magistrats restent d'accord sur l'essentiel. Au début de l'été 2001, ils doivent se rendre à l'évidence : ils ne peuvent aller plus loin sans interroger le premier concerné, Jacques Chirac lui-même. À de nombreuses reprises, les trois juges se posent la même question : « Alors, on convoque Chirac ou pas ? » Un vrai casse-tête, aux enjeux immenses. « Nous nous sommes longuement interrogés, tous les trois, confirme le juge Van Ruymbeke. C'était une vraie réflexion collective. Cela m'a rappelé les discussions que nous avions eues à la chambre d'accusation de Rennes lorsque nous avions décidé l'inculpation d'Emmanuelli. » Les échanges sont nombreux, en juin et juillet, entre les trois juges, mais aussi avec le parquet et le parquet général. Le premier point à régler concerne le statut de Jacques Chirac dans la procédure. Doit-il être interrogé comme simple témoin (ce qui signifierait qu'aucune charge ne pèse sur lui) ou comme mis en examen (impliquant l'existence d'« indices graves et concordants ») ? Ni l'un ni l'autre, concluent les trois magistrats instructeurs. « Nous avons finalement décidé, après avoir examiné la Constitution et la jurisprudence, que nous ne pouvions procéder à son audition en qualité de témoin assisté, et ce pour des raisons exclusivement juridiques », explique VR. Les trois juges pensent en effet que le cas de Jacques Chirac correspond parfaitement au statut de témoin assisté, qui est à mi-chemin entre celui de témoin simple et celui de mis en examen. En clair, il existe contre Jacques Chirac de fortes suspicions, mais aucune preuve. Le statut hybride de témoin assisté avait été créé par la loi sur la présomption d'innocence d'Élisabeth Guigou, en 2000. Mais, anticipant l'arrêt à venir de la Cour de cassation concernant le statut du chef de l'État, les trois magistrats instructeurs estiment qu'interroger Jacques Chirac en qualité de témoin assisté constituerait un acte de poursuite incompatible avec l'immunité pénale dont il semble devoir bénéficier. Telle est également la position du procureur général de Paris, Jean-Louis Nadal. En revanche, et il s'en expliqua publiquement, le procureur de la République, Jean-Pierre Dintilhac, considère que si le président de la République peut être entendu comme témoin il peut également l'être en qualité de témoin assisté. Nommé par la gauche, Jean-Pierre Dintilhac sera évidemment suspecté par l'Élysée d'arrière-pensées politiques. Finalement, après avoir beaucoup hésité, Van Ruymbeke et ses collègues ne se rangeront pas à l'avis du procureur de Paris, jugeant ses arguments irrecevables. VR a toujours aimé prendre des risques, mais calculés. Avant de perquisitionner le siège du PS ou au moment d'inculper Henri Emmanuelli, il avait, à chaque fois, bûché une semaine sur la jurisprudence.

Selon Jean-Pierre Baduel, avocat des salariés d'Air France et à l'origine de la communication à la justice des factures compromettantes pour Jacques Chirac, « les trois magistrats voulaient absolument éviter les bêtises commises par Halphen. Mais Van Ruymbeke n'avait pas la même approche que ses deux collègues sur la gestion du cas Chirac.[1] » Plus précis, l'ancien magistrat du parquet Hervé Robert révèle qu'Armand Riberolles et Marc Brisset-Foucault, contrairement à Renaud Van Ruymbeke, « étaient plutôt favorables au départ à l'audition du chef de l'État ». Les trois juges, se retranchant derrière le secret du délibéré, refusent de confirmer ou d'infirmer cette version. Qu'importe. L'essentiel était qu'ils finissent par adopter une position commune.

Le 17 juillet 2001, au terme d'une longue ordonnance détaillant leur enquête sur les marchés publics d'Île-de-France, Armand Riberolles, Marc Brisset-Foucault et Renaud Van Ruymbeke mettent un terme à plusieurs semaines d'atermoiements, qui ont divisé juristes et constitutionnalistes, concluant : « Vu l'article 68 de la Constitution, vu les articles 113-2 et suivants du code de procédure pénale, disons nous déclarer incompétents pour procéder à l'audition de M. Jacques Chirac en qualité de témoin assisté. » Selon l'ordonnance, « seule la Haute Cour de justice paraît compétente, sans qu'il soit porté atteinte aux principes constitutionnels de séparation des pouvoirs, pour procéder à l'audition du chef de l'État ». Pour la troisième fois depuis le début de son mandat, une enquête judiciaire aboutissait à une impasse au motif qu'elle mettait en cause Jacques Chirac. Avant les trois magistrats parisiens, le juge de Nanterre Patrick Desmure, saisi du dossier des rémunérations versées aux cadres du RPR par la ville de Paris, s'était déjà, le 15 avril 1999, déclaré « incompétent ». Son collègue de Créteil Éric Halphen avait fait de même, le 25 avril 2001, dans l'enquête sur les HLM de Paris. Très détaillée, l'ordonnance a, dans l'esprit des trois juges, des vertus autant pédagogiques que juridiques.

Renaud Van Ruymbeke ne ressentira ni frustration ni regret de n'avoir pu interroger le chef de l'État. Au contraire, cet épisode souligne, selon lui, que, « contrairement à ce que l'on

1. Entretien avec l'auteur, septembre 2006.

pense, les juges ne sont pas dans la toute-puissance. On peut comprendre que le président de la République ne soit pas un citoyen ordinaire. » Le magistrat estime qu'« un juge de droit commun ne peut pas enquêter sur le chef de l'État. Il est normal qu'il existe un système spécial, avec des garanties procédurales tenant compte de son statut particulier, prévues par la Constitution. L'idéal serait, à [son] sens, que la loi prévoie, en cas de saisine de la Haute Cour, que le ministère public soit dirigé par des magistrats totalement indépendants du pouvoir politique. »

À titre plus anecdotique, Renaud Van Ruymbeke a tiré une autre leçon de l'épisode Chirac : il lui a permis de redécouvrir les vertus de la collégialité. « Dans les affaires sensibles, il est préférable d'être plusieurs. À trois, à condition évidemment de bien s'entendre, on se protège mutuellement, on est moins attaquables. » Le cas Chirac réglé, Renaud Van Ruymbeke, jugeant sa mission accomplie, va se détacher progressivement du dossier, laissant à ses deux collègues le soin de conclure. D'autres enquêtes l'attendent. De gros ennuis, aussi.

16

Le « dealer » et les avocats

Partout la jalousie est un monstre odieux : rien n'en peut adoucir les traits injurieux.

MOLIÈRE, *Dom Garcie de Navarre.*

Renaud Van Ruymbeke est un homme d'habitudes. Depuis qu'il a pris ses fonctions au pôle financier, le rituel est immuable. Chaque matin, après avoir avalé un frugal petit déjeuner, il quitte de bonne heure son appartement situé à deux pas du métro Ségur, dans le VIIe arrondissement. Sa sacoche dans une main, un parapluie dans l'autre si la météo le recommande, il prend la direction de la rue de Babylone, emprunte la rue Vaneau, passe devant le musée d'Orsay, traverse la Seine pour déboucher dans le jardin des Tuileries, avant de se retrouver devant « son » ministère, place Vendôme, puis d'arriver enfin à l'Opéra... Il lui faut environ trois quarts d'heure de marche d'un bon pas pour gagner le pôle, situé rue des Italiens. Le soir, il emprunte le même itinéraire. Il fait donc, au minimum, une heure et demie de marche par jour. De quoi lui faire oublier ses frustrations, lui qui, trahi par son dos, a dû se résoudre à abandonner le football – à quarante-cinq ans, tout de même –, peu avant d'être nommé à Paris. « Je déteste la voiture, surtout à Paris, explique le magistrat. Je ne m'en sers que lorsque je ne peux pas faire autrement. De plus, la capitale est une ville magnifique, que je ne me lasse pas de parcourir. Et puis, la marche à pied constitue une excellente activité physique, mais aussi intellectuelle. Quand je marche, je réfléchis souvent à mes dossiers. Je suis certain de ne pas être dérangé. » D'autant que le juge, décidément allergique à certains aspects de la vie moderne, n'a pas de téléphone portable. La présidence du tribunal en avait bien mis un à sa disposition, au moment de l'affaire Elf, mais il s'en était débarrassé au bout de deux ans. L'outil lui avait paru beaucoup trop aliénant. « Lorsque j'ai rendu mon portable, j'ai éprouvé comme un soulagement, confie-t-il. De toute façon, les gens qui veulent me joindre savent très bien quand je suis au bureau. En plus, même si c'est un peu irrationnel, j'ai toujours eu peur d'être écouté, à cause de l'affaire des frégates. » Aux yeux de VR, le téléphone mobile menace son autonomie, donc son indépendance – son bien le plus précieux.

À partir de 2002, Renaud Van Ruymbeke est un peu mieux intégré au pôle financier. La période de « bizutage » semble déjà loin. Surtout, sa gestion du dossier Elf et, dans une moindre mesure, de l'affaire des marchés publics de la Région Île-de-France lui a valu le respect de ses pairs. Au début de l'année, il a enfin été nommé à la prestigieuse section financière, délaissant sans regret son petit cabinet, au premier étage, et ses affaires de chèques volés... Il a logiquement investi, au troisième étage, le bureau numéro 310, celui jusqu'alors dévolu à Eva Joly. L'un des plus beaux du pôle, dont les fenêtres donnent sur le boulevard des Italiens. « Je n'ai rien demandé, se défend Van Ruymbeke, mais je n'allais pas non plus refuser de travailler dans de bonnes conditions ! » L'affaire Elf ayant été décrétée priorité numéro un par la présidence du tribunal, Eva Joly s'était notamment vu attribuer un télécopieur – qu'elle partageait avec sa voisine et amie, Laurence Vichnievsky –, mais aussi un arrière-cabinet, une petite pièce annexe où elle pouvait s'isoler pour étudier ses dossiers.

Le décor du bureau est sobre, à l'image de son occupant : deux plantes vertes, quelques dessins d'enfant (ceux de sa fille cadette) punaisés au mur. Face au juge, une femme d'âge mûr au sourire espiègle. La discrétion même, son rôle est pourtant central. Maryse Noël est la greffière de Renaud Van Ruymbeke depuis sa nomination au pôle. Sans une greffière efficace, aucun cabinet d'instruction digne de ce nom ne peut fonctionner. Cet employé, généralement de sexe féminin, voit tout, sait tout. Il s'occupe de l'intendance (fixer les convocations, prendre au téléphone les avocats désireux de consulter le dossier...), mais pas seulement. Le greffier a aussi la responsabilité de la rédaction des procès-verbaux d'audition, en atteste l'authenticité en cas de contestation, les cote au dossier, les classe... Bref, son rôle, quoique méconnu du grand public, est capital. En récupérant le cabinet d'Eva Joly, Renaud Van Ruymbeke a obtenu de conserver sa greffière à lui, avec qui, au fil des ans, s'est nouée une grande complicité. De toute façon, il n'aurait pas pu avoir le greffier d'Eva, le mythique Serge Rongère. Ce grand brun d'une courtoisie d'un autre temps évoquait plus un majordome anglais qu'un fonctionnaire de justice... « Un greffier exceptionnel, reconnaît Van Ruymbeke. Son dévouement pour Eva dépassait l'entendement. Le soir, après qu'elle fut partie, laissant une montagne de documents sur son bureau, il repassait derrière elle et rangeait tout impeccablement. Il était d'une efficacité extraordinaire. » Entre la juge et son greffier, les liens étaient fusionnels. À tel point que, Eva Joly repartie en Norvège, ce personnage hors du commun, qui faisait irrésistiblement penser à Dirk Bogarde dans *The Servant*, le film de Joseph Losey, a démissionné. Orphelin de sa juge préférée, il travaille aujourd'hui... dans un cabinet d'avocats. « Le juge et son greffier, c'est comme un couple, confie Maryse Noël. L'entente doit être parfaite entre eux : ils passent tellement de temps ensemble... Au départ, en avril 2000, j'étais perplexe à l'idée de travailler avec Renaud Van Ruymbeke. J'attendais quelqu'un de froid et de rigide. En fait, il est exactement à l'opposé.[1] »

1. Entretien avec l'auteur, octobre 2006.

Greffière expérimentée, Maryse Noël ne fait pas mystère de ses sentiments pour VR : « C'est quelqu'un d'exceptionnel. D'abord, il a toujours le moral. Je crois ne l'avoir jamais vu de mauvaise humeur, même aux pires moments de l'affaire Clearstream. Je n'ai jamais rencontré un magistrat comme ça. Il croit vraiment en ce qu'il fait et sa passion est contagieuse. Traquer la délinquance financière, c'est une mission pour lui. Il dit souvent : "Il faut servir à quelque chose." Pour cela, il déploie une énergie incroyable. Je le compare à un cheval qui n'arrêterait pas de galoper. Pour les gens qui travaillent avec lui, c'est parfois un peu dur. On est là, derrière lui, à courir, le souffle coupé... C'est peut-être le seul défaut que je lui connaisse : parfois, il met trop la pression, que ce soit sur les policiers, les assistants spécialisés ou... sur moi. Il faut que ça avance, comme il dit toujours. C'est un peu stressant. » Maryse Noël se souvient de la confidence que lui avait faite une de ses collègues, greffière auprès d'un autre juge réputé très travailleur. « Elle s'était émue de la masse de travail qu'il lui imposait. Le juge lui avait alors rétorqué : "Si c'est comme ça, je vais vous envoyer en stage chez Van Ruymbeke. En revenant, vous ne vous plaindrez plus !" ». Fin 2006, anticipant le départ de son juge préféré, Maryse Noël a demandé à son tour à quitter le pôle financier. Un seul être vous manque...

Au pôle, Van Ruymbeke s'est lié avec quelques juges d'instruction : Xavière Siméoni, Françoise Desset, Hervé Lourau, Jacques Gazeaux... D'autres, célèbres ou inconnus, commencent en revanche à le jalouser. VR se sent particulièrement à l'aise aux quatrième et cinquième étages, où sont regroupés les services du procureur. « Traditionnellement, observe-t-il, l'ambiance au parquet est conviviale. Les substituts ont l'habitude de travailler en équipe. » Dans son cabinet, c'est un défilé permanent. Il l'assume, le revendique, même : « Ma porte est toujours ouverte, j'en fais un principe, et tout le monde le sait. Je crois beaucoup aux vertus du dialogue, et ce avec tous les acteurs d'une procédure judiciaire. » C'est ainsi que se succèdent, à partir de 10 heures (« l'heure où le pôle s'éveille vraiment », dit-il) et souvent jusqu'à 20 heures, avocats, policiers, fonctionnaires des impôts, substituts, assistants spécialisés... « Mon travail se découpe en trois volets, résume le juge. Les discussions, qui permettent d'avancer ; l'analyse des dossiers, qui prend beaucoup de temps et nécessite du calme (je travaille tôt le matin) ; et, bien sûr, les auditions de témoins ou de mis en examen. » Ses interrogatoires, à la différence de nombre de ses collègues, cet adepte de la maïeutique ne les prépare quasiment pas. « Je préfère improviser, révèle-t-il. Mais après voir étudié le dossier à fond. Je ne veux surtout pas arriver avec ma liste de questions toutes préparées, car je me refuse à enfermer les gens dans un carcan. »

S'il s'est fait de bonnes relations au pôle, le juge Van Ruymbeke reste fidèle à sa réputation de solitaire. Le midi, plutôt que de déjeuner avec ses collègues, il préfère aller s'acheter un sandwich, qu'il mange dans son bureau en étudiant ses dossiers. Les beaux jours, il adore flâner, entre midi et deux, du côté de l'Opéra, slalomer entre les cadres stressés, les touristes en goguette et autres *pretty women*, s'arrêter devant les agences de voyages ou les boutiques de vêtements haut de gamme, lui pour qui s'habiller est d'abord une corvée. À tel point que c'est souvent sa femme qui choisit, le matin, ce qu'il portera dans la journée. Elle aussi qui lui achète ses habits : le shopping, dans l'esprit de VR, s'apparente à une activité obscène. Mais, jusqu'à septembre 2006 et sa nomination à Paris, son épouse, en poste à Rennes, ne pouvait pas prendre soin comme elle l'aurait souhaité de son distrait mari. Voilà pourquoi les visiteurs un peu observateurs du cabinet 310 ont pu constater avec amusement que le magistrat le plus célèbre de France portait parfois un pull-over élimé ou deux chaussettes de couleurs différentes... Son amie Laurence Turbé-Bion confirme : « Renaud est totalement détaché des contingences matérielles. En fait, il est aérien. [1] »

1. Entretien avec l'auteur, septembre 2006.

Deux ans après son arrivée au pôle, on lui confie donc enfin des enquêtes dignes de ce nom. Il s'intéresse ainsi à l'église de scientologie, sur laquelle il enquête en fait depuis son passage à la délinquance astucieuse. Ayant en tête l'exemple d'Al Capone, tombé pour une simple fraude fiscale, Van Ruymbeke ne va pas s'échiner à essayer de prouver que la scientologie est une secte. En s'appuyant sur la plainte de deux anciens adeptes, qui avaient protesté après avoir été relancés par courrier par les admirateurs de Ron Hubbard, il décide de mettre en examen le président de l'Association spirituelle de l'église de scientologie d'Île-de-France (Asesif) pour « conservation illégale de données informatiques », puis l'organisation elle-même, poursuivie comme personne morale. L'église de scientologie et son dirigeant seront d'ailleurs condamnés en mai 2002 pour violation de la loi informatique et libertés, mais relaxés des deux autres chefs d'accusation, à savoir la tentative d'escroquerie et la publicité mensongère.

Le juge va se passionner pour une autre affaire, celle du Paris Saint-Germain. L'occasion de découvrir les dessous d'un sport qu'il apprécie tant. Il va mettre à plat un système frauduleux destiné à économiser les charges sociales : fausses conventions d'achat de joueurs, rémunérations occultes à l'étranger, salaires maquillés en primes, amendes fictives réclamées par un sponsor (Nike) complice... Tout l'arsenal destiné à frauder le fisc y passe. L'enquête, qui a provoqué la mise en examen de nombreux agents de joueurs et de plusieurs anciens dirigeants du club, a également révélé que de nombreux joueurs touchaient, pour arrondir leurs fins de mois, des fonds en espèces. À un moment, le magistrat a envisagé d'en mettre certains en examen, comme la star de l'équipe, le Portugais Pedro Miguel Pauleta. Après tout, pourquoi les footballeurs seraient-ils épargnés, alors que le système délictueux mis en place leur profite ? Il a finalement renoncé à cette idée, estimant que les joueurs ne cherchent pas sciemment à tricher : ils souhaitent simplement obtenir les mêmes conditions financières qu'à l'étranger (où les charges sont généralement beaucoup plus faibles), sans se préoccuper de la manière dont procède le PSG – comme d'autres clubs français, ainsi que l'affaire des comptes de l'Olympique de Marseille l'a prouvé – pour leur donner satisfaction. Cosaisie avec VR dans cette affaire, Françoise Desset se remémore « avec quelle habileté il a désamorcé une situation tendue avec les policiers de la Division nationale des investigations financières [DNIF], à un moment où ces derniers ne partageaient pas sa vision du dossier ». « Nous devions nous rendre en Suisse avec trois enquêteurs de la DNIF. Dans le train, l'ambiance était glaciale. Et là, Renaud a commencé à demander aux policiers, qu'il savait passionnés de foot comme lui, s'ils pouvaient lui donner des conseils pour son fils qui devait remplir une grille du loto sportif. Et voilà que ces messieurs sont entrés dans d'interminables débats footballistiques. Quelques minutes plus tard, tout le monde était rabiboché ! [1] »

L'affaire, en revanche, n'a pas réconcilié Renaud Van Ruymbeke avec le sport professionnel, dont il déplore les dérives depuis une quinzaine d'années. Commissions hallucinantes, agents véreux, salaires colossaux... VR est surtout choqué de découvrir que les joueurs, notamment les Sud-Américains, sont entre les mains d'intermédiaires, propriétaires de leurs « droits économiques ». Le marché des transferts s'apparente ainsi à une vaste « foire aux bestiaux » qui heurte sa conscience. Cela étant, il doit vite constater qu'une grande partie des pratiques qu'il met au jour, si elles choquent la morale, ne sont pas pour autant répréhensibles pénalement. « Le foot brasse énormément d'argent, on est parfois très loin du sport, conclut VR. On retrouve des circuits financiers complexes et opaques et le recours à des sociétés off shore. »

Lorsqu'il avait appris par la presse l'existence d'une enquête préliminaire sur le PSG, Renaud Van Ruymbeke, pressentant l'ouverture d'une information judiciaire, avait fait passer un message auprès de la vice-présidence du tribunal afin de faire

1. Entretien avec l'auteur, novembre 2006.

savoir qu'il souhaitait récupérer le dossier. Tous les juges fonctionnent ainsi lorsqu'ils savent qu'une affaire susceptible de les intéresser va faire l'objet d'une information judiciaire, c'est-à-dire être confiée à un magistrat instructeur. Certains dossiers font plus saliver que d'autres. Chacun doit alors, discrètement si possible, agiter ses réseaux afin d'avancer ses pions dans l'espoir de rafler la mise. Il en a été ainsi des deux dossiers de corruption visant Thales, que Philippe Courroye et Renaud Van Ruymbeke – et à un degré moindre Jean-Marie d'Huy – convoitaient. L'affaire avait débuté, à Nice, par les révélations d'un ancien dirigeant du géant français de l'électronique et de la défense. Devant le procureur de Nice Éric de Montgolfier, Michel Josserand, poursuivi dans le cadre de l'enquête sur le tramway de Nice, avait décrit un vaste système de corruption mis en place, selon lui, par Thales à l'échelle internationale. Longtemps restés confidentiels, ces aveux avaient fini par être évoqués par plusieurs journaux, avant que Josserand ne se décide à donner une interview spectaculaire au *Monde*. Dans cet entretien, publié le 2 mai 2005, il déclarait notamment que « Thales [devait] verser en commissions illégales entre 1 % et 2 % de son chiffre d'affaires global – 10,3 milliards d'euros en 2004 ».

Le parquet de Nice s'étant logiquement dessaisi au profit du tribunal de Paris, l'ouverture attendue de l'information judiciaire donna lieu à un affrontement feutré opposant les deux figures du pôle financier, Philippe Courroye et Renaud Van Ruymbeke. Le premier fit valoir qu'il instruisait un dossier similaire, avec la caisse noire de Total, tandis que Van Ruymbeke souligna qu'il exécutait déjà des commissions rogatoires internationales, pour des collègues étrangers, visant précisément Thales, accusé de corruption par la justice argentine notamment. À la grande déception de Courroye, la présidence du tribunal trancha en faveur de Van Ruymbeke, à qui elle confia les deux informations judiciaires – l'une sur les marchés nationaux, l'autre sur les contrats obtenus à l'étranger – ouvertes par le parquet.

Rue des Italiens, la rivalité entre les deux juges est un secret de polichinelle. « Il me semble même que, concernant Courroye, c'est de la haine, affirme ainsi Isabelle Prévost-Desprez, qui connaît bien les deux hommes. Quand ils se croisaient, au pôle, ils ne se disaient même pas bonjour ! Non seulement ils ont une conception diamétralement opposée de leur métier, mais en plus je pense qu'ils se jalousent. Je me souviens que, dans l'enquête sur les ventes d'armes vers l'Angola, dans laquelle j'étais cosaisie, je m'étais accrochée avec Philippe Courroye, qui rechignait à communiquer à Van Ruymbeke des éléments sur Thierry Imbot, qui apparaissait à la fois dans notre dossier et dans l'affaire des frégates. Tout cela, c'est un peu dommage, parce que ce sont tous les deux, dans des registres différents, d'excellents magistrats [1] », conclut-elle. Sur le sujet, Van Ruymbeke n'est guère loquace. « Philippe Courroye, s'il a des méthodes différentes des miennes, conduit ses dossiers avec beaucoup de maîtrise. Il est réputé au pôle pour ses qualités de synthèse et de rédaction », explique diplomatiquement VR, peu désireux d'alimenter une polémique. Philippe Courroye, quant à lui, préfère ne pas s'exprimer. Les deux juges se sont trouvés au moins un point commun : Jean-Charles Marchiani, qu'ils ont tous les deux mis en examen. Poursuivi par Van Ruymbeke depuis 2004 pour « recel d'abus de biens sociaux » pour avoir perçu d'Elf une commission de 5 millions de dollars, l'ancien préfet du Var estime que « Van Ruymbeke, au contraire de Courroye, est un juge courtois et poli. Il est correct. Par exemple, il vous autorise à corriger vos déclarations, il vous laisse parler. Et puis, ce n'est pas un maniaque de la détention provisoire. [2] » Marchiani n'a pas digéré que Philippe Courroye, qui l'a mis en examen une demi-douzaine de fois dans des affaires de commissions occultes, l'ait fait incarcérer plus de six mois (entre août 2004 et février 2005). Marchiani n'ayant toutefois aucune sympathie pour les juges, il ne peut s'empêcher

1. Entretien avec l'auteur, septembre 2006.
2. *Id.*

de lâcher, à propos de Van Ruymbeke : « Il est sincère, mais vit dans les mêmes fantasmes que tous ces magistrats de la génération du Syndicat de la magistrature. Pour eux, toute commission s'apparente à un abus de bien social. Il est d'ailleurs à l'origine de l'appel de Genève avec les extrémistes suisses », conclut l'ancien député européen, avec ce sens de la nuance qui le caractérise !

Les deux « stars » du pôle financier se distinguent également dans leurs rapports avec les services de police. Philippe Courroye entretient des relations privilégiées avec la brigade financière et, plus généralement, les services d'enquête de la sous-direction des affaires économiques et financières (AEF) de la préfecture de police de Paris, regroupés dans un immeuble sinistre du XIIIe arrondissement, rue du Château-des-Rentiers. Si la brigade financière ne jure que par Courroye, elle entretient en revanche des rapports exécrables avec VR, et ce depuis son arrivée au pôle financier. D'entrée, un incident a opposé le juge au prestigieux service de police. C'était au printemps 2000. Renaud Van Ruymbeke venait de récupérer le cabinet du juge Olivier Larmanjat, qui avait l'habitude de déléguer ses enquêtes à la BF. D'entrée, VR va braquer les policiers contre lui en faisant parvenir une « lettre circulaire » par laquelle il leur demande de stopper toutes leurs investigations sur les dossiers instruits à son cabinet et de lui renvoyer sans plus attendre les commissions rogatoires en cours. Surpris par la méthode, les policiers de la BF sont contraints d'obtempérer. Ils obtiennent toutefois de conserver une affaire d'escroquerie dans laquelle ils s'apprêtent à interpeller deux suspects. VR accepte, mais prévient : « Je ne veux pas de garde à vue dans cette affaire. » Noël Robin, alors patron de la BF, n'apprécie pas. Après tout, le placement en garde à vue est une prérogative dévolue aux officiers de police judiciaire. Et puis, ses hommes et lui n'ont pas l'habitude d'être traités ainsi. « On verra », répond laconiquement Robin au juge. Ce qui devait arriver arriva. Quelques jours plus tard, un policier informe Van Ruymbeke que les deux suspects viennent d'être placés en garde à vue. Furieux, le magistrat appelle immédiatement Robin. « Je vous ordonne de les relâcher ! », lance-t-il. Entre le juge et le policier le ton monte rapidement. Ni l'un ni l'autre n'entendent céder. Question de principe. « Ça ne se passait pas comme ça avec le SRPJ de Rennes », conclut Van Ruymbeke, excédé, avant de menacer Robin de sanctions. Finalement, les deux suspects sont libérés en fin de soirée, après avoir passé la journée dans les geôles de la police financière. Dès le lendemain matin, Robin se rendra dans le cabinet du juge. L'entrevue sera courtoise, mais les deux hommes se sépareront sur un constat de désaccord.

Surviendra, quelques mois plus tard, l'épisode Sirven, lorsque Noël Robin, très proche d'Eva Joly, désobéira à VR en refusant d'extraire l'ancien numéro deux d'Elf de sa cellule. « Là, j'ai compris qu'il me serait totalement impossible de travailler avec ce service », se rappelle VR. En plus de ses mauvaises relations avec Robin (aujourd'hui à la tête de la brigade criminelle), Van Ruymbeke n'apprécie pas beaucoup, de manière générale, les méthodes de la brigade financière, jugées trop dures. La BF, quant à elle, reproche à Van Ruymbeke de négocier systématiquement avec les avocats, parfois au détriment de l'enquête elle-même. Aussi les limiers du Château-des-Rentiers ont-ils attribué à Van Ruymbeke un surnom peu flatteur, inspiré de ses initiales : « Vaines Recherches ». C'est cette mention qui est apposée par les services de police, grâce à un tampon spécial, sur les documents judiciaires lorsqu'une enquête n'a rien donné...

On comprend mieux que le magistrat préfère confier l'exécution de ses commissions rogatoires aux services spécialisés du ministère de l'Intérieur, comme la Division nationale des investigations financières. D'ailleurs, quand il se verra confier l'enquête sur les transferts du PSG, il dessaisira la BF, qui avait pourtant mené l'enquête préliminaire, au profit de la DNIF. Quant au dossier des frégates de Taïwan, qui aurait logiquement dû échoir à un grand service de police judiciaire, il fut confié à... la gendarmerie maritime. De toute façon, quel que soit le service saisi, son rôle restera marginal. C'est en effet l'une des caractéristiques de VR – qui explique aussi sa faible popularité dans les rangs de la PJ : il délègue très peu, cantonnant les enquêteurs aux tâches subalternes. « C'est vrai que je préfère conserver la maîtrise du dossier et procéder moi-même à de nombreux actes, reconnaît-il. C'est ma conception du métier de juge d'instruction. » Et puis, pour mener des enquêtes discrètement, voire secrètement, comme il aime le faire, mieux vaut « cloisonner » au maximum. Après tout, la PJ est placée sous la tutelle du ministère de l'Intérieur...

Le commissaire Didier Duval, sous-directeur des affaires économiques et financières au ministère de l'Intérieur, confirme que « Van Ruymbeke est un magistrat assez particulier, dans le sens où il délègue aux policiers les missions secondaires et se réserve les actes importants. [...] Il faut reconnaître, ajoute-t-il, que cela présente le grand avantage de lui permettre de maîtriser totalement son dossier. En revanche, il se prive peut-être parfois d'une autre vision. Autre inconvénient : faute de temps et d'envie, il n'interroge que les “gros clients” et néglige les petites mains, comme les chauffeurs ou les secrétaires. Or, ce sont parfois ces témoins mineurs qui débloquent les enquêtes.[1] »

Renaud Van Ruymbeke va s'investir énormément, en 2003, dans un autre dossier : la faillite d'Air Lib, qui entraînera la mise en examen de son dirigeant, Jean-Charles Corbet. Ce dernier était soupçonné de s'être constitué un « trésor de guerre » d'environ 10 millions d'euros, au Luxembourg. Placé en garde à vue, en juillet 2003, Corbet sait qu'il risque gros. Le parquet de Paris a d'ailleurs demandé sa mise sous écrou. Van Ruymbeke, par nature hostile à la détention provisoire, va alors appliquer sa méthode, celle qui lui vaut tellement d'inimitié parmi ses collègues. Il demande à l'avocat de Corbet, Me Xavier Flécheux, de stopper ses recours au Luxembourg et de convaincre son client de rapatrier l'argent. L'avocat a compris le message : si son client coopère, il évitera la prison.

1. Entretien avec l'auteur, octobre 2006.

Van Ruymbeke considère que, « sur un plan général, il ne [lui] semble pas choquant du tout que la justice financière cherche à récupérer l'argent qui apparaît comme le produit d'une infraction. Les Américains sont, sur ce point, beaucoup plus efficaces que nous et les sanctions financières sont à la hauteur des enjeux. » Certains policiers estiment au contraire que, dans l'affaire Air Lib, en négociant avec l'avocat, VR s'est interdit de lancer des investigations supplémentaires, qui auraient peut-être permis de mettre au jour d'autres malversations susceptibles d'être reprochées à M. Corbet.

De fait, Renaud Van Ruymbeke entretient des rapports privilégiés avec les avocats. Cette relation, unique au pôle financier de Paris, explique pour partie qu'il suscite une telle hostilité dans les rangs de la police comme au sein de la magistrature – mais aussi qu'il se soit fait piéger dans l'affaire Clearstream. « Lorsque j'ai débuté ma carrière, se rappelle Van Ruymbeke, j'avais une conception classique du métier d'avocat, plutôt considéré comme un empêcheur de tourner en rond, un adversaire. C'est ce qu'on m'avait appris à l'ENM. Et puis, au fur et à mesure, notamment grâce à mon expérience au civil, j'ai évolué. Aujourd'hui, je considère l'avocat comme un partenaire, non comme un ennemi. Et ce n'est pas de la faiblesse ! Entretenir de bonnes relations avec les avocats ne signifie pas se compromettre, ni faire siens leurs arguments. Et puis, ils peuvent vous éviter d'"aller dans le mur". N'oublions pas que les dossiers que l'on nous confie ont souvent été préparés par le parquet et la police, qui représentent l'accusation. Je n'ai pas honte de dire que, de nombreuses fois, j'ai changé de point de vue et me suis rangé à l'avis d'un avocat. L'un d'eux m'a ainsi convaincu de donner un non-lieu à son client dans une affaire de délit d'initié. » Renaud Van Ruymbeke est intarissable sur le sujet, conscient d'être totalement minoritaire dans sa corporation, où on lui reproche cette connivence. De nombreux magistrats l'accusent même de « dealer » avec les avocats. VR se sent en fait en décalage total avec la plupart de ses collègues, dont il déplore l'esprit grégaire et la mentalité conservatrice, arc-boutés qu'ils seraient sur une conception totalement archaïque de leur fonction. « Certains en sont restés au juge d'instruction inquisiteur voulu par Napoléon il y a deux siècles, un magistrat répressif qui n'instruit qu'à charge. Pourtant, les textes ont évolué. Ce sont les mêmes qui vont montrer du doigt un juge d'instruction discutant avec un avocat en l'accusant de "dealer" avec lui. On ne "deale" pas avec un avocat. Je trouve cette expression choquante. C'est même consternant ! », s'exclame VR. Partisan d'un système à l'anglo-saxonne, avec un juge-arbitre, Renaud Van Ruymbeke a eu l'occasion de développer ses thèses, le 20 janvier 2006, dans un entretien au *Monde*, dont la publication n'a pas arrangé son image dans la corporation. Dans cette interview, titrée « Il faut supprimer le juge d'instruction », il plaidait pour une refonte radicale du système judiciaire, impliquant notamment de donner son indépendance au parquet et de faire du juge d'instruction un magistrat neutre. Bien entendu, les réactions furent extrêmement vives dans la magistrature, Van Ruymbeke étant notamment accusé – par Éric Halphen par exemple – de « scier la branche sur laquelle il est assis ». Certains en profitèrent pour régler leurs comptes avec un juge qui leur faisait décidément trop d'ombre.

Observé avec méfiance par ses collègues, Renaud Van Ruymbeke est en revanche, on s'en doute, l'idole des avocats, qui chantent ses louanges dans une belle unanimité. À l'exception notable de Me Jean-Pierre Versini-Campinchi. L'iconoclaste avocat, qui a guerroyé durant des années contre Philippe Courroye dans l'enquête sur les ventes d'armes vers l'Angola, est réputé pour ne pas porter les juges d'instruction dans son cœur. « Je considère qu'un magistrat doit d'abord, avant même de chercher à découvrir la vérité, respecter le code de procédure pénale, affirme-t-il. Or Van Ruymbeke a donné la preuve qu'on pouvait faire fi de certaines règles pour faire avancer la vérité. Un juge qui entend les gens hors procès-verbal se met hors-jeu. Un juge qui participe à l'envoi de lettres anonymes se disqualifie. Enfin, un juge n'a pas le droit de passer de deal avec un avocat. Tout le monde connaît mes sentiments pour Philippe Courroye, mais il ne ferait jamais une chose pareille.[1] » La quasi-totalité des confrères de Me Versini-Campinchi ne partagent pas, loin s'en faut, son opinion. « J'ai trouvé paradoxal qu'il se prononce pour la suppression du juge d'instruction, car il est l'expression de sa nécessité même, c'est-à-dire quelqu'un qui enquête et non qui juge, celui qui met un dossier en état d'être jugé, estime ainsi Me Léon Lef Forster, qui a souvent eu affaire à Van Ruymbeke. Il y a deux écoles, continue l'avocat. Ceux qui pensent aboutir par la contrainte, c'est-à-dire la détention provisoire, et ceux, comme Van Ruymbeke, qui agissent avec courtoisie. Or, contrairement aux idées reçues, ce sont ces derniers qui aboutissent le plus souvent. Combien de procès ont tourné court parce que les prévenus revenaient sur des aveux qu'on leur avait extorqués ? En revanche, comme par hasard, toutes les procédures de Van Ruymbeke ont abouti. Ainsi, la qualité du procès Elf doit beaucoup au travail exceptionnel qu'il a accompli.[2] » Avocat du groupe pétrolier, Me Jean Veil confirme : « Van Ruymbeke a évité à beaucoup d'innocents d'être injustement stigmatisés. Pourtant, la partie n'était pas gagnée d'avance pour lui. Je me rappelle que lorsqu'il est arrivé au pôle il était présenté comme un magistrat très répressif. Mais son attitude ouverte et courtoise lui a rapidement attiré la sympathie de tous.[3] » Celle d'Olivier Metzner, par exemple. D'après lui, VR est « vraiment à part. C'est le magistrat le plus hésitant à poursuivre. Il réfléchit avant. Il a une intuition importante. » Me Metzner tient à souligner « les méthodes originales » du magistrat. « Ainsi ne passe-t-il pas forcément par les services de police, ce qui est inhabituel », note-t-il. De ce fait, selon l'avocat, dans plusieurs dossiers (par exemple celui des transferts du PSG, dans lequel il défend Nike Europe et Nike USA), « des gardes à vue ont pu être évitées,

1. Entretien avec l'auteur, septembre 2006.
2. Entretien avec l'auteur, août 2006.
3. *Id.*

le juge lui-même n'ayant pas hésité à recueillir les déclarations de certains de mes clients, à la différence de bien d'autres.[1] »

Autre poids lourd du barreau, Me Olivier Schnerb s'enflamme : « Cet homme est un seigneur. Il s'est "épinalisé" en quelque sorte. Ce que j'apprécie chez lui, c'est qu'il ne s'érige pas en censeur moral, il ne met pas les gens en prison pour le plaisir.[2] » Me Jean-Marc Fédida est tout aussi dithyrambique : « Pour moi, c'est tout simplement l'incarnation du juge d'instruction, c'est-à-dire celui qui investigue et qui va chercher la vérité. Il faudrait le mettre dans un bocal, en faire une statue de cire ! Attention, nuance toutefois l'avocat, il n'est pas naïf pour autant. Il joue la carte de la courtoisie parce que c'est son caractère, mais aussi parce qu'il la juge efficace. Et vous ne pouvez pas lui raconter d'histoires : il vérifie absolument tout.[3] »

Explorer toutes les pistes, même les plus improbables, Van Ruymbeke l'a toujours fait. Une habitude, voire un credo, qui a bien failli le perdre.

1. Entretien avec l'auteur, septembre 2006.
2. *Id.*
3. Entretien avec l'auteur, août 2006.

17

Frégates de Taïwan : l'enquête impossible

Le plus farouche orgueil naît surtout à l'occasion d'une impuissance.

Paul VALÉRY, *Moralités.*

« ÉCHOUER : Toucher accidentellement le fond et s'y immobiliser, en parlant d'un navire. » La définition du Petit Larousse semble taillée sur mesure pour Renaud Van Ruymbeke, inconsolable de ne pas être parvenu à résoudre le mystère de l'affaire des frégates de Taïwan. Finalement, jusque-là, il n'avait jamais échoué. Boulin, Emmanuelli, Dickinson... Malgré les obstacles apparus sur sa route, le juge, à force d'opiniâtreté, était toujours parvenu à ses fins, à « sortir » ses dossiers, pour reprendre le jargon judiciaire. Tous sauf un. Celui des frégates. Un *Titanic* judiciaire. 500 millions de dollars évaporés, officiellement tombés dans la poche d'un intermédiaire, mais peut-être généreusement redistribués à une myriade de personnalités. Avec, au bout, une menace : que les contribuables français règlent la facture.

Van Ruymbeke l'admet lui-même bien volontiers, il ne supporte pas l'échec. S'il s'investit tant dans ses enquêtes, c'est sans doute pour cette raison : mettre toutes les chances de son côté, ne rien avoir à regretter au cas où, perspective totalement inacceptable à ses yeux, il aboutirait à une impasse. Faut-il voir dans cette obsession de trouver, à chaque fois, la clé des énigmes qui lui sont proposées la manifestation du perfectionnisme presque maladif dont il semble avoir toujours fait preuve ? À moins que, tout simplement, cette personnalité humble et réservée ne dissimule un orgueil démesuré... Après tout, qu'importe. N'est-ce pas cet orgueil qui lui a permis d'avancer, au point d'être considéré aujourd'hui, y compris par certains de ses détracteurs, comme l'un des meilleurs enquêteurs du pays ? Mais c'est peut-être aussi cet incroyable amour-propre qui a failli ruiner une carrière jusqu'alors exemplaire.

Pour Renaud Van Ruymbeke, l'affaire des frégates débute au printemps 2001, lorsque son homologue genevois, Paul Perraudin, l'informe qu'il a découvert des mouvements de fonds suspects l'ayant conduit à bloquer une somme astronomique (5 milliards de dollars) placée sur un compte ouvert au nom de l'un des fils d'Andrew Wang. Cet intermédiaire a été rémunéré par Thomson-CSF (rebaptisé depuis Thales) à l'occasion de la vente, en 1991, de six frégates à la Chine nationaliste. Les 5 milliards saisis par la justice helvétique constituaient le reliquat de sommes occultes perçues sur la vente des six frégates, mais aussi de Mirage français à Taïwan.

Le juge Van Ruymbeke transmet alors ces éléments au parquet de Paris, qui décide d'ouvrir une enquête sur les comptes de l'homme d'affaires chinois. L'instruction est confiée le 22 juin 2001 aux juges Renaud Van Ruymbeke et Dominique de Talancé. Surnommé « Mister Shampoo » (déformation phonétique de son prénom chinois, Chuan-pu, et allusion à sa réputation de blanchisseur de fonds), Wang, âgé aujourd'hui de soixante-dix-huit ans, était un agent de liaison réputé incontournable pour les industriels occidentaux à Taïwan au moment de la signature des deux contrats français. Il a été destinataire de quelque 3 milliards de francs pour sa seule intervention en marge de la vente des six frégates La Fayette – qui rapporta 16 milliards de francs à la Direction des constructions navales (DCN) et à Thomson-CSF. Un contrat colossal auquel les dirigeants du groupe ont donné un nom de code : l'opération « Bravo ».

L'enquête sur les avoirs de M. Wang se fonde dès le départ sur le soupçon d'une redistribution ultérieure d'une partie de ces montants au profit de destinataires politiques en France. Une hypothèse publiquement évoquée par Roland Dumas, ministre des Affaires étrangères au moment de la passation du marché incriminé. Dans un entretien accordé au *Figaro*, le 18 juin 2001, celui-ci affirme savoir que 70 % des sommes destinées à M. Wang étaient « reparties de Taïwan » au profit de « quelques personnalités, politiques ou autres, en France et peut-être ailleurs ». Mais, convoqué par Renaud Van Ruymbeke et Dominique de Talancé en qualité de témoin, dès le 25 juin 2001, M. Dumas, s'il apporta quelques précisions sur ces éventuels versements occultes, ne livra aucune preuve, donnant aux magistrats le sentiment qu'il avait bluffé, dans l'espoir d'allumer un contre-feu susceptible de détourner l'attention de l'opinon publique – voire de la justice. Devant les juges, Dumas se borna à affirmer que les fonds versés à Wang étaient en fait prévus pour « des responsables de Taïwan à concurrence de 400 millions de dollars, et de 100 millions de dollars à destination du comité central du Parti communiste chinois ». D'après l'ancien ministre, il avait fallu à la fois convaincre le gouvernement taïwanais d'« acheter français » et se concilier les bonnes grâces des autorités chinoises, opposées à toute livraison de matériel sensible à l'île nationaliste.

Dès le départ, l'enquête des deux magistrats recoupe celle ouverte en 1997 pour « tentative d'escroquerie » au cabinet de Laurence Vichnievsky. Saisie d'une plainte de Thomson, elle aussi était supposée éclairer les dessous de l'opération « Bravo », et notamment le rôle respectif des trois réseaux d'intermédiaires rémunérés par Thomson-CSF pour obtenir la signature du juteux contrat. Wang, donc, qui dirigeait le réseau A, avait été mandaté par Thomson-CSF pour convaincre Taïwan de choisir les frégates françaises. Le réseau B était animé par Lily Liu, une Chinoise chargée de surveiller Andrew Wang mais aussi d'amadouer les dirigeants de la République populaire, furieux à l'idée que la France puisse contribuer à la défense de la Chine nationaliste. Le réseau C et son maître d'œuvre, Alfred Sirven, qui rémunérait Christine Deviers-Joncour afin qu'elle convainque son amant, le ministre des Affaires étrangères, Roland Dumas, de lever son veto à la vente des frégates, sont à l'origine de l'affaire Dumas. Alain Gomez, alors PDG de Thomson-CSF, avait refusé d'acquitter cette dernière commission, accusant Sirven de vouloir racketter son groupe. D'où la plainte pour tentative d'extorsion de fonds déposée au tribunal de Paris...

Laurence Vichnievsky étant nommée en janvier 2002 à la présidence du tribunal de Chartres, les deux enquêtes sont logiquement jointes et confiées à Renaud Van Ruymbeke et Dominique de Talancé. À ce moment-là, les deux magistrats, aux personnalités pourtant opposées, entretiennent les meilleurs rapports. « Il n'y avait aucun problème entre nous », confirme Van Ruymbeke. « J'étais ravie que nous puissions travailler ensemble, renchérit Dominique de Talancé. C'est d'ailleurs lui qui m'avait demandé si j'étais d'accord pour que l'on instruise ensemble cette affaire. Au début, tout s'est bien passé. Nous travaillions main dans la main, en concertation. [1] »

Connue pour être totalement incontrôlable, Mme de Talancé jouit d'une réputation pour le moins controversée au pôle financier. Ses sorties médiatiques répétées contre le parquet, soupçonné d'étouffer les affaires, lui valent l'inimitié du ministère public. Elle ne fait pas non plus l'unanimité, c'est un euphémisme, chez ses collègues magistrats instructeurs, dont la plupart mettent ouvertement en doute ses qualités d'enquêtrice. En tout cas, au départ, entre les deux juges, c'est l'entente cordiale. Ils se sont trouvé un ennemi commun : le « secret-défense », qui leur est régulièrement opposé dès qu'ils touchent de trop près aux intermédiaires intervenus dans l'opération « Bravo », conduisant rapidement le dossier dans l'impasse.

1. Entretien avec l'auteur, septembre 2006.

Qu'il s'agisse de la Direction générale des douanes, qui détient les déclarations des paiements effectués à l'époque par Thomson-CSF, ou de la direction du groupe industriel elle-même, le refus systématique d'ouvrir ces archives à la justice sera approuvé, dès le début de l'enquête, par deux ministres des Finances : Laurent Fabius, en décembre 2001, et Francis Mer, au mois de juin 2002. Dans une ordonnance rendue en août 2002, Renaud Van Ruymbeke, déjà échaudé par l'affaire Elf, dénonce cette « conception extensive [du] secret » portant sur des « commissions exorbitantes », qui selon lui « ont pu bénéficier à des dirigeants de ladite société et à d'autres décideurs français ». Le recours permanent au secret-défense apparaît d'autant plus choquant que, dans cette affaire, il est rétroactif. Ainsi, une perquisition menée au printemps 2002 par les juges au siège de Thales a établi que la direction du groupe avait apposé, après l'ouverture de l'enquête, le 22 juin 2001, cette classification à des documents qui, jusqu'alors, semblaient accessibles. Dans un ouvrage consacré à l'affaire, l'ancien juge Thierry Jean-Pierre dénoncera à son tour, en 2003, « l'obstination des gouvernements de droite et de gauche à maintenir le secret-défense sur un dossier susceptible de provoquer un scandale d'une ampleur inégalée [1] ». Le député européen s'en prendra violemment à la Commission consultative du secret de la défense nationale (CCSDN) et à son président d'alors, Pierre Lelong, incarnations, selon l'auteur, de cette « vieille France [qui] laisse tomber une chape de plomb sur ce qui, en révélant des vérités scandaleuses, pourrait compromettre la carrière de quelques hommes et femmes politiques [2] ». Van Ruymbeke et Lelong échangeront d'ailleurs eux-mêmes quelques courriers acides... Par la suite, le secret-défense sera encore invoqué par Pierre Brochand, le chef de la Direction générale de la sécurité

1. Thierry Jean-Pierre, *Taïwan Connection – Scandales et meurtres au cœur de la République*, Robert Laffont, 2003.
2. *Id.*

extérieure (DGSE), les services secrets français, lors de son audition, en janvier 2004, puis en août et en octobre 2006 par le ministre des Finances du gouvernement Villepin, Thierry Breton. L'affaire des frégates illustre la dimension schizophrénique de l'État : les juges sont chargés d'enquêter sur des rétro-commissions, mais on leur interdit d'avoir accès aux documents relatifs aux commissions elles-mêmes, au motif qu'ils sont classifiés...

Pour les deux magistrats, dès le début de l'enquête, l'espoir semble devoir venir de Taïwan. Depuis la défaite historique – provoquée pour partie par l'affaire des frégates – du Kuomintang en 2000, les nouveaux dirigeants de Taipei, qui ont lancé leurs propres investigations, tentent de déterminer si des fonds ont bel et bien été détournés en marge du faramineux contrat – et à qui ils ont profité. Le souci affiché par Taïwan de collaborer avec la justice française n'est pas dénué d'arrière-pensées. En effet, le contrat des frégates interdisait explicitement à Thomson-CSF de rémunérer des intermédiaires. Si la justice devait établir que le groupe a violé cet accord, Taipei, qui a lancé une procédure devant un tribunal arbitral, pourrait obtenir de cette instance le remboursement des fonds « détournés » par... l'État français. Les contribuables français pourraient alors être condamnés à rembourser à l'État taïwanais une somme colossale – au moins 1 milliard d'euros, montant susceptible d'être doublé si il devait être augmenté des intérêts...

Dans un rapport remis à la chancellerie début 2004, Yves Bot, alors procureur général de Paris, souligna les risques financiers que faisait courir l'enquête à la France. Dans ce document, révélé par *Le Figaro* du 28 janvier 2004, le procureur évoquait notamment les conséquences découlant de l'article 18 du contrat de vente des frégates – d'un montant de 16,4 milliards de francs – signé en août 1991. Cette clause prohibait le versement de toute commission en marge de l'opération « Bravo ». « En vertu de cette clause, le contractant [c'est-à-dire Thomson-CSF, rebaptisé Thales] pris en défaut devra déduire du prix du contrat le montant des commissions versées », soulignait M. Bot, qui ajoutait : « De l'avis même de Thales, 599 millions de dollars américains sont réclamés pour le non-respect de certaines clauses du contrat "Bravo". » Or, c'est bien en excipant du fameux article 18 du contrat « Bravo » que l'État taïwanais réclame depuis août 2001 le remboursement de cette somme à Thales devant un tribunal arbitral international. Comme l'avait indiqué Thierry Jean-Pierre dans son livre, si Thales devait être condamné par le tribunal arbitral, ce serait in fine à l'État français de payer, faisant ressurgir le spectre de l'affaire Executive Life, qui avait contraint Paris à verser 370 millions d'euros à la justice américaine. « La société Thales, confirmait le procureur dans son rapport, ne sera pas seule à supporter la charge de la condamnation pécuniaire de la sentence arbitrale. Elle n'était que le chef de file, la DCN [Direction des constructions navales] jouait le rôle de chef de file industriel aux termes d'une convention du 2 août 1991. [...] En l'état de nos connaissances, concluait Yves Bot, [cette convention laisserait] à la charge de la puissance publique la totalité des condamnations pécuniaires que le tribunal arbitral devra prononcer. » Le rapport du procureur soulignait une nouvelle fois les différences d'analyse opposant, dans cette affaire, le parquet aux juges d'instruction. Ces derniers avaient accepté, fin 2003, la constitution de partie civile de Taipei, espérant ainsi obtenir de la marine taïwanaise des documents que le gouvernement français se refusait à leur communiquer. Le parquet de Paris fit appel – avec succès – de la décision des juges, redoutant, en permettant à la Chine nationaliste d'accéder au contenu de la procédure française, de fournir à cette dernière des documents essentiels qui permettraient la condamnation de Thales – donc de l'État français.

VR a alors parfaitement conscience que son enquête fait objectivement le jeu de Taïwan. Mais il se refuse à la sacrifier sur l'autel de la raison d'État. En fait, le calcul de Van Ruymbeke est le suivant : s'il prouve que Wang a redistribué les fonds perçus par Thomson-CSF (les fameuses rétrocommissions), la justice sera en droit de les confisquer. Ainsi, Taïwan se rembourserait sur le dos de Wang plutôt que de Thales, c'est-à-dire des contribuables français. En revanche, s'il n'y a pas trace de rétrocommissions, Wang récupérera ses fonds et Taïwan se retournera contre Thales. Dès lors, on comprend mieux l'acharnement mis par le magistrat à établir que Wang a redistribué tout ou partie des 3 milliards de francs perçus lors de la vente des frégates La Fayette.

Rapidement, l'enquête des deux juges va porter sur l'un des aspects les plus sulfureux du dossier : les morts suspectes. Au total, une dizaine de personnes ayant eu à connaître de l'affaire sont décédées prématurément, dans des circonstances parfois obscures. VR et sa collègue semblent estimer à quatre les cas réellement suspects. Les investigations vont d'abord se concentrer sur la mort d'un officier taïwanais, le capitaine Yin Ching-feng. Membre de la marine taïwanaise, ce militaire réputé incorruptible avait été assassiné le 9 décembre 1993, à Taïwan. Une première autopsie avait conclu à la noyade accidentelle – ou au suicide –, mais une seconde prouva que le corps du capitaine de frégate Yin portait la trace de nombreux hématomes, sans doute provoqués par des coups de karaté. De plus, ses poumons n'étaient pas remplis d'eau, preuve qu'il était déjà mort avant de tomber – ou plutôt d'être jeté – dans le Pacifique. Chef du bureau d'approvisionnement de la Navy, Yin avait découvert que le prix des frégates avait été artificiellement gonflé par le versement de commissions occultes dont il s'était mis en tête d'identifier les bénéficiaires. L'enquête sur son assassinat, dont la révélation a provoqué un séisme politique à Taïwan – contribuant sans doute à la défaite, historique, du candidat du Kuomintang lors de l'élection présidentielle de mars 2000 –, a établi que le militaire avait été attiré dans un piège qui aurait été tendu par son adjoint, le capitaine Kuo Lin-heng. Ce dernier a, depuis, été condamné dans son pays à perpétuité, mais pour corruption. En 2006, une commission rogatoire internationale établira que le capitaine Kuo avait touché de Wang 17 millions de dollars, la seule trace de rétro-commission mise au jour par l'enquête...

Visé depuis septembre 2000 par un mandat d'arrêt international délivré par Taipei, Wang est accusé de corruption par la justice de son pays, qui le soupçonne aussi d'avoir eu une part active dans l'assassinat du capitaine Yin – autant de soupçons que l'intermédiaire, réfugié à Londres, a publiquement repoussés. La veuve du capitaine Yin est venue témoigner en mai 2002 dans le bureau du juge Van Ruymbeke. Mei-Kuei Lee était accompagnée de son avocat parisien, dont il sera ensuite beaucoup question, Me Thibault de Montbrial. Au cours de sa déposition, Mme Lee assura notamment que la mort de son mari, qui « avait peur des Français », avait « un rapport avec les frégates ».

Outre Andrew Wang, les soupçons de la justice taïwanaise se sont portés sur l'un des représentants de Thomson à Taïwan, qui avait lui aussi précipitamment quitté l'île, juste après la mort du capitaine Yin : il s'agit de Jean-Claude Albessard, à l'époque représentant officiel du groupe Thomson en Extrême-Orient. Or, cet ancien officier de marine réputé pour son extrême discrétion, qui avait choisi de faire une seconde carrière chez Thomson, a également disparu brutalement. Installé à Tokyo, où il s'était marié avec une Japonaise, il passait pour être un « honorable correspondant » de la DGSE. Il avait été missionné dès la fin des années 1980 par la direction de Thomson-CSF pour mener à bien l'opération « Bravo ». Mis en cause par la presse de Taipei dans l'assassinat du capitaine Yin, Albessard est mort en mars 2000. Son décès a été attribué à un cancer foudroyant, mais il reste une énigme pour ses proches, tant l'homme semblait en pleine santé. Dans *Taïwan Connection*, Thierry Jean-Pierre écrit : « Dans les milieux dits autorisés, on murmure qu'il aurait été irradié par un élément radioactif placé sous son siège de bureau. [1] » Une hypothèse

1. Thierry Jean-Pierre, *Taïwan Connection – Scandales et meurtres au cœur de la République*, *op. cit.*

digne d'un « James Bond » qui laisse pour le moins dubitatif, mais qui va contribuer à entretenir, autour de ce dossier, un climat pesant et alimenter la paranoïa de certains de ses protagonistes.

Le décès de Thierry Imbot intrigue aussi les deux juges. Membre de la DGSE – dont son père, René Imbot, fut le directeur de 1985 à 1987 – jusqu'en 1993, date à laquelle il s'était lancé dans les affaires, Thierry Imbot avait été nommé à Taïwan en 1991, juste après la signature du contrat des frégates. Il y resta moins de deux ans. Il est mort le 10 octobre 2000 dans des circonstances qui ont éveillé les soupçons. L'enquête policière, confiée à la brigade criminelle du fait de la personnalité de la victime, a cependant conclu à son caractère accidentel. Selon toute vraisemblance, il est tombé par l'une des fenêtres de son appartement du quatrième étage, situé rue François-Ier, à Paris, en tentant de fermer les volets. Il aurait pris appui sur le rebord de la fenêtre et aurait glissé. Un test fait par l'un des enquêteurs sur cette même fenêtre a paru probant, d'autant que, le soir du drame, il pleuvait et que le vent était fort. L'autopsie n'a relevé ni marques ni aucune trace de coup laissant supposer qu'il aurait été poussé. Interrogé en juin 2002 par les juges Renaud Van Ruymbeke et Dominique de Talancé – qui se sont fait communiquer les conclusions de l'enquête de la brigade criminelle –, le général René Imbot a toutefois semé le trouble en rapportant des propos que lui aurait tenus son fils peu avant sa mort. Celui-ci lui aurait confié qu'il détenait des détails sur la répartition des commissions perçues sur la vente des frégates La Fayette, mais aussi de Mirage. « Mon fils m'avait dit que des gens à Taïwan et en France, au plus haut niveau chez Thomson, avaient fait des fortunes colossales à propos de ces contrats », avait indiqué le général. Le militaire n'a toutefois pas été plus loin, laissant les magistrats sur leur faim. Dominique de Talancé reste persuadée, aujourd'hui, que Thierry Imbot a bien été assassiné. La prudence de René Imbot s'expliquerait par l'importante assurance vie perçue par sa belle-fille – fonds dont elle pourrait être privée si la thèse de la mort accidentelle devait été remise en cause... De fait, courant 2003, un détective américain mandaté par la compagnie d'assurances – elle-même alertée par les articles de presse relançant la controverse sur la mort de l'ancien agent secret – a pris contact avec les enquêteurs mais aussi des journalistes pour s'assurer que la version officielle ne serait pas remise en question.

Reste le cas Morisson. En poste à Taïwan au moment de la signature du fameux contrat des frégates, Jacques Morisson a chuté mortellement, le 18 mai 2001, d'une fenêtre de son appartement, situé au cinquième étage d'un immeuble de Neuilly-sur-Seine. Sa compagne a indiqué à la police qu'il était sous antidépresseurs, mais qu'il n'avait aucune intention de mettre fin à ses jours. Faute d'indices laissant présumer un meurtre, voire un accident, les enquêteurs ont conclu au suicide. Renaud Van Ruymbeke et Dominique de Talancé se sont toutefois fait communiquer, là encore, les conclusions de l'enquête policière. Ancien officier de marine, Jacques Morisson, spécialiste des systèmes de détection, avait été nommé par la direction de Thomson à Taïwan afin de suivre la partie technique du contrat « Bravo ». Peu de temps avant sa mort, il aurait confié à des proches ses craintes d'être assassiné, au motif qu'il en savait trop sur les dessous de la vente des frégates.

Des morts suspectes, des centaines de millions de dollars évaporés, des documents confidentiels mis à l'abri de la justice... L'affaire des frégates de Taïwan concentre tous les ingrédients d'un excellent roman policier. Il ne manque qu'une plume pour le rédiger.

18

Clearstream, autopsie d'un piège

Les convictions sont des ennemies de la vérité plus dangereuses que les mensonges.

Friedrich NIETZSCHE, *Humain, trop humain.*

Nom : Robert. Prénom : Denis. Âge : quarante-huit ans. Profession : là, les choses se compliquent déjà. Journaliste ? Écrivain ? Romancier ? Essayiste ? Cinéaste ? Enquêteur ? Polémiste ? Sans doute un peu tout cela à la fois – et c'est bien le souci. Pour comprendre la genèse de cette « abracadabrantesque » affaire Clearstream, qui a failli perdre Renaud Van Ruymbeke, il faut d'abord évoquer celui qui en est à l'origine.

Après avoir accédé à une soudaine renommée, par la grâce de cet appel de Genève dont il fut l'initiateur inspiré, Denis Robert va se lancer dans une enquête au long cours sur une chambre de compensation internationale fondée en 1971 sous le nom de Cedel international, et rebaptisée Clearstream après sa fusion, en janvier 2000, avec Deutsche Börse Clearing. La lutte contre l'argent sale, « notre affaire à tous » pour reprendre le titre d'un livre d'Eva Joly, semble alors devenir « son affaire à lui ». Car, bien vite, l'enquête va virer à la croisade. Basée au Luxembourg, Clearstream est un établissement qui gère les échanges financiers entre banques, brassant ainsi – virtuellement – chaque année des milliards de dollars. Robert fait la connaissance d'un ancien salarié de Clearstream, Ernest Backes, qui va devenir sa « gorge profonde ». Backes, qui avait été licencié par son employeur, en 1983, fait de spectaculaires révélations à Denis Robert. Selon lui, Clearstream serait une « lessiveuse » destinée à recycler les fonds des mafieux et autres politiciens indélicats du monde entier. Backes est prolixe. Convaincant. D'autant plus qu'il sert à son interlocuteur le discours que ce dernier espérait secrètement. Là se trouve sans doute la clé de l'imbroglio Clearstream : tous les personnages piégés à un moment ou à un autre dans cette affaire l'ont été parce qu'on leur a raconté ce qu'ils voulaient entendre – et qu'ils l'ont cru.

Depuis l'appel de Genève, Denis Robert et Renaud Van Ruymbeke entretiennent des relations amicales. Logiquement, l'ancien journaliste, accompagné de Laurent Beccaria, présente Backes au magistrat. Après tout, le spécialiste de la lutte contre le blanchiment d'argent, c'est lui. Son avis ne peut être qu'intéressant. Mais, dès le départ, VR n'accroche pas. Backes (qui se démarquera ensuite de Denis Robert) ne lui inspire pas confiance. Les réserves de Van Ruymbeke ne démontent pas Denis Robert, persuadé de la fiabilité de sa source. Avec Beccaria, il a décidé de faire un livre fondé sur les informations délivrées par Backes. Là encore, VR garde ses distances. Il le confirme aujourd'hui : « Personnellement, je n'ai pas prêté attention à la démarche de Backes et je ne me suis jamais impliqué dans son combat. » Les mois suivants, Denis Robert continue de lui parler de Clearstream. Au détour de leurs conversations, le magistrat perçoit un changement dans l'attitude et le discours de l'ancien journaliste, de plus en plus obsessionnel, comme frappé de donquichottisme. « Denis Robert vivait son enquête comme le symbole de la lutte contre l'argent sale. Il s'est lancé dans un combat contre Clearstream. Personnellement, j'y suis totalement étranger. J'ai toujours considéré que c'était son combat », affirme VR. En février 2001, Denis Robert sort son livre, *Révélation$*, que Backes accepte de cosigner. Au dernier moment, un nouvel incident va renforcer Robert dans son sentiment que, dans le combat contre la corruption mondiale, il ne peut compter sur l'aide de personne. Le quotidien *Le Monde*, qui avait négocié la publication en avant-première des « bonnes feuilles » (des extraits alléchants) de l'ouvrage, se ravise finalement. Non sous la pression de quelque puissance occulte : le directeur de la rédaction, Edwy Plenel, lui-même ancien journaliste d'investigation (il révéla, parmi quelques scoops fameux, l'implication des services secrets français dans l'attentat contre le Rainbow-Warior), a tout simplement soumis le livre aux spécialistes du service Économie du journal, plus au fait que lui du fonctionnement de Clearstream. Leur verdict est sans appel : l'ouvrage contient trop d'invraisemblances pour que *Le Monde* se risque à le cautionner. Edwy Plenel refuse donc de publier des extraits du livre, provoquant la fureur de Denis Robert. Ce dernier ne pardonnera jamais au journal – ni à son chef de l'époque, qu'il continue de poursuivre de sa vindicte – ce camouflet, assimilé à une trahison. Interrogé en qualité de partie civile le 13 juin 2006 par les juges Jean-Marie d'Huy et Henri Pons, chargés de démasquer le corbeau de l'affaire des frégates, l'ancien directeur de la rédaction du *Monde* synthétisera, en termes très durs pour Denis Robert, ses réserves de l'époque. Edwy Plenel expliquera être ressorti de la lecture de l'ouvrage avec « le sentiment d'avoir affaire à un genre littéraire assez éloigné d'une enquête rigoureuse, où l'auteur devenait en quelque sorte le héros de son histoire » et, surtout, « la conviction qu'aucune des principales accusations contre Clearstream n'était démontrée ». « La dénonciation de la corruption de flux financiers opaques ou des paradis fiscaux ne peut s'appuyer sur des enquêtes fantaisistes. [...] La finance mondiale ne fonctionne pas comme une théorie du complot avec un lieu unique de blanchiment où l'ensemble de l'argent douteux transiterait », conclura cruellement Edwy Plenel.

On prête décidément une influence excessive au quotidien du soir : malgré une critique défavorable dans ses colonnes, l'ouvrage de Denis Robert, porté par une forte campagne médiatique, est un succès. Il reçoit des soutiens de poids : le 10 mai 2001, trois signataires de l'appel de Genève, Renaud Van Ruymbeke, Bernard Bertossa et Benoît Dejemeppe, rejoints par deux magistrats spécialisés dans les affaires financières, Eva Joly et Jean de Maillard, publient une tribune dans... *Le Monde*, affirmant que « l'histoire de *Révélation$* ne fait que commencer ». Totalement inconnue du grand public jusque-là, la chambre de compensation luxembourgeoise devient brutalement le symbole de l'argent sale. Elle décide de lancer contre Denis Robert et son éditeur – qui ont récidivé en publiant en janvier 2002 *La Boîte noire*, un second brûlot contre Clearstream – une multitude de procédures, dont certaines sont toujours en cours. Un harcèlement judiciaire qui va achever de convaincre Denis Robert qu'il a « tapé juste ». D'autant que la publication du livre va mettre en lumière certaines irrégularités – confirmées, celles-là – et entraîner la démission de l'administrateur de Clearstream, André Lussi, mis en cause par la justice luxembourgeoise. Fin du premier acte.

Moins spectaculaire, le deuxième prendra pourtant, par la suite, une importance majeure. Début 2002, Renaud Van Ruymbeke se fait communiquer le procès-verbal d'audition de Joël Bucher, l'ancien représentant de la Société générale à Taïwan, qui avait participé au montage financier élaboré à l'occasion de la vente des fameuses frégates. Bucher avait été interrogé en qualité de témoin, le 20 décembre 2001, par un juge du tribunal de grande instance de Metz, chargé d'exécuter une commission rogatoire internationale délivrée par la justice luxembourgeoise dans le cadre de ses investigations sur Clearstream. Au cours de sa déposition, Bucher a notamment assuré que, « dans l'affaire des frégates de Taïwan, des rétrocommissions importantes ont été payées et conservées à Clearstream, sur des comptes non publiés. Ces valeurs étaient placées au Luxembourg, sur des comptes ouverts par l'UBS, au nom de M. Wang, qui servait de paravent. »

Van Ruymbeke est très intéressé par ce témoignage. Il fait le rapprochement avec l'ex-patron de Clearstream, André Lussi, qui avait été auparavant directeur de l'UBS, en Suisse. Or, Andrew Wang, le richissime intermédiaire soupçonné d'avoir redistribué une partie de la faramineuse commission qu'il a encaissée, avait été mis à la porte de l'UBS juste après que Lussi eut été évincé de Clearstream, en 2001. C'est précisément à ce moment qu'il avait rapatrié ses fonds dans d'autres établissements bancaires, attirant l'attention de la justice suisse, qui décida alors de geler ses avoirs. Wang aurait-il, avec la complicité de Lussi, fait transiter des commissions occultes via Clearstream ? Dans l'esprit du magistrat, la question mérite alors d'être posée.

Le troisième acte débute le 15 avril 2004, tôt le matin. Thibault de Montbrial frappe à la porte du bureau 310. Grand et mince, le regard vif derrière ses fines lunettes rondes, Thibault de Montbrial est un avocat aux dents longues, qui s'est fait connaître du grand public au cours de l'été 1998, au début de l'affaire Festina. Conseil de Bruno Roussel, directeur sportif de l'équipe cycliste, il avait convaincu son client de reconnaître l'existence d'un système de dopage organisé. Une stratégie de rupture qui avait provoqué une énorme déflagration dans le milieu du vélo. Spécialiste des dossiers sensibles (il a souvent pour clients des militaires ou des policiers), Me de Montbrial connaît bien Renaud Van Ruymbeke, qu'il a croisé au hasard de quelques dossiers. Les deux hommes ont rapidement sympathisé. Van Ruymbeke avait gagné le respect de l'avocat dans le cadre de l'affaire Elf : Me de Montbrial défendait un homme d'affaires, domicilié à l'étranger, que les juges souhaitaient interroger. « J'avais obtenu la promesse du juge que mon client ne serait pas placé sous contrôle judiciaire après sa mise en examen. En échange de quoi il a accepté de venir s'expliquer. Et Van Ruymbeke a tenu parole [1] », raconte Thibault de Montbrial.

L'avocat n'ignore rien de l'intérêt porté par Van Ruymbeke au dossier des frégates de Taïwan. Et pour cause : il est chargé,

1. Entretien avec l'auteur, novembre 2006.

on l'a vu, de défendre les intérêts de la veuve du capitaine Yin, le militaire assassiné à Taïwan, sans doute parce qu'il en savait un peu trop sur les dessous de la vente des bateaux français à la marine de la Chine nationaliste. Me de Montbrial était également le conseil de Margaret Bertay, la secrétaire de William Lee, au cœur de l'affaire de tentative d'extorsion de fonds opposant Matra à Thomson. Un dossier dont Van Ruymbeke n'est pas saisi – il est instruit par Dominique de Talancé – mais dont il surveille les développements, car les deux affaires mettent en scène des protagonistes communs, au premier rang desquels figure Alain Gomez.

Ce matin-là, dans le cabinet de Renaud Van Ruymbeke, Thibault de Montbrial a des allures de conspirateur. Comme dans un film policier, l'avocat entre dans le bureau du juge sans frapper et, sans dire un mot, glisse sur son bureau une feuille de papier sur laquelle il a griffonné cette phrase : « Si vous avez confiance en moi, suivez-moi. » D'abord éberlué, Van Ruymbeke, croyant à un canular, éclate de rire : « Qu'est-ce que c'est que cette histoire ? » Mais l'avocat ne plaisante pas. Il fronce les sourcils et met son index devant sa bouche. « Chuuut... » Les deux hommes se retrouvent dans le couloir. « Je suis désolé, s'excuse alors Thibault de Montbrial, mais même votre bureau peut être "sonorisé". Vous connaissez un endroit où on peut être tranquilles ? » Ça tombe bien, ce sont les vacances de Pâques et plusieurs cabinets d'instruction ont été désertés par leurs occupants. Van Ruymbeke en choisit un libre, récupère la clé auprès des services de sécurité du pôle, s'assied face à l'avocat et lâche : « En voilà bien des mystères... » Après s'être une nouvelle fois assuré qu'ils ne risquent pas d'être dérangés – la greffière de VR n'est pas encore arrivée –, l'avocat déclare au juge, sur un ton solennel : « J'ai des choses hautement confidentielles à vous révéler. » Vu sa mine préoccupée, Van Ruymbeke prend Thibault de Montbrial au sérieux : il lui promet de garder le secret absolu sur leur entretien. « Cet avocat n'est pas un plaisantin, je savais pouvoir lui faire confiance. Et puis, il semblait vraiment inquiet », se souvient VR. En substance, Thibault de Montbrial explique à son interlocuteur être mandaté par un haut responsable de l'industrie de l'armement, détenteur d'informations compromettantes susceptibles de débloquer l'affaire des frégates. Ce mystérieux personnage, qui exerce des responsabilités de premier plan dans le groupe EADS, connaîtrait ainsi les numéros de comptes secrets ouverts chez Clearstream par d'anciens dirigeants de Thomson – notamment Alain Gomez, PDG du groupe de 1982 à 1996. D'après l'avocat, qui affirme prendre lui-même beaucoup de précautions depuis quelques semaines, son client se sentirait en danger. « Il y a déjà eu trois morts dans le dossier, il ne veut pas être le quatrième », lance-t-il au juge. VR, qui souhaite connaître l'identité de l'informateur, s'énerve face au refus de l'avocat : « Si je n'ai pas son nom, j'arrête tout de suite. » Thibault de Montbrial s'incline, révèle l'identité de Jean-Louis Gergorin et conclut en expliquant que ce dernier souhaite rencontrer le magistrat le plus rapidement possible. « Aucun problème, qu'il vienne au pôle », réplique, ravi, Van Ruymbeke. C'est là que les choses vont commencer à se compliquer. « Impossible, répond l'avocat, presque effrayé par l'apparente légèreté du juge. C'est beaucoup trop risqué. Il devra passer par l'accueil, signer le registre, être vu par les gendarmes... Jamais il n'acceptera. » Devant les juges d'Huy et Pons, il précisera : « Compte tenu des termes de ma conversation précédente avec M. Gergorin, j'ai tout de suite exclu cette hypothèse sans même contacter l'intéressé, qui ne voulait approcher ni de près ni de loin les locaux du tribunal.[1] »

Renaud Van Ruymbeke est embarrassé. Il n'avait pas prévu ça. « Une situation pareille, en fait, je n'en avais jamais connue, assure-t-il. Des coups de fil anonymes, il y en a parfois. C'est ma greffière qui les prend, en général. Parfois, c'est moi. Je dis à mes interlocuteurs de m'envoyer un courrier. Les lettres ano-

1. Procès-verbal d'audition de Thibault de Montbrial par les juges Jean-Marie d'Huy et Henri Pons le 16 mai 2006.

nymes sont plus courantes. Je les lis toujours, du moins lorsqu'elles sont compréhensibles ! 90 % d'entre elles vont directement à la corbeille. Les autres, qui peuvent présenter un intérêt pour l'enquête, je les confie à la police et je les cote au dossier. » Van Ruymbeke le rappelle : la Cour de cassation, la juridiction suprême, encadre l'utilisation de renseignements anonymes. « Elle a affirmé dans un arrêt récent que des informations anonymes pouvaient faire l'objet de procès-verbaux de renseignement, mais que ces derniers ne pouvaient en aucun cas avoir valeur de preuve. »

En écoutant Thibault de Montbrial, dont le visage trahit l'angoisse, Van Ruymbeke pense à une autre solution, beaucoup plus satisfaisante que ce P-V de renseignement qui risquerait d'être inexploitable. « Je me suis dit qu'il fallait absolument que je parvienne à convaincre l'informateur de témoigner, en utilisant les ressources offertes par la loi sur la protection des témoins. » Ce texte voté en novembre 2001, institue le « témoignage sous X » selon les modalités suivantes : le juge d'instruction fait une requête motivée auprès du juge des libertés et de la détention (JLD) afin d'obtenir son feu vert. Si ce dernier est d'accord, le témoin est entendu officiellement, un procès-verbal (qui, lui, pourra être exploité) en bonne et due forme est dressé, tandis qu'une seconde procédure, secrète celle-là, est ouverte. Ce dossier annexe, totalement confidentiel, comportera tous les renseignements (identité, adresse, profession, motivations...) relatifs au témoin. Reste maintenant à définir les modalités de la rencontre avec le dirigeant d'EADS. « Au départ, se souvient le juge, j'ai refusé que le rendez-vous ait lieu ailleurs qu'au pôle. Mais l'avocat m'a mis dans l'impasse, au pied du mur. Il m'a dit : “Si vous ne faites pas un effort, il ne vous dira rien.” Je lui ai demandé à quel endroit cela pourrait se faire et il m'a proposé son bureau. J'ai donné mon accord, non sans réticence. C'était la première fois que je sortais de mon cabinet dans ces conditions. » Une « première » que le magistrat va payer cher.

Au terme de l'entrevue, VR demande à l'avocat de se prononcer sur la personnalité de Gergorin et sur la fiabilité de ses informations. « Sur la première question, je lui ai indiqué l'ancienneté des liens entre ma famille et M. Gergorin, et j'ai surtout précisé qu'il me semblait que le numéro deux du plus grand groupe industriel européen, stratège internationalement reconnu et spécialiste notamment des questions de défense et de renseignement, présentait a priori de solides garanties de crédibilité, expliquera Me de Montbrial aux juges d'Huy et Pons. Par honnêteté envers M. Van Ruymbeke, dont je mesurais la difficulté de la décision qu'il allait prendre, je lui ai précisé que je n'avais cependant jamais travaillé avec M. Gergorin, et que le sentiment que je lui livrais était plus fondé sur des critères objectifs du statut social de M. Gergorin que sur une confiance personnelle, que je n'avais jamais éprouvée. Sur la deuxième question, il m'a demandé, les yeux dans les yeux, si je pensais que les informations étaient fiables et, les yeux dans les yeux, je lui ai répondu que je n'en savais rien. [1] »

S'il est méfiant, VR a une raison toute particulière de prendre au sérieux Gergorin : ce que lui dit l'avocat du responsable d'EADS lui rappelle l'affaire... Saincené. Au mois de mai 1994, Fernand et Christian Saincené avaient été retrouvés morts dans leur garage, asphyxiés dans leur voiture, dans des conditions éminemment suspectes. La justice avait conclu à un double suicide, mais nombreux sont ceux qui doutent encore aujourd'hui de la thèse officielle. Ancien vacataire du conseil régional de la Région Provence-Alpes-Côte d'Azur, proche de son président Jean-Claude Gaudin, Fernand Saincené menaçait la droite de révélations compromettantes. « En 1994, au moment des vacances de Pâques, raconte Renaud Van Ruymbeke, les frères Saincené s'étaient spécialement déplacés de Toulon pour venir me voir à Rennes et me faire des révélations.

1. Procès-verbal d'audition de Thibault de Montbrial par les juges Jean-Marie d'Huy et Henri Pons le 16 mai 2006.

Je n'avais pas été informé de leur démarche. Or, je n'ai pas pu les recevoir, car le jour de leur visite j'étais en congé. Et, quelques jours plus tard, j'ai appris leur mort. J'ai ensuite reçu d'eux un courrier posthume, dans lequel ils disaient être menacés. Je m'en suis toujours voulu de ne pas les avoir rencontrés... » De fait, dans une lettre postée de Marseille le 1er mai 1994 à l'adresse du magistrat rennais, Fernand Saincené indiquait notamment disposer d'informations relatives aux « caisses noires de la droite ».

Quelques jours après sa première visite, Thibault de Montbrial se représente dans le bureau du juge. Il lui confirme qu'il est impossible d'organiser la rencontre avec Gergorin dans son cabinet, où sa secrétaire ou un visiteur imprévu pourraient les surprendre, pas plus que sur un « terrain neutre » (une brasserie avait été initialement envisagée), où ils pourraient être reconnus. L'avocat propose que l'entrevue se déroule tout simplement chez lui. Une nouvelle fois, le juge hésite. Tout cela est décidément bien compliqué. Il finit toutefois par accepter, non sans avoir juré à Thibault de Montbrial, une nouvelle fois, de garder le secret absolu sur cette rencontre. À ce moment-là, il a bien conscience d'être à la limite, comme il l'a si souvent été dans sa carrière à l'occasion des dossiers sensibles. Mais il est certain d'avoir bien « bordé » ce rendez-vous. Après tout, son interlocuteur, c'est l'avocat. Et puis, le fait que le responsable d'EADS, en acceptant de le rencontrer, soit prêt à se dévoiler est plutôt rassurant.

Pour ses détracteurs, Van Ruymbeke aurait dû, dès ce moment, rédiger un procès-verbal relatant sa rencontre avec Thibault de Montbrial. « Impossible, réplique-t-il. Avec l'avocat, nous étions sous la foi du palais, un engagement de confidentialité que je ne pouvais pas trahir. » La foi du palais est une règle ancestrale, non écrite, qui régit les relations entre avocats et juges. La plupart des magistrats la considèrent soit obsolète, soit inadaptée à la situation, comme le résumera dans un entretien accordé à *Libération,* le 19 juin 2006, Dominique de Talancé : « Je suis désolée, mais la foi du palais, c'est la confidentialité des avocats entre eux, ce n'est pas une notion qui est opposable aux juges. C'est irrecevable dès lors qu'il s'agit de faits visés par une instruction pénale. » Dans sa livraison du 30 mai 2006, *Le Bulletin* de l'ordre des avocats de Paris, sous la plume du bâtonnier Yves Repiquet, a proposé une analyse sensiblement différente : « La foi du palais fait partie de ces usages érigés au rang de principe dont la force est telle qu'il n'est besoin d'aucun texte pour les définir et les réglementer. C'est la parole donnée dont le respect relève d'une conception commune et unique de l'honneur. C'est le lien de confiance qui unit deux acteurs de justice qui se respectent. C'est le contrat verbal entre deux avocats ou entre un magistrat et un avocat qui n'a pour support ni écrit, ni règlement, mais qui s'impose à ceux qui l'ont passé. Ce sont de telles relations qui font que l'un s'interdit d'utiliser ce qui a pu lui être confié par l'autre pour le faire tomber dans un traquenard. Certains en contestent la portée et même l'existence. Non seulement ce principe existe, mais il doit être défendu. »

Le principe de la rencontre avec le dirigeant d'EADS acquis, Renaud Van Ruymbeke est maintenant impatient de faire la connaissance de cet énigmatique personnage. Il entend s'assurer de la fiabilité de ce témoin et jauger à quel point il est réellement menacé. Ces deux critères doivent impérativement être remplis, d'après l'article 706-58 du code de procédure pénale, pour entrer dans le champ du témoignage sous X.

À la mi-avril 2004, le piège est en place.

19

Un drôle d'oiseau, ce corbeau

Les paroles sonnent bien quand celui qui les dit plaît à qui les écoute.

William SHAKESPEARE, *Comme il vous plaira.*

Finalement, son instinct ne l'aura jamais trompé. Peut-être a-t-il simplement commis l'erreur, cette nuit du 15 au 16 avril 2004, de ne pas l'écouter davantage. En quittant l'appartement de Thibault de Montbrial, quai André-Citroën, dans le XVe arrondissement, Renaud Van Ruymbeke éprouve un curieux sentiment. Un malaise diffus, comme l'ombre d'un doute, se répand en lui. Pourtant, l'homme avec qui il vient de discuter pendant près de trois heures s'est montré extrêmement convaincant. Son témoignage a ébranlé le juge d'instruction, qui en a pourtant vu d'autres. Il n'empêche, il y a quelque chose qui cloche, mais Van Ruymbeke est bien en peine de savoir quoi. Il dira ensuite avoir cru déceler chez ce personnage intrigant un côté un peu « illuminé ». Mais le fait que son interlocuteur se présente à visage découvert et la cohérence de ses déclarations ont emporté sa conviction. Surtout, en cent quatre-vingts minutes d'un brillant exposé, le vice-président exécutif d'EADS vient de lui livrer la clé de l'affaire des frégates, celle sur laquelle il achoppe depuis trois ans, sans espoir de solution. Un échec. Son premier dans un dossier majeur, sans doute. Insupportable. Alors, pour ce magistrat perfectionniste, tourmenté à l'idée de ne pas faire aboutir une enquête de cette importance, ce témoignage est tout simplement inespéré. Providentiel, même.

Il faut avoir rencontré Jean-Louis Gergorin pour comprendre le personnage. Des yeux d'un bleu délavé qui papillonnent à une vitesse folle derrière d'épaisses lunettes, une mèche rebelle parfaitement incontrôlable, un corps légèrement dégingandé, à l'origine de cette démarche maladroite encore aggravée par une arthrite tenace... Tout à la fois Nimbus et Tournesol, Gergorin pourrait être un héros de bande dessinée. D'une certaine manière, il l'est devenu, tant l'histoire qu'il a servie à Van Ruymbeke aurait pu sortir de l'imagination d'Hergé – et Gergorin s'incarner dans le fameux Philippulus, le prophète illuminé de *L'Étoile mystérieuse*.

Loué pour sa grande intelligence dans les milieux de l'aéronautique et de l'armement, Jean-Louis Gergorin, soixante ans, a fait toute sa carrière dans l'ombre de Jean-Luc Lagardère, à qui il vouait une admiration sans limites. Ancien élève de Polytechnique puis de l'ENA (promotion 1972, comme Laurent Fabius, Alain Juppé et Dominique Perben), il a dirigé, de 1973 à 1984, le Centre d'analyse et de prévision (CAP) du ministère des Affaires étrangères, avec... Thierry de Montbrial – le père de Thibault –, qui va ensuite créer l'Institut français des relations internationales (IFRI). Gergorin aura notamment comme subordonné un jeune diplomate prometteur, Dominique de Villepin, qu'il a engagé en 1981. Les deux hommes vont rapidement se lier d'amitié. C'est au CAP, encore, que Gergorin fait la connaissance de deux autres protagonistes de l'affaire Clearstream, le futur agent secret Philippe Rondot et Philippe Delmas, qu'il retrouvera chez EADS.

En réalité, et c'est important pour comprendre la suite, au Centre d'analyse et de prévision, Gergorin fait essentiellement du renseignement. Plutôt très bien, d'ailleurs, d'après ceux qui l'ont connu à cette époque. Gergorin est chargé, au Quai d'Orsay, du contre-espionnage, avec une zone de prédilection : l'Union soviétique. Le haut fonctionnaire, dont le père avait lui-même fui l'URSS en 1930, restera marqué à vie par les méthodes employées par son adversaire numéro un, dont il loue l'exceptionnelle habileté lorsqu'il s'agit de « monter des chantiers » : le KGB. Les anciens du CAP se souviennent que Gergorin leur avait confié avoir retenu deux enseignements majeurs de ses confrontations avec les services secrets soviétiques. D'abord, ne jamais faire confiance à personne, surtout pas à ses meilleurs amis, que l'on doit être prêt à trahir si la cause le nécessite. Ensuite, lorsqu'une opération échoue, en monter immédiatement une seconde, de plus grande ampleur encore, pour faire oublier la première. Deux commandements qui s'appliquent à merveille à l'affaire Clearstream...

En septembre 1984, Gergorin intègre le groupe Matra comme directeur de la stratégie du groupe. Il devient l'un des collaborateurs directs de Jean-Luc Lagardère. Arnaud Lagardère, qui a succédé à son père à la tête du groupe éponyme, a accepté d'évoquer cet étonnant personnage. « Jean-Louis Gergorin, c'est d'abord un cerveau exceptionnel, un homme d'une fabuleuse ingéniosité. Il a beaucoup donné à toute l'industrie aéronautique. Il avait, notamment, une vision géostratégique inégalée. Bref, un type absolument génial, au sens propre du terme. Simplement, il a un gros défaut : il est totalement paranoïaque. Certes, dans le milieu dans lequel il évoluait, il était naturel d'être méfiant. Mais lui allait au-delà du raisonnable. Il finissait par se convaincre des scénari qu'il élaborait. Dans le groupe, tout le monde savait, y compris mon père, que Jean-Louis était complètement parano. Mais nous faisions avec, du moment que cela ne l'empêchait pas d'effectuer correctement son travail. On savait le gérer. Jean-Luc, qui éprouvait de l'affection pour lui, prenait le bon et laissait de côté le mauvais. »[1] Totalement dévoué à Jean-Luc Lagardère, Gergorin ne s'est jamais remis de son décès. Quand il parle de son ancien patron, le regard de Gergorin s'éclaire brutalement, sa diction s'emballe, ses

1. Entretien avec l'auteur, décembre 2006.

mains s'agitent en tous sens, comme s'il était habité par une force intérieure. Lorsqu'il a eu le sentiment que les « révélations » qu'il avait faites à Dominique de Villepin et au général Rondot n'avaient pas de suites satisfaisantes, Gergorin a eu l'idée d'entrer en contact avec le juge Van Ruymbeke. Quel meilleur intermédiaire pouvait-il trouver que Thibault de Montbrial, qu'il a connu alors que l'avocat n'était encore qu'un enfant, et dont les rapports privilégiés avec le magistrat financier sont notoires ?

Dans l'appartement du quai André-Citroën, c'est Thibault de Montbrial qui fait les présentations – sommaires. Dehors, il fait nuit noire. Une incertitude demeure sur le moment exact de ce premier rendez-vous. En toute fin de journée, croit se souvenir le juge. Entre 3 et 7 heures du matin, selon l'avocat. De 23 heures à 1 heure du matin, d'après Gergorin. Une chose est certaine, en revanche : ce dernier semble extraordinairement tendu. « J'ai constaté qu'il était terrorisé, qu'il craignait pour sa vie et qu'il se sentait suivi. Il était dans un état de panique. [1] »

Puis les trois hommes sont passés au salon et se sont installés dans les fauteuils, devant un café fumant. Montbrial s'est contenté d'observer ; Van Ruymbeke, d'écouter. Et Gergorin a parlé. Longtemps. Précisément. Le juge n'a rien oublié de cet entretien.

« Il m'est apparu crédible au vu des fonctions qu'il occupait. J'ai de plus eu le sentiment d'avoir affaire à un haut commis de l'État qui défendait l'intérêt public », se souvient VR. N'aurait-il pas pu, dès cette première rencontre, mieux cerner la personnalité complexe de son interlocuteur ? « Non, à aucun moment. Il s'agissait du numéro deux du groupe EADS ; je ne pouvais pas imaginer qu'on ait pu laisser de telles responsabilités, au sein de cette entreprise d'armement de premier plan, à une personne dont l'équilibre psychique était fragile et que

1. Procès-verbal d'audition de Renaud Van Ruymbeke par le premier président de la cour d'appel de Paris Renaud Chazal de Mauriac le 15 mai 2006.

les propos qu'il tenait pouvaient relever de sa seule imagination.[1] » De son côté, Thibault de Montbrial confirme aujourd'hui qu'il n'avait à ce moment-là « aucun moyen de vérifier la véracité des informations livrées par Jean-Louis Gergorin ». « En revanche, je m'en remettais totalement à la fiabilité du jugement mais aussi au courage de Renaud Van Ruymbeke. Je n'aurais jamais fait avec un autre juge ce que j'ai fait avec Van Ruymbeke. Je savais que ce magistrat ne ferait pas n'importe quoi, qu'il vérifierait tout et ne mettrait en cause personne injustement. Mon grand regret est qu'on ait ensuite tenté d'exploiter cette affaire contre lui, alors qu'à mon sens il a agi dans le cadre du code de procédure pénale.[2] »

D'emblée, Gergorin dit vouloir aider les juges dans leur lutte contre le blanchiment et fait part à VR de son admiration pour les combats qu'il a menés, notamment à travers l'appel de Genève.

Gergorin se présente d'abord, retraçant rapidement son parcours. Puis, très vite, il enchaîne sur son cheval de bataille. Son obsession. La mort de son « maître », Jean-Luc Lagardère, l'année précédente. Gergorin est convaincu qu'il a été assassiné par des mafieux russes. Il évoque même une substance nouvelle qui lui aurait été inoculée. Ainsi s'expliquerait, selon lui, que son patron ait succombé à une maladie auto-immune extrêmement rare. Là encore, VR estime que « les doutes qu'il émettait sur les circonstances de la mort de M. Lagardère [lui] apparaissaient crédibles au vu des éminentes fonctions occupées par M. Gergorin et de la confiance que lui avait manifestement accordée M. Lagardère ». Van Ruymbeke est tout de même perplexe. Car l'histoire que lui narre Gergorin semble relever du mauvais polar. En même temps, il se dit que les intérêts en jeu sont tels que l'on peut tout imaginer... Ce ne serait pas la

1. Procès-verbal d'audition de Renaud Van Ruymbeke par le premier président de la cour d'appel de Paris Renaud Chazal de Mauriac le 15 mai 2006.
2. Entretien avec l'auteur, novembre 2006.

première fois qu'un assassinat aurait été camouflé en accident. Gergorin évoque également l'enquête qui avait été ouverte par le parquet de Paris à la suite du décès de Lagardère. Souhaitant des investigations plus poussées, il aurait tenté, en vain, de convaincre ses supérieurs de se constituer partie civile. « Il m'a dit que la direction du groupe préférait ne pas faire de vagues et ne pas déposer une plainte officielle. [1] »

Gergorin poursuit son monologue, visiblement de plus en plus excité. « Il fondait ses inquiétudes sur le fait que des oligarques russes envisageaient de prendre très prochainement le contrôle du groupe Lagardère grâce à l'appui de l'un de ses anciens collaborateurs, M. Delmas, et de M. Alain Gomez. J'ai ainsi acquis la conviction que M. Gergorin avait été envoyé par la direction du groupe EADS, dont les intérêts paraissaient gravement menacés[2]. » Selon la version proposée par Gergorin, Philippe Delmas, appuyé par le rival historique de Lagardère, le patron de Thomson, Alain Gomez, aurait donc été le « cheval de Troie » de la mafia russe au sein du groupe. Gomez se serait associé pour l'occasion à l'intermédiaire Andrew Wang afin de prendre des intérêts dans EADS. Comprenant qu'il est parvenu à captiver son interlocuteur, Gergorin poursuit son récit, imperturbablement. Il explique que Wang a rétrocédé une partie de l'argent des frégates à Gomez par l'intermédiaire d'une banque colombienne ayant un compte chez Clearstream. Il ajoute que d'autres personnalités, qu'il ne cite pas, ont touché des fonds occultes, via la chambre de compensation luxembourgeoise et ses « comptes cachés ». « Il était très inquiet du fait que sur les listings Clearstream apparaissaient des oligarques russes, des membres de son groupe, des membres des services secrets et des hommes politiques. [3] » À plusieurs reprises, Gergorin affirme au juge se sentir en danger de mort. Vu son extrême anxiété,

1. Procès-verbal d'audition de Renaud Van Ruymbeke par les juges Jean-Marie d'Huy et Henri Pons le 10 mai 2006.
2. *Id.*
3. *Id.*

il ne donne pas le sentiment de bluffer. À la fin de l'entretien, Gergorin explique que, sa sécurité étant menacée, il ne peut pas témoigner sur procès-verbal. Face à cette succession de révélations stupéfiantes, Renaud Van Ruymbeke est perplexe. Il a besoin de réfléchir à tout ça. Les trois hommes conviennent de se revoir rapidement. « En quittant l'appartement, je me suis dit que j'allais être très très prudent. De toute façon, je ne m'étais engagé à rien. J'avais été à l'écoute, bien décidé à ne pas négocier quoi que ce soit avec ce Gergorin », se souvient Van Ruymbeke.

Les jours suivants, le magistrat gamberge. Fortement. Il ne parle de ce rendez-vous qu'à une personne – et encore, par allusions –, sa confidente, qui est aussi sa femme, Bernadette. Par téléphone – elle est à Rennes, lui à Paris –, elle l'incite à la plus grande prudence. Mais il ne lui en dit pas trop et ne cite pas le nom de Gergorin. La peur des écoutes. Gergorin et son avocat lui sont apparus tellement terrorisés que leur angoisse a fini par déteindre sur lui. En revanche, il ne dit rien à son impétueuse voisine de bureau, Dominique de Talancé, qui est pourtant codésignée (en numéro deux, certes) dans l'affaire des frégates de Taïwan. D'abord chaleureux, leurs rapports n'ont cessé de se dégrader. Il lui reproche d'être psychologiquement ingérable et de ne pas travailler ses dossiers. Elle le soupçonne de vouloir l'écarter de l'enquête – ce en quoi elle n'a pas vraiment tort... « Il m'était impossible de l'informer de cette démarche compte tenu de l'engagement de confidentialité qui me liait à l'avocat. La suite m'a donné raison car, depuis, elle a publiquement déclaré que la foi du palais, selon elle, ne s'appliquait pas aux relations magistrats-avocats. Ce n'est pas du tout ma conception du métier », explique Van Ruymbeke. En réalité, malgré sa promesse, VR aurait sans doute partagé son secret s'il avait été cosaisi avec un juge en qui il avait confiance...

Dominique de Talancé, elle, n'a toujours pas digéré l'épisode. « Il est absolument invraisemblable qu'il ne m'ait pas tenu au courant de ses rendez-vous secrets concernant un dossier que nous étions tout de même censés instruire ensemble ! Mais son désir de me tenir à l'écart s'est retourné contre lui. S'il m'avait demandé mon avis, je lui aurais d'abord déconseillé fortement d'aller négocier hors procédure avec un avocat. Surtout, je lui aurais dit que son informateur, que je connaissais, était un mythomane ! Outre le fait que je l'avais interrogé dans l'affaire "Couper les ailes de l'oiseau", mon mari, qui est de la même promo, m'avait parlé de lui. Il m'avait décrit Gergorin comme un type à la fois extrêmement intelligent et très agité, qui aime monter des coups. Un drôle de bonhomme, en vérité. En tout cas, ce qui est certain, c'est qu'on ne va pas négocier l'envoi d'une lettre anonyme chez un avocat, à 3 heures du matin, avec un agité du bonnet ! [1] »

La semaine précédant le deuxième rendez-vous, Van Ruymbeke sent l'excitation le gagner. Pour la première fois, il a peut-être une ouverture dans ce maudit dossier des frégates. Et puis, la piste Clearstream n'est peut-être pas si farfelue. Il y a eu le livre de Denis Robert, bien sûr. Et, aussi, les déclarations de Joël Bucher. Mais il lui faut revoir ce curieux témoin, tenter de percer sa personnalité et, surtout, s'assurer de la fiabilité de ses informations.

Une deuxième rencontre est organisée, une semaine plus tard, le 22 avril, une nouvelle fois au domicile de Thibault de Montbrial, entre 7 h 30 et 10 h 30. En vacances, l'épouse et les enfants de l'avocat sont présents dans l'appartement. Les trois hommes s'isolent. Cette fois, Van Ruymbeke pose des questions, histoire de tester son interlocuteur, se fait préciser certains points auxquels il a eu le temps de penser les jours précédents. Il s'aperçoit qu'il lui raconte exactement la même histoire et ne parvient pas à le prendre une seule fois en défaut. À l'évidence, cet homme est sincère, conclut VR. Lors de ce deuxième contact, Gergorin livre quelques noms de personnalités supposées détenir des comptes chez Clearstream. « À aucun

1. Entretien avec l'auteur, septembre 2006.

moment il n'a évoqué l'existence d'un compte au nom de M. Sarkozy. Par contre, je me souviens avoir entendu de la bouche de M. Gergorin les noms de MM. Wang, Gomez, Martinez, Delmas, Khodorkovski, Squarcini, Martini, Strauss-Kahn, Chevènement et Madelin. [1] » Face à cet inventaire à la Prévert, le juge, cette fois, a du mal à masquer son scepticisme. Que viennent faire dans cette histoire Bernard Squarcini ou Jean-Jacques Martini, policiers de haut rang respectivement en poste à la Direction centrale des Renseignements généraux (DCRG) et à la Direction de la surveillance du territoire (DST) ? Et quid des trois anciens ministres ? « Je me suis interrogé », admet-il. Pour le rassurer, le vice-président d'EADS lui confie avoir une source de très haut niveau, un informaticien de génie, supposé être parvenu à accéder aux comptes masqués chez Clearstream. Un certain Imad Lahoud. La conversation est sur le point de s'achever. Gergorin sort alors d'une serviette quelques documents, apparemment des listings informatiques, qu'il parcourt rapidement, avant de les présenter en les commentant à VR. Ce dernier découvre des tableaux avec des noms, des numéros de comptes, leurs dates d'ouverture... Tout cela semble trop beau, mais... « Je n'avais pas de raison de douter de la fiabilité des informations dont il disposait, du fait de leur précision. De plus, il agissait à visage découvert », plaide VR. Gergorin remballe ensuite fébrilement ses précieux documents. Mais il n'a pas totalement terminé sa démonstration. « J'avais apporté des informations plus détaillées avec à la fois des transactions et des extraits de l'annuaire des trente-trois mille comptes concernant, notamment, Wang Chuan-pu. Ces informations étaient dans une clé USB que je visionnais sur un PC que j'avais apporté », a expliqué Gergorin aux juges d'Huy et Pons le 26 juin 2006.

Les trois hommes conviennent de se retrouver une dernière fois, la semaine suivante, le jeudi 29 avril précisément. Cette

1. Procès-verbal d'audition de Renaud Van Ruymbeke par les juges Jean-Marie d'Huy et Henri Pons le 10 mai 2006.

fois, le rendez-vous est fixé, en fin de soirée, au cabinet de l'avocat, face au parc Monceau, dans le XVIIe arrondissement. Selon Thibault de Montbrial, « ce rendez-vous a été assez court, il a, me semble-t-il, duré moins d'une heure. À ce stade, il n'était plus question de paperasse, bien que M. Gergorin ait peut-être ressorti des papiers pour les montrer à M. Van Ruymbeke. M. Van Ruymbeke a dit à M. Gergorin qu'il était intéressé pour faire entrer ces éléments en procédure afin de les faire vérifier officiellement et, là, il lui a fait plusieurs propositions successives.[1] » À partir de ce moment, l'affaire se complique. Car Gergorin refuse catégoriquement de témoigner. « Trop dangereux », renchérit l'avocat. Le juge lui propose de lui offrir, en vertu de l'article 706-58 du code de procédure pénale, le statut de témoin sous X, dont l'identité est protégée. Mais, là encore, ses deux interlocuteurs déclinent la proposition, qui présente à leurs yeux insuffisamment de garanties. L'impasse semble totale. Van Ruymbeke se sent terriblement frustré, mais il sait qu'il ne convaincra pas Gergorin. VR lâche : « Mais alors, comment on fait ? » Selon Me de Montbrial, « il y a eu un silence et M. Gergorin a répondu : "Ça va, j'ai compris."[2] » Renaud Van Ruymbeke redoutait ce moment depuis sa première rencontre avec le cadre d'EADS. Il est très embarrassé. Il n'a que deux solutions. La première, la plus prudente, consisterait à dire à Gergorin que s'il refuse de témoigner officiellement ses informations ne seront jamais exploitées. Il choisit la seconde, autrement plus risquée, celle qui lui vaudra tant d'ennuis deux ans plus tard. Le juge et l'avocat décident de s'isoler quelques minutes dans la petite pièce qui fait office de cuisine dans le cabinet. « J'ai dit à l'avocat en aparté que je regrettais de n'avoir pu convaincre son client de venir déposer et que les modalités de la transmission des informations leur

1. Procès-verbal d'audition de Thibault de Montbrial par les juges Jean-Marie d'Huy et Henri Pons le 16 mai 2006.
2. *Id.*

appartenaient exclusivement. J'ai ajouté que ce n'était pas mon problème », affirme le juge. Van Ruymbeke l'assure : à aucun moment la remise de documents anonymes n'a été évoquée. Du moins explicitement. Il l'a martelé lors de son audition devant le premier président de la cour d'appel de Paris, le 15 mai 2006 : « Il n'a jamais rien été convenu du tout. La décision de l'envoi d'une lettre anonyme est le choix exclusif de l'avocat et de son client. Je n'ai jamais sollicité l'envoi ou la remise d'une lettre anonyme. Je le répète très clairement, il n'y a eu aucune négociation. [...] Tout cela relève de la chimère, voire de la malveillance. » Une version corroborée par Me de Montbrial : « M. Van Ruymbeke est parti en premier et je suis resté avec M. Gergorin pendant environ cinq minutes. M. Gergorin m'a alors dit : "Je vais réfléchir, il est intéressé, il faut absolument qu'il ait ces documents."[1] » Les déclarations de Gergorin, en garde à vue puis face aux juges, suggèrent toutefois une autre version. D'après lui, la décision d'envoyer un courrier anonyme a bien été prise collégialement. Évoquant la conclusion de la troisième rencontre avec Me de Montbrial et le juge Van Ruymbeke, Gergorin a expliqué aux policiers de la DNIF, le 31 mai 2006 : « Nous avons abouti de façon consensuelle à l'idée d'une lettre non signée lui donnant les éléments essentiels permettant d'envoyer une commission rogatoire au Luxembourg sur les comptes des personnages clés. » Le 26 juin 2006, il confirma aux juges d'Huy et Pons qu'entre le magistrat et lui « le consensus [avait] été atteint sur ce vecteur de communication. » Avant de préciser : « En ce qui concerne le premier envoi [...] il s'est agi d'un consensus entre M. Van Ruymbeke et moi-même. Pour les autres envois, ils se sont produits dans le cadre d'un dialogue indirect avec M. Van Ruymbeke qui s'est poursuivi jusqu'au mois d'octobre 2004 par l'intermédiaire de Me de Montbrial. »

1. Procès-verbal d'audition de Thibault de Montbrial par les juges Jean-Marie d'Huy et Henri Pons le 16 mai 2006.

Dimanche 2 mai, Gergorin passe, tard le soir, au cabinet de Thibault de Montbrial et lui remet une lettre – sans enveloppe. « Est-ce que tu peux faire passer ça à notre ami ? », lance Gergorin à l'avocat. Thibault de Montbrial, pressé de se débarrasser de cette missive qui lui brûle les mains, ne perd pas de temps. Après avoir vérifié par téléphone que VR serait bien à son bureau, il débarque, le lendemain matin, au pôle financier. Ça tombe bien : Maryse Noël, la greffière, n'est pas encore arrivée. L'avocat sort de sa poche le courrier, tapé à l'ordinateur au recto comme au verso. Van Ruymbeke saisit le document. Les deux hommes discutent quelques minutes, puis se séparent. Thibault de Montbrial ne tient pas à être vu. Bien entendu, VR n'est pas franchement étonné. « L'envoi d'une lettre anonyme, c'était leur choix. Mais je n'ai pas été surpris de ces modalités », reconnaît-il.

Une fois l'avocat parti, Van Ruymbeke retourne dans son bureau et prend connaissance de la lettre. « Monsieur le juge, commence le courrier. Je vous écris pour vous informer de l'existence d'un groupe mafieux comprenant au moins deux personnes auxquelles vous vous intéressez et qui commence à étendre en France des méthodes de corruption et de prédation qui ont fait tant de mal à la Russie dans les années 1990... » Le rédacteur, qui cite en fait cinq noms dans sa missive, affirme qu'en 1993 Andrew Wang a introduit, l'ex-président de Thomson-CSF, Alain Gomez, dans le système des comptes cachés prétendument mis en place par Clearstream « en lui ouvrant un compte du même type chez Clearstream, numéro 83 656, dont le titulaire est également un trust à la Citibank/Cititrust à Bogotá, et le lui crédite de 1 000 000 USD ». Ce n'est pas tout : « En 1994, Alain Gomez ouvre une série de comptes chez Clearstream et attribue plusieurs d'entre eux à des parrains de la nouvelle mafia qui s'est développée avec l'effondrement du bloc soviétique. Les comptes de ces personnes sont systématiquement crédités par les comptes d'Alain Gomez ou, à la demande de ce dernier, par les comptes de son proche, Pierre Martinez [ancien patron de la brigade financière]. » La lettre met également en cause l'homme d'affaires russe Mikhaïl Khodorkovski et Philippe Delmas, membre du comité exécutif d'Airbus, à qui elle attribue des numéros de comptes. Le courrier se conclut par quelques réflexions imprécatoires empruntant plutôt au vocabulaire de l'extrême droite. Il y est question de « pillage des richesses » orchestré par une « mafia prédatrice » alliée à des « industriels dévoyés ».

À 9 heures, Maryse Noël arrive au pôle financier. Elle est à peine assise derrière son bureau que Van Ruymbeke lui tend la lettre « anonyme », qu'il dit avoir trouvée au courrier. Il lui demande de la coter et de la verser au dossier d'instruction de l'affaire des frégates. Maryse saisit la lettre, la tamponne, avec la date du jour, et la glisse dans le dernier tome de la procédure. La greffière referme l'épais classeur beige et, avec lui, le piège tendu à son juge.

20

Et si c'était vrai...

L'incrédulité est quelquefois le vice d'un sot, et la crédulité, le défaut d'un homme d'esprit.

Denis DIDEROT, *Pensées philosophiques.*

Rarement information aura été aussi rapidement exploitée dans une enquête financière. L'après-midi même de la réception du fameux courrier, ce lundi 3 mai 2004, le juge Van Ruymbeke expédie une commission rogatoire internationale au Luxembourg, où est situé le siège de Clearstream. Pourquoi une telle précipitation ? « Je n'avais aucune raison de perdre du temps. Il me fallait vérifier le plus vite possible si les comptes existaient réellement. Le seul moyen de m'en assurer, c'était d'adresser une CRI au Luxembourg », plaide le juge. Avec le recul, le texte adressé par le magistrat à ses homologues luxembourgeois peut paraître imprudent. Sa lecture donne le sentiment que son auteur reprend à son compte les termes de la lettre anonyme. Il faut toutefois préciser qu'une commission rogatoire constitue un document technique, en aucun cas une pièce de procédure opposable aux parties. Elle n'a donc aucune portée juridique. D'autre part, pour obtenir l'assurance que leurs CRI soient exécutées sans délai, les magistrats expérimentés savent qu'il vaut mieux être affirmatif – quitte à s'avancer quelque peu – plutôt qu'interrogatif. Accessoirement, ces documents n'ont pas vocation à être rendus publics, puisque couverts par le secret de l'instruction. « Les informations suivantes ont été portées à notre connaissance : M. Wang a ouvert courant 1989, c'est-à-dire au moment où les négociations sur la vente des frégates ont commencé, deux comptes non publiés chez Cedel, banque luxembourgeoise », affirme d'emblée le texte de la CRI, qui ne donne aucune précision sur l'origine des informations et est écrit au présent de l'indicatif. « En 1994, poursuit Van Ruymbeke, Alain Gomez ouvre une série de comptes [chez Clearstream] et attribue certains d'entre eux à des parrains du milieu. [...] Le système est ainsi parfaitement opaque, M. Gomez ayant le souci de blanchir des fonds provenant de la commission versée à M. Wang dans le cadre de la vente des frégates. »

Depuis le départ de l'enquête, le magistrat a l'intuition qu'Alain Gomez a perçu des fonds occultes en marge de l'opération « Bravo ». D'ailleurs, dès 2002, il avait fait procéder par les gendarmes à une évaluation du patrimoine de l'ex-PDG de Thomson-CSF. Dans un rapport du 29 janvier 2003, les enquêteurs relevaient ainsi que Gomez était administrateur de deux sociétés et président du conseil de surveillance d'une troisième, Fimalac investissements, pour un salaire annuel de 2 268 529 francs. Ils soulignaient qu'il était assujetti à l'impôt sur la fortune, roulait en Porsche et avait vendu une maison à Saint-Tropez pour 19 millions de francs.

Sa CRI expédiée au grand-duché, le juge fait également ordonner une perquisition au siège de Clearstream, puis frappe un grand coup, quatre jours après la réception de la lettre. Il y a du beau monde chez Airbus, à Toulouse, ce vendredi 7 mai 2004. Près de quatre mille personnes, parmi lesquelles le président de la République Jacques Chirac, se pressent pour découvrir l'immense hall Jean-Luc Lagardère : dix hectares sur lesquels sera assemblé le futur A380. Bras droit du patron d'Airbus, Noël Forgeard, Philippe Delmas jubile. Il va vite déchanter. Mandatée par Van Ruymbeke, une équipe de la gendarmerie maritime est en route pour l'interpeller. Mais, arrivés dans la Ville rose, à proximité du siège d'Airbus, les gendarmes sont intrigués par la présence de barrières de sécurité, puis par un déploiement policier d'envergure. Comprenant qu'ils risquent de perturber une cérémonie officielle, ils se renseignent, puis informent par téléphone le juge Van Ruymbeke de la situation. Ce dernier croit replonger douze ans en arrière, quand sa perquisition au siège du PS avait failli se télescoper avec la passation des pouvoirs à la tête du parti ! « J'ai dit aux gendarmes de ne surtout pas se rendre dans le bureau de Delmas, explique VR. Je leur ai demandé de l'attendre à l'aéroport de Blagnac et de l'interpeller discrètement. » Menottes aux poignets, le malheureux Delmas, stupéfait, est placé en garde à vue dans les locaux de l'aéroport, puis transféré à Paris. Pourquoi, là encore, une telle hâte à arrêter le numéro deux d'Airbus, détenteur selon la lettre anonyme d'un compte ouvert, via Clearstream, à la banque Julius Baer de Genève ? Gergorin lui ayant certifié que Delmas était au cœur du système, ce dernier était donc, dans l'esprit du magistrat, en mesure de lui confirmer le tout. L'idée était de l'interpeller le plus rapidement possible, au cas où des preuves disparaîtraient. Car le but de la garde à vue n'était pas d'interroger le dirigeant d'Airbus, mais de le « neutraliser » afin de laisser aux gendarmes le temps de trouver d'éventuels documents compromettants en perquisition. Las, les enquêteurs font chou blanc au domicile de Delmas. Ils saisissent son ordinateur portable, mais les résultats de l'expertise informatique, connus quelques semaines plus tard, seront tout aussi décevants : aucune trace de comptes occultes ni d'opérations suspectes. Incrédule, Delmas affirme aux gendarmes, au cours de sa garde à vue : « Je ne sais pas ce que c'est qu'une chambre de compensation et je ne possède aucun autre compte que mon compte au Crédit lyonnais à Paris. » Ému du traitement qui lui a été réservé, Delmas protestera, dès le 16 juin, dans un courrier adressé à VR : « Qu'une simple lettre anonyme suffise à des investigations privatives de liberté ne peut que choquer quiconque croit au droit et notamment à celui de protéger sa réputation. »

Ces premières opérations, Van Ruymbeke les a menées seul, sans en référer à sa collègue Dominique de Talancé, dont il se méfie plus que jamais. En revanche, il a informé le parquet, via son complice, le vice-procureur Hervé Robert. VR a une telle confiance en ce magistrat qu'il a bien failli, avant de se raviser, lui révéler qu'il connaissait l'auteur de la lettre anonyme. Deux ans plus tard, quand le scandale éclatera, Robert lâchera au juge : « Heureusement que tu ne m'avais rien dit ! » Car le vice-procureur aurait, dans cette hypothèse, été confronté au même dilemme que Van Ruymbeke : trahir sa source ou faire de la rétention d'information... VR n'informe pas davantage son épouse, en qui il a pourtant une confiance totale, de l'identité du corbeau et ne dit rien à sa fidèle greffière, Maryse Noël. « Lorsque j'ai découvert dans la presse qu'il connaissait l'auteur des envois anonymes, j'avoue que j'ai été légèrement contrariée, reconnaît cette dernière. Et puis, outre le fait que lorsqu'il donne sa parole, c'est sacré, j'ai rapidement compris qu'il avait fait ça pour me protéger. Avec le recul, je me dis qu'il a eu raison de ne rien me dire. » [1]

Dominique de Talancé, elle, n'a pas pardonné à Van Ruymbeke de l'avoir laissée dans l'ignorance : « Dès le départ, les investigations sont parties sur de mauvaises bases. Déjà, j'ai appris leur existence en lisant les journaux. Quand je lui ai fait remarquer, Van Ruymbeke a bafouillé quelque chose comme : "Désolé, tu n'étais pas là." Et puis, le texte de la CRI était incroyablement imprudent, il aurait fallu être moins affirmatif dans la formulation. Mais c'est tout Van Ruymbeke : il peut être d'une sidérante mauvaise foi pour obtenir ce qu'il veut. Et interpeller Delmas sur la seule foi d'une dénonciation, qui plus est provenant de son ennemi intime Gergorin, était une erreur majeure. [2] »

À la fin du mois de mai, Renaud Van Ruymbeke est de nouveau contacté par Thibault de Montbrial. L'avocat lui

1. Entretien avec l'auteur, octobre 2006.
2. Entretien avec l'auteur, septembre 2006.

annonce l'arrivée imminente de nouveaux documents. Selon Jean-Louis Gergorin, c'est le juge lui-même qui les aurait réclamés. « Je reçus rapidement [après la remise de la première lettre anonyme] par Me de Montbrial des informations sur les difficultés rencontrées par M. Van Ruymbeke dans ses investigations sur les comptes Clearstream, que ce soit au Luxembourg ou en Suisse. Me de Montbrial me transmit dans la première quinzaine de mai, de la part du juge Van Ruymbeke, une demande d'informations additionnelles plus détaillées portant notamment sur des transactions.[1] » Gergorin se tourna donc à nouveau vers Imad Lahoud, dont il a toujours refusé de citer le nom, s'entêtant à évoquer sa « source ».

Le 9 juin, un cédérom posté depuis Lyon et contenant plus de quinze mille comptes ouverts chez Clearstream arrive au cabinet 310. En réalité, on l'apprendra plus tard, cet envoi n'a rien à voir avec Gergorin. Le 14 juin, le juge reçoit une deuxième lettre « anonyme ». Cette fois, elle provient bien du duo Gergorin-Lahoud. « Monsieur le juge, je vous écris à nouveau pour vous informer que depuis de nombreuses années je suis le témoin impuissant du dévoiement d'un extraordinaire système financier et informatique, Clearstream, au profit d'intérêts crapuleux et même mafieux », commence le texte, rédigé dans un style aussi incantatoire que le premier. « La direction de Clearstream, précise le corbeau, pour se couvrir vis-à-vis de ses actionnaires allemands, a organisé l'exode des Crapules : huit cent quatre-vingt-quinze comptes non publiés ont été fermés en bloc le 12 mai 2004, les soldes considérables correspondants étant transférés à des paradis fiscaux classiques. » Cette fois, la missive est accompagnée d'un listing comportant des centaines de noms avec, en regard, des numéros de comptes. Si certains patronymes ne disent absolument rien au magistrat, d'autres, en revanche, lui sautent aux yeux : outre DSK, Che-

1. Procès-verbal d'audition de Jean-Louis Gergorin par les juges Jean-Marie d'Huy et Henri Pons le 26 juin 2006.

vènement et Madelin, figurent donc sur la liste de Gergorin l'ancien numéro deux de la DCRG, Bernard Squarcini, et l'un des sous-directeurs de la DST, Jean-Jacques Martini, mais aussi Charles Pasqua et son fils, Pierre-Philippe, l'ex-député européen Jean-Charles Marchiani, l'homme d'affaires poursuivi dans l'enquête sur les ventes d'armes à l'Angola, Pierre Falcone, l'essayiste – et président du conseil de surveillance du *Monde* – Alain Minc, etc. Van Ruymbeke est incrédule. La ficelle est un peu grosse, mais le juge pense toutefois que tout cela mérite vérification. Les services du procureur de Paris aussi, qui décident d'ouvrir une enquête préliminaire. « Je me suis posé des questions compte tenu de l'avalanche de noms figurant sur la liste, admet Van Ruymbeke, mais je rappelle que j'ai limité mes recherches aux comptes, sans jamais enquêter sur les personnes. »

Sur les listings figurent aussi des personnages inconnus du grand public, mais qui ont en commun d'être détestés de Gergorin, ce que Renaud Van Ruymbeke ignore. S'il avait entretenu de meilleurs rapports avec sa collègue Dominique de Talancé, peut-être aurait-il été plus rapidement mis en alerte. Dans l'entretien accordé le 19 juin 2006 à *Libération*, la magistrate déplorera que Van Ruymbeke l'ait laissée dans l'ignorance. « C'est dommage parce que, pour ma part, je sais qui est Gergorin. Dans l'affaire de la tentative d'extorsion de fonds opposant Matra à Thomson, je l'ai officiellement entendu et j'ai pu constater ses agissements parallèles à l'égard de certains prévenus », déclare la juge. Avant d'ajouter, méchamment : « Chacun sait, sauf apparemment M. Van Ruymbeke, que Philippe Delmas est l'ennemi juré de Gergorin. »

Ce que la presse appellera bientôt l'« affaire Clearstream » – ou « Clearstream 2 », par opposition à la première, déclenchée par les deux livres de Denis Robert – s'inscrit à l'origine dans les conflits qui minent l'industrie française de l'armement. Il y a d'abord, en toile de fond, la rivalité historique entre Matra et Thomson et leurs présidents respectifs, Jean-Luc Lagardère et Alain Gomez. Elle est tout entière résumée dans l'affaire

« Couper les ailes de l'oiseau », nom de code donné à l'opération de déstabilisation menée par Thomson contre son concurrent Matra, au moment de la fusion entre ce dernier et l'éditeur Hachette, qui donna naissance au groupe Lagardère. Dominique de Talancé était chargée depuis 1996 d'élucider cette incroyable affaire. Tout avait commencé lorsque l'avocat américain William Lee, également consultant pour Thomson-CSF, avait entrepris en 1993 de contester en justice la régularité de la fusion Matra-Hachette. Au terme de plusieurs échanges avec Matra, par l'intermédiaire d'avocats français, il avait alors proposé l'abandon des procédures engagées contre le paiement de 144 millions de francs. Les agissements de Lee lui valurent d'être poursuivi pour « tentative d'extorsion de fonds ». Le patron de Thomson-CSF, Alain Gomez, était soupçonné d'avoir orchestré directement la manœuvre en finançant l'avocat américain. Il fut à son tour mis en examen pour « complicité de tentative d'extorsion de fonds ». Le procès, qui s'est déroulé fin 2005 à Paris, a mis en lumière les curieuses méthodes en vigueur dans les milieux de l'armement. À l'audience, une secrétaire de William Lee, Margaret Bertay, a ainsi relaté les conditions dans lesquelles elle avait reçu des sacs de billets pour le compte de son patron. Cet argent était destiné à financer les actions entreprises par Lee contre la fusion Matra-Hachette. Mme Bertay, défendue, ce n'est pas indifférent, par Thibault de Montbrial, a raconté comment elle s'était rendue à deux reprises, entre 1993 et 1998, dans de grands hôtels genevois. Selon les instructions de M. Lee, elle devait être habillée en noir et blanc et avoir le *Financial Times* sous le bras. À chaque fois, un inconnu lui avait remis un sac de plusieurs centaines de milliers de francs après qu'elle eut prononcé la phrase convenue : « Je suis là pour encadrer le cercle. » Un vrai film d'espionnage. La secrétaire a aussi évoqué une rencontre en 1998 avec Alain Gomez, cette fois dans un palace parisien. M. Gomez, qui n'était pourtant plus, depuis 1996, à la tête de Thomson, lui aurait alors fixé un autre rendez-vous « une heure après » sur l'escalator de la station de RER Musée d'Orsay. À l'heure et au lieu dits, Margaret Bertay, au moment de croiser Alain Gomez, lui aurait lancé un sac contenant 1,5 million de francs. Aussi stupéfiant que cela puisse paraître, Alain Gomez a confirmé l'épisode à la barre. « C'est vrai, a-t-il concédé. Il s'agissait de venir au secours d'un ami à un moment où il était persécuté, fatigué » – à la suite de l'échec des actions menées contre le groupe Lagardère. Versé à titre personnel, l'argent provenait d'« une opération patrimoniale », a assuré M. Gomez. « Pourquoi de telles modalités [de remise des fonds] ?, a demandé le président Jean-Baptiste Parlos. – Parce qu'il y avait un besoin de discrétion », a répondu Alain Gomez. Le 6 février 2006, le tribunal correctionnel de Paris prononça toutefois une relaxe générale, suivant les réquisitions du ministère public. Au terme de l'instruction, le parquet avait déjà requis un non-lieu, estimant que le dossier instruit par Dominique de Talancé ne tenait pas la route.

La lutte contre l'ennemi de toujours, Thomson, se double d'une guerre fratricide au sein du groupe Lagardère lui-même. Les tensions sont vives au sein d'EADS depuis la fusion Airbus-Matra-Dassault au sein du géant européen. Elles se sont encore amplifiées après le décès, en mars 2003, de Jean-Luc Lagardère. Le patron du groupe qui lui a donné son nom, âgé de soixante-quinze ans, a succombé brutalement à une attaque foudroyante, provoquée, on l'a vu, par une maladie auto-immune rarissime. À partir de là, le groupe va se déchirer en deux clans, issus de l'ancien groupe Matra : les uns sont à la tête d'Airbus (le patron Noël Forgeard et son bras droit, Philippe Delmas), les autres tiennent les rênes de la maison mère, le groupe d'aéronautique et de défense EADS (dirigé par Philippe Camus et son adjoint, Jean-Louis Gergorin). Or, en 2004, les tensions se focalisent sur la présidence d'EADS, Forgeard convoitant la place de Camus. Dès le placement en garde à vue de Delmas, Noël Forgeard acquiert la certitude que le coup n'a pu venir que de ses rivaux, Camus et Gergorin. En décembre 2004, pour mettre un terme à la détérioration du climat interne, Arnaud Lagardère, qui a succédé à son père, rend un jugement de Salomon :

il nomme Forgeard à la tête d'EADS, mais en lui conservant comme vice-président... Gergorin !

Peu au fait de ces règlements de comptes au sein du groupe Lagardère, Van Ruymbeke ignore à l'époque – parmi bien d'autres choses qu'il découvrira avec effroi au printemps 2006 – que Gergorin ne s'est pas contenté de venir le trouver. Il a aussi tenté de convaincre certains directeurs de rédaction, dont celui du *Monde*, de la pertinence de ses thèses – sans succès. Au même moment, plusieurs journaux seront également destinataires de lettres anonymes semblables à celles reçues par Van Ruymbeke. De telle sorte que, rapidement, le microcosme parisien aura la conviction que l'affaire déclenchée par le corbeau est le fruit d'une guerre entre industriels. Van Ruymbeke, tout comme la presse, est loin de se douter que Gergorin a également convaincu Dominique de Villepin, avec qui il est très lié, qu'il y a bien une affaire Clearstream. Et pour être certain de trouver auprès du futur hôte de Matignon une oreille attentive, Gergorin lui a lâché un nom, le seul susceptible d'appâter Villepin et dont la simple évocation lui donne de l'urticaire, celui de son rival, pour ne pas dire son ennemi : Nicolas Sarkozy.

21

Un appât nommé de Nagy-Bócsa

L'intérêt que j'ai à croire une chose n'est pas une preuve de l'existence de cette chose.

VOLTAIRE, *Lettres philosophiques.*

Les gendarmes sont discrets, obéissants et méthodiques. C'est du moins leur réputation, et sans doute pourquoi le juge Van Ruymbeke leur confie si souvent l'exécution de ses commissions rogatoires – de préférence aux services de police. Dans la matinée du 20 juin 2004, l'un des enquêteurs de la gendarmerie maritime, à qui VR a demandé d'identifier tous les noms figurant sur les listings, téléphone au magistrat. Sa voix trahit une légère fébrilité. Le militaire assure avoir, grâce au *Who's Who*, identifié qui se cache derrière deux noms à consonance magyare, Stéphane Bocsa et Paul de Nagy, détenteurs selon le corbeau de quatre comptes ouverts via Clearstream à la Banca popolare di Sondrio, en Italie. « SARKÖZY de NAGY-BÓCSA (Nicolas, Paul, Stéphane). Avocat, homme politique. Né le 28 janvier 1955 à Paris XVIIe. Fils de Paul Sarközy de Nagy-Bócsa, publicitaire », annonce le *Who's Who*. Stéphane Bocsa et Paul de Nagy seraient donc les pseudonymes – transparents – supposés avoir été utilisés par celui qui vient d'être nommé ministre de l'Économie, des Finances et de l'Industrie (Dominique de Villepin l'ayant remplacé place Beauvau), mais surtout candidat putatif à l'Élysée : Nicolas Sarkozy. Dès lors, l'affaire va prendre de nouvelles proportions. « J'ai été surpris de découvrir que M. Sarkozy – ou son père – figurait sur la liste. J'étais dubitatif. M. Gergorin n'avait en effet jamais évoqué l'existence de comptes attribués à M. Sarkozy », rapporte Van Ruymbeke. À partir de ce moment-là, les doutes du juge iront croissants. Si le but était de l'appâter avec le nom de Sarkozy, c'est plutôt l'inverse qui s'est produit...

Nicolas Sarkozy est rapidement informé de la présence de son nom sur le listing. Par qui ? Son ami l'avocat Thierry Herzog – qui a accès au dossier des frégates dans lequel il défend les intérêts de Thales – affirme ne pas être celui qui a prévenu le ministre de l'Économie. Peu importe, finalement. Ce qui est certain, c'est que Sarkozy décide de ne pas réagir. Il attend son heure...

En ce mois de juin 2004, Van Ruymbeke progresse rapidement. Il convoque l'ancien responsable de la Société générale à Taïwan, Joël Bucher, dont la déposition en décembre 2001 devant un juge messin avait retenu son attention. VR lui montre la lettre anonyme. Désormais consultant en commerce extérieur, Bucher, interrogé en qualité de témoin, confirme que l'existence chez Clearstream « de comptes jumeaux [lui] paraît tout à fait plausible ». « Je me souviens qu'en 1990, alors que j'étais directeur général adjoint de la Société générale de Taipei, Cedel et la Sogenal (filiale luxembourgeoise de la Société générale) nous ont démarchés en nous proposant d'ouvrir chez Cedel des comptes aux noms de bénéficiaires personnes physiques ou des comptes à numéros pour procéder à des transferts de titres entre les différents bénéficiaires des commissions, en mettant en avant leur technique de compensation [1] », déclare Bucher, renforçant sur ce point la crédibilité des accusations du corbeau.

1. Procès-verbal d'audition de Joël Bucher par le juge Renaud Van Ruymbeke le 8 juin 2004.

Si la plupart des comptes figurant sur les listings sont ouverts au nom de banques étrangères, un établissement français, en l'occurrence la BNP, est supposé en gérer une douzaine. Accompagné de sa greffière, VR se rend donc au siège de la banque, où il transmet les numéros de comptes suspects. « En procédant ainsi par sondage, je pouvais m'assurer ou non de l'authenticité de ces listings[1] », expliquera-t-il. Dans l'attente de la réponse, le juge fait parvenir le 26 juin 2004 aux autorités luxembourgeoises, sur la base de la deuxième lettre anonyme, une seconde CRI. Elle est rédigée de manière plus prudente que la première. Si le juge affirme une nouvelle fois que « les informations suivantes ont été portées à [sa] connaissance », sans plus de précisions, il utilise à plusieurs reprises le conditionnel. « D'autres comptes auraient été ouverts chez Clearstream par MM. Wang et Gomez au nom de la Citibank (Cititrust) Bogotá », écrit par exemple le magistrat. « Par la suite, poursuit le texte, M. Gomez s'est rapproché de Philippe Delmas et lui aurait confié la gestion de ses intérêts. M. Delmas disposerait d'un compte ouvert chez Clearstream avec pour banque correspondante la banque suisse Julius Baer. »

Le 6 juillet, Jean-Louis Guillot, directeur juridique de la BNP Paribas, se rend dans le cabinet du juge. « Les informations relatives à ces comptes sont couvertes par le secret professionnel », commence le témoin, avant d'ajouter : « Je ne puis que confirmer, à votre demande, les intitulés et les dates d'ouverture que vous m'avez cités. Je ne peux pas vous en dire plus. » Van Ruymbeke est ébranlé. D'autant qu'au même moment l'un de ses contacts au grand-duché lui confirme que les listings semblent bons, en tout cas que les numéros de comptes existent bien chez Clearstream. En revanche, lui explique son interlocuteur, impossible de se prononcer sur le point essentiel, à savoir le nom des ayants droit : seule la banque

1. Procès-verbal d'audition de Renaud Van Ruymbeke par les juges Jean-Marie d'Huy et Henri Pons le 10 mai 2006.

qui ouvre des comptes chez Clearstream connaît l'identité de ses clients. Le juge va donc devoir envoyer des CRI à chaque établissement cité sur les listings, notamment à la Banca popolare di Sondrio, où Nicolas Sarkozy est – parmi d'autres – accusé de détenir des comptes occultes.

Le texte de la commission rogatoire internationale, datée du 13 août 2004 – et transmise par le parquet de Paris à la justice italienne le 10 septembre –, atteste que la circonspection du juge va grandissante. D'abord, pour la première fois, Van Ruymbeke donne, en préambule, des précisions sur l'origine des renseignements dont il a été destinataire. « Des informations extrêmement précises sur la distribution des commissions nous sont parvenues par courrier anonyme le 3 mai 2004, écrit-il. Ces informations mettent en cause la banque Cedel (devenue depuis Clearstream), banque de compensation internationale et de gestion de titres basée au Luxembourg. » D'autre part, le magistrat utilise presque systématiquement le conditionnel, comme s'il cherchait désormais à se démarquer le plus possible des accusations de Gergorin. Ainsi, à propos des comptes numéros 16438, 16439, R6439 et R6440, attribués par le corbeau à Sarkozy, il indique : « Les titulaires de ces comptes seraient Stéphane Bocsa et Paul de Nagy, selon la lettre anonyme que nous avons reçue. Ces noms et prénoms apparaissent comme étant ceux de M. Sarkozy, ministre du Budget de 1993 à 1995 et précédemment secrétaire général adjoint du RPR, dont l'identité complète est en effet Nicolas, Paul, Stéphane Sarközy de Nagy-Bócsa né le 28 janvier 1955 à Paris XVIIe. » Cela posé, le juge établit un lien avec le versement de rétrocommissions, puisqu'il indique que « le contrat des frégates a fait l'objet d'un avenant le 4 juin 1993 ». Il sous-entend ainsi que Sarkozy avait eu connaissance du contrat des frégates, signé en août 1991, en sa qualité de ministre du Budget. Selon le texte de la CRI (parfois qualifié à tort de « CRI Sarkozy », alors qu'elle vise aussi d'autres personnes accusées par le corbeau), l'avenant en question prévoyait « l'assemblage [des frégates] en France » et non plus à Taïwan. « Le prix restait fixé à 2,5 milliards de dollars, mais s'y ajoute un montant de 1 269 104 000 FF, ce qui a eu pour effet d'augmenter les commissions versées », écrit le juge.

« En lisant les commissions rogatoires, j'eus froid dans le dos, écrira deux ans plus tard le ministre de l'Intérieur. Le juge n'y avait pas été avec le dos de la cuillère. J'étais ni plus ni moins suspecté d'avoir touché des rétrocommissions sur la vente, en 1991, des frégates à Taïwan. Cela n'avait aucun sens puisque j'étais devenu ministre en 1993, deux années après la signature du contrat. Le juge souhaitait ensuite savoir si je n'avais pas fait transiter le fruit de cette corruption par mes fameux comptes Clearstream.[1] »

Déconcerté par la présence de Nicolas Sarkozy sur « l'inventaire » du corbeau, le juge Van Ruymbeke pointe d'autres éléments troublants. Le compte attribué à Alain Gomez, par exemple. Les listings évoquent en fait un certain Hugo Caceres Gomez, détenteur de comptes à la Cititrust de Bogotá. S'agirait-il d'un homonyme ? Le juge en est d'autant moins certain que des documents internes à Clearstream émanant du Luxembourg lui indiquent que les comptes ont été ouverts en septembre 1991... soit précisément au moment de la signature du contrat des frégates. Curieuse coïncidence. Et puis, il y a le cas de Pierre Martinez, ancien chef de la brigade financière puis responsable de la sécurité chez Thomson : un compte existe bien à son nom, mais avec un autre prénom, Gil...

Désarçonné par les informations contradictoires qu'il récolte, le juge privilégie, au cours de l'été 2004, une hypothèse : seuls certains des éléments fournis par le corbeau seraient exacts. Pour des raisons inconnues, le vrai aurait été mélangé au faux. Plus précisément, VR juge le premier courrier crédible, mais le listing du 14 juin totalement extravagant. Il se demande même s'il n'est pas victime d'un « contre-corbeau ». Quelqu'un qui, pour décrédibiliser les révélations contenues dans la première

1. Nicolas Sarkozy, *Témoignage*, XO Éditions, 2006.

lettre anonyme, en aurait initié d'autres, complètement fantaisistes... VR va jusqu'à envisager que les services secrets aient intercepté le deuxième courrier, trafiqué les listings puis tout réexpédié à son intention...

Renaud Van Ruymbeke manque rarement un numéro du *Point*, dont il est un abonné de longue date. Lorsqu'il découvre la une du numéro du 8 juillet 2004, il s'affole. « L'affaire d'État qui fait trembler toute la classe politique », titre le journal, qui a décidé de mettre sur la place publique ce que les autres médias avaient préféré taire ou traiter avec la plus grande prudence. Dès le vendredi 14 mai, *Le Monde* (dans son édition datée du samedi 15 mai) avait révélé, dans un encadré d'une quinzaine de lignes, inséré dans une pleine page consacrée à l'affaire des frégates, l'existence d'un corbeau. Sous le titre « Une lettre anonyme ouvre la piste Clearstream », le quotidien affirmait que le courrier était « pris très au sérieux au pôle financier » mais ne livrait aucun nom. D'autres journaux suivirent, notamment *L'Express* et *Le Figaro*, mais eux aussi abordèrent le sujet avec prudence. *Le Point* consacre, lui, dix pages aux « révélations » du corbeau, au risque de paraître donner du crédit à ses accusations. Certes, l'hebdomadaire ne cite pas les noms les plus connus désignés par les lettres anonymes, se contentant d'évoquer « deux anciens ministres socialistes, un de la droite libérale, un ex-patron de la DST, un préfet, un ex-flic des Renseignements généraux, le fils d'un ancien ministre de l'Intérieur », etc. Mais il en livre d'autres à la curiosité de ses lecteurs : Alain Gomez, Pierre Martinez, Andrew Wang, Mikhaïl Khodorkovski, Philippe Delmas, Marc Rich... « Si ces révélations explosives se vérifiaient, c'est une bonne partie de la République qui serait ébranlée », assène l'hebdomadaire, qui publie de plus une large tribune de Denis Robert. Ce dernier, malgré quelques réserves de forme, semble se féliciter de l'initiative du corbeau, qui valide en quelque sorte ses thèses sur la « blanchisseuse Clearstream ». « Même si la méthode, un corbeau dans la finance, est limite, je crois qu'il n'y en avait pas d'autre pour qu'éclate enfin ce qui, à mes yeux, est la plus grande arnaque financière jamais racontée », écrit Robert, qui, plus imprécateur que jamais, prophétise : « Si on laisse les juges faire leur travail et si le corbeau reste vivant et actif, les révélations vont pleuvoir et le scandale, irrémédiablement enfler. » De ce point de vue, les faits ont donné raison à l'ancien journaliste, mais pas dans le sens qu'il espérait.

Même lorsque la manipulation éclatera au grand jour, deux ans plus tard, Denis Robert continuera d'adopter une attitude ambiguë vis-à-vis du contenu des lettres anonymes. Dans un entretien publié le 19 avril 2006 sur le site Internet du *Nouvel Observateur*, par exemple, il déclarera : « N'oublions pas, aussi, que l'épisode Nagy-Bócsa dans les lettres du corbeau ne représente qu'une ou deux lignes, qu'il y a des tas d'autres noms. N'oublions pas, enfin, que le corbeau écrit aussi des choses vraies concernant le fonctionnement de Clearstream. Constatons, également, qu'il se tait depuis très longtemps. Si j'étais lui, j'enverrais une nouvelle petite lettre pour nous donner la solution. » Aujourd'hui encore, Denis Robert n'en démord pas : sur le fond, « si Clearstream est la banque des banques, l'affaire Clearstream est bien l'affaire des affaires. Ce qui me désole le plus, regrette-t-il, c'est que tout le monde oublie qu'il y a une boîte pourrie au Luxembourg utilisée par le crime organisé, et que tout cela est masqué par cette histoire de corbeau mise en scène par la machine médiatique.[1] » Autre contrariété majeure pour Denis Robert : il est désormais lâché par tous, ou presque. Ainsi, dans un entretien accordé à *Libération*, le 13 mai 2006, Ernest Backes, l'ancien de Clearstream, coauteur de *Révélation$*, a des mots très durs pour l'ex-journaliste : « Denis s'est égaré dans la jungle qu'il s'est fabriquée. Avec ses idées fixes, il a beaucoup contribué à mettre sur pied cette affaire. À tout ce qui a amené à la situation du Corbeau. Il aurait dû savoir que de telles listes ne peuvent pas être vraies et freiner le juge Van Ruymbeke. »

1. Entretien avec l'auteur, novembre 2006.

La une du *Point* ne fait pas les affaires de Van Ruymbeke, loin de là. Cette mise en scène lui fait peur. L'affaire prend subitement trop de place, une importance démesurée. De son point de vue, l'hebdomadaire a été trop loin, trop vite, trop fort. De plus, l'article gêne objectivement son travail, car jusque-là il était parvenu à faire ses premières vérifications discrètement. VR est toutefois rapidement soulagé en constatant que les autres journaux ne suivent pas l'hebdomadaire. Dans son ouvrage *La Tragédie du Président*, paru en mars 2006, puis dans un éditorial en mai 2006, le directeur de la rédaction du *Point*, Franz-Olivier Giesbert, révélera avoir été incité par le ministre de l'Intérieur Dominique de Villepin lui-même à publier le nom de Sarkozy – ce que « FOG » se refusa à faire. À propos de Villepin, Giesbert écrit ceci : « S'il n'a pas fomenté l'affaire, pourquoi l'a-t-il laissée courir ? Peut-il certifier qu'il n'a jamais dit à l'auteur de ces lignes, ni à personne, à la mi-juillet 2004, alors même que le bidonnage était établi : "Sarkozy, c'est fini. Si les journaux font leur travail, il ne survivra pas à cette affaire-là."[1] » Le patron de la rédaction du *Point*, qui estime avec le recul avoir « évité une catastrophe en exigeant de [ses] journalistes qu'ils ne publient pas les noms des personnalités mises en cause sur les listings » dans la fameuse livraison du 8 juillet 2004, tient à préciser qu'« en aucun cas Villepin n'a été à l'origine des articles qui ont nourri ce numéro ». Giesbert l'assure : « Ce n'est qu'après la parution, à l'occasion d'un rendez-vous en tête à tête, que Villepin s'est étonné auprès de moi que les journaux ne publient pas le nom de Sarkozy.[2] »

Conformément aux vœux formés par Villepin auprès de Giesbert, certains médias vont finir par faire « leur travail », selon la formule prêtée par « FOG » au Premier ministre. À la rentrée, l'affaire devient efflorescente. Le 5 septembre 2004,

1. Franz-Olivier Giesbert, *La Tragédie du Président*, Flammarion, 2006.
2. Entretien avec l'auteur, octobre 2006.

dans un très court article, *La Lettre de l'Expansion* affirme que le nom de Nicolas Sarkozy apparaît sur les listings Clearstream. Du coup, *Le Parisien*, à son tour, se sent autorisé à désigner publiquement les principales personnalités politiques (le ministre de l'Intérieur, mais aussi Dominique Strauss-Kahn, Jean-Pierre Chevènement et Alain Madelin) dénoncées par le corbeau. Publié le 17 septembre 2004 sous le titre « Le juge enquête sur quatre ministres », l'article va susciter plusieurs réactions. Cette fois, le scandale est public. Les avocats de Strauss-Kahn et de Madelin de même que Chevènement lui-même se mettent rapidement en rapport avec VR pour savoir de quoi il retourne. Ce dernier les rassure en leur expliquant que, pour le moment, il n'y a aucun élément susceptible de les mettre en cause dans son dossier. Nicolas Sarkozy est alors le seul à n'entreprendre aucune démarche auprès du juge. Il est vrai que lui est ministre en exercice, ce qui rend sa position beaucoup plus délicate.

Durant toute cette période, Van Ruymbeke, qui continue à recevoir des courriers ou des cédéroms du corbeau, voit régulièrement Denis Robert, dont il s'était un peu éloigné. Le magistrat espère pouvoir profiter des connaissances de l'ancien journaliste sur Clearstream. Dans son dernier livre, Robert relate en détail les conversations qu'il a eues avec le magistrat : « On parle de la lettre du corbeau. Il existe un accord tacite entre nous. Je ne lui demande rien s'il ne me dit rien spontanément. Je veux sentir l'atmosphère, s'il prend tout cela au sérieux ou pas. Apparemment, il est convaincu qu'il faut tirer cela au clair et que le corbeau est bien informé. Je lui fais part de vagues soupçons sur une ou deux personnes, sans citer de noms... Il ne me répond pas. Lui sait. Pas moi. [1] » Lorsqu'il prendra connaissance de l'ouvrage, publié en juin 2006, Van Ruymbeke entrera dans une colère noire. « Il m'a trahi », confiera-t-il à ses proches. Ses entrevues avec Denis Robert

1. Denis Robert, *Clearstream, l'enquête*, Les Arènes, 2006.

étaient censées rester confidentielles. Un juge d'instruction n'est pas autorisé à divulguer les éléments de son enquête, a fortiori à un journaliste – quand bien même entretiendrait-il des liens d'amitié avec lui. Sauf que Denis Robert, on l'a vu, ne se considère plus tout à fait comme un journaliste. De fait, il n'a plus de carte de presse depuis son départ de *Libération*. Pourtant, aux policiers qui lui demandaient, le 12 octobre 2006, ses sources de revenus, Denis Robert répondit : « J'exerce la profession de journaliste. » S'il continue à recueillir des informations – et à les utiliser –, il ne se sent en revanche plus tenu par les règles déontologiques en vigueur dans la profession, notamment l'une des principales qui veut qu'on ne livre jamais ses sources. Dans son livre, Denis Robert revendique d'ailleurs sa singularité : « Je suis un *irrégulier*. C'est ce que dit de moi Edwy Plenel, l'ancien directeur de la rédaction du *Monde*. Je n'entre dans aucune case, je ne respecte pas les règles du milieu. Pour lui, c'est un défaut. Pour moi, non. » Denis Robert maintient aujourd'hui qu'à l'époque c'est bien « en tant qu'ami [1] » qu'il discutait avec Van Ruymbeke du dossier des frégates de Taïwan. Van Ruymbeke sera d'autant plus furieux que, involontairement sans doute, Robert le ridiculise à plusieurs reprises dans son ouvrage, le faisant passer pour un magistrat naïf et manipulable. « Le juge est berné par le numéro deux du premier groupe de défense d'Europe, en contact permanent avec le ministre de l'Intérieur et l'Élysée », « Van Ruymbeke réagit au quart de tour aux stimuli du corbeau », « Je n'y crois plus, me dit [Van Ruymbeke], on s'est fait avoir [2]... », écrit notamment Robert, scellant ainsi la fin d'une amitié de dix ans avec le magistrat, qui juge son comportement inexcusable. Denis Robert, lui, plaide la bonne foi : « J'ai tenu informé Renaud de tout ce que je faisais, notamment lorsqu'il m'est apparu que je devais expliquer dans un livre ce qu'il s'était réellement

1. Entretien avec l'auteur, novembre 2006.
2. Denis Robert, *Clearstream, l'enquête*, *op. cit.*

passé. En aucun cas je ne l'ai "balancé", comme certains le suggèrent. »[1]

Au moins, VR a tiré une précieuse information de ses rendez-vous avec Denis Robert : l'informateur de ce dernier est Imad Lahoud. En revanche, le juge se garde bien de dire à Robert tout ce qu'il sait, notamment que Gergorin est le corbeau et que la source de ce dernier chez Clearstream n'est autre que ce fameux Imad Lahoud. Mis en cause dans plusieurs escroqueries, ce mathématicien, réputé pour ses coups de bluff, tenta en 2003 de convaincre la DGSE de le recruter, avant d'obtenir, grâce à l'intervention de Jean-Louis Gergorin, un poste chez EADS, avec le titre prestigieux de « directeur scientifique ». Ce n'est pas tout : par l'intermédiaire de Denis Robert, le juge est entré en contact avec un informaticien, un certain Florian Bourges, dont on va bientôt reparler. Bourges est susceptible d'expertiser les listings informatiques reçus par Van Ruymbeke.

En août 2004 se produit un événement jugé anecdotique sur le moment, mais qui se révélera lourd de conséquences. Philippe Delmas décide de déposer plainte à Paris pour « dénonciation calomnieuse ». Le dirigeant d'EADS souhaite que la justice démasque l'informateur anonyme du juge Van Ruymbeke, à qui il doit sa découverte des joies de la garde à vue... Si elle est déposée contre X, la plainte vise implicitement son ancien ami Jean-Louis Gergorin, désigné par le microcosme parisien, dès cette date, comme le corbeau. Delmas s'étant constitué partie civile, l'ouverture d'une information judiciaire est automatique. C'est chose faite le 3 septembre 2004. Le juge Jean-Marie d'Huy est désigné. Lorsqu'il apprend l'ouverture de cette instruction, VR ne s'inquiète pas outre mesure. Il est bien placé pour savoir que ce genre de procédure n'est quasiment jamais instruite. Les tribunaux et les services de police sont submergés de plaintes, parfois fantaisistes, de ce type. Elles sont souvent laissées en souffrance, car elles présentent peu d'intérêt

1. Entretien avec l'auteur, novembre 2006.

pour les magistrats, qui savent que retrouver l'auteur d'une lettre anonyme est extrêmement difficile. À moins de déployer des moyens colossaux, rarement justifiés vu la nature des faits dénoncés : un entrepreneur accusé de frauder le fisc, un commerçant suspecté de gonfler artificiellement ses prix, un instituteur soupçonné d'attouchements sexuels sur ses élèves, un cadre supérieur dénoncé pour avoir confondu sa carte bancaire avec celle de l'entreprise… Sauf que Jean-Marie d'Huy, dès le départ, pressent qu'il tient peut-être une grosse affaire. D'abord, même s'il est destinataire de la seule plainte de Delmas – pour l'instant –, il n'ignore pas que parmi les victimes du corbeau figurent de nombreuses personnalités. De plus, lui est revenu aux oreilles le nom de Gergorin, qui circule en boucle dans Paris depuis l'été. Avec un suspect crédible en ligne de mire, d'Huy ne part pas de zéro.

Même s'il lui accorde alors une importance toute relative, Renaud Van Ruymbeke est tout de même embarrassé par l'ouverture de l'information judiciaire pour « dénonciation calomnieuse ». Il est devant un cas de conscience. Voilà qu'un de ses collègues est chargé d'enquêter sur son informateur principal… Un cas de figure totalement inédit. Que faire ? Tout raconter à d'Huy, en trahissant son engagement de confidentialité ? Ne rien dire, au risque de faire obstacle aux investigations d'un collègue ? En réalité, Renaud Van Ruymbeke n'a pas le choix : il a donné sa parole. Pour lui, c'est sacré.

22

Le serpent qui se mord la queue

La peur d'être dupe est la version vulgaire de la recherche de la vérité.

Émile Michel CIORAN,
De l'inconvénient d'être né.

Même un romancier de talent n'aurait osé imaginer un tel scénario : mandaté officieusement par le juge Van Ruymbeke pour expertiser les listings de Clearstream expédiés par le corbeau, un informaticien va reconnaître ses propres fichiers, falsifiés à son insu...

Florian Bourges avait pris contact avec Denis Robert, fin 2001, après avoir réalisé pour le cabinet Arthur Andersen un audit de la comptabilité de Clearstream. Estimant avoir mis au jour des anomalies, l'auditeur en avait fait part à Denis Robert, qui venait de publier *Révélation$*. Bourges avait été jusqu'à transmettre à Robert un cédérom recensant tous les clients de la chambre de compensation à la date d'octobre 2001 : au total, plus de trente-trois mille trois cent quarante références de comptes. Début 2003, Denis Robert est contacté par Imad Lahoud, qui souhaite le rencontrer afin d'évoquer Clearstream. Les deux hommes se voient, le 26 février 2003. Robert, ravi de trouver enfin quelqu'un passionné par son enquête sur Clearstream, accepte de faire part de ses informations à Lahoud, qu'il reçoit chez lui. Interrogé comme témoin par la Division nationale des investigations financières le 21 juin 2006, Denis Robert, qui a dévoilé l'existence de Florian Bourges dans son livre *Clearstream, l'enquête* paru le même mois – « Je n'avais pas le choix, Florian avait décidé d'aller trouver les juges d'Huy et Pons pour se démasquer[1] », se justifie-t-il aujourd'hui –, assurera aux policiers qu'« à aucun moment Lahoud ne [lui avait] fait part de son appartenance à la DGSE ». « Il s'était présenté à moi comme un ancien broker, sortant de prison, victime de partenaires financiers s'étant servis de Clearstream pour le spolier. Il était également désireux de m'aider dans mon enquête. »

En fait, profitant de la naïveté de Denis Robert, Lahoud va récupérer tous les éléments relatifs à Clearstream détenus par l'ex-journaliste. Dans ses fameux carnets, le général Rondot, chargé de « traiter » Imad Lahoud, rend compte le 3 mars 2003 de son entrevue avec sa source : « Selon I.L. [Imad Lahoud], Denis Robert n'a eu aucun soupçon. Il était exclusivement motivé par son désir d'obtenir confirmation qu'il existait des comptes secrets domiciliés chez Clearstream. I.L. lui a confirmé cet élément. Denis Robert dispose sur son ordinateur de toute la liste des comptes Clearstream car il a une source au sein du service de maintenance informatique de la banque. Il a proposé à I.L. de copier les lignes correspondant aux comptes et mouvements de comptes qui l'intéressaient. I.L. a profité d'un appel téléphonique reçu par Robert de plus de vingt minutes pour copier un maximum de données. » Rondot livrera une version similaire lors de son audition comme témoin par les juges d'Huy et Pons, en mars 2006. Dans son livre, Denis Robert évoque la réaction de Lahoud : « Je me souviens d'Imad dans mon bureau, découvrant le listing sur mon ordinateur. Il était comme le capitaine Flint posant le pied sur l'Île au trésor. Les yeux luisants. J'avais un bout de la carte pour accéder au trésor.

1. Entretien avec l'auteur, novembre 2006.

Il pensait avoir l'autre. Il n'a pas cessé de répéter que les découvertes que nous avions faites étaient extraordinaires.[1]

» L'ancien journaliste conteste en revanche que Lahoud ait récupéré des informations dans son dos. Il l'a assuré aux policiers de la DNIF, le 21 juin 2006 : « Contrairement à ce qu'a déclaré le général Rondot le 28 mars 2006 devant les magistrats instructeurs, il me semble impossible qu'Imad Lahoud ait pu pirater mon ordinateur, à mon insu, en ma présence. Je suis certain de n'avoir remis à Lahoud qu'un seul cédérom. »

Courant 2003, Florian Bourges et Imad Lahoud, mis en relation par Denis Robert, se verront à plusieurs reprises. Lahoud en profitera pour obtenir de nouveaux documents de l'ancien auditeur d'Arthur Andersen, alors loin de se douter de l'usage qui en sera fait... En septembre 2003, Lahoud confiera enfin à Robert qu'il travaille pour les services secrets. « Il me donne le nom de ses contacts : un général appelé Philippe Rondot. Et un ponte de la DGSE du nom d'Alain Juillet.[2] »

Au début du mois de juin 2004, Bourges est recontacté par Denis Robert. « Denis Robert m'a appelé pour me dire que le juge Van Ruymbeke avait reçu des fichiers Clearstream du corbeau, qu'il ne comprenait pas tout ce qui était dedans, et Denis Robert m'a demandé si j'acceptais de rencontrer M. Van Ruymbeke pour voir avec lui ce qu'il y avait dans ces fichiers », a expliqué Florian Bourges aux juges d'Huy et Pons, le 7 juin 2006. Une version confirmée par Van Ruymbeke, qui reçoit donc Bourges dans son cabinet, le 22 juin 2004. Malheureusement, une nouvelle fois, le juge se trouve face à un témoin qui refuse d'apparaître en procédure. « M. Van Ruymbeke m'avait demandé de faire un procès-verbal, me disant que sa greffière était présente, mais j'ai refusé catégoriquement, car à cette époque-là je travaillais toujours chez Ernst & Young, et surtout je craignais Clearstream[3] », a déclaré Bourges aux

1. Denis Robert, *Clearstream, l'enquête*, *op. cit.*
2. *Id.*
3. Procès-verbal d'audition de Florian Bourges par les juges Jean-Marie d'Huy et Henri Pons le 7 juin 2006.

magistrats. « J'ai accepté de le recevoir à mon cabinet et en présence de ma greffière car il était susceptible de m'apporter un éclairage technique sur le fonctionnement particulièrement complexe de Clearstream, affirme de son côté VR. Il arrive souvent aux juges de recevoir des "sachants" sans nécessairement établir de procès-verbal. » Ce premier rendez-vous, au cours duquel Bourges prend connaissance du contenu de la première lettre anonyme, va encore accentuer les interrogations du magistrat, qui a toute confiance en l'expertise de Florian Bourges. « M. Van Ruymbeke m'a interrogé sur la possibilité technique de voir des bénéficiaires personnes physiques apparaître au sein du système informatique Clearstream. Je lui ai répondu par la négative [1] », s'est souvenu Bourges devant les juges.

Tandis que ses doutes ne cessent de s'amplifier et que la Une du *Point* a mis sur la place publique ses investigations, Renaud Van Ruymbeke décide finalement fin septembre d'aller trouver, un étage plus bas, son collègue Jean-Marie d'Huy, avec qui il entretient alors des relations qu'il qualifie de « courtoises ». Il lui fait comprendre qu'avec Gergorin et Lahoud, il est sur la bonne piste. Il lui confie disposer d'informations de première main grâce à un avocat, mais qu'il ne peut rien lui dire de plus car il a donné sa parole. Jean-Marie d'Huy enregistre en silence les confidences de son collègue, sans poser de questions. Entre les deux magistrats, c'est à celui qui sera le plus embarrassé. « J'étais très gêné vis-à-vis de lui, confirme VR. J'étais pris dans une contradiction entre l'engagement de confidentialité passé auprès de l'avocat et le souci d'informer mon collègue. C'était un conflit de loyauté. » Les deux hommes conviennent toutefois de rester en contact : Van Ruymbeke dit à son collègue qu'il tient le dossier des frégates à sa disposition. En retour, ce dernier lui assure qu'il le tiendra au courant de ses découvertes.

1. Procès-verbal d'audition de Florian Bourges par les juges Jean-Marie d'Huy et Henri Pons le 7 juin 2006.

En fait, il n'en sera rien. Sans doute parce que Jean-Marie d'Huy, bientôt rejoint par son ami Henri Pons pour instruire le dossier, va progressivement acquérir la conviction que Van Ruymbeke est complice du corbeau. « Je ne le sens pas, il n'est pas clair. Il me cache quelque chose », confie un jour Jean-Marie d'Huy à Dominique de Talancé. Bientôt, ce n'est plus un étage qui séparera les deux hommes, mais un gouffre. En cet automne 2004, Van Ruymbeke ne prend plus aucune initiative dans cette affaire : « Je me suis désintéressé de ces listings dès l'automne 2004, attendant le retour de mes commissions rogatoires. Progressivement, au fur et à mesure de la rentrée des CRI, j'ai constaté que les informations étaient infirmées par les investigations bancaires menées à l'étranger. » VR sent de moins en moins bien cette histoire. Il a coupé tout contact avec Thibault de Montbrial. Et ne veut même plus entendre parler de Gergorin, ne serait-ce qu'à cause de l'information judiciaire conduite par Jean-Marie d'Huy. Régulièrement, semaine après semaine, les informations qu'il recueille ne font qu'augmenter son scepticisme à l'égard des listings. Ainsi, il interroge Gilbert Flam, un magistrat détaché à la DGSE, accusé lui aussi d'avoir ouvert un compte en Suisse via Clearstream. Flam décide d'établir son innocence lui-même. Rien de plus facile : le 23 septembre 2004, il écrit à la Banque cantonale vaudoise, l'établissement soupçonné d'abriter ses fonds occultes. « Le 4 octobre 2004, racontera-t-il deux ans plus tard, cette banque m'a répondu en m'indiquant que mon nom lui était inconnu et qu'elle ne comprenait pas ma demande. J'en ai informé M. Van Ruymbeke et je me suis constitué partie civile. [1] »

Mais le juge n'est pas au bout de ses – mauvaises – surprises. Au mois d'octobre 2004, sur les conseils de l'incontournable Denis Robert, il reçoit Florian Bourges à deux reprises à son

1. Procès-verbal d'audition de Gilbert Flam par les juges Jean-Marie d'Huy et Henri Pons le 13 juin 2006.

cabinet. Il va lui confier – hors procédure, ce qui lui sera reproché plus tard – le soin d'analyser en détail les listings dont le corbeau l'a abreuvé. Lors de leur second rendez-vous, le 5 octobre, le magistrat glisse un cédérom dans l'ordinateur situé dans la petite pièce qui lui sert d'annexe et fait apparaître un fichier de transactions réalisées en mars 2004 sur un compte ouvert chez Clearstream. Florian Bourges parcourt l'écran. Il est stupéfait. « J'ai déroulé le fichier qui était sous la forme Excel et je suis allé jusqu'à la fin des colonnes qui y figuraient. J'ai constaté que ce fichier présentait la même mise en pages que les extractions que j'avais réalisées à l'été 2001 lors de l'audit d'Arthur Andersen. [...] Je suis tombé des nues en faisant défiler les colonnes jusqu'à la fin lorsque j'ai constaté que se trouvaient sur le fichier que me présentait M. Van Ruymbeke quatre colonnes, qui ne provenaient pas de Clearstream, mais que j'avais rajoutées manuellement suite à mes extractions lors de l'audit. [...] Lorsque j'ai vu ces quatre colonnes figurant sur le fichier que me présentait M. Van Ruymbeke dans son bureau, je lui ai dit : "Ces fichiers viennent de moi." J'ai constaté que M. Van Ruymbeke était très étonné et j'ai même cru qu'il me prenait pour le corbeau.[1] » Ce soupçon est vite dissipé. Les deux hommes discutent et passent même, depuis le bureau du magistrat, un coup de téléphone à Denis Robert. Désormais, tout est clair. Toute cette affaire n'était qu'une supercherie. Les trois hommes ont été bernés par la même personne, Imad Lahoud. VR comprend que, profitant de la crédulité de Denis Robert, Imad Lahoud avait copié, dans l'ordinateur de l'ex-journaliste, les fichiers Clearstream provenant de Florian Bourges. Puis qu'il les avait transmis à Gergorin, qui les avait à son tour fait parvenir à VR. Sauf qu'entre-temps Lahoud, ou Gergorin, ou les deux ensemble,

1. Procès-verbal d'audition de Florian Bourges devant les juges Jean-Marie d'Huy et Henri Pons le 7 juin 2006.

ont ajouté, pour des raisons inconnues, des noms de personnalités sur les listings.

Un nouveau rebondissement, public celui-là, se produit un mois plus tard. Dans un article daté du 10 novembre 2004, *Le Monde* va mettre en alerte Van Ruymbeke. Sous le titre « L'enquête cachée de la DST qui oppose M. Sarkozy à M. de Villepin », le quotidien étale au grand jour les vives tensions provoquées par l'affaire Clearstream au sein de l'exécutif. Le ministre de l'Économie, Nicolas Sarkozy, reproche à son collègue de l'Intérieur, Dominique de Villepin, de tenir secrètes les conclusions d'une enquête de la Direction de la surveillance du territoire qui auraient permis de le mettre hors de cause dans cette affaire. « Je n'ai qu'une demande : un service de l'État a connaissance d'une manipulation qui me vise et détient des renseignements ; ce que la police sait, il faut que la justice le sache aussi », déclare au *Monde* Nicolas Sarkozy. Van Ruymbeke découvre ainsi avec stupéfaction que le contre-espionnage a mené des investigations parallèles sur l'affaire des frégates et plus particulièrement sur l'identité du corbeau, et ce sans en informer la justice – ni le procureur de Paris, ni le juge d'Huy, ni lui-même. Ce n'est pas tout. L'article du *Monde* révèle que la DST a identifié les auteurs des envois anonymes. Jean-Louis Gergorin et Imad Lahoud ne sont pas cités dans l'article, mais ils sont parfaitement reconnaissables pour les spécialistes de l'affaire. « Plusieurs sources proches des services de renseignement évoquent une enquête approfondie qui aurait eu recours aux écoutes téléphoniques, aurait mis en exergue la thèse d'un montage et irait jusqu'à l'identification de l'informateur anonyme de M. Van Ruymbeke : cadre dirigeant d'un grand groupe industriel, cet ancien haut fonctionnaire passé par le Quai d'Orsay est soupçonné d'avoir agi en vertu de mobiles inconnus, mais qui pourraient trouver leur source dans des conflits internes au monde de l'armement », écrit le quotidien. Avant d'ajouter : « La DST a surtout établi que cet homme avait recruté, il y a quelques mois, un informaticien de haut niveau, condamné par le passé dans une affaire de piratage de fichiers confidentiels ; le rapprochement a aussitôt été effectué avec l'accès aux archives luxembourgeoises de Clearstream, d'où proviennent d'évidence les listings reçus par le juge, même s'ils semblent avoir ensuite été falsifiés. »

Ces révélations contrarient Renaud Van Ruymbeke à plusieurs titres. D'abord, la mise au jour d'investigations parallèles menées, dans l'ombre, par les services secrets l'agace et l'inquiète à la fois. Ensuite, la DST semble être parvenue à la conclusion qu'il s'est fait manipuler – ce dont il ne doutait plus guère depuis la « visite » de Florian Bourges. Enfin, VR craint qu'en pointant de manière aussi transparente Gergorin et Lahoud, l'article ne rende sa propre position intenable vis-à-vis de son collègue Jean-Marie d'Huy. Les semaines suivantes, d'autres articles vont se faire l'écho de l'enquête de la DST et des remous provoqués par cette affaire au sein du gouvernement. Surtout, Gergorin est désormais ouvertement accusé, par plusieurs médias, d'être l'informateur de Van Ruymbeke – ce dont il se défend, allant jusqu'à déposer plainte à son tour pour « dénonciation calomnieuse ». « Je ne suis pas le corbeau, et je suis indigné par ces allégations mensongères qui me causent un très grave préjudice », déclare ainsi Gergorin au *Figaro*, le 16 novembre 2004. Les liens unissant Gergorin à Villepin sont aussi révélés par la presse. Van Ruymbeke, qui va de surprise en surprise, apprend ainsi que Gergorin a été fait officier de l'ordre national du Mérite, place Beauvau, par Dominique de Villepin, tout nouveau ministre de l'Intérieur, en avril 2004.

Courant 2005, les CRI continuent à rentrer. Invariablement, les réponses sont négatives. Les numéros de comptes sont exacts, pas leurs titulaires... Une commission rogatoire attire particulièrement l'attention de VR, celle retournée par les autorités colombiennes : elle indique que le Hugo Caceres Gomez évoqué par les listings n'a rien à voir avec Alain Gomez. Il s'agit en réalité d'un homme d'affaires colombien. Cette fois, Van Ruymbeke est accablé. Pour lui, cette vérification était décisive. À l'été 2005, le puzzle commence à prendre forme, mais il manque encore quelques pièces. Les principales.

23

Jacques Heyer, le casus belli

La haine ne peut jamais être bonne. Elle s'augmente par une haine réciproque.

Baruch SPINOZA, *L'Éthique.*

À l'évidence, il s'agit de l'un des plus courts procès-verbaux jamais rédigés par un juge d'instruction. Daté du 9 décembre 2005, il tient tout entier sur une page. Qui plus est, son contenu ne présente – en apparence – strictement aucun intérêt. D'ailleurs, les journaux ne s'en sont pas fait l'écho. Pourtant, ce P-V n'a pas échappé à tout le monde. Surtout pas à Nicolas Sarkozy, qui y a vu un casus belli. Il explique pour partie la haine que nourrit désormais le ministre de l'Intérieur à l'égard de Renaud Van Ruymbeke. La genèse de ce procès-verbal remonte à l'été 2004, peu après le grand article du *Point.* Le juge Van Ruymbeke recueille les confidences d'un collègue en poste au palais de justice de Paris. Cet informateur très particulier – il s'agit d'un magistrat de haut rang – lui confie qu'un homme détient peut-être la clé de l'affaire des frégates de Taïwan. Il s'agit de Jacques Heyer, un homme d'affaires suisse que la « gorge profonde » de Van Ruymbeke suspecte de gérer les fonds occultes d'hommes politiques de droite. Van Ruymbeke est intéressé, bien sûr, mais se demande dans quel cadre il pourrait enquêter sur Heyer, dont le nom a déjà été cité avec insistance dans l'enquête sur les HLM des Hauts-de-Seine. L'affaire est délicate, d'autant que le haut magistrat lui a conseillé d'explorer la nature des liens qui uniraient Heyer à Sarkozy. Involontairement, ce sont des journalistes qui vont voler au secours du juge. À la rentrée 2005, un premier article – publié sur Internet par *Intelligence On Line*, une publication spécialisée – fait le lien entre Heyer et de possibles financements politiques occultes. Surtout, au mois d'octobre, un collectif de journalistes regroupés sous le pseudonyme de Victor Noir consacre un chapitre entier de son livre sur Sarkozy à l'homme d'affaires. « Jacques Heyer : c'est le nom que Nicolas Sarkozy voudrait oublier aujourd'hui [1] », affirment les auteurs.

Âgé de soixante ans, Jacques Heyer fut, dans les années 1970 et 1980, un gestionnaire de fortune travaillant pour le compte de vedettes du show-business et du sport. Accusé par plusieurs de ses prestigieux clients d'avoir dilapidé une partie de leurs fonds, Heyer, qui réside à Genève, a été inculpé – et brièvement incarcéré – en 1997 par la justice suisse. Beaucoup d'autres clients ont préféré faire profil bas et ne pas déposer plainte, de crainte d'être rattrapés par le fisc... Nicolas Sarkozy a rencontré Jacques Heyer en 1986. Le jeune maire de Neuilly-sur-Seine conseillait alors, en sa qualité d'avocat, le champion de tennis Henri Leconte, dont il est très proche. Et voilà comment Leconte décida de confier à Heyer une partie de son argent récolté sur les courts. Près de dix ans plus tard, en 1994, Heyer va être approché par un autre familier de Nicolas Sarkozy, qui va confier au gestionnaire suisse la fortune héritée de sa mère ; il s'agit du conseiller général (RPR) Didier Schuller. Interrogé en février 2002 par le juge Philippe Vandingenen, dans le cadre de l'enquête sur les HLM des Hauts-de-Seine, Schuller, qui avait pris la fuite sept ans auparavant avant d'être dénoncé par son fils, fut questionné sur ses relations avec Heyer. « M. Heyer m'a été recommandé à l'époque dans le milieu et j'ai accepté

1. Victor Noir, *Nicolas Sarkozy ou Le Destin de Brutus*, Denoël, 2005.

de lui confier ma fortune dans la mesure où il était gestionnaire de fortune de Jean-Claude Killy, d'Henri Leconte et de Mac Cormack. À cette époque, j'ai dû confier à M. Heyer environ 8 à 9 millions de francs français », déclara Schuller. L'ancien élu des Hauts-de-Seine, qui s'était enfui en 1995 aux Bahamas au moment où la justice mettait au jour la manipulation visant le juge Éric Halphen dans laquelle il avait joué un rôle central, affirma au juge Vandingenen que Heyer avait dilapidé l'intégralité des sommes qu'il lui avait confiées. Elles provenaient de sa famille, des juifs partis précipitamment d'Allemagne à l'arrivée des nazis au pouvoir, en 1933. « Je m'en voudrai toujours d'avoir remis ces fonds à Heyer, peste encore Didier Schuller. Mais je lui faisais une confiance totale. Son frère n'était-il pas le président de la Cour de cassation de Genève ? À l'arrivée, il est parvenu à prendre l'argent que même Hitler n'avait pu confisquer à ma famille !...[1] » Curieusement, le magistrat français ne jugea pas utile de convoquer Heyer, sauf pour une confrontation générale en toute fin d'instruction. Dans leur ouvrage, si les journalistes n'écrivent pas que l'actuel ministre de l'Intérieur avait lui-même confié des fonds à Heyer, l'accusation est implicite. Le chapitre consacré à Heyer se conclut par une série de questions adressées à Nicolas Sarkozy, parmi lesquelles celles-ci : « Avez-vous, vous-même, placé des fonds dans les mains de ce gérant de fortune genevois ? Êtes-vous celui qui a présenté M. Didier Schuller à M. Jacques Heyer ?[2] » Ulcéré par ces sous-entendus, Nicolas Sarkozy, qui a retrouvé la Place Beauvau en juin 2005 à la faveur de la nomination de Dominique de Villepin à Matignon, choisit de ne pas répondre, afin de ne pas nourrir la rumeur.

De son côté, sur la base de ces soupçons publics, le juge Van Ruymbeke estime désormais avoir suffisamment d'éléments pour convoquer, en qualité de témoin, Jacques Heyer. Mais,

1. Entretien avec l'auteur, septembre 2006.
2. Victor Noir, *Nicolas Sarkozy ou Le Destin de Brutus*, *op. cit.*

ce 9 décembre 2005, l'interrogatoire, qui évoque plutôt une partie de ping-pong, tourne court. Un match vraiment nul.

« Avez-vous géré des biens pour le compte de personnalités françaises ?

– Oui.

– Durant quelle période ?

– De 1970 à 1996.

– Parmi ces personnalités, y avait-il des hommes politiques ?

– Aucun. Je précise en particulier que je n'ai pas géré les biens de M. Schuller mais ceux qu'il avait déclarés comme étant de sa famille. Je n'ai géré les biens d'aucun homme politique, français, suisse ou d'ailleurs.

– Avez-vous géré des biens vous ayant été déclarés comme étant de la famille d'hommes politiques ?

– Aucun. »

S'il attendait de croustillantes révélations, le juge Van Ruymbeke a de quoi être déçu. Rapidement informé de cette déposition, Sarkozy est scandalisé. Cette fois, c'est trop. Après la lettre anonyme, puis les vérifications dans la banque italienne où il est accusé d'avoir placé des fonds via Clearstream, il vit l'audition de Jacques Heyer comme une nouvelle provocation. D'autant qu'il revient aux oreilles du ministre de l'Intérieur que Heyer serait resté plusieurs heures dans le bureau du magistrat. Or, le P-V se résume à quelques lignes. Conclusion : il y aurait eu beaucoup de « off » en marge de l'audition elle-même. « Van Ruymbeke me cherche », confie alors Sarkozy à son entourage. Une conviction dont il ne se départira plus. Selon Didier Schuller, en tout cas, « si Van Ruymbeke est convaincu que Sarkozy avait placé des fonds chez Heyer, il fait fausse route. Nicolas n'est de toute façon pas un homme d'argent mais de pouvoir. Il n'y a que cela qui l'intéresse. [1] »

Tandis qu'en cette fin d'année 2005, Van Ruymbeke se détache de plus en plus de cette affaire, des émules du corbeau

1. Entretien avec l'auteur, septembre 2006.

continuent, eux, à lui envoyer des courriers accusatoires. Le 28 décembre 2005, l'un d'eux écrit par exemple, à propos de l'un des protagonistes de l'affaire des frégates : « Vous vous intéressez depuis des années à [lui] sans parvenir à découvrir l'origine et la localisation de son immense fortune. Voici quelques éléments de son train de vie qui pourraient vous aidé [*sic*]. Il a quitté la France pour l'Italie il y a cinq ans, pour pouvoir profiter et dépenser de son argent illégal conservé en Suisse... » Décidément, la délation reste une spécialité bien française... C'est également fin 2005 que les autorités italiennes retournent, enfin, la commission rogatoire que leur a adressée Van Ruymbeke. La CRI arrive au cabinet du magistrat le 10 novembre. Il la donne à traduire le 22 novembre ; le texte lui revient, en français, le 9 décembre. Van Ruymbeke découvre plusieurs choses. D'abord que les vérifications sur les quatre comptes attribués à Sarkozy étaient terminées... dès le 16 novembre 2004. Pourquoi n'en a-t-il pas été informé avant ? Tout simplement parce que, on l'a vu, sa CRI, contrairement à ce qui a parfois été avancé, ne visait pas Nicolas Sarkozy mais une série de comptes ouverts, selon le corbeau, en Italie. La justice transalpine, plutôt que de faire part au fur et à mesure de ses découvertes, a préféré renvoyer toutes ses réponses en même temps, une fois l'ensemble de ses investigations achevées. Dès le 16 novembre 2004, donc, la Banca popolare di Sondrio avait répondu ceci à la juge milanaise Caterina Interlandi – chargée d'exécuter la CRI de Van Ruymbeke : « Clearstream Banking (ex-Cedel) nous a fourni deux certificats (en pièce jointe) dont il ressort que les comptes 16439, R6439, R6440 ne se rapportent en aucun cas à notre établissement. » En revanche, admet la banque, « le compte 16438 est en effet un compte de la banque de Sondrio. Sur ce compte 16438 ont été comptabilisées plusieurs milliers d'opérations se rapportant tant à la propriété de la Banca popolare di Sondrio qu'à la globalité de la clientèle, jusqu'au mois d'avril 1996 ; par la suite, par contre, il a été dédié à des opérations ponctuelles relatives seulement à la propriété de la banque. » En d'autres termes, trois des quatre comptes évoqués par le corbeau n'ont rien à voir avec la banque italienne ; quant au dernier, il n'est en aucun cas attribué à un particulier – Nicolas Sarkozy par exemple. « Vu le terme légal de dix ans rendant disponibles les archives depuis 1994, la recherche pour la période du 1.1.1994 au 30.4.1996 devrait être effectuée, mais seulement en ce qui concerne le nom des personnes mises en examen et non sur la globalité des opérations. » La banque suggère ainsi au magistrat français de ne plus mener de recherches sur des comptes mais sur des noms. En prenant connaissance de ces informations, Van Ruymbeke décide de ne pas aller plus loin. D'abord, il est évidemment hors de question de mettre en examen les personnalités sur la seule foi d'accusations anonymes, préalable qui semble nécessaire pour obtenir les informations de la banque italienne. Surtout, le juge a la conviction que cette piste ne le mènera de toute façon nulle part et que le corbeau l'a bel et bien envoyé dans une impasse, puisque trois des quatre comptes attribués à Sarkozy n'existent pas et que le quatrième ne correspond pas à un particulier. En vertu du doute hyperbolique théorisé par Descartes, l'un de ses philosophes favoris, le juge considère dès ce moment qu'il ne peut plus accorder le moindre crédit aux « révélations » du corbeau.

Rapidement informé du retour de la CRI italienne, le ministre de l'Intérieur ne perd pas de temps. C'est le signal qu'il attendait pour contre-attaquer. Il demande à son avocat, Me Thierry Herzog, de préparer une demande de constitution de partie civile afin d'accéder au dossier de « dénonciation calomnieuse ». Dans son livre *Témoignage*, publié en juillet 2006, le ministre de l'Intérieur réglera ses comptes avec Renaud Van Ruymbeke, à qui il réservera ses flèches les plus acérées, écrivant notamment : « Il fallut dix-neuf mois d'enquête pour découvrir que tout cela était faux. Heureusement que le juge Van Ruymbeke a la réputation d'être compétent. Qu'est-ce que cela aurait été sinon ? En plus d'être "compétent", ce juge devait être très occupé puisqu'en dix-neuf mois il n'a jamais pris la peine de m'informer de ses initiatives. Il n'y était certes pas obligé juridiquement. Mais cette affaire était tellement aberrante, reposait sur si peu de choses, qu'avant d'engager une procédure de cette nature, la démarche normale eût été de commencer par m'interroger. Il ne prit même pas la peine non plus de me dire que les deux commissions rogatoires étaient revenues et qu'elles étaient négatives. Quand j'ai appris par la suite qu'il avait eu le temps de recevoir Jean-Louis Gergorin pendant plusieurs heures, j'en ai conclu qu'il devrait s'interroger davantage sur le choix de ses relations et sur la valorisation de son temps de magistrat ! [1] »

Ces quelques lignes, Renaud Van Ruymbeke ne les a toujours pas digérées. « M. Sarkozy pratique le discours paradoxal, déplore le magistrat. Quoi qu'on fasse, on a toujours tort. Il semble regretter que je ne l'aie pas interrogé. Mais si je l'avais convoqué, que n'aurait-on dit ! J'ai préféré la discrétion. Il regrette aussi la lenteur de la commission rogatoire. Or, dix-neuf mois, c'est malheureusement un délai habituel. De plus, l'exécution de cette CRI ne dépendait évidemment pas de moi. » En fait, la seule possibilité pour faire éventuellement accélérer l'exécution de cette commission rogatoire aurait sans doute été que le juge se rende personnellement en Italie. Il l'envisagea un moment, avant d'y renoncer, de crainte que son déplacement ne soit médiatisé et éventuellement récupéré politiquement. Au nom de Nicolas Sarkozy – qui n'a pas souhaité s'exprimer –, Me Thierry Herzog estime de son côté que « le juge, connu pour la qualité de ses réseaux à l'étranger, aurait pu se tenir informé, durant ces quinze mois, de l'évolution de sa CRI. Il aurait su rapidement que M. Sarkozy était blanchi. [2] »

Van Ruymbeke s'étonne par ailleurs que le ministre de l'Intérieur regrette de ne pas avoir été prévenu de l'évolution de l'enquête. « Les trois autres anciens ministres mis en cause publiquement fin 2004 ont immédiatement pris attache avec

1. Nicolas Sarkozy, *Témoignage*, *op. cit.*
2. Entretien avec l'auteur, novembre 2006.

moi, rappelle-t-il. M. Sarkozy a été le seul à ne pas le faire. C'est d'autant plus incompréhensible qu'à cette époque je rencontrais régulièrement l'avocat de M. Sarkozy, Thierry Herzog, puisqu'il défend Thales dans le dossier des frégates. Et à aucun moment ce dernier ne m'a posé la moindre question. Il ne m'a même pas signalé qu'il était le conseil de M. Sarkozy, ce que j'ai appris plus tard par la presse ! » VR affirme que, si Sarkozy avait entrepris une démarche, il n'aurait pas manqué de le rassurer, comme il l'avait fait par exemple, on l'a vu, avec Jean-Pierre Chevènement, lui aussi cité dans les listings du corbeau. Le 16 novembre 2004, l'ancien ministre de la Défense avait demandé à la justice, dans une lettre adressée à Van Ruymbeke, de « rendre public le résultat des investigations qu'elle [avait] diligentées » afin de mettre fin « au tort grave » que lui causait « un viol caractérisé du secret de l'instruction, sur la base d'une dénonciation calomnieuse et de surcroît anonyme ». Dès le lendemain, le juge avait répondu, par courrier également : « Je peux vous indiquer qu'aucun élément probant ne permet à ce jour de dire que vous seriez titulaire d'un compte dans une banque helvétique. » Au nom d'Alain Madelin, Me Jean-Marc Fédida avait accompli une démarche similaire, dès le 24 septembre 2004. « J'avais remis au juge un courrier de mon client dans lequel celui-ci autorisait par avance que soient menées toutes les investigations possibles sur lui. Puis j'avais discuté de manière informelle avec le magistrat ; il m'avait dit : "Je ne crois pas à la véracité de ces dénonciations, mais par prudence, il me faut vérifier." [1] », se souvient l'avocat. Les attaques de Nicolas Sarkozy agacent d'autant plus Renaud Van Ruymbeke que le ministre de l'Intérieur fait l'impasse sur ce que le juge qualifie ironiquement de « tout petit détail » : « C'est tout de même grâce aux investigations que j'ai lancées qu'il a été établi qu'il n'avait jamais eu de comptes chez Clearstream ! »

1. Entretien avec l'auteur, novembre 2006.

Sur ces différents points, l'avocat Thierry Herzog, qui affirme tenir « en haute estime le juge Van Ruymbeke, qui a toujours été d'une correction exemplaire avant cette affaire », donne sa version des faits : « Je n'avais pas à informer en 2004 M. Van Ruymbeke que j'étais l'avocat de M. Sarkozy, pour la bonne et simple raison que ce n'était pas le cas à l'époque ! M. Sarkozy n'avait pas d'avocat car il n'en avait pas besoin. Et puis, j'ai la faiblesse de croire que le ministre n'avait pas besoin de moi pour apprendre une information qui est rapidement devenue un secret de polichinelle. Je rappelle par ailleurs que dans le dossier des frégates mon client, c'est Thales, et personne d'autre. Qui plus est, à cette date-là, je n'allais même pas consulter le dossier. D'autre part, qu'aurait pensé M. Van Ruymbeke si j'étais venu le trouver en lui disant : "Je suis ami avec Sarkozy, attention à ce que vous faites, il n'a pas de compte en Italie." Je pense qu'il aurait pu le vivre comme une forme de pression, à juste titre d'ailleurs. Enfin, je trouve un peu spécieux que l'on exige de personnes injustement accusées qu'elles prouvent leur innocence. Je maintiens que ce n'était pas à M. Sarkozy de prendre l'initiative... » Toujours selon Me Herzog, « que M. Van Ruymbeke ait mené des vérifications suite aux accusations de M. Gergorin est tout à fait acceptable. Ce qui ne l'est pas, c'est qu'il n'ait pas fait un procès-verbal à la suite des révélations de Florian Bourges dans son cabinet, qui a démonté toute la manipulation, et qu'il ait caché ce qu'il savait à ses collègues, Mme de Talancé, codésignée avec lui, et MM. d'Huy et Pons, qui étaient en charge de l'information concernant les faits de dénonciation calomnieuse. [1] »

Interrogé en qualité de partie civile par les juges d'Huy et Pons le 9 mai 2006, Nicolas Sarkozy en profitera pour « tacler » une nouvelle fois Van Ruymbeke : « J'ai été informé par la presse en septembre 2004 que les commissions rogatoires internationales avaient été lancées, et j'ai appris par un article du

1. Entretien avec l'auteur, novembre 2006.

Figaro du 20 janvier 2006 qu'elles avaient été retournées à M. Van Ruymbeke en décembre 2005 avec un résultat négatif. Je m'étonne qu'il ait fallu quinze mois pour obtenir un tel résultat. » Invité du journal de 20 heures de TF1 le 19 octobre 2006, le ministre de l'Intérieur, interrogé sur les développements de l'affaire Clearstream, reviendra à la charge : « J'ai été accusé pendant dix-neuf mois par la justice de mon pays, sur la base du mensonge d'un corbeau qui s'était allié avec un juge, d'avoir un compte à l'étranger », déclarera-t-il en faisant allusion à Gergorin et à Van Ruymbeke. « J'ai fait litière de ces accusations, la justice m'a innocenté », ajoutera M. Sarkozy, omettant soigneusement de préciser qu'en l'occurrence « la justice », c'était bel et bien Renaud Van Ruymbeke lui-même.

Les préventions de Sarkozy à l'égard de Van Ruymbeke semblent antérieures à l'affaire Clearstream. On en trouve trace dans un précédent ouvrage, publié en 2001 par le maire de Neuilly. Le président de l'UMP évoquait sa rencontre avec le célèbre juge d'instruction, l'année précédente, à l'occasion d'un débat organisé à Bordeaux par l'École nationale de la magistrature. Les deux hommes s'étaient retrouvés assis côte à côte lors du déjeuner organisé par l'ENM. Selon Sarkozy, tout se passa bien jusqu'au dessert, lorsque la conversation vint sur le football, une passion commune aux deux hommes. « Sa répartie, écrit Sarkozy, me stupéfia proprement : "J'aimais le football avant qu'il n'y ait toutes ces histoires d'argent qui ont fini par tout pourrir !" Je lui répondis qu'une telle aversion pour les "histoires d'argent" était singulière pour un homme qui, à l'époque, était candidat à un poste de premier juge d'instruction au pôle financier à Paris, où les histoires d'argent se trouvent justement être le quotidien.[1] » Et Sarkozy de poursuivre sa charge : « Que l'on me comprenne bien, il avait parfaitement le droit de penser ainsi. Je suis convaincu que nombre de Français partagent d'ailleurs ce sentiment, mais rares sont

1. Nicolas Sarkozy, *Libre*, Robert Laffont, 2001.

ceux qui vont faire de cette aversion un métier. Un magistrat instructeur doit poursuivre et dénicher la malhonnêteté avec équité et mesure. Celle-ci est-elle possible si on porte en soi une telle forme de répulsion ? » Et Sarkozy de conclure que son « malaise » fut renforcé par cette autre déclaration qu'il prête au juge : « L'abus de biens sociaux est à l'homme politique ce que la petite culotte est au violeur. » « Outre le goût douteux de la remarque, écrit Sarkozy, je lui fis remarquer que le propos était insultant et la comparaison, profondément blessante ![1] » C'est seulement en septembre 2006, tout à fait par hasard, que Renaud Van Ruymbeke a pris connaissance des extraits de *Libre* le concernant. « Je n'en revenais pas que M. Sarkozy se soit permis de restituer le contenu d'une conversation à bâtons rompus. Je me souviens parfaitement de cette rencontre organisée par l'ENM. Je n'avais pas manifesté d'hostilité particulière à l'encontre de Nicolas Sarkozy, contre qui je n'ai rien, mais il est exact que j'avais mis beaucoup de distance entre nous, cette rencontre ayant lieu dans un cadre institutionnel. Je fonctionne toujours comme cela, par principe, avec les hommes politiques, par prudence. Mais il semble que M. Sarkozy l'ait mal pris. Peut-être l'ai-je vexé involontairement ? », s'interroge le juge.

L'hostilité manifeste que voue Nicolas Sarkozy à Renaud Van Ruymbeke semble contagieuse, puisque de nombreuses personnalités réputées proches de l'ancien protégé de Charles Pasqua la partagent. Ainsi, en privé, deux magistrats respectés comme le juge Philippe Courroye et l'ancien procureur général de Paris Yves Bot, tous deux étiquetés « sarkozystes » – un raccourci qui les agace –, ne cachent pas les réserves que leur inspirent les méthodes de leur célèbre collègue. Dans sa déposition devant l'Inspection générale des services judiciaires, saisie par le garde des Sceaux du cas Van Ruymbeke, Yves Bot n'a d'ailleurs pas épargné le juge.

1. Nicolas Sarkozy, *Libre*, *op. cit.*

Et que dire de l'ancien patron de la brigade financière, Pierre Martinez ? Lui aussi visé par les accusations du corbeau, en son ancienne qualité de vice-président chargé de la sécurité de Thales, fonction qu'il occupa de 1995 à 2002, Martinez, sarkozyste convaincu, n'a pas de mots assez durs pour ce « magistrat indigne » qu'il qualifie d'« imposteur ». « Il a vécu sur une réputation que lui a faite Denis Robert. Mais, sous des dehors très ronds, très courtois, cet homme est un manipulateur. Il tient les avocats et les journalistes en distillant aux uns et aux autres des confidences », affirme Martinez. Outré d'avoir été l'objet d'investigations bancaires poussées, l'ancien patron de la prestigieuse brigade financière, où il a fait toute sa carrière (il y est entré en 1966 et l'a dirigée de 1982 à 1991), affirme que Renaud Van Ruymbeke « a été jusqu'à mettre en place le processus des lettres anonymes avec Gergorin, parce qu'ils étaient tous les deux obsédés par leur haine de Gomez. Échouant à solutionner l'affaire des frégates, Van Ruymbeke était prêt à tout pour ne pas perdre la face. [1] » Fin 2006, des proches de Sarkozy envisagèrent d'ailleurs de déposer plainte contre VR, accusé d'avoir fait obstruction à la justice en ne révélant pas à ses collègues qu'il connaissait l'identité du corbeau et en refusant, selon eux, de leur communiquer certains documents issus de sa procédure, notamment les originaux des lettres anonymes à partir desquels ils comptaient effectuer des prélèvements ADN – que VR finit, avec réticence, par leur transmettre. Une rétention d'informations susceptible, selon les sarkozystes, de tomber sous le coup de l'article 434-4 du code pénal, qui réprime « le fait, en vue de faire obstacle à la manifestation de la vérité [...], de détruire, soustraire, receler ou altérer un document public ou privé ou un objet de nature à faciliter la découverte d'un crime ou d'un délit, la recherche des preuves ou la condamnation des coupables ».

À la fin de l'année 2005, qu'il s'agisse de l'audition de Jacques Heyer ou des retours de la CRI concernant Nicolas Sar-

1. Entretien avec l'auteur, octobre 2006.

kozy, Dominique de Talancé est plus que jamais tenue à l'écart du dossier des frégates. Ne pouvant plus supporter son collègue, elle a même quitté, à cette époque, le cabinet 311 pour s'installer un étage plus bas. Un jour, elle croise dans les escaliers du pôle financier un capitaine de la gendarmerie maritime, avec qui elle était en relation dans le cadre de son enquête sur *l'Erika*. « Vous veniez me voir ? », lui lance-t-elle. Très mal à l'aise, le militaire lui avoue qu'il a rendez-vous pour parler du dossier des frégates... avec Van Ruymbeke seulement. En novembre 2005, en gage de bonne volonté, VR propose toutefois à sa collègue de l'accompagner en Suisse voir Paul Perraudin, qui tient à leur disposition un grand nombre de documents éclairant les versements de commissions intervenus à l'occasion de l'opération « Bravo ». Le magistrat helvète souhaite également évoquer la procédure arbitrale grâce à laquelle l'État taïwanais espère récupérer son argent. Malheureusement, l'entrevue avec Perraudin se passe mal. Dominique de Talancé est choquée de découvrir que le magistrat suisse, soutenu par Van Ruymbeke, a élaboré une série de plans (désignés par les lettres A, B, C), notamment destinés à sortir la France de l'impasse. Elle le fait savoir, dans un langage évidemment peu diplomatique. Le voyage retour est glacial. Pour Van Ruymbeke, si l'objectif était de se réconcilier avec sa collègue, c'est raté. Dès son arrivée à Paris, il lui envoie un e-mail qui va sceller leur rupture définitive. Une copie de ce courrier électronique, expédié le 10 novembre 2005 à 10 h 38, a été remise le 5 juin 2006 à l'Inspection générale des services judiciaires par Mme de Talancé. « Inutile de te dire, écrit Van Ruymbeke, que j'ai trouvé ton intervention très déplacée et discourtoise à l'égard de Paul, qui fait ce qu'il peut pour éviter la restitution des fonds à Wang, et que je ne suis pas prêt à m'afficher à nouveau avec toi. Je me demande pourquoi tu es toujours aussi agressive. Nous en reparlerons de vive voix. » La réponse de Dominique de Talancé – qu'elle a également confiée à l'IGSJ – ne tarde pas. Elle arrive sur la messagerie de VR à 11 h 57. « Je n'ai pas eu l'impression d'être agressive à l'égard de Paul et, quant au fait que tu n'envisages pas de t'afficher avec moi, sache que cela ne changera rien à la façon parfaitement déloyale dont tu t'es comporté avec moi et que tu as d'ailleurs fini par admettre. La solution "B" présentée par Perraudin est une position politique dans laquelle nous n'avons rien à faire et je ne crois pas l'avoir agressé en lui disant cela ; en tout cas c'est à lui de me le dire et pas à toi. » À partir de cette date, d'exécrables, les relations entre Renaud Van Ruymbeke et Dominique de Talancé vont devenir quasiment inexistantes.

24

La guerre des juges

Il faut mentir s'il n'y a que du mal à attendre de l'aveu d'une vérité.

Michel LEIRIS, *Fibrilles.*

L'idée le taraudait depuis plusieurs semaines. Il en avait discuté avec Bernadette, s'était décidé à franchir le pas, puis avait renoncé, avant, pour finir, de se jeter à l'eau, au début du mois de janvier 2006. Oui, cette fois Van Ruymbeke est déterminé à tout dire à son collègue Jean-Marie d'Huy, chargé de l'affaire de dénonciation calomnieuse. Enfin, presque tout, car il tient toujours à protéger son informateur. Le retour négatif de la commission rogatoire italienne a achevé de le convaincre qu'il a été l'objet d'une manipulation – dont il ignore encore les motifs. Il l'indique d'ailleurs à ses interlocuteurs du parquet. Un rapport, adressé le 20 janvier 2006 par le procureur de Paris au parquet général, l'atteste. « Le magistrat instructeur, écrit le procureur, m'a fait connaître qu'il n'entendait pas approfondir les investigations pour déterminer si les comptes ouverts par la Banca popolare di Sondrio dans les livres de Clearstream et les comptes ouverts par les agents de change italiens dans les livres de Monte Titoli avaient été le vecteur d'opérations conduites dans l'intérêt des personnes physiques visées par les courriers anonymes successifs. Sa conviction est aujourd'hui faite que le correspondant anonyme a "retravaillé" avec un esprit de malveillance des éléments d'information tirés des systèmes d'exploitation de la société luxembourgeoise Clearstream. » La suite, Jean-Marie d'Huy l'a racontée au premier président de la cour d'appel, Renaud Chazal de Mauriac, chargé au printemps 2006 d'une enquête sur le scandale Clearstream, en marge des investigations menées par l'Inspection générale des services judiciaires. « Au mois de janvier 2006, j'ai contacté par téléphone Renaud Van Ruymbeke pour lui demander où en était l'exécution des commissions rogatoires internationales qu'il avait délivrées, a expliqué M. d'Huy, le 16 mai 2006. Il avait en effet été indiqué dans la presse que certaines d'entre elles lui avaient été retournées et qu'elles contenaient des éléments permettant de penser que les listings fournis par le corbeau étaient des faux. Je lui ai proposé de venir dans mon bureau. Il m'a confirmé que certaines commissions rogatoires avaient été exécutées, mais il ne pouvait me donner les éléments dont il disposait sans l'accord des autorités étrangères. Au cours de la conversation, il m'a indiqué qu'il connaissait le nom du corbeau par l'intermédiaire d'un avocat, mais qu'il était tenu à un engagement de confidentialité à l'égard de celui-ci. Je lui ai demandé avec insistance plus de précisions, mais il m'a répondu qu'il était lié par la foi du palais. Je me suis interrogé sur la portée de cette "foi du palais", lui ai proposé de voir avec l'avocat concerné s'il était possible de me donner davantage d'informations, et lui ai dit qu'au cas où il changerait de position sur la portée de ses engagements il conviendrait qu'il prenne contact avec moi le plus rapidement possible. Mais je n'ai plus eu aucune nouvelle. Je dois préciser qu'au cours de l'entretien mon collègue m'a dit que si j'"allais dans le mur" il me préviendrait. J'ai été très surpris par cette réflexion. » Interrogé la veille par le premier président de la cour d'appel, Van Ruymbeke avait livré une version similaire, précisant toutefois, à propos de ses deux collègues d'Huy et Pons : « Ils ne m'ont pas attendu pour faire les perquisitions chez MM. Gergorin et Lahoud, désignés de notoriété publique comme les auteurs de cette manipulation dès le début de cette affaire. » Il entendait ainsi repousser l'accusation selon laquelle il aurait, par son silence, retardé les investigations de ses deux collègues. Au début de l'année, en effet, Jean-Marie d'Huy n'est plus seul à instruire le dossier de dénonciation calomnieuse. Il a obtenu la nomination à ses côtés, le 27 février, de son ami Henri Pons. Sur le coup, VR n'a guère prêté d'attention à la nouvelle. Elle traduit pourtant l'importance désormais accordée à cette affaire. La désignation d'Henri Pons (quarante-deux ans) aux côtés de Jean-Marie d'Huy (quarante-neuf ans) est tout sauf une surprise : les deux hommes, surnommés, au choix, Zig et Puce, Bouvard et Pécuchet ou encore les Dupondt, sont inséparables. Le tandem instruit des dossiers sensibles comme les enquêtes sur Vivendi, Rhodia ou le comité d'entreprise d'EDF-GDF. Des procédures dont leurs ennemis, au sein du pôle financier, font des gorges chaudes, estimant qu'elles sont instruites en dépit du bon sens, quand elles ne sont pas enlisées. Jean-Marie d'Huy est le plus expérimenté des deux magistrats. Il a notamment été, de 1991 à 1999, juge au tribunal d'Évry (Essonne), où il a mené plusieurs enquêtes mettant en cause l'ex-président (RPR) du conseil général, Xavier Dugoin, ainsi que l'affaire Alcatel, provoquant la chute de son PDG, Pierre Suard. Discret voire effacé, Henri Pons a été détaché à la COB (Commission des opérations de Bourse, devenue Autorité des marchés financiers [AMF]) de 1995 à 1998, date à laquelle il a rejoint le pôle financier, où il est spécialisé dans les affaires de blanchiment au niveau international. Outre leur antipathie pour les « juges stars » comme Philippe Courroye ou Renaud Van Ruymbeke, les deux magistrats[1] partagent la même méfiance – voire défiance – à l'égard du parquet, qu'ils soupçonnent d'être l'instrument docile du pouvoir politique. « Ils se voient un peu comme des Jean Moulin judiciaires aux prises avec la police de Vichy, repré-

1. Jean-Marie d'Huy et Henri Pons n'ont pas souhaité s'exprimer.

sentée par le parquet[1] », ironise l'ancien vice-procureur Hervé Robert. En avril 2006, au début de l'affaire Clearstream, ils provoqueront l'ire du procureur de Paris, Jean-Claude Marin, mécontent de ne pas être informé de leurs investigations. Des méthodes qui « témoignent d'un mépris ou d'un manque de considération du ministère public », écrira le patron du parquet au président du tribunal, Jean-Claude Magendie, et au procureur général, Yves Bot. M. Marin exigera ensuite, comme la loi le permet, qu'un magistrat du parquet assiste, dans le bureau des deux juges, aux auditions les plus importantes. Les deux magistrats instructeurs et le procureur s'affronteront encore à de nombreuses reprises, les deux parties ayant au départ une vision très différente du dossier, qu'il s'agisse du sort réservé à Dominique de Villepin ou des poursuites susceptibles d'être déclenchées à l'encontre de Denis Robert et Florian Bourges, par exemple. Finalement, les juges et le parquet tomberont d'accord pour convoquer le Premier ministre en qualité de témoin et mettre en examen Bourges et Robert...

Le 30 janvier 2006, Nicolas Sarkozy sort du bois. Le ministre de l'Intérieur se constitue partie civile. Il dit s'être décidé à la suite de la lecture d'un article du *Figaro* du 16 janvier, annonçant le retour négatif de la CRI italienne. « Il ne pouvait pas se constituer partie civile avant que la fausseté des faits n'ait été établie », plaide son avocat, Me Herzog. Immédiatement, l'enquête connaît une accélération brutale. L'initiative du ministre de l'Intérieur semble donner des ailes au tandem d'Huy-Pons, qui multiplie, à partir du mois de mars, les opérations spectaculaires... et fructueuses. Le 23 mars, ils conduisent une perquisition dans le bureau d'Imad Lahoud, au centre de recherches d'EADS, situé à Suresnes. Les jours suivants, ils se rendent au domicile du général Philippe Rondot – où ils saisissent des notes au contenu explosif – puis à celui de Jean-Louis Gergorin, avant de perquisitionner le siège de la DGSE et le ministère de la Défense ! Le 30 mars 2006, les deux

1. Entretien avec l'auteur, septembre 2006.

magistrats déboulent, boulevard de la Tour-Maubourg, dans le VIIe, au Secrétariat général de la défense nationale (SGDN), un organisme qui dépend de Matignon. Ils filent directement dans le bureau d'Alain Juillet, dont ils ont appris entre-temps qu'il aurait été l'officier traitant d'Imad Lahoud. Figure du monde du renseignement, Alain Juillet est le neveu de Pierre Juillet, ancien conseiller de Georges Pompidou puis de Jacques Chirac, dont il fut, avec Marie-France Garaud, le parrain politique. Alain Juillet a été, on l'a vu, à la fin des années 1980, directeur général adjoint de l'Union laitière normande, dirigée auparavant par André Van Ruymbeke. Mais c'est dans les « services » que Juillet va s'épanouir. Nommé en octobre 2002 directeur du renseignement à la Direction générale de la sécurité extérieure, il est promu par le chef de l'État, en janvier 2004, haut responsable chargé de l'intelligence économique au Secrétariat général de la défense nationale.

Lors de la perquisition va se produire un curieux incident, qui explique sans doute l'attitude adoptée ensuite par les juges d'Huy et Pons vis-à-vis de leur collègue Van Ruymbeke, qu'ils vont suspecter de leur avoir dissimulé beaucoup plus que l'identité du corbeau et de son avocat. Les deux magistrats découvrent ainsi, en feuilletant l'agenda de Juillet puis en examinant les numéros composés sur son téléphone mobile, que ce dernier est en contact avec... Renaud Van Ruymbeke. Voici ce qu'ils retranscrivent sur le procès-verbal de constatations dressé ce 30 mars 2006 : « À la lecture du journal des appels de ce téléphone portable, nous constatons que le 29 mars 2006 M. Juillet a appelé deux numéros correspondant à des numéros internes du palais de justice de Paris. Interpellé sur ces appels, M. Juillet nous précise qu'il a appelé dans la journée du 29 mars 2006 le cabinet de M. Van Ruymbeke. [...] M. Juillet nous indique que cet appel portait sur un dossier actuellement instruit par M. Van Ruymbeke, sans nous donner plus de précisions malgré notre demande. » Et pour cause : aux deux magistrats qui le pressent de s'expliquer sur ses liens avec leur collègue, Juillet rétorque : « Je n'ai pas le droit de vous répondre, c'est secret-défense. » Bien entendu, cette réponse accroît un peu plus la frustration – et les soupçons – des deux magistrats instructeurs. Le duo en déduira, logiquement, que le conseiller de Dominique de Villepin et Renaud Van Ruymbeke se voyaient régulièrement pour évoquer l'affaire Clearstream. Et si les deux hommes étaient finalement partie prenante dans la manipulation dont les contours commencent à se dessiner ? Car, ce 30 mars 2006, les juges ont d'ores et déjà établi que le général Philippe Rondot, qu'ils ont longuement interrogé deux jours auparavant, avait mené une enquête parallèle, dont l'existence comme les conclusions ont été soigneusement cachées à Nicolas Sarkozy par Dominique de Villepin. Dans l'esprit des deux juges, un axe Villepin-Juillet-Van Ruymbeke se dégage alors.

La réalité est pourtant radicalement différente.

Alain Juillet avait pris contact avec le cabinet du juge Van Ruymbeke deux mois auparavant. Il souhaitait rencontrer le magistrat, qu'il ne connaissait pas, pour une affaire « de première importance ». Le juge, échaudé par l'épisode Gergorin, avait accepté de recevoir Juillet, mais à son cabinet et en présence de sa greffière. La conversation, totalement « off », va durer une vingtaine de minutes.

Au menu : le dossier des frégates de Taïwan. D'entrée, Alain Juillet annonce à Renaud Van Ruymbeke que le gouvernement français souhaite absolument trouver une solution au litige financier qui l'oppose à Taïwan. En effet, on l'a vu, les résultats de l'enquête menée par Van Ruymbeke, qui a établi que l'opération « Bravo » avait donné lieu à la rémunération d'intermédiaires, pourraient avoir des conséquences financières dramatiques pour l'État français : la Chine nationaliste serait fondée à réclamer le remboursement de 599 millions de dollars, en vertu du fameux article 18 du contrat « Bravo » qui prohibait le versement de commissions. En 2004, le gouvernement français avait, dans la plus grande discrétion, nommé un premier médiateur, chargé de rapprocher les points de vue français et taïwanais. Il s'agissait de Paul-Henri Ravier, ancien directeur adjoint (de 1991 à 1999) à la Direction des relations économiques extérieures (DREE) du ministère des Finances, ainsi que le révéla à Van Ruymbeke un haut cadre de Thales, lors d'une audition en avril 2005. Mais, l'émissaire officieux ayant échoué dans sa tâche, il avait été remplacé, fin 2005, par Alain Juillet – ce que Van Ruymbeke ignorait jusqu'à la venue de celui-ci dans son bureau.

Le juge est plutôt embarrassé par la démarche de Juillet. Ce dernier veut-il lui faire passer un message, lui faire comprendre que dans l'intérêt supérieur de la nation, il serait préférable de mettre un bémol à ses investigations ? En tout cas, si telle est son intention, Juillet ne la formalise pas. Pédagogue, le juge explique à son interlocuteur qu'il n'y a que deux solutions : soit la Suisse confisque définitivement les avoirs d'Andrew Wang et les restitue à Taïwan, auquel cas la Chine nationaliste n'aurait plus de raison de réclamer des fonds à la France ; soit Wang récupère son argent, et rien ne pourra plus empêcher Taipei de se retourner contre Paris... Au terme de l'entretien, Van Ruymbeke conseille donc à Juillet de prendre contact avec le juge Paul Perraudin, à Genève, qui détient la clé du problème. Alain Juillet approuve. « On vous tiendra au courant de nos démarches », lance-t-il au juge sur le pas de la porte. Mais Van Ruymbeke, méfiant, décline l'offre. Il ne veut surtout pas que les négociations politiques et diplomatiques menées par le gouvernement français interfèrent avec son enquête. « Contentez-vous de m'informer le jour où une solution aura été trouvée », lui répond Van Ruymbeke. Alain Juillet approuve et quitte le magistrat, non sans lui rappeler en souriant qu'il avait travaillé quelques années plus tôt dans la même entreprise que son père, l'Union laitière normande. Si, sur le coup, la démarche du conseiller du Premier ministre ne l'a pas choqué, VR estime avec le recul que Juillet n'aurait pas dû venir le voir, ou tout au moins aurait dû l'informer de ses liens avec Imad Lahoud. Du coup, il se demandera ensuite s'il n'était pas venu le trouver pour lui faire passer un message en relation avec les listings Clearstream. Cela ne semble pas avoir été le cas. « La raison qu'il avait invoquée pour justifier notre rencontre était parfaitement valable, admet d'ailleurs VR. À aucun moment nous n'avons parlé d'autre chose que du litige financier lié aux frégates. » De son côté, le juge Perraudin assure n'avoir « jamais été en contact avec M. Juillet.[1] »

Quelques jours après la perquisition menée au SGDN, le parquet de Paris informe Van Ruymbeke que Jean-Marie d'Huy et Henri Pons ont trouvé son numéro de téléphone chez Alain Juillet et que cette découverte les intrigue beaucoup. Le juge s'inquiète. Les jours suivants, il s'attend à être contacté par ses deux collègues. Mais rien ne vient. Il décide alors de prendre les devants. Il va les trouver, leur dit qu'il sait qu'ils ont trouvé son numéro chez Juillet et leur explique le contenu de sa conversation avec le conseiller de Dominique de Villepin. Les deux magistrats, une nouvelle fois, paraissent gênés. Ils ne lui posent aucune question.

Désireux d'en savoir plus sur les liens Van Ruymbeke-Juillet, les juges d'Huy et Pons profiteront de la convocation de ce dernier dans leur cabinet, le 23 octobre 2006, pour le questionner sur ce point. Aux magistrats qui le presseront de s'expliquer sur le contenu de la conversation téléphonique du 29 mars, Alain Juillet rappellera en préambule : « Il s'agit d'une affaire sur laquelle je suis tenu par le secret-défense. » Il consentira toutefois à indiquer qu'il avait agi à l'occasion d'« une mission de bons offices [qu'il était] chargé de mener avec les autorités de Taïwan dans le cadre plus général de l'affaire des frégates et de ses conséquences financières éventuelles pour l'État français ». Juillet expliquera aux juges avoir eu un « unique entretien avec M. Van Ruymbeke dans son cabinet au pôle financier et un seul contact téléphonique avec sa greffière après plusieurs essais infructueux la veille de [leur] perquisition dans [son] bureau au SGDN ». « La concomitance des dates de ces contacts avec votre perquisition résulte du

1. Entretien avec l'auteur, novembre 2006.

hasard. Je n'ai jamais eu d'autres contacts sur d'autres dossiers avec M. Van Ruymbeke », assurera le témoin. Juillet précisera par ailleurs : « Je vous indique que j'ai rencontré une fois le père de M. Van Ruymbeke, dont j'avais été un des successeurs à la tête de l'Union laitière normande en 1988. Le père de M. Van Ruymbeke était resté à la tête de cette union coopérative plus de dix ans et il était passé voir le président de l'époque. C'est à cette occasion qu'on me l'avait présenté. Par la suite, je n'ai jamais plus eu de contacts avec lui. » Questionné sur la fameuse mention – « Faire le passé de son père » – reportée dans les carnets du général Rondot, il déclarera : « Pour ce que j'ai eu à en connaître à l'époque, M. Van Ruymbeke père était quelqu'un de bien. Je trouve la phrase "Faire le passé de son père" étonnante et je ne peux croire à ce que laisse supposer une telle phrase, parce que cela laisse sous-entendre une pression sur un juge français. »

Samedi 29 avril. Renaud Van Ruymbeke n'est pas rentré à Rennes, ce week-end. Bernadette l'a rejoint à Paris. Il est un peu plus de 18 heures. Tétanisé, le juge, qui fait quelques courses dans son quartier, s'arrête brutalement, boulevard Garibaldi. Il vient d'aviser un kiosque couvert d'affichettes annonçant des révélations du *Monde* dans l'enquête sur le corbeau. « Affaire Clearstream : le témoignage qui contredit Dominique de Villepin », annonce la manchette du quotidien. Van Ruymbeke revient presque en courant à son domicile. Dans le minuscule ascenseur qui le mène au cinquième étage, il parcourt fébrilement les grandes lignes de l'article. Arrivé chez lui, il s'affale sur le canapé. Sa tête tourne dans tous les sens, son visage se liquéfie. Il a le sentiment que le sol va se dérober sous ses pieds. Voyant sa mine décomposée, Bernadette, inquiète, questionne son mari. « Qu'est-ce qu'il y a, Renaud ? » Tétanisé, le juge n'a pas la force de répondre. Il tend le journal à son épouse, inspire profondément et ferme les yeux. Il lui faut remettre de l'ordre dans ses idées. Effaré, il vient de découvrir que, depuis le début, il a été au cœur d'une manipulation d'État. Les déclarations du général Philippe Rondot recueillies le 28 mars par les juges d'Huy et Pons, dont le quotidien du soir publie de larges extraits, attestent l'existence d'enquêtes parallèles à la sienne. Ancien conseiller du ministère de la Défense pour les questions de renseignement, le général Rondot révèle notamment avoir été convoqué au Quai d'Orsay, le 9 janvier 2004, par M. de Villepin – alors ministre des Affaires étrangères. Là, en présence de Jean-Louis Gergorin, Villepin lui aurait « fait part des instructions qu'il avait reçues au sujet de cette affaire des listings Clearstream de la part de Jacques Chirac ». Le ministre des Affaires étrangères lui aurait demandé de « vérifier la validité de cette liste pour savoir si les personnalités citées possédaient effectivement un compte chez Clearstream ». Parmi celles-ci, « le nom de M. Sarkozy a été évoqué », assure Rondot, qui affirme par ailleurs avoir « senti le montage dès le mois de mai 2004 » et avoir « fait part de [ses] doutes à M. de Villepin en avril 2004 ».

Dans l'esprit de VR, le puzzle se met définitivement en place. Le Premier ministre, Dominique de Villepin, était parfaitement informé dès le départ des multiples démarches entreprises par son ami Gergorin pour « vendre » son histoire Clearstream. Il l'a – au minimum – laissé faire, dans l'espoir de nuire à son rival Nicolas Sarkozy. Il a aussi mobilisé plusieurs services de l'État afin qu'ils mènent leurs propres investigations, et ce sans en informer la justice, y compris lorsqu'il est apparu qu'il s'agissait d'une grossière manipulation... Van Ruymbeke passe une soirée exécrable, puis une nuit blanche. Il éprouve la désagréable sensation d'avoir été dupé depuis le début. Et puis, il sent les ennuis arriver. Cette histoire de corbeau est maintenant une affaire d'État. Il pense à ses collègues Jean-Marie d'Huy et Henri Pons, dont l'opiniâtreté a permis la mise au jour de cette incroyable manipulation. À coup sûr, ils doivent être persuadés qu'il leur a caché beaucoup de choses. VR est abasourdi. Tout cela n'était donc qu'une vaste imposture. Quel cauchemar... « Toute la nuit, j'ai ressassé cette histoire, depuis sa genèse, raconte Van Ruymbeke. Je me disais : "Ce n'est pas possible, tu n'as pas pu te faire embarquer comme ça !" Beaucoup de sentiments se bousculaient dans ma tête. Je n'en voulais pas du tout à l'avocat Thibault de Montbrial. » VR n'est pas beaucoup plus remonté contre Jean-Louis Gergorin, qu'il a toujours pensé être de bonne foi, même s'il regrette qu'il lui ait caché les démarches effectuées précédemment auprès de Villepin et de Rondot. « En revanche, j'étais furieux de me retrouver dans un règlement de comptes politique, de découvrir que j'avais été instrumentalisé. Ulcéré, aussi, que les plus hauts services de l'État m'aient caché leurs investigations. Si j'avais été au courant de l'enquête Rondot, je n'aurais jamais enquêté sur les listings qui m'ont été transmis... » S'il ne l'avoue pas, Renaud Van Ruymbeke est surtout très en colère contre... lui-même. Comment lui, l'un des meilleurs magistrats du pays, réputé pour sa rigueur, son intuition, sa vivacité d'esprit, a-t-il pu tomber dans ce piège ? Sa clairvoyance proverbiale a été prise en défaut, et il a fallu que cela se produise au crépuscule d'une carrière exemplaire... Au cours de ce week-end noir, qu'il n'est pas près d'oublier, l'orgueil du magistrat en prend un coup. Bernadette a beau lui répéter que ce n'est pas sa faute, qu'il ne pouvait pas deviner, qu'il a été extrêmement prudent dans ses investigations... Rien n'y fait. L'article du *Monde* lui a dessillé les yeux. Au fond de lui, le juge sait que, pour la première fois peut-être dans sa carrière dans un dossier majeur, il a fait totalement fausse route.

Dimanche, tandis que l'affaire s'emballe médiatiquement, Renaud Van Ruymbeke gamberge de plus en plus. Il s'offre une longue promenade du côté du Trocadéro, avec Bernadette, pour s'aérer l'esprit. Faire le vide. VR s'interroge sur l'attitude qu'il doit adopter vis-à-vis de ses deux collègues. Cette fois, le contexte a changé. Peut-être doit-il aller les voir, tout leur raconter ? Ses doutes vont crescendo. Le choix est cornélien. « J'avais un vrai problème de conscience, explique-t-il. J'ai eu beaucoup de mal à me décider, car je ne suis pas une balance. Je ne voulais pas mettre l'avocat en difficulté. Et puis, finalement, ce qui a emporté ma décision, c'est la raison d'État. Je me suis dit que je n'étais plus au cœur d'un règlement de comptes industriel mais au centre d'une affaire politique. Je me suis senti délié de ma parole. Dimanche soir, j'avais pris ma décision : tout dire à mes collègues, à l'exception du nom de l'avocat. » Le lendemain en fin de matinée, VR se rend rue des Italiens. Il doit récupérer sa voiture, qu'il a laissée au parking du pôle financier et dont Bernadette a besoin pour repartir à Rennes. Il se dit qu'avec un peu de chance, il tombera peut-être sur Jean-Marie d'Huy ou Henri Pons et qu'il pourra ainsi soulager immédiatement sa conscience. Il sait surtout que ses deux collègues doivent être plus suspicieux que jamais envers lui et qu'il vaut mieux devancer leur courroux. VR nourrit peu d'espoir : nous sommes le 1er mai et, comme chaque jour férié, il n'y a quasiment personne au pôle. Van Ruymbeke traverse les couloirs déserts du deuxième étage et frappe à tout hasard à la porte de Jean-Marie d'Huy.

Heureuse surprise, ce dernier est bien dans son cabinet. Sauf que l'arrivée impromptue de son collègue ne semble pas le réjouir. « Qu'est-ce que tu fais là ? lance, presque agressif, Jean-Marie d'Huy, dont le regard trahit la stupéfaction. – Je suis venu te raconter ce que je ne pouvais pas te dire jusque-là, répond Van Ruymbeke en s'asseyant dans l'un des deux sièges habituellement réservés aux personnes convoquées et à leurs avocats. – Mais comment as-tu su que j'étais là ? », insiste d'Huy, qui, lors de l'entretien, posera à plusieurs reprises la même question à son collègue. VR a beau lui dire qu'il est passé à tout hasard, il sent, aux regards soupçonneux que lui lance Jean-Marie d'Huy, qu'il ne le convainc pas. Il comprendra pourquoi un peu plus tard. Durant vingt minutes, Van Ruymbeke se met à table. Cette fois, il joue le jeu. Il raconte l'histoire dans tous ses détails. Il garde simplement secret le nom de l'avocat qui l'a mis en relation avec Gergorin. La mine sévère du proviseur face à l'élève pris en faute, Jean-Marie d'Huy écoute, sans prendre de notes ni poser de questions, les « confessions » de Van Ruymbeke. Au terme de celles-ci, d'Huy lâche : « Tout ça, tu aurais dû me le dire avant. – Mais je te l'avais quand même bien laissé entendre », plaide

Van Ruymbeke, avant de proposer de coucher noir sur blanc ses explications. « Je souhaite qu'on fasse ce P-V le plus vite possible, demande-t-il. – Ce ne sera pas possible cette semaine, Henri Pons est en vacances », lui rétorque Jean-Marie d'Huy, avant de lui demander une dernière fois comment il avait deviné qu'il travaillait le 1er mai. C'est le lendemain que Van Ruymbeke comprendra le trouble de Jean-Marie d'Huy. L'un des gendarmes affectés à la sécurité du pôle lui confie que, juste après son départ de la rue des Italiens, Jean-Marie d'Huy est venu trouver l'un de ses collègues pour lui demander si c'était l'un d'eux qui avait prévenu Van Ruymbeke de sa présence au pôle ce jour-là. Bien entendu, le militaire, plutôt embarrassé, a répondu par la négative. Le juge d'Huy a ensuite consulté le cahier sur lequel les gendarmes notent l'heure d'arrivée et de départ de tous les occupants du pôle, et même le relevé des appels téléphoniques. Décidément, entre juges d'instruction, la confiance règne... Après réflexion, Renaud Van Ruymbeke en déduira que Jean-Marie d'Huy pensait qu'il avait demandé aux gendarmes – qui apprécient beaucoup l'ancien conseiller rennais, l'un des rares magistrats du pôle à ne pas les prendre de haut – de le prévenir des allées et venues de ses deux collègues. Peut-être pour éviter une perquisition. Van Ruymbeke semble persuadé aujourd'hui encore que Jean-Marie d'Huy, après les révélations du *Monde*, avait décidé de le placer en garde à vue. Ainsi s'expliquerait sa présence dans son cabinet, ce 1er mai, et son attitude suspicieuse. Mais, en lui racontant spontanément toute l'histoire, Van Ruymbeke a sans doute coupé l'herbe sous le pied de son collègue et évité ainsi d'être l'objet d'investigations poussées, particulièrement humiliantes pour un juge – a fortiori s'il s'agit du plus connu d'entre eux... Selon un haut magistrat en poste au palais de justice de Paris, VR ne s'est pas trompé dans son analyse. Jean-Marie d'Huy se serait bien rendu dans son bureau ce lundi 1er mai pour préparer une série de perquisitions visant directement VR : selon le plan élaboré en secret, au téléphone, par les deux juges chargés de l'enquête sur le corbeau, une fouille du cabinet de Renaud Van Ruymbeke mais aussi de ses deux domiciles, à Paris et à Mordelles, était programmée. Les deux juges espéraient, en saisissant notamment les agendas et le répertoire téléphonique de leur collègue, établir qu'il était en contact étroit avec Jean-Louis Gergorin, et peut-être avec d'autres protagonistes de l'affaire... Mais la confession inattendue de VR a bouleversé leurs plans.

Van Ruymbeke ressortira de cet épisode renforcé dans sa conviction que, jusqu'au bout, sa bonne étoile a veillé sur lui. Le mardi 2 mai, après avoir informé le président du tribunal, Jean-Claude Magendie – qui ne lui fait aucun reproche –, VR envoie un e-mail à Jean-Marie d'Huy pour lui indiquer qu'il va lui faire parvenir un courrier résumant ses déclarations de la veille. Le lendemain, il se ravise et lui écrit un nouvel e-mail dans lequel il annonce que, finalement, une audition en bonne et due forme est sans doute préférable. Les deux hommes conviennent de se voir la semaine suivante, au retour d'Henri Pons. Tandis que l'onde de choc se propage (l'affaire Clearstream occupe maintenant la une de tous les journaux et provoque une crise au sommet de l'État), Van Ruymbeke se décide enfin, le vendredi 5 mai, à tout raconter à Dominique de Talancé. « Je lui ai répété, sous le sceau du secret, ce que j'avais dit à Jean-Marie d'Huy, rapporte VR. Évidemment, il y avait une certaine gêne entre nous. Mais elle a pris acte de mes révélations et j'ai eu le sentiment qu'elle comprenait ma position. » Erreur. La veille, le jeudi 4 mai, Mme de Talancé avait écrit un court e-mail à Van Ruymbeke : « L'audition par nous de Rondot, Lahoud et Gergorin paraît s'imposer sur les rétro-commissions, à quelle date peux-tu te libérer pour les programmer ? » La magistrate révèle aujourd'hui qu'elle tenait à se « protéger » en laissant une trace écrite : « Si je n'avais pas fait ça, j'aurais pu être piégée par la suite. Van Ruymbeke aurait pu dire qu'il m'avait informée de tout depuis le début. C'est aussi pour cette raison que, quelques jours après qu'il m'ait tout révélé, j'ai préféré en informer par courrier mes collègues d'Huy et Pons.[1] »

1. Entretien avec l'auteur, septembre 2006.

Le week-end du 6 mai, Renaud Van Ruymbeke part dans le Midi, pour fêter les quatre-vingt-cinq ans de son père, à la fois soulagé d'avoir crevé l'abcès et stressé par avance des conséquences éventuelles de ses déclarations. L'affaire s'accélère juste après le pont du 8 mai. Le mardi 9 mai, Jean-Marie d'Huy et Henri Pons ont convoqué Nicolas Sarkozy, en sa qualité de partie civile. L'entretien se passe bien. Après avoir signé son procès-verbal, le ministre de l'Intérieur lance aux juges : « Puis-je vous dire quelque chose en "off" ? » Les deux magistrats hochent la tête en signe d'approbation. « Savez-vous que M. Van Ruymbeke a rencontré Gergorin à plusieurs reprises ? » D'Huy et Pons, qui ne veulent pas dire à Sarkozy que Van Ruymbeke les a déjà informés, font mine d'être surpris. Ravi de son effet, le ministre de l'Intérieur pense tenir sa revanche sur Van Ruymbeke. « Vous en savez plus ? l'interrogent les deux magistrats. – Non, non, je vous répète juste ce que j'ai entendu dire », réplique, tout sourire, le président de l'UMP avant de quitter le cabinet, flanqué de son avocat, Me Herzog. Sa petite phrase a une conséquence inattendue : elle incite les juges d'Huy et de Talancé, désireux de « se couvrir », à coucher sur procès-verbal – sans l'en informer – les confidences que leur a faites Van Ruymbeke. Dès que Sarkozy a quitté son bureau, Jean-Marie d'Huy téléphone en catastrophe à Dominique de Talancé pour lui indiquer la marche à suivre. Ce 9 mai, Mme de Talancé écrit donc à ses deux collègues. « Je tiens à relater le plus précisément possible des faits que ma déontologie m'empêche de garder pour moi, commence la magistrate. Vendredi 5 mai en fin de matinée, M. Van Ruymbeke est descendu dans mon cabinet pour m'indiquer [...] qu'il souhaitait me confier un secret », poursuit-elle, avant de raconter en détail la version que lui a livrée Van Ruymbeke. Ce courrier, dont le contenu sera publié par *Le Parisien* quelques jours plus tard, provoquera un vif émoi au pôle financier. La juge y gagnera un surnom peu amical : Dominique de Balancé. Outrée, la magistrate ira jusqu'à prendre contact avec un avocat, afin d'examiner les possibilités de rétablir son honneur.

C'est également juste après l'audition de Nicolas Sarkozy que Jean-Marie d'Huy rédige un procès-verbal de constatation relatant son entrevue avec VR la semaine précédente. « À la mi-avril 2004, écrit-il à son tour ce 9 mai, un avocat, dont Renaud Van Ruymbeke a souhaité taire le nom, l'a informé qu'il connaissait une personne susceptible de lui livrer des informations importantes sur les circuits de rétrocommissions versées dans le cadre de l'affaire des frégates. Il s'est rendu fin avril 2004 à un rendez-vous organisé au cabinet de cet avocat où il était mis en présence de Jean-Louis Gergorin. Renaud Van Ruymbeke nous indique que Jean-Louis Gergorin se sentait menacé et ne souhaitait pas que son nom figure dans le dossier. Il nous précise qu'il a alors été convenu au cours de cette réunion que ces informations seraient transmises par la voie anonyme », conclut Jean-Marie d'Huy. En fin de journée, Dominique de Talancé se rend dans le bureau de Van Ruymbeke pour lui annoncer qu'elle vient de faire un procès-verbal relatant leur discussion du 5 mai. Blême de colère, VR secoue la tête de droite à gauche. À ses yeux, sa collègue a commis une faute irrémissible. « C'est incroyable que tu aies pu faire ça... lâche-t-il. – Je ne pouvais pas faire autrement qu'informer d'Huy, ce que tu as fait n'est pas normal », rétorque sa collègue. Depuis ce jour, les deux magistrats ne se sont plus jamais adressé la parole.

Un nouveau rebondissement se produit le lendemain, mercredi 10 mai. *Le Canard enchaîné* révèle que Van Ruymbeke a été mis en contact avec le corbeau, c'est-à-dire Gergorin, via un avocat parisien dont le journal satirique donne le nom. Interrogé par l'hebdomadaire, Thibault de Montbrial confirme. Finalement, le juge est soulagé. Maintenant, il va vraiment pouvoir TOUT dire. D'ailleurs, le matin même, Jean-Marie d'Huy lui demande s'il peut passer dans l'après-midi à son cabinet pour faire ce fameux P-V. Lorsqu'il entre dans le bureau de Jean-Marie d'Huy, Van Ruymbeke constate qu'Henri Pons est également présent. L'ambiance est tendue. D'Huy et Pons le mitraillent de questions, sans aménité. Au cours de l'interrogatoire, VR accepte de confirmer que Me de Montbrial a bien joué les intermédiaires avec Gergorin : « Dans la mesure où cet avocat a lui-même révélé qu'il était l'avocat qui m'avait mis en relation avec M. Gergorin, je ne peux que le confirmer, étant ainsi délié de l'engagement de confidentialité. J'insiste sur le fait que mes réserves tiennent leur source dans la foi du palais, que je n'ai jamais voulu transgresser. » Puis il raconte toute l'histoire, s'attachant à décrire le contexte dans lequel elle s'inscrit. « Je rappelle que, dans cette affaire, M. Wang a bénéficié de centaines de millions de dollars de commissions occultes sans que l'information, qui s'est heurtée de manière récurrente au secret-défense, n'ait pu établir la trace de redistributions. C'est dans ce contexte lourd que, courant avril 2004, un avocat m'a fait part de ce qu'un très haut responsable d'une société d'armement avait des révélations urgentes à me faire dans l'affaire des frégates de Taïwan. Menacé de mort et prochain sur la liste des "morts des frégates", il voulait conserver son anonymat et me rencontrer sur-le-champ de manière strictement confidentielle. Malgré mes réserves, et compte tenu des enjeux, j'ai consenti à rencontrer ce personnage chez l'avocat et en la présence de celui-ci, j'insiste, dans le but de le convaincre de déposer officiellement, y compris pour sa propre sécurité », poursuit VR devant ses deux collègues. En conclusion, il affirme avoir compris qu'il n'avait été qu'« un maillon de la manipulation dévoilée dans cette affaire ». « À la réflexion, ajoute-t-il, je pense avoir échappé au piège qui m'était tendu et qui visait à me faire entreprendre des investigations d'envergure auxquelles, fort heureusement, je me suis bien gardé de procéder, faute d'avoir eu la confirmation de la réalité des informations qui m'avaient été transmises. » Un plaidoyer pro domo loin de convaincre les juges d'Huy et Pons...

À la fin de l'audition, Jean-Marie d'Huy sort de son dossier un court document : le procès-verbal, qu'il a rédigé la veille, relatif à leur rencontre du 1er mai. Van Ruymbeke, une nouvelle fois, tombe de haut. Il est consterné. Il avait pourtant bien été convenu que cette discussion était informelle. « Ce procès-verbal a été établi à mon insu et unilatéralement par M. d'Huy.

Il n'engage que son auteur », déclarera d'ailleurs le 15 mai Van Ruymbeke au premier président de la cour d'appel Chazal de Mauriac. Le juge est d'autant plus irrité qu'il découvre que son collègue a déformé ses propos sur un point décisif. Jean-Marie d'Huy a écrit que l'envoi d'une lettre anonyme avait été « convenu » par Gergorin et son avocat avec Van Ruymbeke. « Je ne comprends pas comment il a pu retranscrire mes propos de manière erronée », confiera-t-il à Renaud Chazal de Mauriac. Dans sa déposition, Van Ruymbeke fait donc ajouter la phrase suivante : « Pour lever toute ambiguïté, je précise que le mode de transmission des envois anonymes a été convenu entre l'avocat et son client exclusivement. » À l'issue de cette audition qui s'est révélée particulièrement désagréable pour ses trois protagonistes, les juges scellent un pacte informel de non-agression. Mais, dès le lendemain, Van Ruymbeke découvre, atterré, que LCI ouvre ses journaux avec l'information exclusive suivante : « Le juge Van Ruymbeke a négocié l'envoi des lettres anonymes avec le corbeau. » Contacté par l'Agence France-Presse, le magistrat publie un démenti et décide d'appeler le journaliste de LCI. « À la suite de notre conversation, j'ai compris qu'il s'était procuré le P-V de constatation fait par Jean-Marie d'Huy à mon insu le 9 mai, raconte Renaud Van Ruymbeke. En revanche, son informateur s'était bien gardé de lui préciser que, dans ma déposition du 10 mai, j'avais rétabli la vérité et rappelé que je n'avais jamais négocié l'envoi de documents anonymes. C'était la preuve que les fuites organisées dans la presse étaient tendancieuses à mon égard. J'étais totalement pris au piège : je ne pouvais révéler le contenu de mon P-V car il y avait une instruction en cours. » Le procès-verbal du 10 mai sera finalement publié une semaine plus tard, rétablissant ainsi la version de Renaud Van Ruymbeke. Dans l'intervalle, le magistrat a hésité à déposer plainte pour « violation du secret de l'instruction », ce que lui a conseillé Bernadette, qui le trouve « trop gentil ». Mais VR y a renoncé, craignant que cette initiative soit perçue comme une mise en cause implicite de Jean-Marie d'Huy et d'Henri Pons – ce qui aurait incontestablement été le cas.

25

Dans l'œil du cyclone

Vivent mes ennemis ! Eux au moins ne peuvent pas me trahir.

Henry DE MONTHERLANT, *Malatesta.*

Sur le coup, la nouvelle n'avait pas ému grand monde. L'information, publiée par *Le Monde* le 26 février 2006, n'était pourtant pas anodine. Le nom de Renaud Van Ruymbeke figurait sur la « transparence » du 22 février. Donc, sous réserve de l'accord du Conseil supérieur de la magistrature, il devait être nommé président de chambre à la cour d'appel de Paris au 1er septembre 2006. Cette fois, VR allait bel et bien quitter l'instruction. C'est sa collègue Xavière Simeoni qui lui a appris la nouvelle. Elle n'a pas oublié la réaction de VR. « J'étais dans mon bureau, quand la "transparence" s'est affichée sur mon ordinateur. Lorsque j'ai vu son nom, j'ai immédiatement appelé Renaud pour le féliciter. Il ne m'a pas crue. Il m'a dit : " Arrête tes bêtises. " Il pensait vraiment que je lui faisais une blague. [1] »
« Lorsque j'ai appris ça, j'ai été surpris, confirme Van Ruymbeke. Je ne m'y attendais pas du tout. » Les jours suivants, VR déprime. Il vient de comprendre qu'il doit faire le deuil de cette fonction qu'il a tant aimée. Mais il sait ne pouvoir s'en prendre qu'à lui-même. Il est pris à son propre piège.

1. Entretien avec l'auteur, octobre 2006.

Celui-ci trouve son origine cinq ans auparavant, quelques mois après son arrivée au pôle financier. Très déçu d'être cantonné à la section de la délinquance astucieuse, VR, dont les rapports avec Claude Nocquet, vice-présidente chargée de l'instruction, se dégradent de jour en jour, pique un coup de sang, fin 2001. « Persuadé que je n'avais aucun avenir au pôle financier, j'ai postulé pour une promotion, se rappelle-t-il. J'ai demandé une présidence de chambre à Paris, un poste très prisé, donc difficile à obtenir. Et puis, au fil des ans, j'ai oublié jusqu'à l'existence de cette demande, d'autant plus que ma situation au pôle s'était entre-temps arrangée. » Les premiers jours de mars 2006, le juge gamberge. Deux questions le taraudent. D'abord, pourquoi la chancellerie l'a-t-elle placé à ce moment-là sur la « transparence » ? Peut-être veut-on se débarrasser de lui... Il n'ignore pas que les investigations qu'il vient d'entreprendre sur la société Thales, accusée de corruption par un ancien cadre de haut rang, Michel Josserand, risquent de porter un coup terrible aux intérêts de l'industrie française à l'étranger. Et puis, il y a sa gestion du dossier des frégates : la visite récente d'Alain Juillet lui a rappelé que le gouvernement suivait pas à pas l'évolution d'une enquête susceptible, là encore, d'attenter aux intérêts supérieurs du pays. Mais VR ne veut pas sombrer dans la paranoïa. Il doit admettre qu'après cinq ans d'attente, il n'est pas illogique que son tour arrive.

Une deuxième interrogation le hante : ne devrait-il pas refuser cette mutation ? Par rapport à 2001, le contexte a radicalement changé. Ses rapports avec le président du tribunal et avec le parquet sont excellents, et il se voit désormais confier les dossiers les plus intéressants, comme l'affaire Thales, « raflée » au nez et à la barbe de Philippe Courroye, mais aussi – ce n'est pas sans intérêt – de Jean-Marie d'Huy et d'Henri Pons, qui avaient discrètement postulé pour l'instruire. Et puis, outre Thales, il voudrait pouvoir achever quelques gros dossiers qui lui tiennent à cœur : les frégates, bien sûr, mais aussi l'enquête sur les transferts suspects du Paris Saint-Germain ou l'affaire dite Technip-Halliburton, du nom de la société d'ingénierie française et du groupe américain qui fut présidé par Dick Cheney, l'ancien vice-président des États-Unis. Pourtant, rapidement, VR va se rendre à l'évidence. « Je ne pouvais pas refuser cette promotion que j'avais moi-même demandée », explique-t-il. En fait, Van Ruymbeke y voit comme un signe du destin. Cette promotion inattendue le force à prendre une décision qu'il n'aurait pas eu le courage de prendre seul. « Ça faisait un moment, déjà, que je me disais qu'il était peut-être temps de passer à autre chose, confirme-t-il. Mes six années au pôle financier s'étaient révélées épuisantes, physiquement et nerveusement. Début 2006, je devais gérer de front des dizaines de commissions rogatoires internationales. » Et puis, son épouse venant d'être à son tour nommée à Paris, il souhaitait de toute façon disposer d'un peu plus de temps libre.

Sa décision prise, Renaud Van Ruymbeke se sent mieux. Il écrit toutefois au premier président de la cour d'appel afin de lui demander une faveur : si, comme c'est probable, le CSM valide sa nomination, il souhaiterait obtenir un délai de grâce de trois mois : en étant nommé en janvier 2007 plutôt qu'en septembre 2006, il espère pouvoir boucler quelques dossiers et laisser les autres en état d'être réglés par son ou ses successeurs. Las, quelques semaines plus tard, la tempête Clearstream éclate.

Le 11 mai 2006, tandis que les révélations embarrassantes pour Van Ruymbeke se multiplient dans la presse, le garde des Sceaux, Pascal Clément, annule son voyage à Moscou et annonce simultanément la saisine du patron de l'Inspection générale des services judiciaires et du premier président de la cour d'appel de Paris, qu'il charge chacun de faire un rapport. Les jours suivants, c'est un déluge qui s'abat sur le magistrat. Dans un entretien – il en est pourtant avare – sur France Inter, le juge Courroye, sans le citer, prend publiquement ses distances avec son collègue, observant que lui « respecte le code de procédure pénale ». Plusieurs personnalités de droite, trop contentes d'allumer dans cette affaire de corbeau un contre-feu à la guerre Sarkozy-Villepin qui commence à prendre des proportions inquiétantes, prennent violemment à partie le magistrat. Sur

Europe 1, le député (UMP) des Yvelines, Philippe Houillon, annonce, prématurément – la décision interviendra une semaine plus tard –, que la promotion de VR est suspendue et appelle de ses vœux des « sanctions disciplinaires ». Mais ce qui fait le plus mal au juge Van Ruymbeke, ce sont les déclarations à la presse du président de l'Union syndicale des magistrats (USM), majoritaire dans la profession. Dominique Barella déclare que le juge s'est mis « en dehors des clous », ce qui revient à dire qu'il a commis des fautes procédurales. « L'audition de Jean-Louis Gergorin s'est passée sans procès-verbal, sans greffier. [...] Il y a un risque de nullité de la procédure et un risque disciplinaire », ajoute Barella, avant de conclure : « L'enjeu politique de cette affaire autorise tout le monde, les politiques, les services secrets et malheureusement la justice, à s'affranchir des règles. » Pour VR, cette sortie s'apparente à une trahison.

« Ces déclarations m'ont scandalisé, confirme-t-il. À défaut de me défendre, Barella aurait au moins pu s'abstenir de hurler avec les loups. Et la moindre des choses aurait été de me passer un coup de fil, pour savoir ce qu'il s'était passé exactement. Mais je crois que, comme beaucoup dans la profession, il ne m'avait pas pardonné mon entretien au *Monde*. » De fait, cette interview, publiée le 20 janvier 2006, a fortement déplu aux magistrats, dont beaucoup ont reproché à Van Ruymbeke, qui plaidait notamment pour la suppression du juge d'instruction, de « cracher dans la soupe ». L'USM n'avait pas non plus digéré le passage où VR préconisait de réformer le Conseil supérieur de la magistrature. « Le CSM devrait être ouvert, estimait Van Ruymbeke. Il ne devrait y avoir aucun magistrat en son sein. Si les juges veulent plus d'indépendance, il faut qu'ils puissent rendre des comptes à d'autres personnes que celles issues de leur propre corps. Il faut des représentants de la société civile incontestables, des professeurs de droit, des représentants des citoyens, etc. » Une déclaration sacrilège dans un milieu où le corporatisme est de règle.

Sous couvert d'anonymat, certains collègues de VR en profitent pour distiller aux journalistes quelques « amabilités », trop contents de déboulonner de son piédestal ce juge qui leur fait un peu trop d'ombre. Heureusement, VR reçoit aussi de nombreux soutiens. Une pétition circule rapidement. Jean-Yves Monfort fait partie des premiers signataires : « Je voulais signifier que Clearstream relevait plus de l'accident professionnel, l'accident de parcours que d'une faute. Il ne faut tout de même pas exagérer. Renaud Van Ruymbeke n'a pas falsifié de document, pas rédigé de faux P-V. Et puis, arrêtons l'hypocrisie : les auditions hors procès-verbal, ce n'est pas rare, surtout pas quelque chose d'inouï... [1] » Autre soutien notable : celui que lui apporte Gilbert Thiel. Réputé pour son franc-parler, le juge antiterroriste entend rester fidèle à sa réputation : « Voir des gens en "off" parce qu'ils ne voulaient pas parler, bien sûr que cela m'est arrivé, et je ne suis pas le seul ! » Une position qu'il a eu l'occasion de défendre, en mai 2006, au cours du *Grand Journal* sur Canal +. Il raconte : « Juste avant l'émission, j'ai bu un petit whisky avec Éric Halphen et Georges Fenech [deux anciens juges d'instruction], qui étaient aussi invités. Ils m'ont dit : "C'est emmerdant ce que Renaud a fait, mais la vérité c'est que, nous aussi, on l'a fait, sauf qu'on ne peut pas le dire !" Ça m'a énervé, alors je leur ai répondu : "Faites comme vous voulez, mais moi je vais le dire, j'assume." Si quelqu'un m'assure connaître le lieu où sont entreposées des armes destinées à un attentat et qu'il ne veut pas apparaître, évidemment que je vais aller vérifier ! C'est exactement ce que Renaud a fait. [2] » Au mois de décembre 2006, les partisans de VR au pôle financier vont se délecter des déclarations faites par l'ineffable Imad Lahoud qui, devant le juge d'Huy lui-même, a accusé ce dernier d'avoir recueilli des informations « off the record » quelques mois après l'ouverture de son enquête pour « dénonciation calomnieuse » ! L'éternel histoire de l'arroseur arrosé... Interrogé le 28 novembre, Lahoud déclare ceci : « Denis Robert m'a

1. Entretien avec l'auteur, septembre 2006.
2. *Id.*

dit beaucoup de choses auxquelles je ne pouvais pas porter crédit comme par exemple, le fait qu'il vous a rencontré vous, monsieur le juge d'Huy, à votre demande, en "off", le 11 février 2005, pour évoquer le dossier Clearstream. Il m'a informé de cela par SMS quelques jours avant le 11 février 2005 en me disant, je cite : "Oui-Oui cherche à me voir en off, Urg. Cab." Je lui renvoie un SMS en lui disant : "qui est Oui-Oui ?". Il me répond : "le juge d'Huy". Et il me donne rendez-vous le 11 février 2005 à la gare de l'Est, en fin de journée, pour me raconter l'entretien. Je ne m'y suis pas rendu. Le lendemain, j'ai reçu un SMS de Denis Robert où il me disait : "t'aurais pas dû" ». Contestée par Denis Robert, la version livrée par Lahoud, dont la crédibilité est sujette à caution, a néanmoins placé Jean-Marie d'Huy dans l'embarras, pour le plus grand bonheur des ennemis du duo que le juge compose avec Henri Pons.

Lâché par certains de ses pairs, soutenu par d'autres, Van Ruymbeke se retrouve aussi, en ce mois de mai 2006, dans l'œil du cyclone médiatique. L'avocat Philippe Billaud, qui l'a vu un week-end à Rennes, se souvient qu'« il avait vraiment une toute petite mine. Il était physiquement marqué. Les attaques virulentes dont il était l'objet l'avaient visiblement touché, même s'il essayait de donner le change. [1] » « Il faisait peine à voir, se souvient aussi Xavière Simeoni. Il avait les traits tirés, il avait beaucoup maigri. C'était vraiment une période pénible à vivre, avec tous ces journalistes et ces caméras qui campaient devant l'entrée du pôle, du matin au soir. [2] » Pour échapper à la « meute », VR recourt à un stratagème. Avec la complicité des gendarmes chargés de la surveillance du bâtiment, il obtient de faire rouvrir une sortie de secours condamnée dans le cadre du plan Vigipirate. Il utilisera ainsi à plusieurs reprises, à l'insu des journalistes mais aussi de ses collègues, la discrète sortie

1. Entretien avec l'auteur, novembre 2006.
2. Entretien avec l'auteur, octobre 2006.

donnant rue du Helder, située à l'opposé de la minuscule rue des Italiens. Une autre fois, pour éviter les caméras, il rejoint au parking souterrain du pôle sa collègue Françoise Desset afin de monter avec elle dans sa voiture. Hélas, la malchance s'en mêle : la sortie du parking est obstruée par une camionnette en livraison. Du coup, les deux juges, bloqués dans le véhicule, durent patienter de longues minutes. Suffisamment pour que les photographes repèrent VR ! « Pendant quelques jours, je ne pouvais même plus travailler, j'étais harcelé de coups de téléphone de médias du monde entier, se rappelle le magistrat. Tous les jours, je devais faire face à de nouvelles révélations. À chaque fois, je me posais la question : faut-il réagir ou pas ? Je craignais qu'on me pousse à la faute en me faisant parler du fond d'un dossier que j'instruisais, ce qui est interdit. D'un autre côté, je ne pouvais pas laisser passer certaines contrevérités destinées à me nuire. » À cette occasion, Van Ruymbeke a l'impression de replonger dans les périodes les plus « chaudes » de sa carrière. Malgré les soutiens qu'il reçoit, il se sent seul, comme lorsqu'il s'était cloîtré dans la bibliothèque du palais de justice de Caen, après la révélation des accusations posthumes de Boulin. « C'est vrai que cette tempête m'a rappelé l'émotion suscitée par la mort de Robert Boulin, la perquisition au PS ou l'inculpation d'Henri Emmanuelli, concède-t-il. Sauf que l'agitation n'avait duré que quelques jours. Là, ça n'en finissait pas. Il faut dire qu'entre-temps les médias ont pris une importance accrue. J'ai vraiment découvert que, lorsque la machine médiatique s'emballe, vous ne pouvez rien faire. C'est même effrayant. En même temps, je me dis que ceux qui sont pris dans la mécanique judiciaire doivent parfois avoir le même sentiment. »

Les médias, l'expérience aidant, Renaud Van Ruymbeke a appris à les maîtriser. Il ne s'en cache pas : il ne fait pas partie de ces magistrats enfermés dans leur bureau, refusant par principe tout contact avec la presse. Il prend au téléphone certains journalistes en qui il pense pouvoir avoir confiance – à tort, parfois, ce que lui reproche son épouse, qui le trouve sur ce plan un peu trop naïf. « Les rapports avec la presse, à notre époque, sont quasiment inévitables. Pour ma part, je ne m'interdis pas d'avoir des contacts avec des journalistes, mais sans jamais trahir le secret de l'instruction », assure le magistrat. La nuance est parfois extrêmement fine. En tout cas, ce n'est pas le genre de choses auxquelles l'enseignement de l'ENM prépare. Comme il l'avait précisé dans son entretien au *Monde*, le 20 janvier 2006, Renaud Van Ruymbeke milite pour la suppression du secret de l'instruction : « N'oublions pas que le secret, c'est le corollaire de l'inquisition, expliquait-il au quotidien. Il faut rendre des phases de l'enquête publiques, par exemple devant la chambre de l'instruction. » VR rappelle aussi qu'il lui est arrivé « d'accorder des interviews sur des sujets tels que le fichier ADN, la coopération judiciaire internationale, la réforme de la justice... Le juge n'est pas dans une tour d'ivoire. C'est un acteur de la vie publique. » Incontestablement, le magistrat entretient un rapport ambigu avec les médias. Au pôle financier, les mauvaises langues affirment que VR n'aime rien tant que ces clichés de lui où il donne l'impression de fuir les objectifs. Lui-même « star » des médias, Éric de Montgolfier, qui éprouve peu de sympathie à l'endroit de Van Ruymbeke, lui reproche une certaine hypocrisie. « Il est dans le faux-semblant. On sent qu'être médiatisé ne lui déplaît pas, on a vu à travers l'affaire Clearstream ses liens avec la presse, mais il ne l'assume pas. Je me souviens qu'à Valenciennes, au plus fort de l'affaire VA-OM, un photographe m'avait proposé de faire une "photo volée". Je lui avais demandé de quoi il s'agissait. Il m'avait répondu qu'il s'agissait d'un cliché supposé être pris à la va-vite, sans l'accord de l'intéressé, mais en fait négocié avec lui, comme il disait avoir l'habitude de le faire avec le juge Van Ruymbeke. Interloqué, j'avais évidemment repoussé cette proposition. [1] »

1. Entretien avec l'auteur, novembre 2006.

Versatile, la presse, qui avait toujours soutenu le juge, ne le ménage plus en ce terrible mois de mai : « Van Ruymbeke dénonce le corbeau », clame *Le Parisien* ; « Les trois erreurs de Renaud Van Ruymbeke », titre *Le Figaro*... « C'était vraiment une période très dure à vivre, relève sa greffière Maryse Noël. Ce qui l'a le plus touché, c'est l'attitude de certains de ses collègues, qu'il s'agisse de Dominique de Talancé, d'Henri Pons ou de Jean-Marie d'Huy. Mais Renaud Van Ruymbeke n'a jamais montré de signes de colère ni d'abattement. J'étais beaucoup plus énervée que lui ! Il est vraiment solide. Moi, à sa place, je me serais écroulée...[1] »

Le 15 mai, Van Ruymbeke doit répondre aux questions de son supérieur hiérarchique, Renaud Chazal de Mauriac. Dans le majestueux bureau du premier président de la cour d'appel, au palais de justice de Paris, l'ambiance est glaciale, sans que la climatisation y soit pour grand-chose. Van Ruymbeke ne fait rien pour détendre l'atmosphère. « C'était une situation assez ambiguë, analyse le magistrat. Le premier président étant mon supérieur hiérarchique, je trouve légitime de lui rendre des comptes. Mais, en l'occurrence, il a une double casquette, puisqu'il a été missionné par le garde des Sceaux, qui l'avait annoncé publiquement. J'ai été troublé par le fait qu'un premier président, magistrat du siège, donc indépendant, puisse agir sur instruction du garde des Sceaux. » Quatre jours plus tard, convoqué cette fois par l'Inspection générale des services judiciaires, Van Ruymbeke débarque vers 14 h 30, à pied, place Vendôme, située à quelques minutes des locaux du pôle financier. VR ignorait où se trouvait l'IGSJ : une nuée de caméras le renseignent immédiatement... Juste avant, il a déjeuné avec des assistants spécialisés suisses, qu'il avait invités de longue date à Paris, avec sa collègue Françoise Desset. « Je pensais que, vu le contexte, il allait annuler le déjeuner, rapporte la magistrate. Mais non, pas du tout, il a tenu à le maintenir et a

1. Entretien avec l'auteur, octobre 2006.

discuté tout au long du repas comme si de rien n'était. Puis il est parti tranquillement, son journal sous le bras, vers la place Vendôme. Son sang-froid m'a vraiment bluffée ![1] » Blindé par une carrière au cours de laquelle il aura dû esquiver plus d'un coup fourré, VR a développé une forme de résilience, comme si la répétition des attaques avait fini par l'immuniser contre elles.

Arrivé à l'IGSJ, Van Ruymbeke fend la foule des reporters, particulièrement tendu. Dans une grande salle sans âme, il fait face à Christian Raysseguier, le patron de l'Inspection, assisté d'un inspecteur et d'une inspectrice. Les trois magistrats montrent à leur collègue la lettre de mission du ministre de la Justice. « Ça m'a fait réagir, raconte Van Ruymbeke. C'est comme si j'étais condamné d'avance. J'ai dénoncé les termes de cette lettre, attaqué les propos de Barella, évoqué un lynchage médiatique. J'ai expliqué où se situait, à mon sens, le vrai dysfonctionnement, à savoir la manipulation politique orchestrée à mon insu dans cette affaire. J'ai demandé à l'Inspection de se renseigner pour savoir si le garde des Sceaux de l'époque, Dominique Perben, avait été informé de l'enquête Rondot. Sinon, pour quelles raisons ses collègues lui avaient-ils caché une telle information. Et si oui, pourquoi M. Perben n'en avait-il pas informé le parquet, et donc moi-même ? Et j'ai insisté pour que tout cela soit retranscrit sur mon procès-verbal. » L'audition dure quatre longues heures. VR se montre très offensif. Il est à l'aise, il pense son dossier solide. Son témoignage est un message en forme de menace adressé au pouvoir : il ne se laissera pas sacrifier sur l'autel de la raison d'État. L'enjeu est d'importance : au terme de son rapport, l'Inspection est habilitée à demander au garde des Sceaux la saisine du Conseil supérieur de la magistrature, seul compétent pour prononcer d'éventuelles sanctions disciplinaires. Or, VR sait ne pas compter que des amis au CSM. Encore une fois,

1. Entretien avec l'auteur, novembre 2006.

son interview du mois de janvier, dans laquelle il préconisait l'ouverture de cet organe à la société civile, risque de se retourner contre lui. Il sait également que deux membres du CSM ne le portent pas dans leur cœur : Xavier de Beauvois, qui n'est autre que le mari de Dominique de Talancé, et Vincent Lamanda, qui avait suivi à la chancellerie en tant que conseiller technique, début 1979, les premiers développements de l'affaire Boulin. Et puis, l'idée de comparaître devant l'instance disciplinaire – « comme ce collègue qui se masturbait en pleine audience ou cet autre qui attaquait les gens au sabre », dit-il – lui était tout simplement insupportable.

Jamais publié, le contenu de la première déposition de Renaud Van Ruymbeke devant l'Inspection générale des services judiciaires mérite que l'on s'y arrête. Son examen indique l'état d'esprit du juge, qui à ce moment-là est prêt à en découdre, quelles qu'en soient les conséquences. Il révèle un aspect finalement assez méconnu du personnage, que résume parfaitement l'une de ses meilleures amies – elle-même magistrate –, Laurence Turbé-Bion : « Renaud est un authentique pacifiste, hostile au conflit, mais si on ne lui laisse pas le choix, alors il sait se battre. Et, là, il peut être redoutable. [1] » D'emblée, devant ses trois collègues qui lui présentent la missive du 11 mai par laquelle Pascal Clément les a missionnés, Van Ruymbeke donne le ton : « Je tiens à dire que je suis très surpris et choqué de la teneur de cette lettre de mission dans laquelle le garde des Sceaux, qui a, semble-t-il, annulé un voyage en Russie pour cette affaire, d'après ce que j'ai lu dans la presse, se permet de dire que j'aurais agi hors de tout cadre procédural. Je n'accepte pas cette accusation et j'affirme avoir agi dans un cadre procédural. J'observe que la médiatisation donnée par le garde des Sceaux à cette affaire et sa précipitation sont révélatrices de la volonté politique de faire diversion sur un magistrat qui a accompli son devoir dans un dossier lourd de menaces, y

1. Entretien avec l'auteur, septembre 2006.

compris pour lui, et de détourner l'attention d'un règlement de comptes politique. » Pour faire bonne mesure, VR n'oublie pas Dominique Barella, qui lui a publiquement reproché d'avoir agi « en dehors des clous » : « De même, je constate que cette attitude doit être rapprochée des propos malveillants et diffamatoires tenus par M. Barella, président de l'USM, le jour même au journal télévisé. » Avant de répondre sur le fond, VR ajoute qu'« on essaie, à travers [lui], d'attaquer l'institution judiciaire ». « Je signale quand même que, dans cette affaire, car il y a des évidences que je veux rappeler, on m'a tendu un piège, des responsables politiques en étaient parfaitement informés, si j'en crois ce qui est dit dans la presse, on m'a laissé "aller dans le mur". Malgré cela, j'ai déjoué ce piège et j'ai apporté la preuve de la fausseté des listings qui m'ont été transmis. J'observe qu'on cherche à me salir et à me nuire. » Van Ruymbeke va ensuite, une nouvelle fois, raconter en détail les circonstances dans lesquelles il a été amené à rencontrer Jean-Louis Gergorin. « Je ne vois pas ce que j'aurais pu faire d'autre dans cette affaire, qui était complètement bloquée, plaide-t-il. Il s'avérait impossible de remonter le circuit des commissions occultes versées dans le cadre de la vente des frégates de Taïwan, malgré toutes les investigations que j'avais faites, notamment en coopération avec mon homologue suisse M. Perraudin. » Questionné sur ses rapports avec Dominique de Talancé, codésignée avec lui dans l'affaire des frégates, VR admet ne pas l'avoir « informée à l'époque de ces démarches confidentielles ». « J'observe, ajoute-t-il, que dès l'origine de cette affaire j'ai assumé seul la responsabilité des investigations internationales et que Mme de Talancé s'en était désintéressée. D'une façon générale, elle a accompli ces dernières années, dans ce dossier, un nombre d'actes particulièrement restreint. » Van Ruymbeke est ensuite interrogé sur l'information judiciaire ouverte pour « dénonciation calomnieuse » au cabinet de Jean-Marie d'Huy en septembre 2004. Il réaffirme que, dès cette date, il a eu « quelques entretiens confidentiels avec M. d'Huy ». « Je lui ai alors fait comprendre que j'en savais plus que ce que le simple examen de mon dossier laissait paraître, sans toutefois lui dire que j'avais rencontré M. Gergorin. En janvier 2006, constatant qu'il y avait une forte agitation politique autour de cette affaire, j'ai confié à M. d'Huy que je disposais d'informations intéressant son dossier dont je ne pouvais lui révéler la teneur en raison d'un pacte de confidentialité avec un avocat, mais qu'il était dans la bonne direction. Je considère que cela l'a aidé. J'ai respecté ma déontologie de magistrat car je n'ai pas entravé son enquête. Il est évident que s'il était parti dans une mauvaise direction je le lui aurais dit. Je tiens à préciser qu'il était de notoriété publique, depuis le début de cette affaire, que M. Gergorin était à l'origine de ces informations et que d'ailleurs mes collègues [Jean-Marie d'Huy et Henri Pons] ont effectué de nombreuses perquisitions le visant, ainsi que M. Lahoud. Mes deux collègues ont également cherché à savoir pour le compte de qui ils avaient pu agir. Or, je n'ai jamais détenu la moindre information à ce sujet. J'ajoute enfin que M. Delmas, qui est le premier à s'être constitué partie civile dans le dossier de M. d'Huy, était convaincu dès l'origine que tout avait été monté par M. Gergorin. Je l'ai su dès le mois de mai 2004 par son propre avocat. Le rôle de M. Gergorin était un "secret de polichinelle". » Van Ruymbeke l'admet bien volontiers : sa position « n'était pas facile » : « Je devais respecter ma parole et en même temps ne pas gêner mes collègues. Je tiens à rappeler que c'est moi qui ai démontré le caractère falsifié des listings, ce qui leur permet de caractériser la dénonciation calomnieuse. » Mais Renaud Van Ruymbeke a gardé le meilleur pour la fin. Devant ses trois collègues, dont on imagine sans peine l'embarras, il achève ainsi sa déposition : « Je souhaite que, dans le cadre de vos investigations, vous ayez accès aux rapports effectués par le parquet sur cette affaire et que vous recherchiez la suite qui leur a été donnée. Je me demande en effet ce que le garde des Sceaux, dont je ne peux croire qu'il n'ait pas été informé par les rapports du parquet sur les listings que j'avais reçus, a fait de ces informations : les a-t-il conservées pour lui ou en a-t-il fait part à ses collègues ? Pourquoi n'ai-je pas été informé de l'enquête déjà réalisée par le général Rondot ? Je tiens à ce que vous notiez que je considère cela comme un dysfonctionnement. Le garde des Sceaux a-t-il été lui-même informé par ses collègues de l'existence de l'enquête du général Rondot ? Si tel a été le cas, je ne peux pas imaginer qu'il n'en ait pas informé le parquet. Si ses collègues, nécessairement informés par la presse, lui ont caché l'existence de cette enquête, pourquoi l'ont-ils fait ? Il aurait suffi que l'information passe pour que je comprenne l'instrumentalisation dont j'étais l'objet et que je mette fin à des investigations qui m'ont fait perdre du temps dans ce dossier. » Et, pour que le message soit bien clair, VR conclut : « Je souhaite instamment que ces questions soient traitées dans le cadre de vos investigations. Pour ma part, j'ai accompli mes devoirs de magistrat en respectant la déontologie et les règles de la procédure pénale. »

Au terme de son audition, Van Ruymbeke est informé que des dizaines de journalistes l'attendent toujours à la sortie. Il réfléchit quelques instants, puis décide de rédiger, sur son exemplaire du *Monde*, une courte déclaration qu'il lira aux journalistes présents. Plutôt que de faire profil bas, VR est plus incisif que jamais. La meilleure défense, c'est l'attaque, pense cet amoureux du football. Devant toutes les télés, VR met une nouvelle fois en cause le pouvoir politique, seul responsable selon lui de toute cette histoire. Puis il tourne les talons et repart, en métro, comme libéré d'un poids.

À partir de ce moment, il pense que la partie est gagnée, qu'il a renversé la situation en sa faveur. « Les médias, confirme-t-il, ont progressivement réalisé que, dans cette affaire, j'étais d'abord une victime. Durant toute cette période, j'ai reçu une avalanche de lettres : je n'ai reçu du public que des manifestations de soutien. » D'autres témoignages amicaux vont rapidement se faire jour. Une pétition en sa faveur réunissant des dizaines de magistrats circule rapidement. Et puis, bien sûr, les avocats montent au créneau pour voler au secours de leur juge d'instruction favori ! Une démarche exceptionnelle qui a beaucoup ému VR. « J'ai été très touché par leur soutien. Olivier Metzner, l'un des plus grands pénalistes de France, a publié un communiqué en ma faveur ! » Une initiative courageuse quand on sait que Me Metzner est l'avocat de Samir Traboulsi, de Thales ou de Nike... autant de personnalités ou de sociétés que VR a mis en examen et placé en grande difficulté. Me Metzner prendra aussi la parole, le 8 juin, à la buvette du palais, où, dans une ambiance bon enfant, magistrats et avocats tiendront une conférence de presse de soutien. « J'ai failli ne pas m'y rendre, j'étais un peu gêné, avoue Van Ruymbeke. Puis je me suis dit que ce ne serait pas correct. Ce fut un moment très fort. Une manifestation sincère, spontanée et émouvante. En les entendant tous, je me demandais ce que j'avais bien pu faire pour mériter une telle mobilisation. Moi qui ai toujours été un solitaire. Je me suis retrouvé dans la peau d'un défunt qui assisterait à ses propres funérailles, découvrant le jour de son enterrement qu'il avait beaucoup plus d'amis qu'il ne le croyait !... »

26

La boucle est bouclée

Ce sont les étoiles, les étoiles tout là-haut qui gouvernent nos existences.

William SHAKESPEARE, *Le Roi Lear.*

Au début du mois de juin 2006, marqué par la mise en examen de Jean-Louis Gergorin – bientôt suivie de celle d'Imad Lahoud – pour « dénonciation calomnieuse, faux et usage de faux », le vent semble avoir tourné. En faveur de Van Ruymbeke. Les bonnes nouvelles s'accumulent. Le 7, le président du TGI, Jean-Claude Magendie, saisi par le parquet de Paris – dont le soutien à VR ne s'est pas démenti tout au long de la crise –, rend une ordonnance spectaculaire. Considérant que « les dissensions entre les deux magistrats instructeurs constituent une réalité objective », Magendie dessaisit Dominique de Talancé du dossier des frégates de Taïwan. La magistrate n'en est toujours pas revenue. « C'est moi qui ai été sanctionnée alors que Van Ruymbeke a dissimulé des informations déterminantes, durant près de deux ans, à plusieurs de ses collègues et que c'est lui qui m'a mise à l'écart du dossier dont nous étions pourtant cosaisis ! C'est absolument ahurissant.[1] » Depuis, Mme de Talancé ronge son frein dans son vaste bureau

1. Entretien avec l'auteur, septembre 2006.

du deuxième étage, n'espérant même plus qu'on lui confie le moindre dossier intéressant, fermant soigneusement la porte lorsqu'elle accueille un journaliste, de peur que sa voisine Xavière Siméoni, une « pro-Van Ruymbeke », vienne écouter la conversation... Au pôle financier, l'affaire Clearstream laissera des traces indélébiles.

En ce début d'été, VR sent, à certains signes, même anecdotiques, que l'opinion est avec lui. L'avocat Olivier Schnerb peut en témoigner. « C'était le 28 juin 2006, raconte-t-il, j'étais avec un client qui sortait de garde à vue. Il était attendu chez Van Ruymbeke pour être mis en examen. Mon client était accompagné d'un gendarme, le chef d'escorte. Celui-ci est entré dans le bureau du juge, s'est penché vers sa greffière et lui a dit tout doucement : "Cela pose un problème si je reste dans le cabinet durant l'interrogatoire ?" Maryse Noël était stupéfaite. "Mais pour quelle raison ? lui a-t-elle demandé. – Parce que j'aimerais tant voir comment travaille un si grand juge", lui a rétorqué le gendarme. La greffière a accepté qu'il reste, mon client et moi aussi. De toute ma carrière, j'avoue n'avoir jamais vu une chose pareille ![1] » À l'évidence, malgré ses déboires dans l'affaire Clearstream, Van Ruymbeke, qui continue de recevoir des courriers de soutien et des manifestations de sympathie dans la rue, a conservé une image intacte dans l'opinion publique, comme si sa réputation était immarcescible.

C'est totalement rasséréné que VR part en vacances, l'été 2006. Au programme : lecture, jardinage et pêche dans son pavillon situé près de Rennes, et une semaine de randonnée dans les Pyrénées avec plusieurs de ses enfants. À son retour à Paris, une bonne nouvelle l'attend : le rapport du premier président de la cour d'appel est enfin rendu public, à la mi-septembre – alors qu'il a été rédigé le... 17 mai. Ses conclusions sont inespérées pour VR. « Au regard de la nature très parti-

1. Entretien avec l'auteur, septembre 2006.

culière de l'affaire dite des frégates de Taïwan instruite par M. Van Ruymbeke et des obstacles rencontrés dans la conduite de cette information, il ne me semble pas possible de considérer comme un manquement à la déontologie le fait d'avoir rencontré un témoin, M. Gergorin, en dehors des locaux judiciaires et sans être assisté d'un greffier, écrit Renaud Chazal de Mauriac. En l'état, ajoute-t-il, il n'est aucunement démontré que M. Van Ruymbeke ait joué le moindre rôle dans le choix de la technique de la lettre anonyme, encore moins qu'il ait négocié d'une quelconque façon la fourniture d'éléments d'information par le biais d'un envoi ou d'un dépôt anonyme. » Le haut magistrat souligne encore que Van Ruymbeke « n'a pas enquêté sur les personnalités visées dans les listings mais seulement sur l'authenticité des comptes apparaissant dans ces derniers, faisant ainsi preuve d'une grande prudence. Sa démarche traduit un incontestable professionnalisme. » Et Chazal de Mauriac de conclure : « Au vu des éléments dont je dispose aujourd'hui et des incontestables mérites professionnels de M. Van Ruymbeke, soulignés par ses notateurs successifs, je n'ai pas acquis le sentiment qu'une procédure disciplinaire devant le Conseil supérieur de la magistrature soit nécessaire et je n'entends donc pas le saisir moi-même. »

Le rapport de Chazal de Mauriac constitue un soulagement pour Renaud Van Ruymbeke mais aussi... pour le garde des Sceaux. Depuis plusieurs semaines, Pascal Clément confie à ses conseillers son inquiétude : si les conclusions des deux enquêtes administratives qu'il a diligentées sont trop négatives pour Van Ruymbeke, il ne pourra faire autrement que saisir le CSM, lequel pourrait alors être amené à sanctionner le magistrat. Pour le ministre de la Justice, cette éventualité apparaît de plus en plus catastrophique. Tout indique, on l'a vu, que l'opinion publique a conservé estime et admiration pour le juge Van Ruymbeke. Elle réagirait forcément très mal si ce dernier devait être sanctionné, alors que le Premier ministre lui-même, pris en faute à plusieurs reprises dans l'affaire, serait épargné. Comment, aussi, expliquer aux Français que Renaud Van

Ruymbeke devrait être puni là où son collègue Fabrice Burgaud, pour des faits autrement plus graves, a été blanchi par l'IGSJ, dans l'affaire d'Outreau ? Enfin, il est revenu aux oreilles du garde des Sceaux que, si d'aventure on le sanctionnait, VR ne resterait pas sans réagir. Qu'il mettrait une nouvelle fois le gouvernement devant ses responsabilités. Poserait publiquement les questions gênantes. Pourquoi Dominique de Villepin a-t-il lancé des enquêtes parallèles sans en informer la justice ? Pourquoi n'a-t-il rien dit à son collègue Nicolas Sarkozy ? Pourquoi n'a-t-il pas fait savoir aux autorités judiciaires que les listes étaient fausses ? Pourquoi Michèle Alliot-Marie s'est-elle également abstenue de transmettre les informations qu'elle détenait sur l'affaire ? Et Jacques Chirac ? Comme le suggèrent les notes du général Rondot, était-il également informé de ce qui se manigançait dans le dos du ministre de l'Intérieur ? À quelques mois de l'élection présidentielle, un tel déballage serait suicidaire pour la droite. Du coup, en cette rentrée 2006, Place Vendôme, un seul mot d'ordre, que répètent en boucle les conseillers du garde des Sceaux : il faut sauver le soldat Van Ruymbeke, passé miraculeusement du statut de bouc émissaire à celui de victime innocente. Merveilleux exemple du cynisme en politique...

Tandis que la chancellerie prie pour que l'affaire Clearstream se tasse enfin, un nouvel incident va opposer, début septembre, Renaud Van Ruymbeke à ses deux collègues qui, de fait, enquêtent sur lui. Outré, Van Ruymbeke le racontera en détail aux magistrats du pôle financier qui lui sont proches. Le 7 septembre, VR est appelé par Jean-Marie d'Huy. Ce dernier a mis le haut-parleur afin qu'Henri Pons puisse participer à la conversation. D'Huy fait savoir à Van Ruymbeke qu'il souhaiterait encore l'interroger, cette fois à propos d'un certain Bernard Monnot. Âgé de soixante-deux ans, ce banquier lyonnais – il a dirigé la filiale française de la Banque cantonale de Genève – a admis devant les juges, pendant l'été, avoir adressé en juin 2004 à Renaud Van Ruymbeke un cédérom contenant une liste – non falsifiée – de plusieurs milliers de comptes Clearstream.

Il s'agissait du seul des cinq envois anonymes dont Jean-Louis Gergorin contestait être l'auteur. C'est l'incontournable Denis Robert qui a livré le nom de Monnot aux magistrats. Et pour cause. Lors de son audition par d'Huy et Pons, le 5 juillet 2006, en qualité de témoin assisté, le banquier, dont la bonne foi ne semble pas faire de doute, avait expliqué : « Denis Robert m'avait demandé d'aider M. Van Ruymbeke à comprendre les mécanismes de la compensation dans les chambres telles que Clearstream. Cette demande remontait au printemps 2003, date à laquelle j'avais rencontré M. Van Ruymbeke et M. Robert lors d'une soirée organisée par Canal +. Un an après, Denis Robert, avec lequel je suis en relation suivie, m'a relancé par téléphone pour que j'aide M. Van Ruymbeke. » Selon Monnot, le cédérom qu'il adressa à Van Ruymbeke lui avait été remis, en avril 2002, par Ernest Backes, coauteur avec Denis Robert du premier brûlot contre Clearstream, *Révélation$*.

Très rapidement, entre VR et ses deux collègues, la conversation vire à l'aigre. Déterminé, Van Ruymbeke attaque : « Vous cherchez à me démolir, pas à enquêter. » Scandalisés, les juges d'Huy et Pons protestent de leur bonne foi. Mais Van Ruymbeke en rajoute : « C'est anormal d'avoir placé ce Monnot en garde à vue, il est sincère et vous le savez. De toute façon, je sais très bien que c'est moi que vous cherchez ! » Jean-Marie d'Huy et Henri Pons tentent, en vain, de calmer le jeu, lançant à leur collègue : « Renaud, n'écoute pas tous les ragots, méfie-toi du parquet. » Van Ruymbeke était d'autant plus agacé qu'il n'avait conservé aucun souvenir de cette rencontre avec Monnot. Quant au cédérom, il ne présentait guère d'intérêt et il n'en avait pas tenu compte. Dans un premier temps, VR, persuadé que d'Huy et Pons veulent le faire craquer psychologiquement en multipliant les convocations, décide de ne plus leur répondre. Puis il se ravisera, de crainte de se mettre à la faute. Et, le 11 septembre, il se rendra, déterminé, dans leur bureau, pour dire ce qu'il savait – c'est-à-dire à peu près rien – du courrier de Bernard Monnot. Sa visite eut surtout pour but de faire comprendre à ses deux collègues, auprès de qui il manifesta à nouveau sa mauvaise humeur, qu'il ne leur laisserait plus rien passer. « Si vous voulez la guerre, je sais aussi la faire » : le message ne fut évidemment pas formulé de manière aussi explicite, mais c'est bien ainsi qu'il avait vocation à être perçu... Pourtant, les deux juges vont continuer discrètement leur enquête sur leur collègue, provoquant un embarras de plus en plus vif parmi les policiers de la DNIF, déchirés entre l'estime qu'ils vouent à Van Ruymbeke et les investigations le visant implicitement réclamées par d'Huy et Pons. À la mi-octobre, ces derniers réinterrogent Denis Robert sur le cas Monnot. Dans une nouvelle audition, l'ancien banquier a en effet indiqué que le cédérom qu'il avait fait parvenir à VR était accompagné d'une lettre signée de sa main. En d'autres termes, pour les juges d'Huy et Pons, Van Ruymbeke aurait « anonymisé » cet envoi, ce qui pourrait constituer un délit pénal... Les deux magistrats n'oseront toutefois pas, comme ils l'avaient envisagé initialement, profiter des déclarations de Monnot pour mettre en examen leur collègue.

Un dernier obstacle attendait le magistrat : le 26 octobre, il était convoqué une seconde fois par l'Inspection générale des services judiciaires, qui avait quasiment terminé son enquête. Le contexte avait bien changé, depuis sa première visite, au printemps. Cette fois, il n'eut pas à franchir une haie de caméras. Les journalistes étaient désormais focalisés sur les auditions à venir de Michèle Alliot-Marie et, surtout, de Dominique de Villepin. C'est presque dans l'indifférence générale que le juge avait, le 10 octobre, clôturé son instruction sur les frégates de Taïwan, l'enquête sans laquelle rien ne serait arrivé. À la fois décontracté et déterminé, VR plaida sa cause, documents à l'appui, devant les trois magistrats de l'IGSJ chargés d'instruire son dossier, à savoir le patron de l'Inspection, Christian Raysseguier, son adjointe, Sophie Lambremon, et une inspectrice, Marie-Suzanne Le Quéau. Le but de VR : établir qu'il ne s'était, à aucun moment, mis à la faute, procéduralement parlant.

Il réexpliqua avoir rencontré Jean-Louis Gergorin, qui se disait menacé de mort, dans le cadre de l'article 706-58 du code de procédure pénale, autorisant l'anonymat dans les procédures portant sur un crime ou un délit puni d'au moins trois ans de prison. Selon le code, le témoin peut être interrogé « sans que son identité apparaisse dans le dossier de la procédure » si son audition « est susceptible de mettre gravement en danger la vie ou l'intégrité physique de cette personne, des membres de sa famille ou de ses proches ». L'identité et l'adresse du témoin sont inscrites sur un registre à part. Leur révélation est punie de cinq ans d'emprisonnement et de 75 000 euros d'amende. Cette première rencontre avec Gergorin était, selon le magistrat, absolument nécessaire pour s'assurer du sérieux de son interlocuteur. De fait, le code de procédure pénale prévoit qu'une audition anonyme peut être autorisée par le juge des libertés, sur la base d'une ordonnance motivée du juge d'instruction : en lui imposant ces motivations, la loi lui enjoint de se renseigner au préalable, ce qu'a fait Van Ruymbeke.

« À l'issue de la première rencontre, il s'est avéré que M. Gergorin, qui disait beaucoup de choses, n'était pas toujours très clair dans ses explications, et je voulais être vraiment certain de sa crédibilité et bien comprendre ce qu'il voulait dire avant d'engager la procédure de l'article 706-58 du code de procédure pénale, déclara ainsi VR à l'IGSJ. En ce qui concerne la condition de danger, ajouta-t-il, elle était acquise dès le début en raison du contexte de l'affaire et plus spécialement des trois morts violentes déjà survenues. À l'évidence, sans que je puisse révéler le contenu du dossier des frégates, deux morts sont particulièrement suspectes. Quant à la troisième, qui est intervenue à Taïwan, il s'agit clairement d'un assassinat impliquant directement M. Wang, l'intermédiaire qui a reçu plus de 900 millions de dollars sans que l'on en connaisse la véritable destination. »

VR fournit aussi un arrêt de la Cour de cassation du 9 juillet 2003, qui avait été saisie d'un pourvoi dans le cadre d'une affaire de trafic de stupéfiants jugée par la cour d'appel de Versailles. Les avocats de deux personnes poursuivies estimaient que la procédure était irrégulière dans la mesure où les policiers avaient recueilli les confidences d'un informateur sans lui appliquer les dispositions du code de procédure pénale relatives au fameux témoignage sous X (que Van Ruymbeke avait proposé, en vain, à Jean-Louis Gergorin). Selon la haute juridiction, « le procès-verbal critiqué, qui rapportait des informations recueillies par un policier auprès d'une personne désirant conserver l'anonymat, constituait non un procès-verbal d'audition de témoin entrant dans les prévisions des articles 706-57 et suivants du code de procédure pénale, mais un procès-verbal de renseignements destiné à guider d'éventuelles investigations sans pouvoir être retenu lui-même comme un moyen de preuve ». En d'autres termes, d'après Van Ruymbeke, ce n'est pas parce que Gergorin avait refusé le statut de témoin anonyme qu'il ne pouvait pas tenir compte de ses « révélations », l'essentiel étant que celles-ci ne soient pas considérées comme des preuves mais comme de simples indices. Selon VR, c'est dans le même esprit qu'il avait rencontré Florian Bourges, à qui, selon l'Inspection générale des services judiciaires, il aurait remis « un des cédéroms du dossier », pourtant couvert par le secret de l'instruction, que l'ancien auditeur d'Arthur Andersen aurait ensuite « copié sur son portable ». « À aucun moment je n'ai fait part à quiconque extérieur au dossier du résultat de mes investigations, s'est défendu Van Ruymbeke. Si [Florian Bourges] a eu copie d'un fichier informatique, il ne peut pas s'agir du cédérom reçu anonymement et placé sous scellés dans le dossier ; il ne peut s'agir que d'un document de travail que j'avais enregistré dans mon ordinateur avant que ces envois anonymes ne soient versés au dossier. » Le magistrat précisa aux inspecteurs avoir « considéré M. Bourges comme un "sachant", c'est-à-dire comme quelqu'un qui est capable de donner des informations techniques générales sans pour autant entrer dans le cadre d'une expertise officielle ». « Je n'ai pas pu officialiser sa démarche car il refusait d'apparaître en procédure. »

Van Ruymbeke fut ensuite réinterrogé sur ses relations houleuses avec Dominique de Talancé, qui avait affirmé aux enquêteurs de l'IGSJ que « l'attitude de M. Van Ruymbeke [avait] consisté à [la] tenir à l'écart de ce dossier, de façon délibérée et systématique, pendant pratiquement toute la durée de l'instruction, en tout cas de 2002 à 2006 ». Pour VR, l'occasion était trop belle de vider son sac : « Je n'ai jamais interdit quoi que ce soit à Mme de Talancé. J'ai malheureusement constaté qu'elle est caractérielle [...]. Elle n'a jamais rien compris à la complexité des circuits internationaux dans cette affaire, elle n'a d'ailleurs jamais participé à l'élaboration et au suivi de CRI nombreuses et complexes [...]. J'instruis actuellement deux dossiers importants avec Mme Simeoni et Mme Desset dans une parfaite entente, chacun se partageant le travail. J'aurais aimé travailler ainsi avec Mme de Talancé, mais ses sautes d'humeur et son incompétence m'en ont empêché. »

C'est un homme à la fois épuisé et soulagé qui quitta, peu avant 18 heures, les locaux de l'IGSJ, ce 26 octobre. Il ne lui restait qu'à attendre maintenant le verdict de l'Inspection. En réalité, celle-ci n'avait plus vraiment le choix. Le rapport du premier président de la cour d'appel ayant mis hors de cause le magistrat, l'IGSJ était piégée. Difficile pour elle désormais de conclure à une faute du juge Van Ruymbeke, à moins de créer une cacophonie dans laquelle la justice perdrait beaucoup de son crédit. Au mois de décembre, l'IGSJ s'apprêtait à rendre ses conclusions au garde des Sceaux. Van Ruymbeke, sur la foi des échos parvenus à ses oreilles, était confiant. Il se disait certain d'être blanchi par l'Inspection générale des services judiciaires, exactement comme il l'avait été, près de trente ans plus tôt, dans l'affaire Boulin, par le Conseil supérieur de la magistrature. Quel meilleur symbole, au moment de boucler la boucle ? Mais il était dit que VR souffrirait jusqu'au bout. Alors que les investigations de l'IGSJ était terminées – les inspecteurs avaient même commencé la rédaction de leur rapport –, le patron de l'Inspection, Christian Raysseguier, bloqua tout en catastrophe. Il venait d'apprendre dans la presse que les juges d'Huy et Pons avaient finalement décidé de convoquer une nouvelle fois Florian Bourges et Denis Robert. Cette fois, il s'agissait de les mettre en examen – le premier pour « vol et abus de confiance », le second pour recel de ces mêmes délits –, pour avoir eu entre les mains les fameux listings provenant de chez Clearstream que l'ancien auditeur d'Arthur Andersen, selon les deux magistrats, n'était pas en droit de conserver. Pour Christian Raysseguier, il était plus sage de différer la remise du rapport à Pascal Clément, son ministre de tutelle, ces deux auditions étant susceptibles d'en modifier le contenu, voire les conclusions. De fait, dans le bureau des deux juges d'instruction, le vendredi 8 décembre, Florian Bourges fit des déclarations embarrassantes pour Van Ruymbeke. Dépassé par une affaire qui lui a surtout valu des ennuis, désormais au chômage, le jeune homme (vingt-huit ans) raconta d'abord en détail ses trois rencontres avec VR, en juin et octobre 2004 – ce qu'il avait déjà pour partie fait lors de sa première audition, en qualité de témoin, le 7 juin 2006. À propos de sa première visite au pôle financier, Bourges déclara : « Denis Robert m'avait appelé quelques semaines avant ce rendez-vous du 22 juin 2004 pour me demander si j'acceptais de rencontrer Van Ruymbeke pour l'aider à comprendre les fichiers reçus de manière anonyme [...]. Lors de cette première rencontre, M. Van Ruymbeke m'avait laissé sur un post-it des numéros de comptes clients Clearstream sur lesquels je devais procéder à des vérifications ». Deux nouvelles rencontres suivirent, à l'automne 2004. « Je pense que c'est Denis Robert qui m'avait invité encore une fois à rencontrer M. Van Ruymbeke puisque ce dernier avait reçu de nouvelles informations par voie anonyme », affirma Bourges, avant de décrire une scène remontant, selon son agenda, au 1er octobre 2004. « J'étais avec mon ordinateur, [le juge] m'a donné un cédérom que j'ai inséré dans mon ordinateur, j'en ai fait une copie sur place et je lui ai rendu le CD. Je lui ai remis ensuite un rapport, comparant ce listing de comptes reçu de manière anonyme et mon listing dans lequel je montre qu'il y a des incohérences ». Vint ensuite le dernier rendez-vous, celui du 5 octobre, au terme duquel, on s'en souvient, Bourges avait fini par reconnaître ses propres fichiers. Une nouvelle fois, il raconta comment VR lui avait proposé « de passer dans le bureau à côté du sien et de [lui] montrer un autre cédérom où il y avait des fichiers de transaction ». « C'est alors, ajouta-t-il, que je me rend[is] compte que ces fichiers envoyés de manière anonyme [étaient] très proches de mes documents de travail. » Même si ce récit n'apporta rien de neuf à l'enquête, sa réitération n'en fut pas moins gênante pour VR : ce dernier n'était pas autorisé à dévoiler des éléments couverts par le secret de l'instruction à un expert qui, puisqu'il refusait d'apparaître en procédure, n'était pas désigné officiellement. Les jours suivants, un vent de panique parcourut la chancellerie, alors persuadée que les juges d'Huy et Pons avaient l'intention de demander au parquet l'autorisation de lancer des poursuites contre leur collègue pour « violation du secret de l'instruction » et « entrave à la justice ». En effet, au cours de son audition, Bourges avait fait une révélation encore plus ennuyeuse pour Van Ruymbeke, à qui les juges d'Huy et Pons reprochent depuis le début de ne pas leur avoir signalé, dès la fin 2004, qu'il avait identifié la source des faux listings. Devant les deux magistrats, Bourges précisa : « Je voulais venir témoigner plus tôt devant vous et ce, dès 2005. En effet, je voulais venir vous voir car je savais qu'il y avait une manipulation dans ce dossier et que mon intervention pouvait tout stopper. D'ailleurs, quand j'ai vu M. Van Ruymbeke en octobre 2004 et que je lui ai dit que les fichiers étaient faux, j'ai pensé que dès le lendemain on ne parlerait plus de cette affaire et que la manipulation s'arrêterait ». Voyant que ce n'était pas le cas, Bourges aurait donc décidé d'aller se confier : « J'ai alors dit à Denis Robert que j'avais envie d'aller témoigner devant vous et je lui ai dit de demander à M. Van Ruymbeke ce qu'il pensait d'une telle démarche auprès de vous. Denis Robert m'a répondu quelques jours après que M. Van Ruymbeke lui avait dit : "Déconseille au jeune d'y aller, c'est un dossier dangereux, on ne sait pas ce qu'il y a derrière et dis-lui de ne pas aller témoigner auprès des juges." C'est la raison pour laquelle j'ai renoncé à venir témoigner devant vous en 2005 [...]. Pour moi, il était évident que [Van Ruymbeke] allait [...] faire le nécessaire pour que cette manipulation soit révélée et que cette affaire s'arrête dès le mois d'octobre 2004. » Pour VR, qui prit connaissance des déclarations de Bourges quelques jours plus tard à la une du *Monde*, le coup fut rude... et l'angoisse à son comble. Et si Denis Robert venait à confirmer la version – que Van Ruymbeke conteste catégoriquement – proposée par l'ancien auditeur d'Arthur Andersen ? L'audition de Robert était donc particulièrement attendue. Et pas seulement par VR.

Au fil des mois, à mesure que le voile s'était levé sur les dessous de cette invraisemblable machination, l'implication de Denis Robert n'avait cessé de se préciser – et son importance de croître. Au cœur du scandale, au point d'avoir été un temps soupçonné, à tort, d'être l'auteur des envois anonymes, l'ancien journaliste de *Libération* a joué un rôle à la fois central et trouble dans cette affaire. C'est lui, d'abord, qui lança, en 2001, la violente campagne contre Clearstream – socle de la manipulation. C'est à lui, ensuite, que Bourges confia les fameux fichiers informatiques provenant de la chambre de compensation luxembourgeoise. Chez lui que Lahoud les copia afin de les fournir, via Gergorin, au juge Van Ruymbeke, après qu'ils eurent été trafiqués. Auprès de lui qu'à de nombreuses reprises Van Ruymbeke chercha conseil. C'est lui, encore, qui, dans ses interventions publiques, donna du crédit aux allégations du corbeau, susceptibles de confirmer ses prophéties apocalyptiques sur les dérives de la finance mondiale en général et de Clearstream en particulier. Lui, aussi, qui incita le banquier Bernard Monnot – dont il livra le nom aux juges d'Huy et Pons – à expédier un cédérom à VR. Lui, toujours, qui dévoila, dans son livre *Clearstream, l'enquête*, l'identité et le rôle de Florian Bourges... Pour autant, sa mise en examen n'en apparaît pas moins choquante. Car en récupérant des documents auprès de l'ex-auditeur d'Arthur Andersen, Robert n'a, pour le coup, fait que son travail. Ironie du sort : c'est pour avoir agi conformément à la déontologie journalistique – ce qui, on l'a vu, fut loin d'être toujours le cas dans cette affaire – que Denis Robert se retrouve poursuivi dans un scandale dont, autre paradoxe, il est finalement lui-même à l'origine.

Heureusement pour Renaud Van Ruymbeke, au cours de son interrogatoire de première comparution, mardi 12 décembre, Denis Robert le dédouana, en des termes toutefois trop imprécis pour dissiper totalement les soupçons nourris par Jean-Marie d'Huy et Henri Pons à l'encontre de leur collègue. « Je n'ai pas le souvenir que Florian ait verbalisé une volonté farouche de venir témoigner avant fin avril 2006 », déclara d'abord Robert, avant d'indiquer immédiatement : « Il est vrai qu'il m'avait demandé mon avis sur l'opportunité de témoigner, comme il l'aurait demandé à la même époque à Renaud Van Ruymbeke. » Et d'ajouter : « J'indique que Florian Bourges est un garçon sérieux, réfléchi, qui n'a pas l'habitude de mentir. Il n'avait pas spécialement besoin de moi pour connaître l'avis de M. Van Ruymbeke, mais compte tenu de la situation très particulière de ce dossier et du statut fragile de Florian Bourges, M. Van Ruymbeke comme moi lui avons indiqué qu'il y avait plus de mauvais coups que de bons coups à prendre en témoignant dans ce dossier. Si M. Van Ruymbeke lui a dit cela, comme Florian le dit, je n'étais pas présent. » Une formulation qui n'exclut pas, semble-t-il, que VR ait recommandé directement à Bourges de se rendre chez ses collègues d'Huy et Pons. Denis Robert précisa alors : « Quant à la citation rapportée par Florian Bourges, "déconseille au jeune d'y aller", ces mots ne correspondent ni aux miens ni à ceux de Van Ruymbeke vis-à-vis de M. Bourges. » Au moment de parapher son PV, Robert prit conscience de l'ambiguïté de ses propos : « À la relecture de ce procès-verbal, avant que je le signe, je me rends compte que je n'ai pas été très clair dans mon explication quant au fait que Renaud Van Ruymbeke aurait pu exercer une influence sur le fait que Florian Bourges vienne témoigner. Si Renaud Van Ruymbeke a conseillé cela à Florian Bourges, je n'en ai pas été le témoin direct. »

Van Ruymbeke pouvait être soulagé. En opposant, sur ce point essentiel, un démenti aux accusations de Florian Bourges, l'ancien journaliste évitait au juge de gros ennuis. Il n'empêche, ces derniers rebondissements faisaient peser sur le magistrat la menace d'une nouvelle convocation par ses deux collègues. Ils risquaient, aussi, d'influencer négativement les membres de l'Inspection générale des services judiciaires ; à tout le moins de retarder la remise de leur rapport au garde des Sceaux, et donc son éventuelle promotion comme président de chambre à la cour d'appel de Paris.

Surtout, ils achevèrent de convaincre VR que, quelque soit le sort qu'on lui réservait, il lui fallait impérativement passer à autre chose.

En cette fin d'année 2006, le juge fit part à ses proches de son « ras le bol », sa hâte que ce dossier de dénonciation calomnieuse et son cortège de « révélations » soit refermé ; son souhait d'en finir avec ces affaires d'État et leur cohorte de coups tordus ; de quitter au plus vite ce maudit pôle financier et son ambiance délétère ; d'échapper aux griffes des médias et à leurs incessants revirements... Prendre de la distance, de la hauteur. Être enfin totalement en harmonie avec lui-même. Pour cela, Renaud Van Ruymbeke espérait pouvoir compter sur une alliée fidèle, celle dont le soutien ne s'était jamais démenti jusque-là : sa bonne étoile.

Épilogue

Nous saurons qui nous sommes quand nous verrons ce que nous avons fait.

Pierre DRIEU LA ROCHELLE, *Le Chef.*

La petite voiture file, à allure modérée, à travers la campagne, au cœur de la Saône-et-Loire. Au volant, Renaud Van Ruymbeke. À ses côtés, son épouse Bernadette. Les trois jeunes enfants du couple se serrent à l'arrière. Les Van Ruymbeke sont venus passer le week-end à Montceau-les-Mines, chez le père de Bernadette, pour échapper aux paparazzi qui planquent aux abords du pavillon familial, à Mordelles. L'affaire Longuet a éclaté et VR, en ce milieu des années 1990, fait une nouvelle fois la une des journaux. Le temps d'une promenade, Renaud Van Ruymbeke a emprunté l'automobile de son beau-père. Soudain, des policiers surgis de nulle part intiment au magistrat l'ordre de se ranger. VR s'interroge. Il roulait, comme toujours, à vitesse réduite et sa ceinture est bien attachée. L'un des policiers se penche vers lui : « Les papiers du véhicule et votre permis, s'il vous plaît. » C'est un simple contrôle de routine. Malheureusement, VR n'a pas pensé à emporter la carte grise de la voiture. Quant à son permis de conduire, manque de chance, il lui a été dérobé quelques semaines auparavant et il n'a pas eu le temps d'en refaire un. Le policier fronce les sourcils : « Je suis obligé de vous verbaliser. Vous devrez vous présenter à la gendarmerie de votre domicile pour vous mettre en règle. » Van Ruymbeke ne proteste pas et décline son identité au policier qui la lui réclame. Visiblement, ce dernier ne suit pas l'actualité. « Van comment ?... Pouvez-vous épeler votre nom, s'il vous plaît ? » Patiemment, VR s'exécute, tandis que sur le siège arrière son fils se fait rabrouer pour avoir chuchoté : « Dis que tu es juge, papa ! » Quelques jours plus tard, le magistrat se présente comme convenu à la gendarmerie de Mordelles. Là-bas, c'est une star. Il y est presque accueilli avec le tapis rouge. Lorsqu'il explique la raison de sa venue, les gendarmes qui l'accueillent croient à une plaisanterie. « Allons, monsieur le juge, vous n'allez quand même pas payer un P-V parce que vous n'avez pas pu justifier votre identité ! », s'esclaffe l'un d'eux. « Ne vous en faites pas, nous allons régler ça, cela ne vous coûtera rien », ajoute l'un de ses collègues. « Il n'en est pas question, réplique fermement le magistrat. Il n'y a aucune raison de faire une exception pour moi. N'importe quel autre citoyen serait sanctionné, je payerai mon P-V », lance-t-il aux gendarmes ébahis.

Des anecdotes de cette nature, un livre entier ne suffirait pas à les réunir. Sait-on par exemple que Van Ruymbeke décline systématiquement les invitations aux matches du Stade Rennais, que met pourtant à sa disposition un ami avocat, par ailleurs responsable de la Ligue de Bretagne de football ? Il exige de payer sa place. Comme tout le monde. Ainsi est Renaud Van Ruymbeke. Arc-bouté sur ses sacro-saints principes, ceux que lui a inculqués son père, quitte, parfois, à pousser le civisme à son paroxysme, et à paraître rigide. Passe-droits et privilèges résonnent comme des injures dans ses oreilles citoyennes. Curieusement, cet athée convaincu, élevé dans le culte de l'idéal républicain, est comme imprégné de la culture protestante dans laquelle baignent les pays nordiques. Mais qu'on ne s'y trompe pas. Derrière cette façade austère, ce physique d'ascète, se dissimule un bon vivant, amateur de bonne chère, qui n'aime rien tant que recevoir des amis pour partager un repas bien arrosé – au bourgogne, si possible –, raconter des blagues, refaire les matches de foot vus à la télé, parler des enfants... La vraie vie, quoi. Mais lorsque VR invite, il ne se force pas. Hors de question de recevoir tel ou tel magistrat, préfet ou autre notable par convenance – ou, pire, par intérêt. Il n'est du reste pas mondain pour un sou. Il fuit comme la peste les réceptions, pince-fesses et dîners officiels, où il se sent à peu près aussi à l'aise que dans une boîte de nuit – c'est dire... Ceux qui ont le privilège d'être conviés à partager sa table – donc son intimité, car Renaud Van Ruymbeke ne se livre pas à moitié – tombent sous le charme d'une personne aux goûts extrêmement simples, d'une gentillesse parfois déconcertante. Le genre d'homme que l'on imagine s'excuser d'avoir mis une chemise blanche si un invité venait à renverser son verre de vin sur lui... Un homme toujours d'humeur enjouée, aussi – son entourage proche peut en témoigner. On pense irrésistiblement à Balzac, soulignant à propos de l'un des personnages des *Paysans* : « Comme tous les êtres réellement forts, il avait l'humeur égale. »

Il n'est surtout pas ce personnage terne souvent décrit par les médias – *Le Canard enchaîné* le surnomma un jour cruellement « le sinistre de la justice » –, besogneux comptable des deniers publics que l'on imagine ne pouvant s'épanouir que dans le secret de son cabinet, en train d'explorer les méandres des comptes off shore de tel ou tel intermédiaire véreux, rêvant de mettre au jour les turpitudes des puissants, tel un petit fonctionnaire frustré rêvant d'un destin à la Saint-Just... Non, ses meilleurs moments, Renaud Van Ruymbeke ne les passe pas dans son cabinet sans âme de la rue des Italiens, mais dans son pavillon, à quelques kilomètres de Rennes, entouré des siens. Là, dans son cocon, loin du tapage urbain, il étanche sa soif de lecture. Il adore les gros livres, mais ne lit jamais de romans policiers. Ses préférences le portent vers les ouvrages historiques ou philosophiques. Ses dernières acquisitions ? Platon, Julien Gracq, Montaigne, les Mémoires de saint Augustin... Lorsque le fameux crachin breton lui en laisse le loisir, il s'installe dans un transat, au fond de son jardin, à la fois verger et potager. Ce jardin qu'il bichonne amoureusement, cultivant tomates, pommes, poires ou poireaux avec un égal bonheur. L'ancien journaliste Roland-Pierre Paringaux, devenu ami avec le magistrat depuis qu'il a pris sa retraite, qualifie d'ailleurs VR d'« écolo, au sens premier du terme. Il nettoie et empoissonne son étang en faisant très attention aux arbres, car il veut épargner les oiseaux. Et il faut l'entendre expliquer avec passion comment il détourne les asticots de ses tomates ou les merles de ses abricots ![1] » De fait, VR peut passer des journées entières à débroussailler ses haies, désherber – à la main ! – sa pelouse, qui fait aussi office, à l'occasion, de terrain de foot. Lorsque ses enfants les plus âgés (il en a sept au total, quatre de son premier mariage, trois avec Bernadette) lui rendent visite, un petit match est forcément organisé, juste après le barbecue. Avec sa progéniture, Van Ruymbeke a tout du papa poule. C'est un père doux, indulgent, presque laxiste. Bien sûr, il lui arrive d'être sévère, mais il a tout de même du mal à dire non. En ce sens, il est beaucoup plus proche de sa mère que de son père. Il a donc récemment fait l'acquisition, quelle drôle d'idée, d'un étang, tout près de son pavillon. Il s'y rend dès qu'il le peut, à vélo, avec l'un de ses fils, passionné de pêche. Aux beaux jours, il emmène sa famille, le dimanche, à Cancale, pour déguster des fruits de mer. Puis il s'offre une petite randonnée sur les sentiers escarpés, en surplomb de la plage. Là, il s'assied sur un rocher et plonge son regard dans la mer, le visage fouetté par les embruns iodés. Dans ces moments-là, il se dit que la vie est belle. S'il n'est pas croyant, ses proches lui ont toujours trouvé un côté mystique. Il peut passer des heures à méditer ; en marchant de préférence.

Et puis, bien sûr, il y a la musique. Sa véritable vocation, sans doute. Il faut le voir contempler son piano à queue, le caresser, puis interpréter avec ferveur le deuxième prélude de Rachmaninov, l'un de ses morceaux fétiches. Dans toutes les

1. Entretien avec l'auteur, septembre 2006.

périodes de grande tension, sur le plan professionnel comme privé, il a toujours beaucoup joué, son instrument lui servant en quelque sorte d'exutoire. « Quand je suis au piano, je suis au fond de moi-même », glisse-t-il. Le voir, encore, s'enfoncer dans un fauteuil, aux côtés de Bernadette, pour écouter, presque dans un état second, un concerto de Liszt, son compositeur préféré. Il est intarissable sur le virtuose hongrois : « C'était un homme extraordinaire, presque métaphysique, qui avait une capacité admirable à s'élever intérieurement. Quelqu'un de très profond mais qui, en même temps, aimait la vie, faisait preuve d'enthousiasme. » Lorsqu'on lui fait observer que c'est un peu son propre portrait qu'il trace ainsi, il blêmit légèrement, comme gêné de s'être ainsi mis à nu. Parfois, submergé d'émotion, comme lorsqu'il écoute *Après une lecture de Dante*, chef-d'œuvre du compositeur magyar, les larmes lui viennent. Car Renaud Van Ruymbeke est un grand sensible, signe sans doute d'un authentique tempérament artistique, assez peu répandu dans sa corporation. Sous le coup d'une forte émotion, ses joues peuvent s'empourprer brutalement. « À la fin de certains interrogatoires, je l'ai vu très ému. J'ai parfois observé son visage se transformer à l'écoute des confessions, parfois très pénibles, de certains mis en examen, révèle l'avocat Pierre Haïk. Cette immense sensibilité le distingue de tous ses confrères. On apprend tellement aux magistrats à se blinder contre tout qu'ils en deviennent inhumains. Lui est sensible à la douleur, à la tristesse ou à la peur de l'autre. [1] »

Sensible, intègre, affable, humble... Cet homme serait donc parfait ? Non, évidemment. Ses détracteurs stigmatisent par exemple son extrême ingénuité, défaut rédhibitoire à leurs yeux. Ainsi s'expliquerait sa conduite dans l'affaire Clearstream. L'avocat Jean-Pierre Mignard, qui éprouve affection et admiration pour le magistrat, concède : « Il a une loyauté presque naïve, un peu étrange. [2] »

1. Entretien avec l'auteur, octobre 2006.
2. Entretien avec l'auteur, septembre 2006.

Collègue de Renaud Van Ruymbeke au pôle financier, Xavière Simeoni confirme : « C'est vrai qu'il a une forme de naïveté, je l'ai constaté à plusieurs reprises. [1] » Laurence Turbé-Bion, magistrate à la cour d'appel de Rennes et amie du couple, assure qu'« il devrait se méfier davantage des gens. Il fait facilement confiance, malgré les mises en garde de Bernadette, qui lui reproche parfois sa candeur. C'est un homme qui ne connaît pas le cynisme, qui pense que tout le monde est aussi loyal que lui. Mais cette foi en autrui, n'est-ce pas d'abord une formidable qualité ? [2] » Isabelle Prévost-Desprez, qui l'a côtoyé un temps rue des Italiens, note aussi que VR « cerne mal les personnalités, donc ne se méfie pas assez. Est-ce à cause de l'affaire Boulin ? Peut-on se remettre de ça à vingt-sept ans ? En fait, inconsciemment, peut-être depuis ne veut-il plus se méfier de personne ? » En revanche, elle le croit moins candide qu'orgueilleux : « Son apparente naïveté s'explique probablement par un ego surdimensionné. Il se dit : "On ne peut pas me mentir, pas me faire ça à moi." Il est un peu vaniteux. Ainsi, sans doute ne pensait-il pas que Gergorin pourrait lui raconter des histoires, ni que d'Huy et Pons oseraient le convoquer. [3] »

Le moteur de notre homme serait donc l'orgueil. Il a souvent confié à son épouse qu'il avait toujours eu foi en lui, que tout petit déjà il savait qu'il allait réussir. Sans doute faut-il y voir l'influence de son père. En même temps, ses proches louent sa modestie, soulignent qu'il est tout sauf prétentieux. C'est certainement ce curieux mélange d'humilité et d'orgueil qui en fait une personnalité atypique, un juge hors norme. « Quelqu'un de très complexe en apparence, résume Laurence Turbé-Bion, qui est sans doute l'une des personnes qui le connaît le mieux. En fait, il est facile à cerner. Ce n'est pas un intellectuel. Je dirais que c'est à la fois un artiste et un cérébral. Il aime se

1. Entretien avec l'auteur, octobre 2006.
2. Entretien avec l'auteur, septembre 2006.
3. *Id.*

faire bichonner et cajoler, être entouré de femmes. Il adore parler des enfants, des difficultés de la vie quotidienne, des problèmes de couple... C'est le seul homme avec qui j'ai pu parler autant de tout ça, surtout de manière aussi franche. Mais il ne laisse par transparaître ce côté sentimental. Sans doute parce qu'il est extrêmement pudique. Ainsi, il est incroyablement doué pour la musique, capable d'apprendre une valse en deux jours, mais il ne le dira jamais, car il déteste se mettre en avant. Son problème, à mon sens, tient au fait qu'il ne peut pas donner sa pleine mesure dans le domaine judiciaire, qui bride son tempérament artistique. C'est un libre penseur qui sait que ses supérieurs n'ont pas prise sur lui. Oui, il est ambitieux, mais pas par rapport à sa carrière. Plutôt pour réaliser un idéal. Il veut faire émerger une idée du Juste plus que la moyenne. C'est un idéaliste, pas forcément un utopiste.[1] »

Une chose est certaine : malgré les controverses qu'il suscite, ce magistrat est toujours considéré comme une référence par la majorité de ses pairs. Qui mieux que lui, en effet, a symbolisé l'évolution de la magistrature depuis les années 1970 ? La conquête d'une certaine forme d'indépendance, l'affrontement avec les politiques, l'émergence du juge d'instruction comme personnage majeur de la vie publique et, enfin, la remise en cause de ce nouveau « pouvoir judiciaire »... Tout cela, VR l'a incarné, parfois même à son corps défendant, en imposant son style. Car, incontestablement, il y a une « griffe » Van Ruymbeke. « Avant d'être un juge d'instruction, je crois que c'est d'abord un enquêteur, résume le procureur de Paris, Jean-Claude Marin. Il a toujours envie de trouver, ce qui est sans doute la cause de ses ennuis.[2] » Me Mignard confirme : « Il aurait sans doute préféré le titre d'investigateur à celui de juge. Il veut bien juger, mais seulement après avoir TOUT vu. En résumé, je dirais qu'il est impitoyable dans l'enquête mais équi-

1. Entretien avec l'auteur, septembre 2006.
2. Entretien avec l'auteur, octobre 2006.

table dans le jugement.[1] » Son collègue Olivier Metzner renchérit : « C'est quelqu'un qui aime trouver mais en aucun cas un justicier. Il est déterminé par la recherche de la vérité plus que par la sanction.[2] »

Critiqué par certains de ses collègues pour ses méthodes peu orthodoxes, Van Ruymbeke sait que son bilan plaide pour lui. De fait, la quasi-totalité de ses procédures ont été validées à l'audience. Et, parmi elles, plusieurs affaires d'État, comme si VR, où qu'il soit, les attirait. « C'est vrai qu'il a toujours eu à instruire des dossiers sensibles, constate l'ancien juge de Toulon Thierry Rolland. Je ne crois pas au hasard. En fait, où que l'on soit, si l'on tente de soulever le coin du tapis, on finit toujours par découvrir quelque chose. Quand on cherche, on trouve. Lui fait partie, et ils ne sont pas si nombreux dans la magistrature, de ceux qui cherchent ![3] »

Lors de la seconde audition du magistrat devant l'Inspection générale des services judiciaires qu'il dirige, Christian Raysseguier a d'ailleurs synthétisé le parcours de VR en termes extrêmement flatteurs : « D'après l'étude de votre dossier administratif, vous avez fait l'objet d'appréciations élogieuses de la part de vos notateurs tout au long de votre carrière », a résumé Raysseguier. Ainsi, s'agissant de sa période caennaise : « À l'instruction, vous êtes décrit comme un magistrat passionné par vos fonctions, dévoué au service, dynamique et efficace, incisif, méthodique et travailleur, doté d'un remarquable esprit de synthèse. Au parquet, vous êtes présenté comme "le spécialiste incontesté des affaires financières". » À l'ENM, ensuite, dont le directeur a vu en VR « un de ceux qui ont fait progresser l'École nationale de la magistrature et qui servent d'exemple à des générations de magistrats ». À la cour d'appel de Rennes, encore, où il fut « perçu comme un magistrat doté d'exceptionnelles qualités

1. Entretien avec l'auteur, septembre 2006.
2. *Id.*
3. Entretien avec l'auteur, octobre 2006.

d'organisateur, d'une rare puissance de travail et d'une efficacité exceptionnelle », sans compter ses « qualités de juriste accompli et d'excellent rédacteur ». À Paris, enfin, où il est « considéré comme l'un des éléments prépondérants du pôle financier du tribunal de grande instance ». « Votre efficacité, votre force de caractère et votre conscience professionnelle tout à fait remarquable sont soulignées dans votre dernière notation établie par le premier président de la cour d'appel de Paris, qui considère que votre accession à un poste hors hiérarchie auquel vous postulez serait amplement méritée », concluait Raysseguier, s'appuyant aussi sur le témoignage élogieux du procureur de Paris, Jean-Claude Marin. Ce dernier a déclaré à l'Inspection que VR était tout simplement l'« un des meilleurs juges financiers actuellement en fonction en France » et, « dans la juridiction parisienne à compétence exclusive en matière boursière et interrégionale pour les affaires financières les plus complexes, l'un des deux magistrats les plus professionnels, les plus rigoureux et les plus efficaces ». N'en jetez plus !

Certes, la conduite de Renaud Van Ruymbeke au moment de l'irruption du corbeau dans l'affaire des frégates fut loin d'être irréprochable. Plus que des fautes procédurales, ce magistrat chevronné, rompu aux dossiers sensibles, émaillés par nature de chausse-trappes en tout genre, a sans doute commis une erreur de jugement, fonçant dans le piège – grossier – tendu par une assemblée hétéroclite où se côtoient paranoïaques, mythomanes et manipulateurs. Mais, après tout, qui est en mesure de lui faire la leçon ? Certainement pas les politiques, dont certains, dans cette affaire, ont tenté de l'instrumentaliser. Pas plus ses collègues, à qui il est aussi arrivé de flirter avec les limites du code de procédure pénale, et dont la corporation baigne depuis toujours dans un « panurgisme » décourageant. Ni, enfin, la presse, qui ne l'a pas toujours ménagé, oubliant un peu vite qu'elle-même avait participé à la promotion du corbeau. Après tout, si les investigations menées par Van Ruymbeke sur la base des dénonciations de Gergorin n'avaient pas été médiatisées, il n'y aurait pas eu de scandale Clearstream.

Tel était d'ailleurs l'objectif des initiateurs de la manipulation. C'est l'un des aspects les plus intéressants de cette affaire rocambolesque, qui n'a pourtant jamais été abordé par les médias, rétifs par nature à l'autocritique. De nombreux articles et éditoriaux ont condamné, sans doute à juste titre, les enquêtes parallèles commandées par Dominique de Villepin, l'entêtement obsessionnel de Denis Robert, les élucubrations de Jean-Louis Gergorin, les manœuvres dolosives d'Imad Lahoud, la naïveté de Renaud Van Ruymbeke, certaines opérations à grand spectacle menées par les juges d'Huy et Pons, voire l'exploitation politique de l'affaire par Nicolas Sarkozy... Mais combien ont simplement évoqué l'attitude de la presse qui, prenant prétexte des vérifications effectuées par le juge, relaya, parfois sans vergogne, des dénonciations anonymes à l'évidence farfelues ? Toutes proportions gardées, cette histoire peut être mise en rapport avec la sordide affaire Alègre, dans laquelle des notables toulousains furent gravement mis en cause. Dans les deux cas, certains journaux se crurent autorisés à répercuter des accusations délirantes sous prétexte qu'elles avaient été proférées dans un cabinet d'instruction...

À la gloire de personne, cette affaire aura finalement été perçue, par Renaud Van Ruymbeke, comme un signal de départ. Cet amateur de football sait que les grands joueurs vivent dans la hantise du « match de trop ». Peut-être l'a-t-il déjà joué, d'ailleurs... Dans une comparaison aussi audacieuse qu'improbable, Isabelle Prévost-Desprez relie son cas à celui de... Zinédine Zidane ! « Sans faire de la psychologie de comptoir, dit-elle, ce que VR a fait dans l'affaire Clearstream me fait penser au coup de tête asséné par Zidane à la fin de sa carrière, comme si lui aussi avait voulu briser l'image étouffante et réductrice dans laquelle on l'avait enfermé.[1] » Quitte à rester dans la métaphore footballistique, Renaud Van Ruymbeke préfère, lui, se comparer à « ces attaquants qui jouent toujours à

1. Entretien avec l'auteur, septembre 2006.

la limite du hors-jeu. Le savoir-faire, c'est justement de rester en deçà de cette ligne virtuelle. L'idée est d'aller le plus loin possible, mais toujours dans un cadre légal. Le juge est parfois confronté à des affaires exceptionnelles qui l'obligent à mettre en œuvre toutes les possibilités, à saisir toutes les opportunités qui s'offrent à lui pour sortir de l'impasse, dès lors qu'il n'enfreint pas la loi. Tout magistrat dispose d'une marge d'appréciation. Il a l'obligation de tout mettre en œuvre pour découvrir la vérité. » Alors, parfois, c'est inévitable, le « juge-attaquant » se fait siffler par l'arbitre. Entre l'audace et l'imprudence, la frontière est parfois extrêmement fine. Bien sûr, peut-être aurait-il mieux valu que VR s'abstienne de jouer avec le feu, qu'il ne prenne pas de risques, comme ces joueurs positionnés largement en retrait du dernier défenseur. Mais tout le monde sait que ceux qui se comportent ainsi ne marquent jamais de buts... La magistrature est pleine de ces juges lâches et soumis qu'exécrait tant Van Ruymbeke père. Ceux-là ne prennent d'initiatives qu'après s'être prudemment assurés qu'elles ne risquaient pas de nuire, d'une manière ou d'une autre, à leur avancement. Ceux-là font, aussi, les plus belles carrières.

Puisqu'il estime avoir bouclé la boucle, Renaud Van Ruymbeke peut maintenant prendre du recul, laisser d'autres juges courageux reprendre le flambeau. Il aspire désormais à la tranquillité et à l'anonymat, qu'un titre de président de chambre à la cour d'appel, par exemple, garantit à son titulaire. Un poste, en tout cas, où il ne risque pas de déterrer de nouveaux scandales... Au fait, est-ce vraiment si sûr ? À l'évocation de cette question, il échange un regard complice avec son épouse avant de glisser malicieusement, dans un petit rire sardonique dont il est coutumier : « Avec moi, il ne faut jamais dire jamais ! »

Remerciements

Ce livre n'aurait pu voir le jour sans la coopération de Renaud Van Ruymbeke et de son épouse. Qu'ils trouvent ici l'expression de ma reconnaissance, tout comme les nombreux témoins qui ont accepté de se confier. Merci également à Gérard Davet et à Edwy Plenel, ainsi qu'à Jean-Paul, bien sûr. Une pensée amicale aussi pour Hervé Gattegno, dont l'aide m'a été si précieuse, et pour tous ceux qui, d'une manière ou d'une autre, ont permis à ce projet d'aboutir (les membres de la rédaction en chef de *L'Équipe Magazine* notamment). Un grand merci, enfin, pour leur patience, à Billy, Wendy, Emma, Natacha et sa maman, et surtout à Jane, sans qui rien n'aurait été possible.

Table des matières

Parus aux éditions Privé

Sébastien Fontenelle
Un juge au-dessus des lois, janvier 2005.

Élise Galand et Romain Icard
Suzy contre mon Gros Loup, janvier 2005.

Monsieur X
Au secours ! Lionel revient !, janvier 2005.

Bertrand Delais
Le Pire d'entre nous, février 2005.

Kevin Wells
Ma fille s'appelait Holly, mars 2005.

Guy Benhamou
Le Pacte, avril 2005.

Guillaume Dasquié
Al-Qa'ida vaincra, avril 2005.

Pierre Martinet
DGSE Service Action, un agent sort de l'ombre, avril 2005.

Camille Pouzol
Mon âge, mai 2005.

Jean-Claude Dague
Il ne me reste que l'honneur, juin 2005.

Jim Dwyer et Kevin Flynn
102 minutes, août 2005.

Emmanuelle Guilcher
Signoret, une vie, septembre 2005.

Pierre-Louis Basse
Séville 82, septembre 2005.

Farid Chopel et Brigitte Morel
Farid Chopel, et je danse encore !, septembre 2005.

Claude Ribbe
Une saison en Irak, septembre 2005.

Antoine Casubolo
La Vie rêvée de Pierre Goldman, octobre 2005.

Jean Saint-Iran
Les Cent Semaines, Villepin vu du Quai, novembre 2005.

Cécile Amar et Didier Hassoux
Ségolène et François, biographie d'un couple, novembre 2005.

Claude Ribbe
Le Crime de Napoléon, décembre 2005.

Jean-Michel Verne
L'Affaire Yann Piat, retour sur une manipulation,
janvier 2006.

John Paul Lepers et Thomas Bauder
Madâme, impossible conversation, février 2006.

Sébastien Fontenelle
Impunités françaises, février 2006.

François Némin et Henri Marnet-Cornus
Transport aérien : le dossier noir, mars 2006.

Karima
Karima, le prix du silence, avril 2006.

Jean Ker
Le Fou de Bruay, avril 2006.

Éric Halphen
Le Bal des outrés, mai 2006.

Guillaume Denoix de Saint-Marc et Candice Bal
Mon père était dans le DC10..., mai 2006.

Haïm Korsia
Être Juif et Français, mai 2006.

Rodolphe Albert
Les Secrets du PSG, juin 2006.

Antoine Casubolo
Coluche, l'accident... contre-enquête, juin 2006.

Mohamed Sifaoui
L'Affaire des caricatures, septembre 2006.

Laurent Wauquiez
Un huron à l'Assemblée nationale, septembre 2006.

Hannah
Emprise, octobre 2006.

Valérie Duby et Alain Jourdan
Mort d'un banquier, les dessous de l'affaire Stern,
octobre 2006.

Sébastien Spitzer
Ennemis intimes. Les Bush, le Brut et Téhéran,
novembre 2006.

Pierre Martinet
De l'ombre à la lumière, novembre 2006.

Jean-Michel Verne
Sous le Rocher... exactement, la malédiction d'Albert, novembre 2006.

Jean-Marc Fedida
L'Horreur sécuritaire, les Trente Honteuses,
novembre 2006.

François Pupponi
La France d'en dessous, banlieues : chroniques d'un aveuglement,
décembre 2006.

Composé par PCA
44400 – Rezé

Impression réalisée sur CAMERON par

BRODARD & TAUPIN
GROUPE CPI

La Flèche

pour le compte des Éditions Privé
en décembre 2006

Imprimé en France
Dépôt légal : janvier 2007
N° d'impression : 39147
ISBN : 978-2-35076-048-3